THOMAS D'AQUIN

LES CRÉATURES SPIRITUELLES

THOMAS D'AQUIN

À LA MÊME LIBRAIRIE

QUESTIONS DISPUTÉES SUR LA VÉRITÉ :

PREMIÈRE QUESTION DISPUTÉE : *La Vérité (De veritate).* Texte, introduction, traduction et notes par Christian BROUWER et Marc PEETERS, 192 pages.

QUESTION IV : *Le Verbe.* Texte, introduction, traduction et notes par Bernadette Jollès, 144 pages.

QUESTION X : *L'Esprit.* Texte, introduction, traduction, notes et postface par Kim Sang ONG-VAN-CUNG, 248 pages.

QUESTION XI : *Le Maître.* Texte, introduction, traduction et notes par Bernadette JOLLÈS, 128 pages.

QUESTION XII : *La Prophétie (De prophetia).* Texte latin, traduction par Serge-Thomas BONINO O.P., introduction et annotations par Jean-Pierre TORRELL O.P., 272 pages.

QUESTION XV : *Raison supérieure et raison inférieure.* — Question XVI : *De la syndérèse.* — Question XVII : *De la conscience.* — Texte latin, introduction, traduction et notes par R.P. Jean TONNEAU, 256 pages.

Commentaire du 'Livre des causes'. Traduction et présentation de Béatrice et Jérôme DECOSSAS, 272 pages.

Commentaire du 'Traité de l'âme' d'Aristote. Traduction et notes de Jean-Marie VERNIER, 432 pages.

L'Union du Verbe incarné (De unione Verbi incarnati). Texte, introduction, traduction et notes par Marie-Hélène DELOFFRE, 256 pages.

Super librum de causis expositio. Édition du texte latin et introduction Henri-Dominique SAFFREY, 224 pages.

Sur le bonheur. THOMAS D'AQUIN ET BOÈCE DE DACIE, textes introduits, traduits et annotés par Ruedi IMBACH et Ide FOUCHE, 176 pages.

Textes sur la morale. Traduction et commentaire d'Étienne GILSON, introduction de Ruedi IMBACH, 392 pages.

Commentaire du 'De unitate intellectus contra averroistas' de Thomas d'Aquin, par Alain DE LIBERA, 2004, 570 pages.

Sic et Non

Collection dirigée par Alain de Libera

THOMAS D'AQUIN

LES CRÉATURES SPIRITUELLES

Texte latin et traduction française en vis-à-vis

Introduction, traduction et notes par

Jean-Baptiste Brenet

Ouvrage publié avec le concours du Centre national du livre

PARIS
LIBRAIRIE PHILOSOPHIQUE J. VRIN
6, place de la Sorbonne, V^e^

—

2010

Imprimé en France
ISSN 1248-7279
ISBN : 978-2-7116-2266-5

www.vrin.fr

Note sur le texte et la traduction

Nous traduisons le texte latin publié dans l'édition Léonine : *Quaestio disputata de spiritualibus creaturis*, edidit J. Cos O.P., Roma-Paris, Commissio Leonina-Éd. du Cerf, 2000 (*Sancti Thomae de Aquino Opera Omnia iussu Leonis XIII P.M. edita cura et studio fratrum praedicatorum,* t. XXIV, 2). Cette édition a fait l'objet d'une recension critique détaillée[1] : nous indiquons dans le latin ce que nous en reprenons, en suggérant, sans prétendre régler l'ensemble des difficultés, quelques autres corrections.

Nous ne suivons pas systématiquement dans la traduction la ponctuation de l'éditeur, qui nous a plusieurs fois semblé contestable, ni même la distinction des paragraphes – nous conservons en revanche le titre de *Quaestio* et le découpage de l'œuvre en « articles »[2].

S'agissant des notes, nous nous tenons au relevé des références explicites, en avançant toutefois pour certains passages, arguments ou adages, d'autres sources et renvois. Il ne s'agit pas d'une annotation exhaustive, mais l'introduction présente sur quelques points des précisions conceptuelles et des indications bibliographiques que la traduction – pour des raisons de clarté, aussi – ne fait pas apparaître. Si l'apparat des sources de l'édition Léonine demeure un outil de travail, il manque parfois de pertinence et contient des erreurs. Pour l'examen des passages parallèles, il convient de lui associer les apparats d'autres volumes de la Léonine, dont ceux, notoirement remarquables, de la *Sentencia libri de anima* (R.-A. Gauthier) et des *Quaestiones disputatae de*

1. C. Steel et G. Guldentops, « Critical Study : the Leonine Edition of *De spiritualibus creaturis* », *Recherches de théologie et philosophie médiévale*, 68,1 (2001), p. 180-203.

2. Dans une note de son livre *L'Âme humaine selon Thomas d'Aquin*, partie II, B.C. Bazán suggère cependant que *Quaestiones de spiritualibus creaturis* eût été plus conforme aux principes qui président aux autres éditions critiques de la Commission Léonine ; nous y renvoyons.

anima (B.C. Bazán), à quoi l'on peut ajouter les *addenda to the apparatus fontium* de C. Steel et G. Guldentops.

Je tiens à remercier Carlos Bazán pour l'aide précise, permanente et chaleureuse qu'il a apportée dans l'élaboration de mes analyses, la relecture et la correction du manuscrit. Je remercie Alain de Libera pour son soutien et ses multiples conseils – je le remercie d'accueillir ce travail dans la collection « Sic et Non » qu'il dirige. Je remercie Adriano Oliva, président de la Commission Léonine, d'avoir suivi et appuyé le projet de cette traduction, et Dominique de Libera d'en avoir assuré la mise en forme.

Enfin, je dédie le livre à trois mères et un fils : Mireille, Renée, Cristina, Vittorio.

Introduction

Quand il écrit à Rome sa *Question sur les créatures spirituelles*, au cours du second semestre de l'année académique 1267-1268 [1], Thomas d'Aquin, qui gagnera bientôt Paris pour y mener ses dernières luttes, est engagé dans un travail d'une ampleur considérable [2]. Chargé de former les jeunes frères dans le *Studium* de Sainte-Sabine qu'il dirige, il a soutenu en quelques mois des *Questions sur l'âme (Quaestiones de anima)* [3], rédigé son premier commentaire d'Aristote *(Sentencia libri de anima)* [4] et entamé la *Prima Pars* de l'œuvre immense mais inachevée que sera la *Somme de théologie (Summa theologiae)* [5]. Sa réflexion est alors centrée sur « les questions de psychologie, d'anthropologie philosophique et de métaphysique des substances séparées [6] », et la *Question sur les créatures spirituelles*, de fait, ne parle pas d'autre chose : de l'homme, de son âme, de l'ange ; de ces réalités douées d'intellect et de

1. Pour la datation, voir les analyses et conclusions de B.-C. Bazán dans sa préface à Thomas d'Aquin, *Quaest. disp. de anima*, éd. B.-C. Bazán, 1996. Selon lui, la *Quaestio de spiritualibus creaturis* « peut être située entre novembre 1267 et septembre 1268 » (« préface », p. 22*), c'est-à-dire entre la traduction par G. de Moerbecke du commentaire de Thémistius sur le *Traité de l'âme* et le départ pour la France. Disputé en Italie, son texte aurait cependant été mis au point et édité à Paris vers 1269-1272 (voir « préface », p. 10*, 22* et 102*).

2. Sur la vie et l'œuvre, voir J.-P. Torrell O.P., *Initiation à saint Thomas d'Aquin. Sa personne et son œuvre*, Fribourg (Suisse)-Paris, Éd. universitaires-Cerf, 2002². Pour la *Question sur les créatures spirituelles*, voir en particulier p. 234-236.

3. Sur le caractère réel de la dispute, voir B.-C. Bazán, « préface », p. 102* ; nuancé par J.-P. Torrell (reprenant R.-A. Gauthier), *Initiation...*, p. 91 et 235, n. 4.

4. Voir Thomas d'Aquin, *Sentencia libri de anima*, Rome-Paris, 1984.

5. Voir B.-C. Bazán, « préface », p. 22* : « La série pourrait bien être la suivante : *Q. de anima*; *Sententia libri de anima – Summa theologiae*; *Q. de spiritualibus creaturis.* » Pour une lecture des questions 75-89 de la *Iª Pars*, qui recoupent la *Q. de spiritualibus creaturis*, voir R. Pasnau, *Thomas Aquinas on Human Nature. A Philosophical Study of 'Summa theologiae' Iª 75-89*, Cambridge, CUP, 2002.

6. B.-C. Bazán, « préface », p. 22*.

volonté, infiniment distantes de Dieu, mais réparties au plus haut dans l'échelle de la création. Les problèmes sont déjà classiques, et Thomas, sous l'une ou l'autre forme, y a répondu depuis qu'a débuté sa carrière. Mais cette nouvelle *Question* n'est pas la reprise émoussée d'une partie de la *Somme contre les Gentils*, écrite dans la même Italie quelques années plus tôt[1]. Comme en témoignent les analyses sur la composition hylémorphique de l'âme et du corps, sur l'animation des cieux ou l'accidentalité des puissances psychiques, elle s'inscrit à l'évidence dans un processus de maturation théorique dont le puissant opuscule parisien qu'est *L'Unité de l'intellect*, porté par l'urgence et la polémique, bénéficiera encore[2]. La *Question sur les créatures spirituelles* est un jalon fort dans l'œuvre en cours de Thomas. On en rappelle ici les principales thèses.

Le premier article demande si une substance spirituelle créée est composée de matière et de forme. Comme il l'a déjà fait, l'Aquinate répond en deux temps[3]. Tout dépend de ce qu'on entend par matière. Au sens strict et courant, celui d'Aristote et d'Augustin[4], la matière désigne la matière « première », c'est-à-dire, dans le genre substance, une certaine puissance en elle-même dépourvue de forme mais susceptible d'être déterminée. Or une telle matière, qui n'est que puissance[5], ne saurait faire partie d'une créature spirituelle. Selon Thomas, deux arguments le justifient. Premièrement, un argument global, de nature théologique, fondé sur l'ordre même des choses. Comme le veut Denys l'Aréopagite[6], les substances spirituelles avoisinent au plus près

1. Pour le texte de la *Somme* en français, voir Thomas d'Aquin, *Somme contre les Gentils*, trad. par V. Aubin, C. Michon et D. Moreau, 4 vol., Paris, 1999.

2. Sur l'évolution théorique de Thomas entre la *Somme contre les Gentils* et *L'Unité de l'intellect*, voir l'ouvrage fondamental de B.-C. Bazán, *L'Âme humaine selon Thomas d'Aquin*, à paraître chez Vrin. S'agissant du *De unitate intellectus*, voir Thomas d'Aquin, *L'Unité de l'intellect contre les averroïstes*, trad., introd., notes par A. de Libera, in *Contre Averroès*, Paris, 1994 ; pour un commentaire de l'œuvre, voir A. de Libera, *L'Unité de l'intellect. Commentaire du 'De unitate intellectus' de Thomas d'Aquin*, Paris, Vrin, 2004.

3. *Cf.* par exemple Thomas d'Aquin, *In I Sent.*, dist. 8, q. 5, art. 2 et *In II Sent.*, dist. 3, q. 1, art. 1 ; *I^a Pars*, q. 50, art. 2, ad 3m ; q. 75, art. 5, ad 4m ; *Quaest. disp. de anima*, q. 6, sol. ; éd. Léonine, p. 50, 219-222 ; *Quodlib.* III, q. 8 ; *De subst. separ.*, chap. 5-8. Dans la *Question sur les créatures spirituelles*, *cf.* art. 9, ad 9m, qui résume l'essentiel de l'art. 1.

4. *Cf.* Augustin, *Confessions*, XII, chap. 8, n. 8 ; *La Genèse au sens littéral*, I, chap. 14, n. 28 ; et Aristote, *Métaphysique*, VII, 3, 1029a20-26.

5. Sur la matière première chez Thomas, *cf.* J. Wippel, *The Metaphysical Thought of Thomas Aquinas. From Finite Being to Uncreated Being*, Washington (DC), Catholic University of America, 2000, p. 312-327.

6. Ps.-Denys, *De caelesti hierarchia*, chap. IV, § 2 ; PG 3, col. 180A ; *cf.* éd. *Dionysiaca*, t. II, p. 804-805. Pour une traduction française du grec, cf. *Œuvres complètes du Pseudo-Denys l'Aréopagite*, trad., préface, notes par M. de Gandillac, Paris, Aubier, 1943.

de Dieu qui, à titre d'acte absolument parfait, se tient au sommet d'une échelle des êtres dont la matière, tout en bas, occupe l'autre bout. D'un point de vue hiérarchique, par conséquent, ni leur rencontre ni même leur proximité n'ont de sens : proches par nature de l'être suprême et de sa perfection totale, les substances spirituelles s'opposent si nécessairement à cette matière imparfaite, qui constitue au sein de l'étant ce qu'il y a de plus incomplet, qu'elles transcendent aussi toutes les réalités matérielles. Le second argument repose sur l'opération propre des substances spirituelles. L'opération propre d'une chose renseigne sur la puissance qui réside en elle et rend possible l'effectuation de son acte. Or le propre des substances spirituelles, dont Thomas n'a encore donné aucune définition [1], est d'intelliger, et cette intellection, qui signe leur spiritualité, consiste avant tout à recevoir des formes intelligibles dans leur dimension commune. Voilà qui exclut la matière première. L'intelliger est principalement l'acte qui revient à saisir, par le biais de l'intellect, l'universel comme tel, dans son universalité, alors que la matière première ne peut recevoir une forme qu'individuellement, par contraction, en la restreignant à un être individuel [2]. En tant que réception pure et neutre de l'intelligible,

1. Deux questions se posent. 1° « qui » sont ces substances? Dans les arguments, quand la précision est donnée, il s'agit de l'âme humaine (6 ; 7 ; 13 ; 16) et de l'ange (6 ; 7 ; 10 ; 11 ; 13 ; 16 ; 18 ; 21), tantôt pris ensemble, tantôt pris séparément; dans le *sed contra*, il est question de « substances séparées » (5), d'« intelligence » (7), d'« esprit rationnel » (11), puis, là encore, de l'âme humaine (6 ; 9 ; 10) et de l'ange (1 ; 4 ; 12 ; 14) ; dans sa réponse principale, Thomas ne parle que de substance spirituelle; enfin, dans ses réponses aux arguments, il n'est presque jamais question que de substance spirituelle, sauf à trois reprises, où Thomas parle de l'âme humaine (ad 6m) et de l'ange (ad 11m ; ad 19m). 2° que recouvre ici la notion de « substance » spirituelle? De quel type de « substance » s'agit-il? Thomas peut-il englober dans un même exposé l'âme humaine (simple partie formelle du composé humain) et l'ange (substance première de plein droit)? Sur les difficultés d'un tel discours « général », voir les analyses de B.-C. Bazán, *L'Âme humaine selon Thomas d'Aquin*.

2. C'est pourquoi l'exemption de matière conditionne et caractérise l'intellectualité. Sur cette question de la « contraction » due la matière, et donc du principe d'individuation, qu'on retrouve au fil du texte (notamment dans l'art. 8), voir J. Wippel, *The Metaphysical Thought of Thomas Aquinas*, p. 351-375, ainsi que ces autres études classiques : M.-D. Roland-Gosselin, *Le 'De ente et essentia' de S. Thomas d'Aquin. Texte établi d'après les manuscrits parisiens. Introduction, notes et études historiques*, Le Saulchoir, Kain (Belgique), *RSPT*, 1926, p. 104-134 ; U. Degl'Innocenti, « Il pensiero di San Tommaso sul principio d'individuazione », *Divus Thomas* (Piacenza), 45 (1942), p. 35-81 ; J. Bobik, « La doctrine de saint Thomas sur l'individuation des substances corporelles », *RPL*, 51 (1953), p. 5-41 ; Id., « Dimensions in the Individuation of Bodily Substances », *Philosophical Studies* (Maynooth), 4 (1954), p. 60-79 ; J. Owens, « Thomas Aquinas : Dimensive Quantity as Individuating Principle », *Mediaeval Studies*, 50 (1988), p. 279-310 ; Id., « Thomas Aquinas (b. ca. 1225 ; d. 1274) », *in* J.J.E. Gracia (éd.), *Individuation in Scholasticism : the later Middle Ages and the Counter Reformation*, Albany, SUNY Press, 1994, p. 173-194. Voir aussi

par conséquent, l'intellection ne peut aucunement en dépendre : la substance qui pense, pour penser, doit être à proprement parler immatérielle, et donc soustraite à toute composition de forme et de matière.

Reste, si l'on y tient, qu'on peut appeler matière et forme toute espèce de puissance et d'acte, et que, sous ce rapport, la conclusion précédente s'inverse. C'est ce que Thomas développe dans un second temps. Comme en toute chose créée, on trouve nécessairement dans la substance spirituelle une puissance à l'égard de l'acte d'être qu'elle reçoit de Dieu ; si donc l'on entend nommer « matière » cette puissance, et « forme » cet être qui l'accomplit, on peut bien parler d'une composition en elle de forme et de matière. Thomas le concède, qui goûte peu cet usage impropre des mots, pour en dégager l'idée sous-jacente qui fait l'une de ses thèses majeures : si la substance spirituelle n'est pas un composé hylémorphique *stricto sensu*, elle est assurément, mais en un sens précis, composée de puissance et d'acte. L'enjeu est manifeste : il s'agit de sauvegarder la suprématie de Dieu, dont l'absolue simplicité caractérise la perfection. Pour noble donc que soit cette substance, et quoiqu'immatérielle, elle ne peut être simple : une forme de composition doit l'affecter qui sera la marque constitutive de sa subordination. S'il fallait l'exempter de matière pour qu'elle fût spirituelle, il faut admettre de la puissance en elle en tant qu'elle est créée.

Quelle est cette puissance ? C'est celle de toute « nature » créée vis-à-vis de l'être conféré par Dieu. Cette distinction, dont on fait un trait caractéristique du thomisme[1], Thomas la justifie par une manière de syllogisme qu'on peut simplifier ainsi : Dieu est son être même, Il est l'être même subsistant ; or l'être même subsistant ne peut être qu'un ; donc tout ce qui vient après Dieu n'est pas son être, mais le reçoit dans sa nature. Si Dieu est l'être subsistant, c'est qu'Il possède en lui à titre d'acte infini l'ensemble de l'être, sans aucune restriction à quelque genre ou quelque espèce que ce soit. L'être de Dieu n'est pas l'être d'une nature ; ce n'est pas un être introduit dans une nature,

K. White, « Individuation in Aquinas's *Super Boetium De Trinitate*, Q. 4 », *American Catholic Philosophical Quarterly*, 69 (1995), p. 543-56 ; T. Suarez-Nani, *Les Anges et la philosophie. Subjectivité et fonction cosmologique des substances séparées à la fin du* XIII*e siècle*, Paris, Vrin, 2002, p. 35-39.

1. Sur la distinction de l'être et de l'essence chez Thomas, la bibliographie est immense : voir notamment É. Gilson, *Le Thomisme*, Paris, Vrin, 6e éd., chap. IV ; Id., *L'Être et l'Essence*, Paris, Vrin, 1948, chap. 3 ; J. Wippel, *Metaphysical Themes in Thomas Aquinas*, Washington (DC), Catholic University of America Press, 1984, chap. 5 et 6. Pour quelques développements latins portant sur cette distinction, voir C. König-Pralong, *Avènement de l'aristotélisme en terre chrétienne*, Paris, Vrin, 2005, chap. 2.

distinct d'elle, et que cette nature nécessairement définie viendrait restreindre comme un récepteur, toujours, limite ce qu'il reçoit. Son être, Dieu ne l'a pas : Il l'est. Or, dit Thomas, cet être qui n'est pas l'acte d'un sujet autre que lui, cet être subsistant, séparé, ne peut être qu'unique, puisque c'est précisément de la subjection que vient la multiplication [1]. Dans tout le reste, l'être est donc reçu, si bien qu'on devra distinguer dans tout étant créé entre l'être participé et la nature qui y participe [2]. Mais si une chose, en tant qu'elle possède l'être, participe à l'acte premier qu'est Dieu, l'être qu'elle reçoit se rapporte nécessairement à sa nature participante comme l'acte à la puissance [3]. Telle est la composition métaphysique radicale qui affecte le créé sans exception.

Cela étant, les réalités ne sont pas toutes du même ordre. Dans les choses corporelles, on trouvera deux niveaux de composition, puisque la composition d'être et de nature – ou, pour parler comme Boèce : de « ce par quoi c'est » *(quo est)* et de « ce qui est » *(quod est)* [4] –, suppose un premier niveau de partage hylémorphique dans lequel la forme

1. Voir les références bibliographiques données plus haut, p. 11, n. 2, pour la question de l'individuation. Outre la subjection, Thomas avance parfois d'autres causes de multiplication ; voir par exemple son *De ente et essentia*, chap. IV, *in* Thomas d'Aquin, Dietrich de Freiberg, *L'Être et l'Essence. Deux traités 'De ente et essentia' de Thomas d'Aquin et Dietrich de Freiberg*, trad. par A. de Libera et C. Michon, Paris, Seuil, 1994, p. 102-103.

2. Sur la participation, voir J. Wippel, « Thomas Aquinas and participation », *in* J.F. Wippel (éd.), *Studies in medieval philosophy*, Washington (DC), Catholic University of America Press, 1987, p. 117-158 ; Id., *The Metaphysical Thought*..., p. 96-110 ; Id., « Metaphysics », chap. 5, *in* N. Kretzmann et E. Stump (éd.), *The Cambridge Companion to Aquinas*, Cambridge, CUP, 1993, p. 93-99, ainsi que les ouvrages classiques de L.-B. Geiger, O.P., *La Participation dans la philosophie de S. Thomas d'Aquin*, Paris, Vrin, 1942 ; C. Fabro, *La nozione metafisica di partecipazione*, Turin, 1950²; Id., *Participation et causalité selon S. Thomas d'Aquin*, Louvain-Paris, 1961. Voir aussi W.N. Clarke, « The Limitation of Act by Potency : Aristotelianism or Neoplatonism », *The New Scholasticism*, 26 (1952), p. 167-194 (réimpr. dans Id., *Explorations in Metaphysics*, Notre Dame (Ind.), University of Notre Dame Press, 1994, p. 65-88) ; Id., « The Meaning of Participation in St. Thomas Aquinas », *Proceedings of the American Catholic Philosophical Association*, 26 (1952), p. 147-157 (réimpr. dans *Explorations in Metaphysics*, p. 89-101) ; R.A. Te Velde, *Participation and Substantiality in Thomas Aquinas*, Leiden, Brill, 1996.

3. Sur ce passage en particulier, voir J. Wippel, *The Metaphysical Thought*, p. 118-119.

4. *Cf.* Boèce, *De hebdomadibus*, *in* Boethius, *The Theological Tractates*, transl. by H.F. Stewart, E.K. Rand and S.J. Tester. *The Consolation of Philosophy*, transl. by S.J. Tester, Cambridge (Mass.)-London, Harvard UP, 1973, p. 40, 28-30 ; PL 64, col. 1311B ; trad. fr. dans Boèce, *Traités théologiques*, par A. Tisserand, Paris, GF-Flammarion, 2000, p. 122-135, ici p. 124-125. *Cf.* art. 1, ad 8m ; sur cette distinction de Boèce, voir notamment P. Hadot, « La distinction de l'être et de l'étant dans le *De hebdomadibus* de Boèce », *in* P. Wilpert (éd.), *Die Metaphysik im Mittelalter : ihr Ursprung und ihre Bedeutung* (Miscellanea Mediaevalia 2), Berlin, W. de Gruyter, 1963, p. 147-153.

intervient comme l'acte de la matière pour constituer cette nature que l'être, *via* la forme, vient actuer. Mais qu'on supprime cet appui qu'offre la matière à la forme du composé physique engendrable et corruptible : s'il reste une forme d'une nature déterminée, une nature simple, donc, qui ne serait pas en autre chose, mais subsisterait par soi, c'est elle seule qui devrait cette fois se rapporter à l'être comme une puissance à l'acte. Or telles sont les substances spirituelles : des formes subsistantes par soi, et non pas matérielles, qui, sans être proprement composées de matière et de forme, sont elles-mêmes sujettes à la détermination suprême qu'est l'être causé par Dieu, et partant, comme toute créature, composées de puissance et d'acte.

Passé ce discours indifférencié sur les substances intellectuelles créées, l'article 2 cherche à savoir si une substance spirituelle peut être unie à un corps. Comme l'indique l'ouverture de la solution, la question de Thomas est toutefois plus précise et demande si une substance spirituelle peut s'unir au corps *à titre de forme*. Le problème tient au fait que les notions de forme et de substance spirituelle semblent antinomiques. Si être une forme consiste à être en autre chose, *i.e.* dans la matière qu'elle parfait, la nature même de la substance spirituelle qui en fait « une certaine chose subsistante par soi », *i.e.* sans d'autre appui qu'elle-même, paraît le lui interdire[1]. Ces deux aspects peuvent-ils se rencontrer en une même réalité? La réponse de Thomas est positive et se fait en trois temps.

Premièrement, il pose que cette conjonction est non seulement possible, mais qu'il est nécessaire, si c'est du corps humain qu'il s'agit, qu'une certaine substance spirituelle en soit la forme. Sa justification repose sur le fait jugé indéniable que tout individu humain, en tant que tel, pense ou est en mesure de penser[2]. La démonstration consiste par

1. Thomas formule ici son problème en des termes traditionnels qui ne tiennent pas exactement compte de ce qu'il a développé dans l'article 1. Car il a déjà démontré (*cf.* art. 1, ad 6m) qu'une substance spirituelle est une *forme* subsistante par soi (et non pas, comme il est vaguement dit ici : *quaedam res*), si bien que, en toute rigueur, la question est de savoir s'il existe une forme subsistante qui soit nonobstant *forme d'une matière*, et plus exactement, comme le montrera la suite, qui soit forme *substantielle* subsistante. En d'autres termes, le concept majeur de l'anthropologie thomasienne se joue là. Sur cette question, voir B.-C. Bazán, « Pluralisme de formes ou dualisme de substances? La pensée pré-thomiste touchant la nature de l'âme », *RPL*, 67 (1969), p. 30-73; Id., « The Human Soul : Form *and* Substance? Thomas Aquinas' Critique of Eclectic Aristotelianism », *AHDLMA* 64 (1997), p. 95-126; Id., « 13th Century Commentaries on *De anima* : from Peter of Spain to Thomas Aquinas », *in* G. Fioravanti, C. Leonardi, S. Perfetti (éd.), *Il commento filosofico nell'Occidente latino (secoli XIII-XV)*, Turnhout, Brepols, 2002, p. 119-184.

2. Sur l'argument « hic homo intelligit », voir notamment J.-B. Brenet, « Thomas d'Aquin pense-t-il? Retours sur *hic homo intelligit* », *RSPT*, 93/2 (2009), p. 229-250.

régression à en dégager les conditions de possibilité ; réduite à l'essentiel, elle se présente ainsi : (a) intelliger convient à cet homme singulier, par exemple Socrate ou Platon ; (b) or un acte ne peut convenir à un être qu'en vertu d'une forme existant en lui, (b1) parce que rien n'agit sinon en tant qu'il est en acte et (b2) que c'est par une forme qu'il l'est ; (c) si donc cet acte qu'est l'intelliger convient à cet homme singulier, le principe dont il dépend doit être formellement en lui. Première étape, première conclusion : si cet homme intellige, comme c'est le cas, il faut que ce par quoi il intellige soit une forme en lui : une forme qui l'actue, et qui, l'actuant, lui permet d'opérer sous le rapport de l'actualité qu'elle confère. (d) Cela étant, une opération renseigne nécessairement sur le principe qui l'opère, puisque toute chose agit conformément à ce qu'elle est et qu'on peut ainsi remonter du mode d'action au mode d'être ; si donc il est vrai, comme l'enseigne Aristote, que l'opération intellective se fait sans le corps, le principe dont elle est issue doit être lui-même sans communication avec le corps ; (e) ainsi, le principe humain de l'intellection, qui ne peut être qu'une forme présente dans l'individu pensant, possède un être qui ne peut dépendre de la matière corporelle, mais se tient au-dessus d'elle ; (f) or une telle indépendance ontologique est le propre d'une substance spirituelle ; (g) il faut donc admettre qu'une certaine substance spirituelle est la forme du corps humain : ce sera l'âme humaine. Dans ce premier temps de la solution, la thèse principale est d'ores et déjà formulée.

Trois remarques. Premièrement, Thomas ne démontre pas proprement ce qu'il annonce. Ce que conclut son raisonnement n'est pas qu'une substance spirituelle est unie au corps humain comme forme, mais plutôt que la forme (substantielle) du corps humain est nécessairement subsistante. Car il a établi ceci : (1) le principe de l'intellection singulière est une forme dans l'individu (et plus exactement, si l'on se place au niveau du principe *premier* de l'agir, *la* forme *substantielle* – ce que montrera la suite) ; (2) et cette forme ne dépend pas, dans son être, du corps qu'elle actue. Ce renversement n'est peut-être pas anodin, s'il est significatif d'une méthode, voire d'une orientation « naturaliste ». Thomas tâche d'accéder à la spiritualité de l'âme sur la base de son être-forme. Il ne soutient pas, dans une démarche descendante, qu'une substance spirituelle doit s'abaisser jusqu'à l'animation d'une matière, il conclut d'une démarche ascendante qu'une forme peut et doit transcender les limites de son corrélat corporel [1].

1. Voir B.-C. Bazán, *L'Âme humaine selon Thomas d'Aquin*.

Deuxièmement, plusieurs difficultés fragilisent la position thomasienne. N'en retenons qu'une, qui réside dans la manière qu'a l'Aquinate de déduire la subsistance de cette âme [1]. Que l'âme soit subsistante signifie que son être ne dépend pas de la matière corporelle ; ce que prouve, dit Thomas, l'immatérialité de son opération intellectuelle dans la mesure où l'âme humaine, comme toute chose, agit comme elle est, c'est-à-dire non seulement en tant qu'elle est, mais conformément à son mode d'être. Ainsi, ce qui agit indépendamment du corps est indépendamment du corps ; or le principe de l'intellection qu'est l'âme agit dans l'intellection sans communiquer avec le corps [2] ; donc son être, dont cette action n'est qu'un déploiement, n'en dépend pas non plus. Que reste-t-il pourtant de ce syllogisme, s'il faut avec Thomas en ruiner la mineure ? Car l'âme humaine n'est que la partie formelle d'un tout, l'homme, dont le corps constitue l'autre partie ; à ce titre, elle n'est pas une substance première, et donc pas un suppôt [3] ; or, dit l'adage que Thomas fait sien, *actiones sunt suppositorum* [4]. À proprement

1. Cela ne vaut évidemment pas pour ce seul texte, mais pour tous ceux, fort nombreux, dans lesquels Thomas use de la même analyse.

2. Il faudrait préciser – ce que Thomas, ici, ne fera pas – « à titre d'organe » ou de « sujet ». Car l'âme a non seulement besoin du corps à titre d'« objet », mais elle le requiert, dans l'acte même d'intellection, à titre de référence des concepts abstraits – c'est le sens de la *conversio ad phantasmata* (dont on pourrait montrer qu'elle est redevable de la théorie averroïste du *duplex subiectum* critiquée plus bas). Sur certains de ces points, voir J.-B. Brenet, « '... *set hominem anima*'. Thomas d'Aquin et la pensée humaine comme acte du composé », *Mélanges de l'université Saint-Joseph* (Beyrouth), 59 (2006), p. 69-96 ; Id., « Thomas d'Aquin pense-t-il ? Retours sur *Hic homo intelligit* », surtout p. 244-248. Le couple sujet-objet ainsi mobilisé dans la psychologie procède en partie du *Grand Commentaire* d'Averroès sur le traité *De l'âme* ; sur cela, voir J.-B. Brenet, « Corps-sujet, corps-objet. Notes sur Averroès et Thomas d'Aquin dans le *De immortalitate animae* de P. Pomponazzi », *in* J. Biard et Th. Gontier (dir.), *Pietro Pomponazzi entre traditions et innovations*, Amsterdam/Philadelphia, B. R. Brüner, 2009, p. 11-28, surtout p. 21-28.

3. Pour ce point capital, voir art. 2, ad 16m, qu'il faut comparer à ad 11m : l'âme et l'ange ne sont dans un même genre que d'un point de vue logique, abstraction faite des modes d'êtres que considère, en revanche, le philosophe de la nature. Pour le physicien, en effet, l'âme humaine n'est qu'une partie du composé qu'est l'homme individuel ; et tout comme son corrélat corporel, c'est au genre de son tout, « animal », qu'elle appartient *per reductionem*. Sur cela, voir les analyses de B.-C. Bazán dans *L'Âme humaine selon Thomas d'Aquin*.

4. Sur cet adage essentiel, qui n'est pas littéralement aristotélicien (*cf.* l'apparat du texte de l'édition Léonine, p. 57, pour les lignes 63-64), voir notamment A. de Libera, « Les actions appartiennent aux sujets. Petite archéologie d'un principe leibnizien », *in* S. Caroti, R. Imbach, Z. Kaluza, G. Stabile and L. Sturlese (éd.), *« Ad Ingenii Acuitionem ». Studies in Honour of Alfonso Maierù*, Louvain-la-Neuve, Brepols, 2006, p. 199-219 ; R. Cross, « Accidents, Substantial Forms, and Causal Powers in the Late Thirteenth Century : Some Reflections on the Axiom '*actiones sunt suppositorum*' », *in* Ch. Erismann et A. Schniewind (éd.), *Compléments de substance. Études sur les propriétés accidentelles offertes à*

parler, par conséquent, l'âme n'agit pas par soi, et cela parce que, simple partie, ce n'est pas elle, mais le composé qu'elle intègre à titre de forme qui le fait : l'âme est le principe d'opération, elle n'est pas l'opérateur. En son sein, la démonstration de Thomas est menacée par cette ambiguïté du statut de l'âme.

Enfin, le principe clé du raisonnement de l'Aquinate dans sa première étape mérite d'être relevé. Après avoir posé qu'il convient à cet homme singulier d'intelliger, Thomas déclare qu'une opération ne convient à une chose que par une forme existant en elle, du fait qu'une chose n'opère qu'en tant qu'elle est en acte et que c'est par une forme qu'elle l'est. Dans la querelle contre Averroès et les « averroïstes » [1], et plus largement, pour qui veut mesurer la portée de la philosophie médiévale, l'articulation ici très ramassée de ces trois thèses sur les rapports de l'être et de l'agir est d'une importance capitale. Une question de fond est posée, qui concerne les conditions d'attribution

Alain de Libera, Paris, Vrin, p. 133-146; sur Leibniz, qui prolonge la scolastique, voir M. Fichant, « *Actiones sunt suppositorum* : l'ontologie leibnizienne de l'action », *Philosophie*, 53 (1997), p. 135-148. On y ajoutera les pages qu'A. de Libera réserve à ce qu'il appelle « PSA, Principe subjectif de l'action – *actiones sunt suppositorum* » dans ses deux premiers volumes de l'*Archéologie du sujet*, Paris, Vrin, 2007 et 2008.

1. Querelle paradoxale, à bien des égards, puisque Thomas retourne contre Averroès des principes qu'il lui emprunte et feint plusieurs fois d'ignorer la conceptualisation propre du Commentateur; voir notamment Averroès, *Commentarium magnum in Aristotelis de anima libros*, III, com. 36; éd. F.S. Crawford, Cambridge (Mass.), The Medieval Academy of America, 1953, p. 499, 585-500, 590; *cf.* Averroès, *L'Intelligence et la Pensée. Grand Commentaire du 'De anima'. Livre III (429a10-435b25)*, trad. par A. de Libera, Paris, GF-Flammarion, 1998, p. 167 (trad. angl. complète : Averroes (Ibn Rushd) of Cordoba, *Long Commentary on the 'De anima' of Aristotle*, transl. by R.C. Taylor, with T.-A. Druart, subeditor, New Haven and London, Yale UP, 2009; trad. allem. partielle : Averroes, *Über den Intellekt. Auszüge aus seinen drei Kommentaren zu Aristoteles'* De anima. Arabisch, Lateinisch, Deutsch, herausgegeben, übersetzt, eingeleitet und mit Anmerkungen versehen von D. Wirmer, Freiburg-Basel-Wien, Herder, 2008). Sur la question de l'intellect comme « forme pour nous » chez Averroès, voir R.C. Taylor, « Intellect as Intrinsic Formal Cause in the Soul according to Aquinas and Averroes », *in* M. Elkaisy-Friemuth et J.M. Dillon (éd.), *The Afterlife of the Platonic Soul. Reflections on Platonic Psychology in the Monotheistic Religions*, Leiden, Brill, 2009, p. 187-220; Id., « The Agent Intellect as 'form for us' and Averroes's Critique of al-Fârâbî », *Tópicos. Revista de filosofía* (Universidad Panamericana, México), 29 (2005), p. 29-51; réimpr. dans *Proceedings of the Society for Medieval Logic and Metaphysics*, 5 (2005), p. 18-32; M. Geoffroy, « Averroès sur l'intellect comme cause agente et cause formelle, et la question de la "jonction" – I* », *in* J.-B. Brenet (éd.), *Averroès et les averroïsmes juif et latin. Actes du colloque international, Paris 16-18 juin 2005*, Turnhout, Brepols, 2007, surtout p. 85-110; J.-B. Brenet, « Acquisition de la pensée et acquisition de l'acte chez Averroès. Une lecture croisée du *Grand Commentaire* au *De anima* et du *Kitāb al-Kašf 'an manāhij al-adilla* », à paraître, chez Brill, dans les Actes du colloque *Philosophical Psychology in Medieval Arabic and Latin Aristotelianism*, Mexico, Universidad Panamericana, 29-30 mai 2008.

d'une opération à un opérateur. Que faut-il pour que cette action soit le fait de cet agent? Quel rapport doit lier le principe agent à son principe d'action? À cela, qui pointe au cœur de l'article 2 et intéresse une archéologie du sujet, plusieurs scolastiques fourniront d'autres réponses que celles de Thomas, soit qu'ils nient de manière radicale l'idée même d'une nécessaire intrinsécéité du principe actif formel, soit qu'ils en envisagent autrement le sens, faisant varier les notions d'in-existence, de forme et d'actualité [1].

L'ampleur conceptuelle de la dispute, du reste, apparaît dans le deuxième grand moment de la solution de Thomas. C'est un moment critique qui permet à l'Aquinate d'évacuer deux solutions alternatives majeures au problème de la pensée individuelle humaine : celles d'Averroès et de Platon. Thomas vient d'établir que l'intelliger propre à l'individu suppose en lui une forme subsistante qui l'explique et que, par conséquent, une substance spirituelle est nécessairement unie au corps humain comme forme (substantielle). Mais tous ne l'admettent pas. Si certains posent comme lui que l'intelliger est bien l'acte d'une substance intellectuelle, ils nient en revanche que cette substance doive pour autant s'unir formellement au corps. À ceux-là, Thomas demande de rendre raison de la pensée individuelle qu'ils sont censés accorder. Averroès est le premier mis à l'épreuve [2]. Selon lui, rappelle Thomas [3], la

1. L'opposant le plus radical est sans doute ici l'Anonyme de Giele : voir ses *Quaestiones de anima*, *in* M. Giele, F. Van Steenberghen, B. Bazán (éd.), *Trois Commentaires anonymes sur le Traité de l'Âme d'Aristote*, Louvain-Paris, Publ. universitaires-Béatrice-Nauwelaerts, 1971, p. 21-117 (en particulier, pour la thèse, voir p. 75, 40 *sq.*). Sur sa lecture, voir J.-B. Brenet, « Sujet, objet, pensée personnelle : l'Anonyme de Giele contre Thomas d'Aquin », à paraître dans les Actes du Colloque *Averroès, averroïsme, anti-averroïsme*, organisé à Genève, 15-18 octobre 2006, sous la dir. d'A. de Libera; Id., *Transferts du sujet. La noétique d'Averroès selon Jean de Jandun*, Paris, Vrin, 2003, p. 315-317; A. de Libera, *L'Unité de l'intellect...*, p. 294-300. Pour une autre réponse à Thomas, fondée sur Averroès, mais rejetant l'extrinsécisme, voir les thèses de Jean de Jandun, partisan d'une production interne de la pensée, dans J.-B. Brenet, *Transferts du sujet...*, p. 340-371.

2. Il l'est aussi dans d'autres textes; *cf.* notamment *Quaest. disp. de anima*, q. 2, 3 et 5. Sur la critique de la noétique d'Averroès par Thomas, voir A. de Libera, *L'Unité de l'intellect*; D.L. Black, « Consciousness and Self-Knowledge in Aquinas's Critique of Averroes' Psychology », *Journal of the History of Philosophy*, 31 (1993), p. 349-385; Id., « Models of the Mind : Metaphysical Presuppositions of the Averroist and Thomistic Accounts of Intellection », *Documenti e Studi sulla tradizione filosofica medievale*, 15 (2004), p. 319-352; R.C. Taylor, « Averroes' Epistemology and its Critique by Aquinas », *in* R.E. Houser (éd.), *Medieval Masters : Essays in Memory of Msgr. E.A. Synan*, Houston, Center for Thomistic Studies, University of St. Thomas, 1999, p. 147-177; Id., « Aquinas and the Arabs : Aquinas's First Critical Encounter with the Doctrine of Averroes on the Intellect, *In 2 Sent.* d. 17, q. 2, a. 1 », à paraître dans les Actes du colloque *Philosophical Psychology in Medieval Arabic and Latin Aristotelianism*, Mexico, Universidad Panamericana, 29-30 mai 2008.

3. Thomas le retrouvera plus bas ; voir les articles 9 et 10.

substance intellectuelle qui intellige dans la pensée humaine est un intellect possible[1] séparé du corps selon l'être[2]. Comment faire cependant pour que l'intellection de cet intellect séparé puisse concerner l'homme? Comment éviter qu'une telle séparation ne se fige en une complète disjonction de deux substances? Averroès aurait lui-même

1. Dans son *Grand Commentaire*, Averroès, en héritier d'Alexandre d'Aphrodise, parle d'intellect *matériel*. Le Cordouan semble n'avoir jamais cessé d'en retravailler la doctrine pour lui donner dans le *Grand Commentaire*, perdu en arabe, la forme ultime que les Latins comme Thomas combattront au XIIIe siècle. Sur l'intellect matériel chez Averroès, voir H.A. Davidson, *Alfarabi, Avicenna and Averroes, on Intellect*, New York-Oxford, OUP, 1992, p. 258-314; M. Geoffroy, « À la recherche d'une béatitude », *in* Averroès, *La Béatitude de l'âme*, éd., trad. et études par M. Geoffroy et C. Steel, Paris, Vrin, 2001, p. 42-81; Id., « *'Passio', 'transmutatio', 'receptio'* : Averroès sur l'analogie de l'intellect et du sens dans le(s) commentaire(s) au *De anima* d'Aristote », *in* J. Hamesse et O. Weijers (éd.), *Écriture et réécriture des textes philosophiques médiévaux*, Turnhout, Brepols, 2006, p. 137-184; R.C. Taylor, « Separate Material Intellect in Averroes' Mature Philosophy », *in* R. Arnzen et J. Thielmann (éd.), *Words, Texts and Concepts Cruising the Mediterranean Sea*, Leuven, Peeters, 2004, p.289-309; Id., « Improving on Nature's Exemplar : Averroes' Completion of Aristotle's Psychology of Intellect », *in* P. Adamson, H. Baltussen et M.W.F. Stone (éd.), *Philosophy, Science and Exegesis in Greek, Arabic and Latin Commentaries*, vol. II, London, Institute of Classical Studies, 2004, p. 107-130; Id., « Intelligibles in act in Averroes », *in* J.-B. Brenet (éd.), *Averroès et les averroïsmes juif et latin*, p. 111-140; A. Elamrani-Jamal, « Averroès : la doctrine de l'intellect matériel dans le *Commentaire moyen au 'De anima'* d'Aristote », in *Langages et Philosophie*, Paris, Vrin, 1997, p. 281-307; Id., « Averroès, de l'*Épitomé* au *Commentaire moyen du De anima*, questions de méthode », *in* C. Baffioni (éd.), *Averroes and the Aristotelian Heritage*, Naples, Guida, 2004, p. 121-136; A. Ivry, « Averroes' Middle Commentary on the *De Anima* », *in* R. Työrinoja, A.I. Lehtinen et D. Føllesdal (éd.), *Knowledge and the Sciences in Medieval Philosophy*, vol. III, Helsinki, Yliopistopaino, 1990, p. 79-86; Id., « Averroes' Middle and Long Commentaries on the *De anima* », *Arabic Sciences and Philosophy*, 5 (1995), p. 76-92; Id., « Averroes' *Short Commentary* on Aristotle's *De anima* », *Documenti e studi sulla tradizione filosofica medievale*, 8 (1997), p. 512-513; Id., « Averroes' Three Commentaries on *De anima* », *in* G. Endress et J.A. Aertsen (éd.), *Averroes and the Aristotelian Tradition. Sources, Constitution and Reception of the Philosophy of Ibn Rushd (1126-1198)*, Leiden-Boston-Köln, Brill, 1999, p. 199-216; J.-B. Brenet, *Transferts du sujet...*, p. 89-101; E. Coccia, *La trasparenza delle immagini. Averroè e l'averroismo*, Milan, Mondadori, 2005, chap. 2 et 3.

2. C'est la séparation ontologique de cet intellect qui est considérée; rien n'est dit encore de son unicité, qui selon Thomas ne conduit pas moins à l'impasse (ce sera l'objet de l'article 9). Cela étant, l'Aquinate n'attaque pas ici la séparation ontologique pour elle-même, mais la théorie averroïste de la jonction censée la contrebalancer. Sur la jonction chez Averroès, voir notamment D.L. Black, « Conjunction and the Identity of Knower and Known in Averroes », *American Catholic Philosophical Quarterly*, 73 (1999), p. 161-184; A. Ivry, « Averroes on Intellection and Conjunction », *Journal of the American Oriental Society*, 86/2 (1966), p. 76-85; Id., « Conjunction in and of Maimonides and Averroes », *in* J.-B. Brenet (éd.), *Averroès et les averroïsmes juif et latin*, p. 231-247; J.-B. Brenet, « Averroès a-t-il inventé une théorie des deux sujets de la pensée? », *Tópicos. Revista de filosofía* (Universidad Panamericana, México), 29 (2005), p. 53-86.

vu le problème [1] et tenté d'y remédier en invoquant une forme d'union entre l'homme et l'intellect : la jonction par les images *(continuatio per phantasmata)*. L'espèce intelligible servirait en effet de dénominateur commun à l'intellect séparé et aux images de l'homme en raison des deux êtres qu'elle possède : l'un dans les images dont elle est abstraite, l'autre dans l'intellect séparé qu'elle vient informer [2]. Si l'on en croit le Commentateur, c'est donc parce que l'intellect et l'image supportent en quelque façon la même chose, et que l'individu, par son image, est aussi le dépositaire de ce dont l'intellect est le support, qu'une connexion peut s'établir entre eux : ce qui, en s'y subjectant, informe l'intellect et le fait penser est aussi fondé dans l'image de l'individu, qui doit à cela de penser lui-même [3].

Sauf que Thomas n'y souscrit nullement. À supposer qu'une telle jonction se fasse, il estime qu'elle ne permet aucunement à l'individu d'intelliger. La critique est celle qu'on retrouve dans la plupart de ses textes anti-averroïstes [4] : avec Aristote [5], on doit dire que les images

1. Avant de détailler ses solutions, Averroès expose les principaux problèmes noétiques ; voir Averroès, *Com. magn. in De an.*, III, com. 5 ; éd. Crawford, p. 399, 344-361 ; *cf.* Averroès, *L'Intelligence et la Pensée...*, p. 68-69.

2. C'est ce qu'on appelle la théorie des « deux sujets » de la pensée, et que Thomas pouvait lire dans le *Grand Commentaire* d'Averroès au traité *De l'âme* : voir Averroès, *Com. magn. in De an.*, III, 5 ; éd. Crawford, p. 400, 379-390 ; p. 404, 501-405, 527 ; *cf.* Averroès, *L'Intelligence et la Pensée...*, p. 69-70 ; 73-74. Sur ce point, voir notamment J. Jolivet, « Averroès et le décentrement du sujet », *Internationale de l'imaginaire*, 17/18 (1991), Paris, Maison des cultures du monde, p. 161-169 ; réimpr. dans J. Jolivet, *Perspectives médiévales et arabes*, Paris, Vrin, 2006, p. 229-234 ; A. de Libera, « Existe-t-il une noétique averroïste ? Note sur la réception latine d'Averroès aux XIIIe et XIVe siècles », *in* F. Niewöhner et L. Sturlese (éd.), *Averroismus im Mittelalter und in der Renaissance*, Zürich, Spur Verlag, 1994, p. 51-80 ; J.-B. Brenet, *Transferts du sujet...*, p. 311-328 ; et Id., « Averroès a-t-il inventé une théorie des deux sujets de la pensée ? » ; voir aussi les analyses de M. Geoffroy, « Averroès sur l'intellect comme cause agente et cause formelle, et la question de la "jonction" – I* ».

3. La lecture thomasienne de la jonction rushdienne est une topique fautive (que reprendra notamment Gilles de Rome), qui ignore, ou veut ignorer le sens de *subiectum* qui vaut proprement chez Averroès pour l'image-sujet. Sur ce point, voir J.-B. Brenet, *Transferts du sujet...*, p. 304-328 ; sur les développements latins que le contresens a pu produire, voir *ibid.*, p. 328-340 et 439-443 ; Id., « Les sources et le sens de l'anti-averroïsme de Thomas de Strasbourg », *RSPT*, 90/4 (2006), p. 641-663, surtout p. 655-663. Pour l'analyse d'un autre glissement latin, voir B.-C. Bazán, « *Intellectum speculativum* : Averroes, Thomas Aquinas, and Siger of Brabant on the intelligible object », *Journal of the History of Philosophy*, 19/4 (1981), p. 425-446.

4. Voir, pour l'opuscule *L'Unité de l'intellect*, les analyses d'A. de Libera dans *L'Unité de l'intellect...*, p. 225-248, ainsi que les notes de sa traduction.

5. C'est d'une combinaison d'Aristote et d'Averroès, en fait, que Thomas semble avoir tiré cette idée, souvent répétée, qu'il signalait déjà dans son commentaire des *Sentences* (cf. *In I Sent.*, dist. 3, q. 1, art. 1, arg. 5). *Cf.* Aristote, *De l'âme*, III, 7, 431a14-15, et

sont à l'intellect possible ce que les couleurs sont à la vue. De même donc que le mur n'est pas voyant du seul fait qu'il porte les couleurs dont les formes actuent le sens de la vue, l'homme ne sera pas pensant du seul fait qu'il porte en lui les images dont les espèces intelligibles, après abstraction, actueront l'intellect possible. Sous ce rapport, il n'est qu'un fournisseur d'objets, une réserve d'universalisables, et n'a d'ailleurs rien d'actif. C'est même l'inverse : le mur, loin d'être voyant, est vu, si bien que l'individu, loin d'intelliger, serait seulement pensé. Pour qu'il intellige, dit Thomas, il faut en lui bien plus que la base imaginaire des concepts abstraits : il lui faut la puissance de connaître elle-même. Cet intellect possible, au lieu qu'il soit une substance ontologiquement séparée, doit être la puissance d'une âme intellective existant formellement dans l'individu[1] : la pensée qui convient à cet homme ne peut se concevoir autrement que comme un acte dont le principe d'opération premier est sa forme substantielle.

Du reste, cette jonction n'est pas seulement inefficace, elle est fictive, puisque l'espèce n'est pas dans l'image comme elle est dans l'intellect. Pour être dans l'intellect, il lui faut même n'être plus dans l'image : le processus de dé-matérialisation qui conduit à l'universel équivaut pour la forme à la perte de son imaginalité. En ce sens, l'espèce intelligible instaure une coupure plus qu'elle n'établit un lien. La prétendue jonction d'Averroès est donc une disjonction qui prive l'homme de toute intellectualité, si bien que l'opinion du Commentateur doit être récusée pour son impossibilité.

Thomas n'a pas attaqué de front la doctrine de la séparation ontologique de l'intellect possible. Il a dénoncé dans la *continuatio* une piètre et illusoire tentative pour contrebalancer, dans l'ordre de l'acte, la dissociation de l'intellect et du corps dans l'ordre de l'être. Devoir envisager une jonction, c'était avouer un faux départ; mais cette réunion, en tout état de cause, ne résiste pas à l'examen et s'avère inconcevable, au point de faire buter la thèse d'Averroès sur le premier principe de la psychologie : cet homme pense, voilà ce qu'elle ne peut vérifier.

Averroès, *Com. magn. in De an.*, III, com. 5 ; éd. Crawford, p. 401, 410-417 et, dans une moindre mesure, III, com. 30, p. 469, 9-11 et 28-30 ; *cf.* Averroès, *L'Intelligence et la Pensée*, p. 70 ; p. 138.

1. *Cf.* ad 13m ; Averroès se serait trompé dans l'exégèse du traité *De l'âme* d'Aristote : si l'intellect y est dit « séparé », ce n'est pas à titre de substance ontologiquement distincte du corps, mais en tant que puissance n'usant d'aucun organe pour son opération. Chez Thomas, le terme « intellect » est équivoque : il désigne tantôt une puissance accidentelle (l'intellect possible, par exemple), tantôt une forme substantielle (l'âme intellective elle-même).

Qu'en est-il de Platon? La situation est toute différente, puisque Platon, qui conteste aussi que la nature spirituelle, substance de plein droit, soit unie au corps en tant que forme, réussit en un sens à justifier que l'homme intellige. Mais c'est au prix cette fois d'une anthropologie amoindrie qui réduit l'homme à la seule substance intellective qu'est l'âme. L'erreur de ce spiritualisme apparaît comme l'inverse de la précédente : pour Thomas, si Averroès restreint l'individu à un corps que la substance pensante ne rejoint jamais, Platon en fait une âme autonome n'ayant d'autre rapport au corps que celui du moteur au mobile. Or cette position, selon l'Aquinate, n'est pas moins fautive, au point qu'une seule référence au traité *De l'âme* d'Aristote suffit à l'exclure : si l'âme n'était pas la forme du corps, celui-ci, une fois qu'elle se retire, ne cesserait pas d'être ce qu'il est [1]. À la fin de ce deuxième temps, Thomas peut à nouveau préciser sa thèse : l'âme humaine, dont on sait, par son opération propre, qu'elle est de nature intellectuelle, n'est ni une substance séparée comme est l'intellect d'Averroès, ni un simple moteur comme est l'âme de Platon : elle est la « quiddité » *(quod quid erat esse)* du corps humain, et c'est dans cette mesure, comme il cherchait à l'établir, qu'on sauve correctement l'évidence de la pensée individuelle.

Reste le dernier temps. Thomas a montré qu'il était nécessaire que l'âme, forme substantielle du corps humain, fût une substance spirituelle. Mais comment est-ce possible? Comment se peut-il qu'une forme substantielle du corps ne soit pas, selon ses propres termes, « immergée » ou « enfoncée » dans la matière, « enchaînée » à elle? Sa réponse confirme la perspective physique qu'on relevait plus haut [2]; elle repose sur une doctrine de l'émergence ou du surpassement des formes selon laquelle, au sein d'une nature dynamique, plus une forme est élevée, plus elle excède, par son pouvoir, les limites de la matière dans laquelle elle s'inscrit [3]. Au bas de l'échelle, la forme de l'élément en dépend totalement et n'opère que par le biais des qualités actives et passives : le froid, le chaud, l'humide, le sec, simples dispositions de la matière corporelle. Au niveau supérieur, il n'en va déjà plus de même :

1. *Cf.* Aristote, *De l'âme*, II, 1, 412b17-25.

2. Il ne s'agit pas d'oublier, cependant, que l'advenir des formes substantielles du monde sublunaire est conditionné par une causalité verticale dans laquelle les corps célestes sont les instruments d'intelligences séparées qui, elles-mêmes, reconduisent à la providence de Dieu.

3. Sur ce point de doctrine, dont les racines sont profondes, voir les analyses de B.-C. Bazán dans *L'Âme humaine selon Thomas d'Aquin* ; pour d'autres textes de Thomas, *cf.* notamment *In II Sent.*, dist. 17, q. 2, art. 1 ; *Contra Gent.*, II, chap. 66 ; IV, chap. 11.

la forme du corps minéral, sous l'influence céleste, produit des effets qui dépassent ces qualités premières, comme lorsque l'aimant attire le fer. Au-dessus, la forme de la plante, *i.e.* l'âme végétative, bien qu'elle use de ces mêmes qualités, transcende leur pouvoir en accomplissant son acte propre de nutrition ou d'accroissement. Au-dessus encore, l'âme de l'animal a besoin d'organes, certes, mais elle est capable d'opérations comme la vision, l'audition ou l'appétit, dans lesquelles les qualités actives et passives n'entrent plus. Enfin, l'âme humaine, « la plus parfaite des formes » naturelles, est faite pour produire l'intelliger, cet acte qui se passe d'organe corporel et dont l'effectuation déborde absolument la matière. Et elle le peut, dit Thomas, parce que son être l'autorise. L'action est conforme à l'être de l'agent. Si donc l'être de l'âme humaine, à laquelle les formes inférieures s'ordonnent par degrés, est bien l'être d'une forme substantielle de la matière, il échappe à ses prises du fait de sa noblesse; il est en quelque façon touché par la matière, mais il n'est pas embrassé, étreint, enclos. En tant que l'âme est touchée par la matière, et qu'elle lui communique son être pour faire être le composé [1], on dira donc d'elle qu'elle est forme du corps; en tant qu'elle dépasse cette même matière, qu'elle peut subsister et opérer par soi, on dira en revanche qu'elle est substance spirituelle [2].

Thomas aurait pu s'en tenir là, mais juge bon, citant Denys l'Aréopagite, d'offrir une ultime justification de cet accolement de l'âme humaine et de la matière [3]. C'est une loi de l'univers qui l'exige. Dans un monde sans hiatus, ce qui se trouve au plus haut dans un ordre de réalités touche toujours ce qui se trouve au plus bas dans

1. Voir art. 2, ad 8m : l'être du composé hylémorphique humain est l'être *de l'âme*, que l'âme communique au corps – raison pour laquelle, du reste, la corruption du corps n'équivaut pas à sa propre disparition. Cela étant, si l'âme n'est pas substance complète, peut-elle être sujet de l'acte d'être? Sur ce point, voir les analyses de B.-C. Bazán dans *L'Âme humaine selon Thomas d'Aquin*.

2. Ce n'est pas le dualisme préthomiste; car c'est bien *selon son essence* que l'âme est forme du corps, et non pas « selon quelque chose d'ajouté » (voir art. 2, ad 4m).

3. *Cf.* Ps.-Denys, *De divinis nominibus*, chap. VII, § 3; PG 3, col. 872B; *cf.* éd. *Dionysiaca*, I, p. 407. C'est l'une des références favorites de Thomas, qui appuie la conception d'un cosmos hiérarchisé sans solution de continuité. On la retrouve implicitement dans l'article 5 pour justifier l'existence de substances spirituelles *absolument* séparées du corps (deuxième raison). Voir notamment B. Montagnes, « L'axiome de continuité chez saint Thomas », *RSPT*, 52 (1968), p. 201-221 ; W.J. Hankey, « Dionysian Hierarchy in Thomas Aquinas : Tradition and Transformation », *in* Y. de Andia (éd.), *Denys l'Aréopagite et sa postérité en Orient et en Occident*, Paris, 1997, p. 405-438 ; Id., « Aquinas, Pseudo-Denys, Proclus and Isaiah VI.6 », *AHDLMA*, 64 (1997), p. 59-60 ; D. Luscombe, « Thomas Aquinas and Conceptions of Hierarchy in the Thirteenth Century », *in* A. Zimmermann (éd.), *Thomas von Aquin. Werk und Wirkung im Licht Neuerer Forschungen* (Miscellanea Mediaevalia, 19), Berlin-New York, W. de Gruyter, 1988, p. 261-277.

l'ordre qui lui est immédiatement supérieur. Or l'âme humaine, dans l'ordre cette fois descendant des substances spirituelles, est au plus bas ; il fallait donc qu'elle fût touchée par la matière corporelle, ou plutôt par le corps humain, placé au plus haut dans l'ordre des corps matériels engendrables et corruptibles du fait de l'équilibre propre à sa composition. La mise en commun de son être, et, par là, la constitution de l'étonnant composé hylémorphique qu'est l'homme, est une traduction de cet arrangement continu des choses.

L'article 3 demande si la substance spirituelle qu'est l'âme humaine est unie au corps par un intermédiaire. La réponse varie selon l'angle choisi. Si on la considère comme moteur, ce qu'elle est aussi, rien n'empêche d'admettre de multiples intermédiaires entre elle et le corps : c'est par l'entremise du cœur, par exemple, que les autres membres seront mus. En revanche, si on la considère comme forme substantielle, dont on sait désormais que c'est son essence, son union au corps ne peut être qu'immédiate. C'est sur cela que Thomas se concentre. Il pose d'abord que toute chose est « une » dans la mesure même où elle est un étant ; la cause de son être, en d'autres termes, est aussi cause de son unité. Or c'est sa forme qui la fait être, et cela, immédiatement (puisque l'être est l'acte premier – ce que Thomas, ici, présuppose). De même donc qu'il n'y a pas d'intermédiaire dans la donation de l'*esse*, il n'y en a pas dans la constitution de l'unité : la chose est une, aussi directement qu'étant.

Il ne suffit pas cependant d'établir que l'âme, à titre de forme, se rapporte immédiatement au corps ; il faut déterminer plus exactement la nature de ce « sujet propre » qui lui sert de matière. Or deux opinions sont possibles : celle des partisans de la pluralité des formes substantielles au sein d'un même individu ; ou celle, opposée, des partisans de l'unicité de la forme substantielle. Les premiers soutiennent qu'on trouve dans l'individu plusieurs formes substantielles ordonnées entre elles, de sorte que le sujet prochain de l'ultime forme n'est pas la matière première, mais un composé hylémorphique actué par la forme qui, dans cet étagement, la précède. En l'occurrence, c'est au corps déjà informé par l'âme sensitive que l'âme rationnelle s'unirait immédiatement comme forme. Pour les seconds, en revanche, il n'y a qu'une seule forme substantielle dans l'individu ; rien dans la matière première ne peut précéder l'âme rationnelle, qui donne donc à cet individu non seulement d'être homme, mais aussi animal, corps, substance, étant[1].

1. Sur l'unicité de la forme substantielle et la querelle qui en dépend, voir, avec les références qu'il donne, J. Wippel, *The Metaphysical Thought of Thomas Aquinas*, p. 327-351.

C'est à ces derniers que Thomas donne raison au nom d'Aristote et des « vrais principes de la philosophie ». Premièrement, la thèse de la pluralité rend impossible l'unité absolue du composé humain; deuxièmement, la forme qu'on veut substantielle ne le serait plus : forme d'un étant en acte, elle se trouve réduite au statut d'accident; troisièmement, l'arrivée de la forme ultime actuant un être déjà en acte n'équivaudrait pas à une génération au sens absolu. La position est donc intenable : dans l'homme, il n'est pas d'autre forme substantielle que l'âme rationnelle.

C'est l'une des implications majeures de la thèse de l'âme comme forme substantielle du corps. Si l'âme est la forme qui donne absolument l'être au corps, non seulement elle ne peut lui être unie qu'immédiatement, mais pour la même raison elle ne peut être qu'unique. D'une pierre, deux coups. Et cela, on l'a dit, signifie qu'une seule âme suffit à conférer au composé toutes les déterminations essentielles qui sont les siennes. Qu'est-ce qui explique cette générosité formelle ? Une thèse sur la *virtus* des formes venant compléter celle de leur émergence [1]. Non seulement les formes surpassent graduellement les limites de la matière, jusqu'à n'en plus dépendre, mais chaque forme de niveau supérieur intègre le pouvoir de la forme inférieure [2]. Plus une forme est élevée, par conséquent, plus le nombre de pouvoirs qu'elle synthétise, en les incluant dans l'unité de sa propre perfection, est considérable. C'est ce que visait Aristote dans le traité *De l'âme* en notant que « le végétatif est dans le sensitif » et « le sensitif dans l'intellectif » comme le triangle dans le tétragone et le tétragone dans le pentagone [3].

1. *Cf.* Thomas d'Aquin, *I^a Pars*, q. 76, art. 3 ; *Quaest. disp. de anima*, art. 2, ad 8m et art. 9. Sur ce point, voir les analyses de B.-C. Bazán dans *L'Âme humaine selon Thomas d'Aquin*. Plus largement, voir J.-B. Brenet, « Le feu agit-il en tant que feu? Causalité et synonymie dans les *Quaestiones* sur le *De sensu et sensato* de Jean de Jandun », *in* C. Grellard et P.-M. Morel (dir.), *Les 'Parva naturalia' d'Aristote. Fortune antique et médiévale*, Paris, 2010, p. 163-195.

2. Voir R. Zavalloni, *Richard de Mediavilla et la controverse sur la pluralité des formes,* Louvain, Éd. de l'Institut supérieur de philosophie, 1951, p. 252-255 ; dans « La corporalité selon S. Thomas » (*RPL*, 81 (1983), p. 369-409), B.-C. Bazán suggère (p. 393) l'idée d'une *Aufhebung* : toute forme substantielle supérieure nierait la forme inférieure en tant que forme substantielle, conserverait dans son pouvoir les perfections qui étaient les siennes et la dépasserait par la donation d'une perfection propre. Pour des prolongements historiques et conceptuels sur la querelle de l'unité de la forme substantielle, voir A. Boureau, *Théologie, science et censure au XIIIe siècle. Le cas Jean Peckham*, Paris, Belles Lettres, 1999.

3. *Cf.* Aristote, *De l'âme*, II, 3, 414b28-31. L'autre source aristotélicienne du principe de la hiérarchie des formes – que cite Thomas dans notre texte – est *Métaphysique*, VIII, 3, 1043b33-1044a2 ; *cf.* Thomas d'Aquin, *I^a Pars*, q. 76, art. 3.

Par sa *virtus* [1], l'âme de l'animal peut ce que peut l'âme de la plante, et plus encore; par sa *virtus*, l'âme de l'homme peut ce que peut l'âme de l'animal, et plus encore : c'est elle seule, donc, qui me fait être, me donne un corps, me fait vivre, sentir, toucher, désirer, etc., aussi bien que penser [2].

L'article 4 s'inscrit dans le prolongement de cette séquence, où l'on déduit les conséquences de la thèse sur l'âme humaine comme forme substantielle du corps. Il demande si l'âme est tout entière dans chaque partie du corps. Dans un premier temps, Thomas note que l'âme, en tant qu'unique forme substantielle du corps, est l'acte du corps pris dans son entier et de chacune de ses parties – ce qui explique qu'on ne puisse plus parler, lorsqu'elle se retire, de « corps », de « main », de « chair », etc., sinon en un sens équivoque. Dans cette mesure, tout acte étant dans ce qu'il actue, elle est nécessairement présente en eux, mais à des titres divers, puisque le corps entier constitue le perfectible premier et par soi *(primo et per se)* de l'âme, tandis que les parties ne sont des perfectibles qu'*in ordine ad totum*, selon ce que requiert l'ordre du tout. Reste qu'on ignore encore si cette âme présente par définition dans le corps et dans chaque partie s'y trouve *tout entière*. C'est ce que Thomas examine dans un second temps.

La réponse dépend du type de totalité qu'on envisage. Thomas distingue trois sortes de tout : le tout, au sens le plus traditionnel du terme, qui se divise en parties quantitatives; le tout, ensuite, que constitue une essence parfaite, et qui se divise en parties d'essence, ce qui, dans l'ordre physique, désigne la forme et la matière du composé, et dans l'ordre logique, le genre et la différence de l'espèce; le tout, enfin, considéré au point de vue du « pouvoir » *(virtus)*, c'est-à-dire le tout « potentiel » que forme une réalité agissante qui concentre en elle plusieurs pouvoirs d'opération [3]. Le premier type de totalité ne s'applique pas à l'âme. D'une part, il ne s'attribue aux formes que par accident; d'autre part, il ne concerne que celles dont la matière est si indifférenciée dans le tout quantitatif et dans les parties qu'elles s'y rapportent indifféremment. Cela vaut pour la blancheur, par exemple, dont on dira qu'elle est, par accident, tout entière dans la totalité de la

1. L'expression « uirtute continet » a remplacé, en effet, « est in potentia », qu'on lisait dans les *Quaest. disp. de anima*, q. 2, arg. 8 et la *Sentencia libri de anima* II, chap. 5; éd. Léonine, p. 90, 270-281.

2. Cf. *Contra Gent.*, IV, chap. 81 : l'âme rationnelle *est* la corporéité. Sur ce point, voir B.-C. Bazán, « La corporalité selon Thomas d'Aquin ».

3. Sur ce point essentiel, voir les analyses de B.-C. Bazán dans *L'Âme humaine selon Thomas d'Aquin*.

surface blanche et en partie dans chacune de ses parties; mais pour l'âme, et surtout pour l'âme humaine, qui requiert une grande diversité organique dans le corps qu'elle informe, il ne peut en être question. Quant aux deux dernières sortes de tout, elles n'appellent pas la même réponse. Au point de vue de son essence de forme substantielle, l'âme humaine ne se divise pas; elle est tout entière dans tout le corps et dans chacune de ses parties; c'est d'un seul et même acte d'être qu'elle actualise l'ensemble et le détail. Au point de vue de son pouvoir, en revanche, l'âme humaine n'est ni tout entière dans chacune des parties du corps, ni même tout entière dans le tout. Elle n'est pas tout entière dans les différentes parties du corps, parce que celles-ci sont ordonnées à des opérations précises et que l'âme ne s'y trouve, donc, que selon le pouvoir particulier que ces parties nécessitent pour les effectuer : dans l'œil, elle n'est que par le pouvoir de voir; dans l'oreille, que par celui d'entendre, etc. Mais elle n'est pas non plus tout entière dans la totalité du corps, comme si la somme des opérations organiques devait épuiser tout ce qu'elle peut. En vérité, l'âme peut plus que ce que peut le corps. Il émane d'elle, en tant qu'elle excède la matière qu'elle informe, des pouvoirs intellectif et volitif qui n'actualisent aucun organe et dont l'exercice, de fait, réclame cette indépendance[1]. Nouvelle conséquence du concept clé de l'anthropologie thomasienne : si l'âme dépasse *virtuellement*, c'est-à-dire par sa *virtus*, la capacité de son corps, c'est qu'elle est forme substantielle subsistante.

Avec l'article 5, Thomas quitte provisoirement l'étude de l'âme humaine pour aborder celle des substances spirituelles séparées du corps. La question est symétrique de celle de l'article 2. Après avoir demandé si une substance spirituelle pouvait être unie à un corps, il s'agit de savoir, presque inversement, s'il est une substance spirituelle créée qui ne soit pas unie au corps. Y a-t-il donc des créatures intellectuelles qui ne soient pas des âmes? Question capitale, puisqu'en dépend l'existence d'un ordre de réalité entre l'homme et Dieu[2].

Thomas ne donnera sa solution que dans un second temps. Il commence par la présentation rapide de diverses positions philosophiques, en opposant les premiers physiciens, suivis par quelques hérétiques, à un groupe de philosophes postérieurs composé d'Anaxagore, de Platon et d'Aristote. Si tous ont fait fausse route, leurs erreurs ne se confondent pas. Abusés par l'ancrage sensible de la

1. *Cf.* art. 2, ad 5m.

2. Sur ce point, voir B.-C. Bazán, « On Angels and Human Beings. Did Thomas Aquinas Succeed in Demonstrating the Existence of Angels? », *AHDLMA*, 77 (2010).

connaissance humaine, les premiers, n'accordant de réalité qu'aux corps, n'ont pas pu concevoir l'idée d'une substance incorporelle – ce qui, selon Thomas, aurait alimenté la grave méprise des manichéens, qui font de Dieu une lumière corporelle, et celle des anthropomorphites, qui le figurent dans les contours du corps humain. Le second groupe a su en revanche déborder le sensible. Mais si Anaxagore, Platon et Aristote sont les représentants d'une rationalité philosophique pertinente dans son orientation méta-physique, leurs cheminements comme leurs conclusions furent différents. Anaxagore n'aboutit qu'à une seule substance incorporelle : un intellect transcendant et sans mélange chargé de distinguer et de mouvoir les corps originairement mélangés; Platon, pour sa part, en admet plusieurs, ordonnées entre elles, qu'il nomme « substances séparées » : ce sont les natures génériques et spécifiques subsistantes par soi dont les corps sensibles dépendent par participation[1]. Quant à Aristote, il est conduit à poser une multiplicité de substances séparées sur la base de l'éternité et de la régularité des mouvements célestes[2] : d'une part, un mouvement toujours uniforme suppose que sa fin ne soit ni un corps, ni quelque chose dans un corps, mais une substance absolument séparée du corps; d'autre part, à chaque mouvement céleste doit correspondre une fin propre : si l'on s'en tient aux phénomènes, le nombre et l'ordre des substances totalement incorporelles seront donc proportionnels au nombre et à l'ordre des mouvements invariables qu'on repère dans le ciel.

Ces raisonnements ont tous pour Thomas quelque chose de correct : l'orientation qui les porte au-delà du sensible jusqu'à des substances immobiles; mais l'Aquinate ici n'en sauve ni n'en prolonge aucun. Ils ne nous sont guère « appropriés », dit-il, sapés qu'ils sont par leurs propres principes philosophiques : le mélange des choses sensibles chez Anaxagore, la séparation réelle des formes universelles chez Platon, ou la perpétuité du mouvement chez Aristote, qui contredit si évidemment la notion de création. Contrairement à ce qu'il avait pu faire ailleurs, Thomas n'envisage plus aucunement d'acclimater la démarche physique *a posteriori* du Stagirite pour prouver qu'existent des substances absolument séparées[3]. Il propose d'« autres voies » *(aliis uiis)*, qui suivent trois arguments.

1. On trouve dans l'œuvre de Thomas différentes présentations de la position de Platon; *cf.* par exemple *Quaest. de potent.*, q. 6, art. 6; *De subst. separ.*, chap. 1, 3 et 4.

2. *Cf.* Aristote, *Métaphysique*, XII, 8, 1073a14-b17.

3. Voir B.-C. Bazán, « On Angels and Human Beings ».

Le premier repose sur « la perfection de l'univers » [1]. En tant qu'il est parfait, l'univers ne peut être dépourvu d'une nature dont l'être est possible *(quam possibile sit esse)* [2]. Or une substance séparée du corps est une nature dont l'être est possible, puisque la notion de substance, qui contient l'idée de subsister par soi, ne dépend pas en elle-même de la notion de corps : de même donc qu'on peut trouver des animaux non rationnels dans la mesure où la notion d'animal ne dépend pas en elle-même de la rationalité, il est possible de trouver des substances totalement séparées du corps dans la mesure où la substantialité n'inclut pas par définition une solidarité avec lui [3].

Le deuxième argument repose sur l'« ordre des choses » [4]. D'inspiration dionysienne, il postule qu'il n'y a pas de discontinuité dans la hiérarchie des perfections, si bien qu'on ne passe d'un extrême à l'autre que par une série ordonnée de termes moyens. De ce point de vue, la substance corporelle, éminemment composite et divisible, ne saurait être rangée immédiatement au-dessous de l'être souverainement simple et un qu'est Dieu. Cette règle de bon arrangement d'un monde sans lacunes requiert donc l'existence de substances incorporelles rejoignant par degrés l'absolu sommet du réel : certaines, les plus basses, seront unies à des corps [5] ; les autres, plus élevées dans l'échelle des créatures, en seront totalement séparées.

Le dernier argument se fonde sur le propre de l'opération intellectuelle, dont Thomas a déjà parlé [6]. Comme il est démontré dans le traité

1. Pour un argument similaire, *cf.* Thomas d'Aquin, *Contra Gent.*, II, chap. 91, arg. 5, où Thomas, citant Aristote (*Phys.* III, 203b30), fait valoir que « dans ce qui est sempiternel, être et pouvoir <être> ne sont pas différents » (trad. Michon, p. 384) ; étant donné, explique-t-il, qu'il peut y avoir dans le genre de la substance certaines réalités absolument incorporelles, on peut conclure que certaines substances subsistent sans corps.

2. Thomas l'appuie d'une référence à la *Genèse* I, 31 : « Dieu vit tout *(cuncta)* ce qu'il avait fait : cela était très bon *(valde bona)* » ; *cf.* Augustin, *Confessions*, XIII, chap. 28, n. 43 : « *et voilà* que non seulement c'était bon, mais encore *très bon*, si on le prenait tout ensemble *(simul omnia)*. Oui, une à une *(singula)* les choses étaient seulement bonnes, mais toutes ensemble *(simul autem omnia)* elles étaient bonnes et très bonnes » (voir aussi *ibid.*, III, chap. 8, n. 16 ; VII, chap. 12, n. 18-chap. 13, n. 19). Il ne va pas de soi qu'il faille lire dans *simul omnia* l'existence effective des natures dont l'être est possible.

3. B.-C. Bazán (« On Angels and Human Beings ») dénonce dans cette argumentation *a priori* le passage d'une distinction purement logique à une thèse d'existence. Sur la base du principe théologique qu'est la perfection de l'univers, le raisonnement de Thomas, qui conclut de la séparation mentale à la disjonction réelle, ne serait qu'un paralogisme.

4. *Cf.* Thomas d'Aquin, *Contra Gent.*, II, chap. 46, arg. 6 et II, chap. 91, arg. 3 et 4.

5. Nous savons déjà que cela vaut pour les âmes humaines ; la question, examinée dans l'article suivant, est de savoir si cela concerne aussi des âmes célestes.

6. Voir notamment les solutions des articles 1 et 2. Par ailleurs, *cf.* Thomas d'Aquin, *Contra Gent.*, II, chap. 91, arg. 4 et 7.

De l'âme d'Aristote, l'intelliger est une opération qui s'effectue sans organe corporel; par conséquent, dit Thomas, toute chose agissant conformément à ce qu'elle est, la « substance » dont l'intelliger est l'opération possède un être qui ne dépend pas non plus du corps, mais le surplombe. En somme, si l'agir suit l'être, un acte incorporel révèle une substance incorporelle elle-même. Le raisonnement est identique à celui qu'il utilisait dans l'article 2 pour démontrer, nonobstant sa nature de forme substantielle, le caractère subsistant de l'âme humaine. Mais Thomas lui confère une portée plus générale, qui l'autorise à conclure aussi à l'existence de substances incorporelles *absolument* séparées. Car, explique-t-il, si une substance intelligente est unie au corps, comme l'est l'âme humaine, ce n'est pas en tant qu'elle est intelligente que cela lui revient *(hoc non erit ei in quantum est intelligens)*, mais selon autre chose *(secundum aliquid aliud)*, à savoir le besoin d'images d'où extraire ses formes universelles. Que l'âme humaine soit unie au corps ne tient pas à ce qu'est l'opération intellectuelle en elle-même, mais n'est qu'un « accident » qu'elle doit à son « imperfection ». Si la chauve-souris ne voit que dans l'obscurité, c'est parce que sa vision est imparfaite, et nullement parce qu'il n'y a de vision que dans le noir[1]. De même, dit Thomas, si nous n'intelligeons qu'en examinant des images, dans une forme d'union au corps, c'est parce que notre pensée est imparfaite, et non parce qu'il n'y a d'intellection qu'abstractrice. Par conséquent, quand on remonte par principe de l'agir intellectif à l'être d'une substance indépendant du corps, c'est un « genre » qu'on obtient : le genre des substances intellectuelles incorporelles. Dans ce genre, on ne saurait oublier que c'est « par accident » que l'âme humaine ajoute l'union au corps et qu'elle manifeste en cela son moindre rang; or (1) ce qui vaut accidentellement pour l'opération d'une chose ne se retrouve pas chez toutes celles qui partagent son genre d'opération; et (2) ce qui dans un genre est imparfait doit être précédé de ce qui, dans ce même genre, est parfait : il convient donc d'admettre des substances incorporelles qui soient indépendantes du corps non seulement dans leur être, mais aussi dans leur opération.

La solution s'achève sur cette justification, dont le détail conceptuel pose à nouveau problème[2]. L'application du principe de correspondance entre l'être et l'agir est efficace, mais faussement claire; et

1. Pour l'image courante de la chauve-souris, qu'on convoque généralement dans une dispute sur la béatitude et le rapport de l'intellect humain aux intelligibles les plus élevés, *cf.* Aristote, *Métaphysique* II, 1, 993b9 *sq.*

2. Pour une analyse détaillée de ces problèmes, voir B.-C. Bazán, *L'Âme humaine selon Thomas d'Aquin.*

Thomas, on l'a vu, ne peut si aisément remonter de l'intelliger, compris comme acte réalisé sans le corps, à l'être *per se* de l'âme – qui n'est en vérité que la partie formelle de ce tout qu'est l'homme – comprise comme substance opérante. Comment concevoir, du reste, sans saper l'hylémorphisme, que l'âme humaine ne soit pas unie au corps (dont elle est la forme substantielle) « en tant qu'elle est intelligente » (ce qui fait son essence), mais « selon quelque chose d'autre »[1]? Et quelle est cette accidentalité qui unit l'opération intellectuelle de l'âme de l'homme aux images de son corps? Enfin, en saisissant d'emblée l'âme humaine comme une réalité moindre dont l'imperfection manifeste la perfection supérieure des substances séparées, l'Aquinate ne présuppose-t-il pas l'existence de ce qu'il est censé démontrer?

Avec l'article 6, Thomas revient sur le problème du rapport entre la substance spirituelle et le corps que n'a pas épuisé le cas des âmes humaines. Puisque des sphères se déplacent autour de la terre, il faut demander si des substances spirituelles sont unies aux corps célestes. Comme le font apparaître les arguments, cependant, la question est à nouveau plus précise. L'Aquinate a toujours admis que ces corps étaient mus par une substance intelligente. Il s'agit plus exactement de savoir si c'est à titre d'âme qu'elle s'y unit.

Confrontant les autorités, Thomas relève d'abord dans sa solution que les docteurs de l'église aussi bien que les philosophes du passé y ont répondu en divers sens[2]. Chez les philosophes, Anaxagore nie que les corps célestes soient « animés » *(animata)*, alors qu'Aristote et Platon l'accordent; chez les docteurs de l'église, Origène et Jérôme l'admettent, Jean Damascène le conteste, et Augustin laisse le point en suspens[3]. Devant cet apparent fouillis, toutefois, la réponse de l'Aquinate est fort nette. Dans un premier temps, il note que les deux séries d'opinions se fondent sur une argumentation probable *(rationem*

1. *Cf.* sur ce point Thomas d'Aquin, *Quaest. disp. de malo*, q. 16, art. 1, sol.

2. Cela se retrouve presque chaque fois qu'il aborde l'animation des cieux. Sur cette question majeure, voir les études classiques de P. Duhem, *Le Système du monde. Histoire des doctrines cosmologiques de Platon à Copernic*, Paris, Hermann, 1973, t. V, p. 468-570 ; Th. Litt, *Les Corps célestes dans l'univers de saint Thomas d'Aquin*, Louvain-Paris, Publ. universitaires-Béatrice-Nauwelaerts, 1963 ; J. de Tonquédec, *Questions de cosmologie et de physique chez Aristote et Thomas d'Aquin*; il faut y ajouter T. Suarez-Nani, *Les Anges et la philosophie* (partie II, chap. 1) ; M.-P. Lerner, *Le Monde des sphères I. Genèse et triomphe d'une représentation cosmique*, Paris, Belles Lettres, 1996.

3. Comme on l'a déjà noté, Thomas résume une présentation qu'il étoffe ailleurs avec quelques variations ; voir notamment *Quaest. disp. de potentia*, q. 6, art. 6 ; *De subst. separ.*, art. 1-4.

probabilitatis habet). Qu'on considère la « noblesse » des corps célestes, en effet, et l'on sera conduit à leur reconnaître une âme leur conférant la supériorité des êtres vivants ; qu'on prenne en compte la « noblesse » des substances spirituelles, en revanche, et l'on devra conclure à l'inverse : d'une part, ces substances ne peuvent avoir d'une âme que le pouvoir intellectif – puisque les autres opérations ne reviennent à l'âme qu'en raison de la corruptibilité ou de la mutabilité de son corps ; d'autre part, à la différence du nôtre, leur intellect est exempt dans son acte de connaissance de toute dépendance aux sensibles. En conséquence, s'il est vrai que c'est la matière qui est en vue de la forme, et non pas le contraire [1], leur dignité formelle semble bien les dispenser d'une « union » avec le corps.

Mais Thomas dépasse immédiatement la légitimation de cette alternative. Pour qui regarde bien, ce n'en est pas une ; entre les deux thèses raisonnables et fondées qu'on pouvait croire opposées, la discordance est en réalité minime, voire nulle. L'explication est donnée en quelques lignes serrées. Il est d'abord rappelé que le mouvement constant du corps céleste ne peut résulter d'une forme naturelle, comme c'est le cas, par exemple, de celui qui porte le feu vers le haut. Le mouvement dont une forme naturelle est le principe tend en effet vers un lieu propre, afin d'atteindre un achèvement, si bien qu'il n'est pas produit pour lui-même, mais en vue seulement de son terme. Or il n'en va pas de même pour les corps célestes : ces derniers n'ont pas de lieu plus approprié qu'un autre et ne peuvent trouver de repos nulle part [2]. La nature, par conséquent, ne saurait être le principe actif de leur mouvement circulaire : celui-ci doit dépendre de quelque « substance intelligente » [3]. Au vrai, quelle est la fin du mouvement

1. *Cf.* Aristote, *Physique*, II, 2, 194a15-b15 ; Averroès, *In II Phys.*, com. 26 ; éd. Venise, 1562, t. IV, f. 58vL ; et Id., *Com. magn. in De an.*, II, com. 36 ; éd. Crawford, p. 185, 26. Cela étant, dire comme le fait Thomas que les opérations non intellectives ne reviennent à l'âme qu'en raison de la corruptibilité ou de la mutabilité de son corps, n'est-ce pas violer le principe *forma non est propter materiam* ?

2. Ce qui ne veut pas dire qu'ils n'en trouveront jamais. Car les cieux cesseront de tourner une fois complété le nombre des hommes qu'il faut conduire à la vie éternelle ; voir notamment Thomas d'Aquin, *Comp. theol.*, I, chap. 171 ; *Contra Gent.*, IV, chap. 97 ; pour l'ensemble des textes, voir le chapitre sur l'eschatologie de Th. Litt, *Les Corps célestes...*, p. 242-254.

3. La nature n'est pas le principe actif du mouvement céleste, mais ce mouvement, tient à préciser Thomas, est tout de même « naturel » quant à son principe passif, si l'on considère l'aptitude immédiate et exclusive que ce dernier possède à l'égard de son mouvement propre ; voir ici la réponse ad 7m ; *cf.* notamment Thomas d'Aquin, *Quaest. disp. de anima*, q. 8, ad 18m, et *In II Sent.*, dist. 14, q. 1, art. 3, ad 1m, où l'on trouve la source de Thomas : Averroès, *In De caelo* I, 12-14 ; éd. Venise, 1562, t. V, f. 9v-11r. Sur ce

céleste? « Un certain bien intelligible séparé » *(quoddam bonum intelligibile separatum)*, affirme Thomas, que seul un intellect, en effet, est en mesure d'appréhender. Et cet intellect, poursuit-il, tâche de ressembler à ce bien intelligible en visant par son activité motrice à « déployer en acte ce qui s'y trouve virtuellement contenu », dans le but, principalement, de produire « l'achèvement du nombre des élus » [1]. Thomas ne se soucie pas de préciser ici cette conception de la dynamique céleste comme déploiement d'une énergie supérieure, ni la finalité dernière éminemment théologique qu'il lui assigne. Appliquant implicitement à chaque ciel cette distinction entre bien intelligible séparé et substance intelligente [2], il déduit en revanche que « deux ordres de substances spirituelles » sont impliqués dans le déroulement cosmique : d'une part, l'ordre des substances qui meuvent les corps célestes en s'unissant à eux, à titre de cause efficiente, « comme des moteurs à des mobiles »; d'autre part, celui des substances absolument séparées de ces corps qui interviennent comme « les fins » de ces différents mouvements. Et c'est là, dans un montage averroïstico-aristotélicien pourtant récusé, ou ignoré, dans l'article précédent [3], qu'il tient sa solution.

---

point, la réponse ad 5m de la *I^a Pars*, q. 70, art. 3 est notable : comme dans notre texte, Thomas répond ad 4m que le mouvement du ciel peut être dit « naturel », malgré le caractère intellectuel de son moteur, relativement à l'aptitude naturelle de son principe passif; puis il ajoute ad 5m que cela vaut aussi sous le rapport du principe actif : ce dernier, en tant que moteur uni au corps d'un *contactus virtutis*, est un « principe intrinsèque » *(principium intrinsecum)* du ciel qui se déplace, et il meut en ce sens d'un mouvement « naturel ». Qu'un moteur ontologiquement séparé puisse apparaître comme le « principe intrinsèque » d'une action qu'il accomplit avec le corps qu'il meut, voilà qui rapproche Thomas d'une noétique averroïste qu'il est censé mettre en pièces. Cajétan le repère immédiatement dans son commentaire; et les averroïstes du XIVe siècle ne manqueront pas de le retourner Thomas contre lui-même.

1. Voir Th. Litt, *Les Corps célestes...*, p. 107-108 et p. 242-254; B.-C. Bazán, « On Angels and Human Beings », notes 23 et 33.

2. Il sera explicite dans le *De subst. separ.*, chap. 2; éd. Léonine, p. 44, 50 *sq.* : « c'est donc que le premier mobile désire le premier moteur d'un appétit intellectuel. [...] Mais le premier mobile, qui est le premier ciel, n'est pas le seul qui soit mû d'un mouvement éternel : toutes les sphères des corps célestes le sont aussi, si bien que chacun des corps célestes est animé d'une âme propre *(unumquodque caelestium corporum animatum est propria anima)*, et chacun possède son désirable séparé qui constitue la fin propre de son mouvement *(unumquodque habet suum appetibile separatum quod est proprius finis sui motus).* »

3. Dans le *De subst. separ.*, en effet, Thomas présente ainsi la position d'Aristote (chap. 2; éd. Léonine, p. 44, 91-45, 96) : « Sic igitur secundum Aristotilis positionem inter nos et summum deum non ponitur nisi duplex ordo intellectualium substantiarum, scilicet substantiae separatae quae sunt fines caelestium motuum, et animae orbium quae sunt moventes per appetitum et desiderium »; cette lecture d'Aristote, qui ne va pas de soi, il la tient en grande part d'Averroès – au prix, là aussi, d'une certaine exégèse de son commentaire –, comme l'indique la réponse ad 10m de notre article : « ponit

Selon cette conception, en effet, on peut accorder partisans et négateurs de l'animation céleste. Car lorsque Platon aussi bien qu'Aristote soutiennent que les cieux sont « animés », il faut l'entendre en un sens équivoque qui n'admet pour cette « âme » d'autre statut que celui d'un moteur intelligent : l'âme d'un ciel est l'intellect qui le meut exclusivement, voilà ce qu'il faut comprendre. On le conçoit sans mal, dit Thomas, chez Platon, pour qui l'âme de l'homme n'est elle-même unie à son corps que comme moteur. Quant à Aristote, l'Aquinate bénéficie sans le citer du travail exégétique d'Averroès [1]. « Il apparaît bien, notait ce dernier, que ces corps sont animés et qu'ils n'ont des pouvoirs de l'âme que l'intellect et le pouvoir de désirer, qui meut localement [2]. » C'est une partie de ce que Thomas reprend. Il est clair

---

[Auerroes] enim ibi duos motores, unum coniunctum, quem uocat animam, et aliud separatum, qui mouet ut finis ». À l'époque de son commentaire des *Sentences*, Thomas ne prêtait qu'à Avicenne la thèse des deux niveaux de moteurs célestes, « éloigné » et « prochain » : cf. *In II Sent.*, dist. 14, q. 1, art. 3, sol. Pour la position d'Averroès sur les moteurs célestes, voir notamment D. Twetten, « Averroes' Prime Mover Argument », *in* J.-B. Brenet (éd), *Averroès et les Averroïsmes juif et latin*, p. 9-75 ; voir aussi Id., « Averroes on the Prime Mover Proved in the Physics », *Viator*, 26 (1995), p. 107-134 ; G. Endress « Averroes' *De caelo* : Ibn Rushd's Cosmology in his Commentaries on Aristotle's *On the Heavens* », *Arabic Sciences and Philosophy*, 5 (1995), p. 9-49 ; C. Steel et G. Guldentops, « An Unknown Treatise of Averroes against the Avicennians on the First Cause », *RTPM*, 61,1 (1997), p. 86-135 ; voir aussi H.A. Wolfson, « The Plurality of Immovable Movers *in* Aristotle and Averroes », *Harvard Studies in Classical Philology*, 63 (1958), p. 233-253 ; Id., « The Problem of the Soul of the Spheres from the Byzantine Commentaries on Aristotle through the Arabs and St. Thomas to Kepler », *Dumbarton Oaks Papers*, 16 (1962), p. 64-93 ; réimpr. dans *Studies in the History of Philosophy and Religion*, I. Twersky et G.H. Williams (éd.), Cambridge (Mass.), Harvard UP, 1973, vol. I, p. 22-59 ; J.A. Weisheipl, « The Celestial Movers in Medieval Physics », *The Thomist*, 24 (1961), p. 286-326 ; Id., « The Spector of *motor coniunctus* in Medieval Physics », *in* A. Maierù et A. Paravicini Bagliani (éd.), *Studi sul XIV Secolo in Memoria di Anneliese Maier*, Roma, Storia e Letteratura, 1981, p. 81-104 ; réimpr. dans J.A. Weisheipl, *Nature and Motion in the Middle Ages*, Washington (DC), Catholic University of America Press, 1985, p. 99-120 ; et J.-B. Brenet, *Transferts du sujet...*, p. 62-68 ; pour une autre interprétation du texte rushdien que celle de Thomas, voir la lecture de Jean de Jandun (citée par A. Hyman dans son édition du *De substantia orbis* : *Averroes' De substantia orbis. Critical Edition of the Hebrew Text with English Translation and Commentary by A. Hyman*, Cambridge, Massachusetts and Jerusalem, Medieval Academy of America and Israel Academy of Sciences and Humanities, 1986) *in* J.-B. Brenet, *Transferts du sujet...*, p. 68-84.

1. La dette envers le Commentateur est ici considérable et n'a pas été pleinement étudiée ; Th. Litt ne cite pas Averroès, aux côtés d'Aristote, d'Albert, d'Avicenne, de Denys et du *Livre des causes*, parmi « les sources de la théorie métaphysique des corps célestes » (*Les Corps célestes...*, p. 268-280). Comme l'indique ad 10m, le rapport de Thomas à Averroès sur cette question est pluriel et critique ; il est aussi ambigu, si l'on se rappelle *Contra Gent.*, II, chap. 70.

2. *Cf.* Averroès, *In XII Metaph.*, com. 36 ; éd. Venise, 1562, f. 318vH : « Apparet bene haec corpora esse animata et quod non habent de virtutibus animae nisi intellectum et

que l'« âme » du corps céleste n'a des puissances de l'âme que l'intellect, lequel n'est pas l'acte d'un corps. Les cieux sont donc animés, si l'on entend qu'ils sont les mobiles d'un intellect moteur ; ils sont « animés » parce qu'ils sont mus chacun par une substance intellectuelle désireuse de s'assimiler à un intellect supérieur et non parce qu'ils seraient informés d'une âme végétative et sensitive, comme peuvent l'être les corps inférieurs corruptibles. C'est dans cette nuance que l'accord des uns et des autres se fait. Ceux qui nient l'animation refusent aux corps célestes une âme de plante ou d'animal ; ceux qui l'admettent ne leur concèdent qu'un intellect moteur : ce qui revient au même.

La conclusion de Thomas est particulièrement assurée[1]. Elle rappelle la thèse formulée dans la *Prima Pars*, q. 70, art. 3 (1265-1267), où il écrit qu'« entre ceux qui posent que [les corps célestes] sont animés, et ceux qui posent qu'ils sont inanimés, la différence est en réalité petite, voire nulle, et n'est qu'une affaire de mots » (« inter ponentes ea esse animata, et ponentes ea inanimata, parva vel nulla differentia invenitur in re, sed in voce tantum ») – car, explique-t-il, les corps célestes ne sont pas « animés » à la manière des plantes et des animaux, mais « de façon équivoque » *(aequivoce)*. Elle est proche aussi de ce qu'on lit dans les *Quaestiones disputatae de anima* (1266-67), q. 8, ad 3m, dont elle est toutefois une sorte d'amélioration[2]. Thomas soutient plus fermement

virtutem desyderatiuam, quae mouet in loco. » D'autres références sont données par B.-C. Bazán dans son édition des *Quaest. disp. de anima*, q. 8, p. 71, 372 ; voir aussi J.-B. Brenet, *Transferts du sujet...*, p. 65 ; M. Geoffroy, « À la recherche de la *béatitude* », *in* Averroès, *La Béatitude de l'âme*, p. 72.

1. À cet égard, nous ne partageons pas l'avis de T. Suarez-Nani (*Les Anges et la philosophie*, p. 134-135), qui était déjà celui de Litt (*Les Corps célestes...*, p. 108). Sur la position ferme de Thomas dans cet article, voir les remarques de B.-C. Bazán dans sa préface aux *Quaest. disp. de anima*, p. 19-20*, qui le met en parallèle avec le texte de la *Ia Pars*, q. 70, art. 3, concl., pour conclure ainsi : « la maîtrise que saint Thomas manifeste ici de sa pensée, du langage qui l'exprime et de la tradition du problème, est complète et atteint son achèvement. Dans les textes postérieurs, elle ne fera que se manifester sans hésitation » (p. 20*) ; l'éditeur donne comme autres références : *Phys.* II, 1, 4 et VIII, 13, 6 ; éd. Léonine, t. II, p. 56b et 413-414 ; *Quaest. disp. de malo*, q. 16, art. 2 ; éd. Léonine, p. 500-505 ; *In V Metaph.*, 5 [6], 1015a33 ; XII, 4, 1071a2 ; *In De causis*, prop. 5 ; éd. Saffrey, p. 41, 27-28 ; *In I De caelo*, 3, 4 ; II, 3, 2 ; 13, 4 ; 18, 1 ; éd. Léonine, t. III, p. 10ab ; 130ab ; 169-170, 191ab.

2. *Cf.* Thomas d'Aquin, *Quaest. disp. de anima*, q. 8 ; éd. Léonine, p. 71, 364-379 : « Hoc igitur pro firmo tenentes, quod corpora celestia ab aliquo intellectu mouentur, saltem separato, propter argumenta utramque partem sustinentes, dicamus aliquam substantiam intellectualem esse perfectionem corporis celestis ut forma, que quidem habet solam potentiam intellectiuam non autem sensitiuam, ut ex uerbis Aristotilis accipi potest in II De anima et in XI Mętaphysice ; quamuis Auicenna ponat quod anima celi cum intellectu etiam habeat ymaginationem. »

ici l'idée d'une « âme » du ciel, en évitant, sans doute sciemment, de la désigner comme « forme » du corps céleste[1]. Rhétoriquement, d'ailleurs, la solution est brillante : implicitement fondée sur la position d'Aristote – celle qu'il contestera dans le *De substantiis separatis*[2], et qu'il n'a pas jugé appropriée dans l'article précédent –, à l'aide d'Averroès[3], qui n'est pas cité non plus, elle s'achève sur Augustin, dont l'hésitation, dans son commentaire littéral de la *Genèse*, est finalement levée : les luminaires sont bien régis par des « esprits », mais d'une « animation » tout autre que celle des animaux inférieurs.

Dans l'examen des substances spirituelles, l'article 7 est comme un rapide passage obligé. Il demande s'il est une substance spirituelle qui soit unie à un corps aérien *(corpori aereo)*. Thomas a déjà réglé la question de l'union d'une substance intellectuelle à un corps humain, puis celle de l'union à un corps céleste; il lui reste à envisager la possibilité de ce troisième type d'union, qu'appuie une certaine tradition où les « démons », ces intelligences mauvaises, apparaissent comme des êtres dont le corps serait d'air. Mais Thomas le nie pour toute substance spirituelle, dans une réponse brève et ferme. Premièrement, cela n'a pas de sens d'un point de vue hiérarchique : un corps élémentaire, au plus bas degré dans l'échelle des corps, ne saurait servir de matière propre à une substance supérieure douée d'intellect et de volonté. Deuxièmement, la conséquence d'une telle union serait absurde : l'air, en tant qu'élément, est un homéomère, si bien qu'une substance ne pourrait s'unir à l'une de ses parties sans s'unir *ipso facto* à l'air tout entier – ce qui ne forme aucun corps. Enfin, aucune raison ne peut justifier ou suggérer cette union : ni le mouvement, puisque tout mouvement aérien se ramène à une cause corporelle; ni le bénéfice opératoire, puisqu'un corps simple comme l'air ne saurait aider une substance spirituelle dans l'effectuation de son opération propre. L'air ne peut donc être comme le corps céleste pour l'intelligence motrice, ni comme le corps organique pour l'âme humaine. Aucune substance spirituelle ne s'y unira.

L'article 8 est le seul qui dans sa question mentionne explicitement les « anges » *(angeli)*, dont on sait désormais qu'ils regroupent à la fois

1. Cela est même explicitement rejeté dans la réponse ad 11m.

2. *Cf.* chapitre 2.

3. On l'a noté plus haut : c'est ce qui apparaît dans la référence au *Grand Commentaire de la Métaphysique* donnée dans la réponse ad 10m, où Thomas rappelle qu'il y a deux types de moteurs célestes pour Averroès : « unum coniunctum, quem uocat animam, et aliud separatum, qui mouet ut finis »; placé sous le patronage d'Avicenne, cela apparaissait déjà dans le commentaire des *Sentences*; cf. *In II Sent.*, dist. 14, q. 1, art. 3, sol.

les substances spirituelles absolument séparées et les intelligences célestes. Il s'agit de savoir si tous les anges diffèrent entre eux spécifiquement. Dans le cadre de ce problème fort discuté, solidaire d'une doctrine sur le principe d'individuation, Thomas annonce d'emblée une réponse positive [1]. Jamais deux anges ne seront, à la manière des hommes, comme deux individus au sein d'une même espèce. Aucune multiplicité numérique, au sens quantitatif du terme, n'est repérable entre eux ni même concevable : un ange, chaque ange, cela fait une espèce d'anges. Trois justifications sont données.

Cela tient d'abord à la « condition » *(condicio)*, au statut ontologique de leur substance. Les anges sont soit des formes simples subsistantes sans matière (ce qui fut défendu plus haut), soit des formes composées de matière et de forme. Dans le premier cas, on doit immédiatement conclure que les anges se distinguent par l'espèce et non, au sein d'une même espèce, par le nombre [2]. Qu'est-ce qui multiplie en effet une forme spécifique ? D'où vient par exemple qu'existent des blancheurs de même espèce mais numériquement distinctes ? Cela tient au fait que la blancheur, en tant que forme matérielle, est nécessairement inscrite dans des substrats déterminés distincts. Si l'on trouve cette blancheur-ci et cette blancheur-là, c'est dans la mesure où celle-ci existe dans tel sujet et celle-là dans tel autre : l'impossibilité radicale de toute subjection, qui vaut par nature pour une forme subsistante absolument séparée, interdit donc par avance ce type d'individualisation. Dans le second cas, il faudrait expliquer ce qui distingue les matières des anges divers ; et ce serait soit, sous le rapport de la quantité, la variation des dimensions du substrat – ce qui peut certes diversifier numériquement une espèce, mais que l'incorporéité des anges ne permet pas d'envisager ; soit le type d'acte reçu – ce qui cette fois, à l'inverse du but visé, produirait, plus encore qu'une diversité spécifique, une diversité de genre.

1. Sur cette question, voir T. Suarez-Nani, *Les Anges et la philosophie*, p. 35-53.

2. Ce qui ne signifie pas que toute sorte de nombre soit exclue, comme l'explique ad 15m : il y a bien une « multitude » angélique, mais son décompte ne repose pas sur ce nombre que cause la division du continu et qui suppose, donc, la quantité matérielle. Cela n'implique pas non plus que l'ange ne soit pas individuel. Car l'impossibilité d'être reçu en plusieurs, c'est-à-dire l'incommunicabilité qui fait l'individualité, peut se justifier de deux façons : soit parce que l'individu est reçu en *une* chose précise, et qu'il ne pourrait, sans voir son être changer, être reçu ailleurs (cette blancheur, par exemple, est individuelle en tant qu'elle est reçue dans cette surface) ; soit parce que, plus radicalement, il ne peut *aucunement* être reçu ; et c'est cela qui explique l'individuation des formes séparées que sont les anges. Sur ces deux notions de l'individu, voir par exemple Thomas d'Aquin, *III^a Pars*, q. 77, art. 2, ad 3m.

La deuxième justification, dit Thomas, se prend de l'ordre de l'univers. Sous le patronage implicite d'Aristote[1], il pose d'abord qu'existent deux sortes de bien pour l'univers : un bien séparé, Dieu, transcendant comme peut l'être le chef pour son armée; un bien présent dans les choses elles-mêmes, et qui, tel celui qu'ont entre elles les parties de l'armée, consiste dans leur arrangement. Si comme le veut l'apôtre Paul, poursuit-il, toutes les choses issues de Dieu sont ordonnées, il convient que les parties supérieures de l'univers participent davantage au bien, et donc à l'ordre, que ses parties inférieures. Or ce qui s'ordonne par soi, en vertu de principes essentiels, comme c'est le cas des espèces entre elles, y participe plus que ce qui ne le fait que par accident, uniquement selon des principes individuels et contingents, comme c'est le cas des individus d'une même espèce. Les anges, par conséquent, qui constituent la partie haute de la création, ne peuvent que s'ordonner par soi en se distinguant spécifiquement les uns des autres. Suivant quels critères? Suivant leur degré de perfection formelle, lequel varie selon que ces anges s'éloignent ou s'approchent de l'acte pur qu'est Dieu[2].

La dernière justification est tirée de la perfection de la nature angélique. Est parfaite, accomplie, la chose à laquelle ne manque rien de ce qui lui revient. Pour juger sous ce rapport de la perfection de l'ange, Thomas propose de considérer les deux extrêmes que sont Dieu d'un côté et l'individu engendrable et corruptible de l'autre. Dieu connaît la perfection suprême, qui concerne l'être dans sa totalité, en tant qu'il précontient toutes les perfections des choses sur un mode simple et excellent. À l'autre bout, l'individu peut être parfait lorsqu'il possède tout ce qui relève de son individualité, sans épuiser cependant la nature d'une espèce qu'il partage avec d'autres – de sorte que son accomplissement est le revers et le signe d'une imperfection. Mais il n'en va plus de même, dit Thomas, dans la partie supralunaire de l'univers; et si chaque corps céleste réalise en lui-même la nature de son espèce, c'est *a fortiori*, du fait de sa plus grande proximité avec Dieu, le cas de chaque ange. Une fois de plus, par conséquent, on devra conclure qu'il n'existe pas plusieurs anges dans une espèce commune : chaque ange parachève seul son espèce; l'individu fait une espèce.

1. *Cf.* Aristote, *Métaphysique*, XII, 10, 1075a11-15.

2. *Cf.* M. di Giovanni, « Averroes on the species of celestial bodies », *in* A. Speer et L. Wegener (éd.), *Wissen über Grenzen. Arabisches Wissen und lateinisches Mittelalter* (Miscellanea Mediaevalia, 33), Berlin-New York, W. de Gruyter, 2006, p. 438-464.

L'article 9, qui revient à l'âme humaine, donne à Thomas l'occasion d'une critique de la noétique d'Averroès plus directe encore que dans l'article 2. La thèse la plus fameuse du Commentateur est en jeu : y a-t-il un seul intellect possible pour tous les hommes ?

La réponse repose sur quelques mises au point lexicales et conceptuelles. Qu'appelle-t-on intellect « possible » et intellect « agent » ? C'est le traité *De l'âme* qui permet de le dire. La comparaison avec le sens dont Aristote se sert pour examiner l'intellect fournit en effet deux premières indications. D'une part, de même qu'on doit postuler dans l'individu un pouvoir de sentir pour expliquer qu'il reste en puissance de sentir lors même qu'il ne sent pas, il est nécessaire de poser, pour nous qui n'intelligeons pas toujours, un certain pouvoir *(virtus)* qui nous rende et nous tienne « intelligeant » en puissance. D'autre part, s'il faut que le sens soit dénué des sensibles en acte à l'égard desquels il est en puissance, ce pouvoir de l'intellect ne doit pas avoir non plus dans son essence les natures des choses sensibles que nous pensons. Voilà l'« intellect possible », qu'on dit « possible » dans la mesure où, en lui-même vide de formes, il est en puissance à l'égard de tous les intelligibles. Cela étant, contrairement à ce que pensait Platon, ces formes universelles qui l'actualisent ne subsistent pas comme telles en dehors de l'âme ; elles n'existent que dans les sensibles, dont il faut les extraire pour qu'elles puissent informer l'intellect possible destiné à les recevoir. L'intelligible du monde n'est donc pas donné, il faut le faire, si bien qu'il est besoin d'un second pouvoir *(virtus)*, chargé de rendre intelligibles en acte les intelligibles en puissance que sont les formes matérielles reçues préalablement dans le sens, en les abstrayant de la matière et de leurs conditions individuantes : ce sera l'intellect « agent ». Ce dernier est le pouvoir d'abstraction qui dégage le noyau d'intelligibilité de ce que l'on sent. Il universalise les formes reçues sur la base d'une expérience individuelle du monde et leur confère l'immatérialité requise pour l'intellection.

Passé cette mise au point, Thomas rappelle ce qu'Averroès, dans son *Grand Commentaire* du traité *De l'âme*, dit de l'intellect possible. Premièrement, comme l'a montré l'article 2, le Commentateur soutient que cet intellect est une substance ontologiquement séparée des corps humains, mais que, en dépit de cette séparation selon l'être, il est « joint » aux hommes par le biais de leurs phantasmes. Deuxièmement, il affirme que cet intellect n'est pas seulement séparé, mais qu'il est unique. C'est cette unicité que Thomas entend ici réfuter. Non pas du point de vue de la foi, puisqu'elle lui est clairement contraire – cela supprime les récompenses et les châtiments de la vie future : l'humanité serait prise d'un bloc dans la faute ou dans la grâce ; il n'y aurait plus de

responsabilité personnelle. C'est du point de vue de la philosophie, des « vrais principes » de la philosophie qu'il faut l'invalider.

D'une certaine manière, Thomas pourrait s'économiser la peine. Avoir déjà mis en pièces la thèse de la séparation ontologique rend inutile un nouvel examen, quelle qu'en soit l'entrée, de la noétique du Commentateur. Thomas estime d'ailleurs avoir montré qu'un tel système était incapable de rendre raison de la pensée individuelle : non pas qu'Averroès soutienne l'idée, absurde pour tous, que « cet homme n'intellige pas », mais parce qu'en séparant comme il le fait le principe de la pensée, il n'est pas en mesure d'établir positivement que « cet homme intellige ». Mais admettons, dit Thomas, dans un tour qu'il affectionne, que la séparation ontologique ne soit pas un vice rédhibitoire ; et considérons pour elle-même la thèse de l'intellect possible unique. Elle présenterait malgré tout trois conséquences inacceptables.

Premièrement, un seul intellect, c'est une seule intellection pour tous les hommes qui penseraient en même temps le même objet. Ils ne partageraient plus seulement l'objet, mais l'action même. Rien donc ne les distinguerait plus : ni le pouvoir intellectif, ni son acte, ni son intelligible. Imaginons un œil unique : deux hommes regardant une même couleur la verraient de la même vision[1], ce qui n'a pas de sens : il faut que je sois moi dans mon acte, fût-ce pour atteindre l'universel. Et le rapport aux phantasmes n'y change rien : le phantasme n'est que ce dont l'intelligible est abstrait ; il n'entre pas, en tant que tel, dans l'acte d'intelliger lui-même ; sa variété n'est donc pas à même de le diversifier.

Deuxièmement, c'est de l'intellect que l'homme tient son espèce, puisque l'opération propre de l'homme est d'intelliger. Or, dit Thomas, citant Aristote[2], le principe spécifique ne peut être numériquement identique en plusieurs individus, ce qui ferait d'eux le même être. Averroès prétend certes que c'est l'intellect « passif », c'est-à-dire la

1. L'argument de Thomas ne tient pas compte du fait qu'Averroès compare l'intellect matériel au diaphane, et non pas à l'œil (*cf.* Averroès, *Com. magn. in De an.*, III, com. 5 ; éd. Crawford, p. 410, 688-411, 701 ; *cf.* Averroès, *L'Intelligence et la Pensée...*, p. 79-80 ; cela étant, voir aussi *Com. magn. in De an.*, III, com. 18 ; éd. Crawford, p. 439, 58-71 ; *cf.* Averroès, *L'Intelligence et la Pensée...*, p. 107-108) ; sur ce point, voir notamment D.L. Black, « Models of the Mind : Metaphysical Presuppositions of the Averroist and Thomistic Accounts of Intellection », surtout p. 323 *sq.* ; voir aussi J.-B. Brenet, *Transferts du sujet...*, p. 283 *sq.* et p. 298 ; l'argument de l'œil est présent dans le *De unitate intellectus*, au début du chapitre 4 ; pour un commentaire, voir A. de Libera, *L'Unité de l'intellect...*, p. 351 *sq.*

2. *Cf.* Aristote, *Métaphysique*, VII, 10, 1035b27-33.

puissance cogitative[1], et non pas l'intellect possible, qui donne à l'homme son espèce. Mais il a tort[2], puisqu'un pouvoir solidaire des organes corporels comme est la cogitative ne peut opérer l'acte pur, exempt de matérialité, qu'est l'intelliger.

Enfin, troisièmement, un intellect possible unique serait privé de cette virginité qui fait la condition de la réceptivité. Activé par les hommes du passé et du présent, il n'aurait plus en lui de puissance au regard des intelligibles déjà conçus. Ce qui est pensé le serait une fois pour toutes, et l'on viendrait toujours en partie trop tard; l'intellect ne serait plus possible, ouvert, mais déjà quasi plein, si bien que, dans Averroès, on retrouverait Platon : savoir ne serait rien d'autre que se ressouvenir.

La thèse de l'unicité de l'intellect possible est donc impossible. Qui plus est, dit Thomas, elle est contraire à la lettre même d'Aristote. Ce dernier en parle comme de cette « partie de l'âme » par laquelle elle connaît ; ou comme de « ce par quoi » elle intellige[3]; et lorsqu'il entend en déterminer l'essence il pose que cela doit valoir quelle que soit la nature de sa séparation, *i.e.* qu'il existe séparé, ou qu'il soit séparable seulement selon la notion et non pas selon la grandeur[4]. Or la position d'Averroès, qui en fait une substance séparée, n'est pas compatible

1. Sur la cogitative chez Averroès, voir notamment R.C. Taylor, « Remarks on *cogitatio* in Averroes' *Commentarium Magnum in Aristotelis De anima Libros* », *in* G. Endress et J.A. Aertsen (éd.), *Averroes and the Aristotelian Tradition...*, p. 217-255 ; Id., « *Cogitatio*, *cogitativus* and *cogitare* : Remarks on the Cogitative Power in Averroes », *in* J. Hamesse et C. Steel (éd.), *L'Élaboration du vocabulaire philosophique au Moyen Âge,* Turnhout, Brepols, 2000, p. 111-146 ; et J.-B. Brenet, *Transferts du sujet...*, p. 204-244.

2. Sans doute est-ce Thomas lui-même qui a tort de prêter à Averroès une telle thèse, conséquence inévitable, selon lui, de la doctrine de la séparation ontologique de l'intellect. Sur ce point, voir J.-B. Brenet, « Habitus de science et subjectité. Thomas d'Aquin, Averroès – I* », *in* Ch. Erismann et A. Schniewind (éd.), *Compléments de substance*, p. 325-344 ; Id., « Âme cogitative, âme intellective : Jean de Jandun et la *duplex forma propria* de l'homme », *Vivarium*, 46 (2008), p. 318-341.

3. Tous les averroïstes défendront évidemment leur propre lecture de ces différents passages ; pour une présentation de l'averroïsme latin, voir le livre ancien mais toujours utile de Z. Kuksewicz, *De Siger de Brabant à Jacques de Plaisance. La théorie de l'intellect chez les averroïstes latins des XIIIe et XIVe siècles*, Wrocław-Varsovie-Cracovie, Ossolineum, 1968 ; sur une plus longue durée, voir D.N. Hasse, « *Averroica secta :* Notes on the Formation of Averroist Movements in Fourteenth-century Bologna and Renaissance Italy », *in* J.-B. Brenet (éd.), *Averroès et les Averroïsmes juif et latin*, p. 307-331 ; pour Thomas Wylton en particulier, voir L. Nielsen et C. Trifogli (éd.), *Thomas Wylton : on the Intellectual Soul*, trad. par G. Trimble, Oxford, OUP, 2010 ; J.-B. Brenet, « Jean de Jandun et la *Quaestio de anima intellectiva* de Thomas Wylton », *Freiburger Zeitschrift für Philosophie und Theologie*, 56 (2009), 2, p. 309-340.

4. *Cf.* Thomas d'Aquin, *De unitate intellectus*, chap. 1 ; éd. Léonine, p. 294, 283-306 ; *cf.* Thomas d'Aquin, *L'Unité de l'intellect contre les averroïstes*, p. 93-95.

avec chaque branche de l'alternative. C'est donc qu'il se trompe : l'intellect possible est « quelque chose de l'âme », et non pas une *substantia separata*.

Dans la doctrine d'Averroès, l'unicité ne s'applique pas seulement à l'intellect possible, récepteur des formes intelligibles, mais aussi à l'intellect agent, qui les abstrait et les lui donne. C'est l'objet de l'article 10 : n'y a-t-il qu'un seul intellect agent pour tous les hommes ?[1] Son traitement n'est pas strictement l'équivalent du précédent. Pour un penseur chrétien comme Thomas, convaincu que « Dieu est la cause de l'opération de tout ce qui opère[2] », ou qu'Il est « la lumière illuminant tout homme venant en ce monde » (Jean, I, 9), l'idée d'un intellect actif suprahumain n'est pas *a priori* condamnable, loin s'en faut. De fait, après avoir rappelé ce qui chez Aristote justifie l'existence d'un intellect agent – à savoir le rejet des idées platoniciennes, et donc la nécessité d'extraire l'intelligible du sensible –, Thomas note que certains y ont vu une substance séparée unique, et d'autres, à l'inverse, un certain pouvoir individuel de l'âme[3] ; or l'Aquinate donne partiellement raison à l'un et l'autre camps.

En premier lieu, il doit y avoir au-dessus de l'âme humaine un certain intellect dont dépende et dérive son intelliger, et cela pour trois raisons. Premièrement, parce que l'âme de l'homme est intellective par participation, et que « tout ce qui convient à une chose par participation se trouve d'abord en autre chose substantiellement ». Dans cette leçon d'aristotélisme que Thomas voudrait donner à Averroès, la perspective, comme souvent, est nettement néoplatonicienne. Participer, note-t-il ailleurs, c'est pour ainsi dire « prendre part », prendre en partie ; et plus précisément, c'est recevoir « partiellement »,

1. Sur l'intellect agent, voir notamment J. Jolivet, « Étapes dans l'histoire de l'intellect agent », *in* A. Hasnawi, A. Elamrani-Jamal et M. Aouad (éd.), *Perspectives arabes et médiévales sur la tradition scientifique et philosophique grecques,* Leuven-Paris, Peeters-IMA, 1997, p. 569-582 ; réimpr. dans J. Jolivet, *Perspectives médiévales et arabes*, p. 163-174.

2. *Cf.* Thomas d'Aquin, *Contra Gent.*, III, chap. 67.

3. Sur ce point, voir R.-A. Gauthier, « Notes sur les débuts (1225-1240) du premier "averroïsme" », *RSPT*, 66 (1982), p. 322-330 ; B.-C. Bazán, « On First Averroism and its Doctrinal Background », in *On Scholars, Savants and their Texts* (in honor of A. Hyman), New York, Peter Lang, 1989, p. 9-22 ; Id., « introduction », *in* Anonymi, Magistri Artium, *Sententia super II et III De anima*, Louvain-la-Neuve-Louvain-Paris, Institut supérieur de philosophie-Peeters, 1998, p. 66* *sq.* Voir aussi les passages relatifs à l'intellect agent dans D. N. Hasse, *Avicenna'* De anima *in the Latin West. The Formation of a Peripatetic Philosophy of the Soul 1160-1300*, The Warburg Institute-Nino Aragno Editore, London-Turin, 2000.

ou particulièrement, ce qu'un autre possède en totalité[1]. Or c'est le cas de l'âme humaine dans son rapport à l'intelligence. Car l'âme intellige, certes, mais pas en chacune de ses parties; elle n'est pas tout entière pensante; elle ne l'est que selon la partie suprême de son pouvoir total d'opération qui intègre aussi en lui par nature les dimensions du vivre et du sentir[2]. Au-dessus d'elle, dit Thomas, on doit donc trouver un intellect qui soit totalement, *i.e.* selon toute sa nature, intellect.

Suivent deux autres raisons, sur la base de deux principes physique et métaphysique d'allure plus aristotélicienne. D'une part, l'intelliger de l'âme humaine est mobile, du fait de sa discursivité; par conséquent, il doit être surplombé d'un intellect immobile, fixe, qui cause son mouvement, puisqu'« il est nécessaire de trouver avant tout mobile quelque chose d'immobile sous le rapport de ce mouvement-là »; d'autre part, l'intelliger est grevé de puissance et d'imperfection : nous commençons par ne pas savoir, en effet, et en cette vie nous ne saurons jamais tout[3]; il doit donc être subordonné à un intellect toujours en acte et totalement parfait, puisqu'« il est nécessaire, même si dans une seule et même chose la puissance est antérieure à l'acte, que dans l'absolu l'acte précède la puissance en autre chose, et pareillement, qu'il y ait quelque chose de parfait avant tout ce qui est imparfait ».

Que l'on place donc un intellect premier à l'origine de l'intellectualité humaine, rien de plus légitime. Mais cet intellect supérieur dont l'âme dépend ne saurait être l'agent immédiat, et par conséquent exclusif, des intelligibles en acte que nous pensons. Nous ne sommes pas les réceptacles passifs de formes qui ne seraient produites en nous que par un autre que nous : outre l'existence de ce superintellect, il faut ainsi admettre l'intervention d'un pouvoir particulier que l'âme de chaque homme tire de lui par participation. C'est à cette autre exigence que satisfont les partisans de l'intellect agent comme pouvoir

1. Voir notamment Thomas d'Aquin, *Expositio libri Boetii De ebdomadibus*, II ; éd. Léonine, p. 271, 68 *sq.*; et Id., *In I Metaph.*, lect. X, n. 154. Sur la participation chez Thomas, voir plus haut p. 15, n. 2.

2. Sur la *virtus* comme énergie centrale de l'âme, voir B.-C. Bazán, *L'Âme humaine selon Thomas d'Aquin*, partie II.

3. C'est l'une des raisons qui, aux yeux de Thomas et de la plupart des Latins, condamne la béatitude qu'envisage Averroès, où l'on postule une forme d'omniscience au terme d'un processus abstractif de tout l'intelligible du monde. Sur ce point, voir J.-B. Brenet, *Transferts du sujet...*, p. 406-432; Id., « Perfection de la philosophie ou philosophe parfait? Jean de Jandun, lecteur d'Averroès », *RTPM*, 38, 2 (2001), p. 310-348; Id., « Organisation politique et théorie de l'intellect chez Dante et Averroès », *Rivista di filosofia neoscolastica*, 98 (2006), p. 467-487.

individuel. Et plus largement, c'est ce que requiert la métaphysique thomasienne de la causalité qui demande de reconnaître une efficace réelle aux êtres créés[1]. Ici, toutefois, l'Aquinate est bref. Il est clair, dit-il, lorsqu'on considère les réalités inférieures, que des pouvoirs actifs particuliers s'ajoutent aux pouvoirs actifs universels dans la production d'un effet déterminé. Prenons un animal parfait : le soleil agit pour l'engendrer substantiellement, mais son pouvoir universel serait inopérant si n'intervenait aussi le pouvoir propre d'une semence émise par un individu de même espèce[2]. La règle est si ferme, du reste, qu'elle peut également valoir dans le cas des animaux imparfaits pour lesquels, à défaut de semence, un pouvoir particulier altère la matière et la prépare à l'action génératrice du soleil. Il en ira donc de même pour l'âme humaine, qui constitue ce qu'il y a de plus parfait parmi les réalités inférieures[3]. Pour produire son opération propre d'actualisation des intelligibles, il est besoin non seulement du pouvoir universel de l'intellect supérieur, mais aussi, en elle, d'un pouvoir particulier participé, analogue psychique de la *virtus* séminale.

1. Voir notamment les études classiques d'É. Gilson, « Pourquoi saint Thomas a critiqué saint Augustin », *AHDLMA*, 1 (1926-27), p. 5-127 ; Id., *Le Thomisme*, partie II, chap. 3 ; Id., *L'Esprit de la philosophie médiévale*, Paris, Vrin, 1989², chap. 5 ; voir aussi C. Fabro, *Participation et causalité selon s. Thomas d'Aquin* ; J. Aertsen, *Nature and Creature. Thomas Aquinas's Way of Thought*, Leiden, Brill, 1988, chap. 3 ; R.A. Te Velde, *Participation and Substantiality in Thomas Aquinas* ; A. de Muralt, *L'Enjeu de la philosophie médiévale : études thomistes, scotistes, occamiennes et grégoriennes*, Leiden, Brill, 1991, chap. 7. Pour une mise en perspective, autour de la question de la nature pure, voir J. Schmutz, « La doctrine médiévale des causes et la théologie de la nature pure (XIIIe-XVIIe siècle) », *Revue thomiste*, 101 (2001), p. 217-264.

2. Thomas pouvait rappeler l'autorité fameuse d'Aristote, qu'il utilise par ailleurs : « car c'est un homme qui engendre un homme, et aussi le soleil » (*Physique*, II, 2, 194b). Tantôt on doit insister, comme ici, sur *un homme*, *i.e.* sur la nécessaire préexistence d'une cause prochaine univoque (qui vérifie *formellement* le principe de synonymie), tantôt, comme dans l'article 6, sur *le soleil*, *i.e.* sur le rôle que les corps célestes et leurs intelligences jouent, à titre de causes équivoques, dans l'advenir des formes substantielles du monde sublunaire (ces corps et ces intelligences vérifiant *virtuellement* le principe de synonymie). Les applications politiques de cette thèse ne manquent pas ; *cf.* par exemple Gilles de Rome, *De ecclesiastica potestate*, III, chap. 9 ; éd. R. Scholz, Neudruck der im Verlag Herm. Böhlaus Nachf. erschienenen Auflage von 1929, Scientia Aalen, 1961, p. 190-195.

3. Sur ces questions et le modèle séminal, voir notamment G. Freudenthal, « The Medieval Astrologization of Aristotle's Biology : Averroes on the Role of the Celestial Bodies in the Generation of Animate Beings », *Arabic Sciences and Philosophy*, 12 (2002), p. 111-137 ; Id., « The Medieval Astrologization of the Aristotelian Cosmos : from Alexander of Aphrodisias to Averroes », *Mélanges de l'université Saint-Joseph*, 59 (2006), p. 29-68 ; J.-B. Brenet, « Le feu agit-il en tant que feu ? » ; C. Cerami, *Génération et substance. Aristote et Averroès entre physique et métaphysique*, Berlin, W. de Gruyter, à paraître.

La thèse de l'intellect agent comme pouvoir individuel traduit donc dans l'ordre mental un principe architectonique global[1]. Mais qu'elle soit vraie, on le vérifie aussi « par expérience » *(experimento)*[2]. L'Aquinate part en effet du constat qu'un homme particulier peut produire « quand il le veut » les intelligibles en acte : le déclenchement aussi bien que l'effectuation de l'abstraction universalisante des formes dépendent de lui. Cela signifie, dit-il, qu'abstraire l'universel, ce qui est l'action de l'intellect agent, est l'action de cet homme, tout comme l'était, on l'a vu, celle de l'intellect possible[3]. « Cet homme abstrait » *(hic homo abstrahit)*, en somme, n'est pas moins manifeste que « cet homme intellige » *(hic homo intelligit)*, et on doit en dégager le fondement par l'application du même principe. Car, rappelle Thomas, un agent n'opère une action qu'à la condition d'avoir formellement en lui le pouvoir dont cette action dépend. C'est la règle de l'inhérence formelle du principe d'action, déjà formulée à propos de l'intellect possible[4]. Quelle que soit l'opération, nous n'agissons qu'en tant que

1. *Cf.* la présentation, pour le premier Thomas, d'É.-H. Wéber, *Dialogues et dissensions entre saint Bonaventure et saint Thomas d'Aquin à Paris (1252-1273)*, Paris, Vrin, 1974, p. 143-165.

2. Rien n'est moins concluant que cet appel, fondamental dans une « archéologie du sujet », à l'« expérience » individuelle (*cf.* Thomas d'Aquin, *Ia Pars*, q. 79, art. 4, sol.; *Quaest. disp. de anima*, q. 5; éd. Léonine, p. 42, 191 *sq.*, où B.-C. Bazán donne Averroès comme source de la notion : *Com. magn. in De anima*, III, com. 18; éd. Crawford, p. 439, 71-440, 85; III, com. 36, p. 495, 460-472; cf. *L'Intelligence et la Pensée...*, p. 108; 163). Sur cette question, les critiques, les variations ou les modèles alternatifs sont nombreux; *cf.* par exemple, l'Anonyme de Giele, *Quaestiones de anima*, p. 76, 91-97, ou, dans un autre registre, Guillaume d'Ockham, *Quodlibet* I, q. 10, *in* Id., *Quodlibeta septem*, éd. J.C. Wey, New York, St. Bonaventure University, 1980 (*cf.* P. Alféri, *Guillaume d'Ockham. Le singulier*, Paris, Minuit, 1989, p. 421-429). Pour quelques indications sur l'*experimentum*, qu'englobe la question de l'autoconnaissance, voir F.-X. Putallaz et R. Imbach, *Profession : philosophe. Siger de Brabant*, Paris, Cerf, 1997, p. 35-37; F.-X. Putallaz, *Le Sens de la réflexion chez Thomas d'Aquin*, Paris, Vrin, 1991; et ces trois articles dans O. Boulnois (éd.), *Généalogies du sujet* : S. Piron, « L'expérience subjective selon Pierre de Jean Olivi », p. 43-54; C. Michon, « *'Ego intelligo (lapidem)'*. Deux conceptions de la réflexion au Moyen Âge », p. 113-150; et J.-B. Brenet, à propos de Grégoire de Rimini puis de Pierre d'Auriole, « Moi qui pense, moi qui souffre. Le problème de l'identité du composé humain dans la riposte anti-averroïste de Pierre d'Auriole et Grégoire de Rimini », surtout p. 158-167.

3. L'argument de la volonté, qui vient paradoxalement d'Averroès (et remonte au moins à Thémistius; *cf.* Thémistius, *Commentaire sur le traité* De l'âme *d'Aristote*, trad. de Guillaume de Moerbecke, éd. critique et étude sur l'utilisation du commentaire dans l'œuvre de saint Thomas, Leiden, Brill, 1973, p. 225, 19), est insuffisant; c'est aussi cela, par exemple, qui règle chez les Ash'arites, dans un cadre tout autre, la question de l'« acquisition » *(kasb)* de l'acte; *cf.* D. Gimaret, *La Doctrine d'al-Ash'arî*, Paris, Cerf, 1990, p. 387-399; J.-B. Brenet, « Acquisition de la pensée et acquisition de l'acte chez Averroès... ».

4. L'acte qu'est la vision béatifique, où l'essence divine, selon Thomas, est à la fois ce qui est vu *et ce par quoi* elle est vue, semble y déroger; et son principe noétique anti-averroïste est d'autant plus menacé ou ambivalent, comme l'ont remarqué plusieurs

nous sommes en acte; et nous ne sommes en acte que par une forme, laquelle, par définition, est présente en nous. Si donc en tant qu'individu tel homme donné « agit » l'abstraction, comme l'atteste le contrôle qu'il en a, et si c'est par l'intellect agent qu'il le fait, c'est que cet intellect se trouve en lui à titre de forme. Pour les mêmes raisons, ce qu'on conclut pour l'intellect possible vaut donc pour l'intellect agent. Que dire alors de la jonction par les phantasmes imaginée par Averroès? Elle n'est pas moins impuissante ici que là. Si l'on sépare ontologiquement le principe récepteur des concepts, rien ne permet plus d'expliquer que cet homme-ci les intellige. De même, si l'on sépare leur principe actif, ce n'est plus lui, mais un opérateur extrinsèque, qui les abstrait. Seule solution pour éviter cette décentralisation littéralement démentielle : que l'intellect agent soit quelque chose de l'âme.

Thomas appuie son exposé de deux références majeures. Premièrement la lettre même du traité *De l'âme* : les intellects agent et possible y sont d'abord désignés comme « deux différences » qui se trouvent « nécessairement dans l'âme » [1], et non pas comme deux substances séparées; de l'intellect agent, ensuite, Aristote écrit qu'il est « comme une luminosité » *(lumen)*, ce qui, glose Thomas, n'est rien d'autre qu'« une lumière participée » *(lux participata)*. On le chercherait vainement dans le texte original, mais l'Aquinate s'autorise ici de sa seconde référence : le commentaire de Thémistius sur le traité *De l'âme*, dont Guillaume de Moerbecke avait achevé la traduction le 22 novembre 1267 [2]. Dans un développement sur l'unicité et la pluralité de l'intellect actif, Thémistius proposait en guise d'illustration de distinguer l'unicité

médiévaux, que l'Aquinate s'inspire en fait d'Averroès et pense le rapport de Dieu à l'intellect dans la vision béatifique comme le Commentateur conçoit le rapport de l'intellect agent à l'intellect en habitus dans le mouvement vers la jonction. Sur ce point, voir J.-B. Brenet, « Vision béatifique et séparation de l'intellect au début du XIVe siècle. Pour Averroès ou contre Thomas d'Aquin? », *Freiburger Zeitschrift für Philosophie und Theologie*, 53 (2006) 1/2, p. 310-342; Id., « S'unir à l'intellect, voir Dieu. Averroès et la doctrine de la jonction au cœur du thomisme », *Arabic Sciences and Philosophy*, à paraître; *cf.* A. de Libera, *Archéologie du sujet. II. La Quête de l'identité*, p. 420-433. Sur la vision béatifique chez Thomas, voir aussi J.-P. Torrell, « La vision de Dieu *'per essentiam'* selon Saint Thomas d'Aquin », *in* Id., *Recherches thomasiennes. Études revues et augmentées*, Paris, Vrin, 2000, p. 177-197.

1. Tous les averroïstes, usant en particulier du modèle cosmologique et du caractère équivoque de l'*être-dans*, sauront l'interpréter en un autre sens.

2. *Cf.* Thomas d'Aquin, *De unitate intellectus*, chap. 4 (1er §); *cf.* A. de Libera, *L'Unité de l'intellect*, p. 344-348). Sur ce passage chez Thémistius, voir notamment O. Ballériaux, « Thémistius et l'exégèse de la noétique aristotélicienne », *Revue de philosophie ancienne*, 7 (1989), 199-233; G. Verbeke, « Thémistius et le *'De unitate intellectus'* de Saint Thomas », p. XXXIX-LXII, *in* Thémistius, *Commentaire sur le traité* De l'âme *d'Aristote*.

du soleil *(sol)* de la pluralité de la lumière émise *(lumen)*, celle-ci étant comme « partagée » selon les différents actes de vision [1]. Thomas rappelle ce qu'en tirait le commentateur grec : si Platon recourait à la métaphore du soleil, c'est précisément qu'il se référait à un intellect substantiellement séparé. L'Aquinate, lui, en déduit le corollaire qui vaut pour Aristote : si le Stagirite rapproche l'intellect agent du *lumen*, lumière diffusée, et divisée en parties, c'est qu'il l'assimile à un pouvoir individuel. La lecture de ce passage du traité *De l'âme* est habile. En interprétant le *lumen* comme *lux participata*, Thomas retrouve chez Aristote lui-même les deux dimensions de la pensée humaine qu'il juge indissociables : non seulement la particularité et l'immanence formelle du principe qui, à titre de participant, l'opère dans l'individu, mais aussi l'universalité et la transcendance d'un intellect parfait participé dont ce principe dérive et dépend.

Mais quel est ce intellect séparé qui nous surplombe ? Une fois encore, Thomas récuse la position du péripatétisme arabe qui en fait la dernière des substances séparées et la conçoit jointe à nos âmes par le biais de sa lumière [2]. La considération n'est plus ici principalement philosophique. Une telle doctrine serait compromise par ses implications dans plusieurs erreurs théologiques graves, et c'est au nom de la foi que Thomas, pour trois raisons, la rejette. Premièrement, Dieu ne serait plus le créateur de l'âme : la luminosité intellectuelle dont l'individu dispose appartenant à la nature de l'âme, c'est en créant l'âme qu'un principe, du même coup, confère cette luminosité. Si donc l'homme tenait cette dernière d'une substance séparée, c'est-à-dire, précise Thomas, de ce que les catholiques appellent un « ange », cela signifierait, contre le premier enseignement de la *Genèse*, que l'homme est la créature d'un ange, ce qui répugne manifestement à la foi : on dira donc que c'est Dieu qui cause en l'âme de manière immédiate la luminosité de l'intellect agent. Deuxièmement, la béatitude de l'homme ne serait plus en Dieu seul. L'ultime perfection d'un agent, en effet, consiste à accéder à son principe. La perfection de l'homme reposant sur l'intellect, si c'est d'une substance séparée qu'il tient son intellectualité, c'est en elle que sera placé son plein accomplissement. De fait, les partisans de cette doctrine assurent que l'ultime bonheur de l'homme consiste à se « joindre » à cette substance séparée qu'ils confondent avec l'intellect agent. Mais c'est là encore contredire la foi, pour laquelle

1. *Cf.* Thémistius, *Commentaire sur le traité* De l'âme *d'Aristote*, p. 235, 7 *sq*.

2. En guise d'introduction, voir H. A. Davidson, *Alfarabi, Avicenna and Averroes, on Intellect*.

« la vie éternelle, c'est qu'ils Te connaissent, Toi le seul vrai Dieu » (Jean, XVII, 3). Troisièmement, si c'était d'un ange, et non pas de Dieu, que l'homme recevait par participation sa luminosité intellectuelle, c'est à l'image de l'ange et non de Dieu qu'il serait fait.

Thomas peut conclure. L'intellect agent dont parle Aristote est un pouvoir particulier en l'âme, qui lui permet d'illuminer les formes universelles inscrites dans les phantasmes afin de les en abstraire. Mais c'est un pouvoir participé de Dieu, lequel « produit » lui aussi les intelligibles, mais à la manière du soleil illuminateur. Dieu n'est pas l'intellect agent [1], même si ce dernier n'est pas sans Dieu.

Le dernier article porte sur l'un des problèmes les plus discutés de la psychologie médiévale, celui de savoir si les puissances de l'âme, dont les intellects agent et possible font partie, sont identiques à son essence [2]. Thomas répond nettement par la négative, mais il commence par exposer la thèse inverse. Pour ses partisans, on peut dire de toutes les puissances psychiques qu'elles sont identiques à l'âme. S'il est une distinction, ce n'est qu'une affaire de point de vue puis d'appellation : « sens » se dit de l'âme en tant qu'elle est principe de la sensation, « intellect » en tant qu'elle est principe de l'intellection, etc. ; chaque fois, cependant, il n'y a qu'une seule et même essence. Pourquoi le défend-on ? Thomas, citant Avicenne, pense trouver la raison principale de cette thèse dans la nature simple de l'âme. Si l'on refuse à l'âme une pluralité de puissances distinctes de son essence, c'est dans l'idée qu'une telle multiplicité n'est pas conciliable avec sa simplicité. De la

1. Thomas rejette ainsi « l'augustinisme avicennisant » (*cf.* Thomas d'Aquin, *Quaest. disp. de anima*, q. 5 ; éd. Léonine, p. 40, 129-41, 136) ; sur cette trop célèbre étiquette, voir É. Gilson, « Pourquoi saint Thomas a critiqué saint Augustin », p. 46-127 ; Id., « Les sources gréco-arabes de l'augustinisme avicennisant », *AHDLMA*, 4 (1929), p. 5-149 ; pour une critique de l'analyse de Gilson au sujet de Guillaume d'Auvergne, voir J.-B. Brenet, « Introduction », dans Guillaume d'Auvergne, *De l'âme (VII, 1-9)*, Paris, Vrin, 1998, p. 64-71 ; *cf.* D.N. Hasse, *Avicenna'* De anima *in the Latin West*, p. 211-214.

2. Voir J. Wippel, *The Metaphysical Thought...*, p. 275-294 ; R. Pasnau, *Thomas Aquinas on Human Nature*, p. 143-170 ; O. Lottin, *Psychologie et Morale aux XIIe et XIIIe siècles*, t. I, *Problèmes de psychologie*, Gembloux, Duculot, 1957², p. 483-502 ; P. Künzle, *Das Verhältnis der Seele zu ihren Potenzen*, Fribourg (Suisse), Universitätsverlag, 1956 ; É.H. Wéber *L'Homme en discussion à l'université de Paris en 1270 et son retentissement sur la pensée de s. Thomas d'Aquin*, Paris, Vrin, 1970 ; Id., *Dialogue et Dissensions entre saint Bonaventure et saint Thomas à Paris (1252-1273)*, Paris, Vrin, 1974 ; Id., *La Personne humaine au XIIIe siècle*, Paris, Vrin, 1991 ; C. Lefèvre, « Siger de Brabant a-t-il influencé saint Thomas ? Propos sur la cohérence de l'anthropologie thomiste », *Mélanges de science religieuse*, 31 (1974), p. 203-215 ; B.-C. Bazán, « Le dialogue philosophique entre Siger de Brabant et Thomas d'Aquin. À propos d'un ouvrage récent de É.H. Wéber, OP », *RPL*, 72 (1974), p. 53-155 ; du même auteur, on lira l'ample analyse qu'il propose dans la seconde partie de son livre sur *L'Âme humaine selon Thomas d'Aquin*.

multiplicité des opérations à celle de leurs principes, la conséquence n'est pas bonne : on doit ainsi concevoir qu'une seule et même âme est par son essence le principe immédiat de tout ce qu'elle opère.

Pour deux raisons, cependant, l'Aquinate juge cette position tout à fait impossible. La première est d'ordre métaphysique, et donc général : essence et puissance de l'âme ne sauraient se confondre puisque, plus largement, l'essence d'aucune substance créée n'est identique à sa puissance opérative. Pour l'essentiel, sa justification est la suivante. Tout acte étant propre à ce qu'il actue, l'existence d'actes différents implique que ce qu'ils actuent diffère aussi; or l'être *(esse)* est l'acte de l'essence, et l'opérer *(operari)* celui d'une puissance opérative ou d'un pouvoir *(virtus)*; or l'être et l'opérer diffèrent en toute créature puisque, rappelle Thomas [1], leur identité ne se rencontre qu'en Dieu; par conséquent, ce qu'actuent dans la créature ces actes distincts que sont l'être et l'opérer, à savoir son essence et sa puissance opérative, se distingue aussi.

Mais il est une seconde raison de cette distinction, qui tient cette fois à ce qu'est l'âme en particulier. Premièrement, l'unité de son essence ne cadre pas avec la multiplicité qu'il faut reconnaître aux puissances en raison de la diversité des actes et des objets auxquels elles se rapportent et dont elles sont les corrélats. Si un type d'acte suppose corrélativement un type de puissance, la diversité des actes dont l'âme est susceptible ne s'accorde pas avec son unité. Deuxièmement, dans la mesure où les puissances opératives, prises cette fois comme actes, n'entretiennent pas toutes le même rapport au corps – puisque les puissances des parties nutritive et sensitive de l'âme actualisent certaines parties du corps, alors que l'intellect et la volonté ne le font pas –, confondre essence et puissances aurait pour conséquence absurde qu'une seule et même chose, à savoir l'essence de l'âme, serait en même temps et sous le même rapport lié au corps en tant qu'acte et séparé de lui. Ce n'est évidemment pas la thèse de Thomas : distinguant l'acte premier que l'âme confère au corps de l'acte second dont elle est capable, par le biais de ses puissances, il soutient, comme on l'a vu, que l'âme est bien dans le corps, dans *tout* le corps, en tant que forme substantielle, mais qu'en tant que tout potentiel, sous le rapport des puissances supérieures que sont l'intellect et la volonté, elle en est séparée. Troisièmement, si l'on considère les rapports que les puissances de l'âme ont entre elles, l'identité entre

1. Il ne le démontre pas ici, mais le présuppose; *cf.* notamment Thomas d'Aquin, *Contra Gent.*, II, chap. 8 et 9.

l'essence et les puissances conduit à une autre impasse. Car une puissance peut en mouvoir une autre ; c'est le cas de l'intellect, par exemple, qui motive la volonté. L'essence de l'âme étant une, il faudrait alors qu'une seule et même chose se meuve elle-même sous le même rapport, ce qui est impossible : pour que l'interaction des puissances ne soit pas contradictoire, il faut à nouveau conclure à une dissociation de l'essence de l'âme et de ses divers pouvoirs.

La discussion n'est pas close pour autant. Il ne suffit pas de distinguer les puissances de l'essence pour régler la question de leur statut, comme s'il n'y avait d'alternative qu'entre substance et accident. De fait, note Thomas, certains, accordant que l'essence de l'âme n'est pas identique à ses puissances, précisent que ces puissances ne sont pas toutefois des « accidents » *(accidentia)* de l'âme, mais des « propriétés essentielles » ou « naturelles » *(proprietates essentiales seu naturales)*. Au début de sa carrière, dans son commentaire des *Sentences*, livre I, dist. III, q. 4, art. 2, il avait lui-même avancé une indication similaire. Les puissances de l'âme, écrivait-il, « découlent » *(fluunt)* de l'essence de l'âme et en sont donc des « accidents » *(accidentia)*; non pas, cependant, des accidents « communs » *(communia)*, lesquels résultent des principes de l'individu et non des principes de l'espèce, mais des accidents « propres » *(propria)* consécutifs à l'espèce. Des années plus tard, dans ses *Quaestiones de anima* presque contemporaine de sa *Question sur les créatures spirituelles*, l'Aquinate devait à nouveau parler de ces puissances comme d'accidents « propres », causés par les principes de l'espèce, ou comme de « propriétés » *(proprietates)*[1]. La référence à cette seconde thèse lui fournit ici l'occasion d'une mise au point.

Dire que les puissances de l'âme ne sont pas des « accidents » mais des « propriétés essentielles » est à la fois correct et incorrect. Cela dépend du sens qu'on accorde au terme d'accident. Chez les philosophes, on en trouve deux : celui des *Catégories* d'Aristote, d'abord, où l'accident s'oppose à la « substance » et recouvre les neuf autres « genres des choses » *(rerum genera)* : quantité, qualité, relatif, etc. ; celui des *Topiques*, ensuite, et de l'*Isagoge* de Porphyre, qui font de l'accident l'un des quatre « prédicats » *(predicatis)* ou l'un des cinq « universels » *(uniuersalium)*. Dans le premier cas, on ne peut trouver d'intermédiaire entre la substance et l'accident : tout étant est soit substantiel, soit accidentel. De ce point de vue, par conséquent, la thèse est intenable : si les puissances de l'âme sont distinctes de son essence et que, à l'évidence,

1. *Cf.* Thomas d'Aquin, *Quaest. disp. de anima*, q. 12, sol. ; éd. Léonine, p. 110, 208-209 ; ad 7m, p. 111, 266-267 ; 284-285.

ce ne sont pas d'autres substances, elles ne peuvent être autre chose que des accidents. Ce que Thomas confirme : les puissances de l'âme sont des accidents placés dans le genre « qualité », dont elles constituent la deuxième espèce (celle de la puissance ou de l'impuissance naturelle). Dans le second cas, la réponse change, puisque l'accident ne désigne plus ce qui, avec la substance, partage l'étant, mais un mode de prédication (« un rapport accidentel du prédicat au sujet ») qui ouvre la possibilité d'un type intermédiaire. Car on trouve entre la substance et l'accident compris comme *prédicats* substantiel et accidentel un attribut médian : le propre *(proprium)*. Ce dernier concentre certains caractères des deux extrêmes : comme le prédicat accidentel, le propre n'est ni l'essence de la chose (la définition) ni une partie de son essence (le genre), mais quelque chose en dehors d'elle ; comme le prédicat substantiel, toutefois, il est causé par « les principes essentiels de *l'espèce* », alors que c'est à *l'individu* seulement qu'arrive le prédicat accidentel, sur un mode tantôt séparable, tantôt inséparable. La nuance de la seconde opinion examinée par Thomas devient ici parfaitement légitime. Ce qu'on récuse au plan catégorial doit même être validé au niveau de la prédication. Sous ce rapport, conclut l'Aquinate, les puissances de l'âme sont bien des « propriétés » découlant naturellement de l'essence de l'âme. Le texte s'achève sur cet affinement dans l'analyse des puissances de l'âme dont la noétique du dernier Thomas, contre Siger et contre Averroès, jugé plus *depravator* que *Commentator*, tirera bientôt à Paris le meilleur profit.

De spiritualibus creaturis

< Articulus primus >

Questio est de spiritualibus creaturis. Et primo queritur utrum substantia spiritualis creata sit composita ex materia et forma.

Et uidetur quod sic. Dicit enim Boetius in I De Trinitate : forma simplex subiectum esse non potest ; set substantia spiritualis creata est subiectum scientie et uirtutis et gratie ; ergo non est forma simplex. Set nec est materia simplex, quia sic esset in potentia tantum, non habens aliquam operationem. Ergo est composita ex materia et forma.

2. Preterea. Quelibet forma creata est limitata et finita ; set forma limitatur per materiam ; ergo quelibet forma creata est forma in materia. Nulla ergo substantia creata est forma sine materia.

3. Preterea. Principium mutabilitatis est materia : unde secundum Philosophum necesse est ut materia ymaginetur in re mota ; set substantia spiritualis creata est mutabilis : solus enim Deus naturaliter immutabilis est ; ergo substantia spiritualis creata habet materiam.

4. Preterea. Augustinus dicit XII Confessionum quod Deus fecit materiam communem uisibilium et inuisibilium ; inuisibilia autem sunt substantia spirituales ; ergo substantia spiritualis habet materiam.

5. Preterea. Philosophus dicit in VIII Methaphisice quod, si qua substantia est sine materia, statim est ens et unum, et non est ei alia causa ut sit ens et unum ; set omne creatum habet causam sui esse et unitatis ; ergo nullum creatum est substantia sine materia. Omnis ergo substantia spiritualis creata est composita ex materia et forma.

Les créatures spirituelles

Article 1

La question porte sur les créatures spirituelles. Pour commencer, on demande si une substance spirituelle créée est composée de matière et de forme.

Et il semble que oui. Boèce dit en effet au livre I de *La Trinité* [1] : une forme simple ne peut être sujet ; or une substance spirituelle créée est sujet de la science, de la vertu et de la grâce ; donc ce n'est pas une forme simple. Et ce n'est pas non plus une matière simple, car alors elle ne serait qu'en puissance, n'ayant aucune opération. Donc elle est composée de matière et de forme.

2. Toute forme créée est limitée et finie ; or une forme est limitée par la matière ; donc toute forme créée est une forme dans une matière ; donc aucune substance créée n'est une forme sans matière.

3. Le principe de la mutabilité, c'est la matière – c'est pourquoi, selon le Philosophe [2], il est nécessaire d'imaginer une matière dans la chose mue. Or une substance spirituelle créée est mutable – seul Dieu, en effet, est par nature immuable. Donc une substance spirituelle créée a une matière.

4. Augustin dit au livre XII des *Confessions* [chap. 17, n. 25] que Dieu a produit la matière commune des choses visibles et invisibles ; or les choses invisibles sont des substances spirituelles ; donc une substance spirituelle a une matière.

5. Le Philosophe dit au livre VIII de la *Métaphysique* [1045a36-b5] que, si une substance est sans matière, elle est aussitôt un étant et quelque chose d'un, et qu'elle n'a pas d'autre cause [expliquant] qu'elle soit un étant et quelque chose d'un. Or toute chose créée possède une cause de son être et de son unité ; donc aucune chose créée n'est une substance sans matière ; donc toute substance spirituelle créée est composée de matière et de forme.

6. Preterea. Augustinus dicit in libro De questionibus Veteris et Noui Testamenti quod prius fuit formatum corpus Ade quam anima ei infunderetur, quia prius necesse est fieri habitaculum quam habitatorem introduci. Comparatur anima ad corpus sicut habitator ad habitaculum; set habitator est per se subsistens; anima igitur est per se subsistens, et multo forcius angelus. Set substantia per se subsistens non uidetur esse forma tantum; ergo substantia spiritualis creata non est forma tantum; est ergo composita ex materia et forma.

7. Preterea. Manifestum est quod anima est susceptiua contrariorum; hoc autem uidetur esse proprium substantie composite; ergo anima est substantia composita, et eadem ratione angelus.

8. Preterea. Forma est quo aliquid est. Quicquid ergo compositum est ex quo <est> et quod est est compositum ex materia et forma; omnis autem substantia spiritualis creata composita est ex quo est et quod est, ut patet per Boetium in libro De ebdomadibus; ergo omnis substantia spiritualis creata est composita ex materia et forma.

9. Preterea. Duplex est communitas : una in diuinis, secundum quod essentia est communis tribus personis, alia in rebus creatis, secundum quod uniuersale est commune suis inferioribus. Singulare autem uidetur prime communitatis, ut id quo distinguntur ea que communicant in illo communi non sit aliud realiter ab ipso communi : paternitas enim, qua[1] Pater distinguitur a Filio, est ipsa essentia que est Patri et Filio communis. In communitate autem uniuersalis oportet quod id quo distinguntur ea que continentur sub communi sit aliud ab ipso communi, in omni ergo creato quod continetur sub aliquo genere communi necesse est esse compositionem eius quod commune est et eius per quod commune ipsum restringitur. Substantia autem spiritualis creata est in aliquo genere; oportet ergo quod in substantia spirituali creata sit compositio nature communis et eius per quod natura communis coartatur. Hoc autem uidetur esse compositio forme et materie; ergo in substantia spirituali creata est compositio forme et materie.

10. Preterea. Forma generis esse non potest nisi in intellectu uel materia; set substantia spiritualis creata, ut angelus, est in aliquo genere; forma igitur generis illius uel est in intellectu tantum uel in materia. Set si angelus non haberet materiam non esset in materia;

1. Substitution de *qua* à *quo* avec Guldentops et Steel.

6. Augustin dit dans son livre *Sur les questions de l'Ancien et du Nouveau Testament* [3] que le corps d'Adam fut formé avant qu'une âme ne lui soit infusée, parce qu'il est nécessaire que l'habitacle vienne à être avant qu'un habitant ne soit introduit. L'âme se rapporte au corps comme l'habitant à l'habitacle; or l'habitant est subsistant par soi; donc l'âme est subsistante par soi, et *a fortiori* l'ange. Mais il ne semble pas qu'une substance subsistant par soi ne soit qu'une forme; donc une substance spirituelle créée n'est pas seulement une forme; donc elle est composée de matière et de forme.

7. Il est clair que l'âme peut recevoir des contraires; or cela semble être le propre d'une substance composée; l'âme est donc une substance composée, et l'ange aussi, pour la même raison.

8. Une forme est ce par quoi quelque chose est. Donc tout composé de « ce par quoi c'est » et de « ce qui est » est composé de matière et de forme; or toute substance spirituelle créée est composée de « ce par quoi c'est » et de « ce qui est », comme le montre Boèce dans le livre *Sur les hebdomades* [4]; donc toute substance spirituelle créée est composée de matière et de forme.

9. Il y a deux sortes de communautés : l'une, dans l'ordre divin, au sens où l'essence est « commune » aux trois Personnes ; l'autre, dans les choses créées, au sens où l'universel est « commun » à ce qui lui est inférieur. La communauté du premier type semble avoir ceci de singulier que ce par quoi sont distingués les [êtres] qui ont en commun cet [élément] commun n'est pas réellement autre que l'[élément] commun lui-même : la paternité, en effet, par laquelle le Père est distingué du Fils, est l'essence même qui est commune au Père et au Fils. En revanche, dans la communauté propre à l'universel, il faut que ce par quoi sont distinguées les choses qui sont comprises sous un [élément] commun soit autre que cet [élément] commun lui-même ; dans toute chose créée qui est comprise sous un genre commun, il est donc nécessaire qu'il y ait une composition de ce qui est commun et de ce par quoi cet élément commun est réduit. Or une substance spirituelle créée se trouve dans un certain genre ; il faut donc qu'il y ait dans la substance spirituelle créée une composition de la nature commune et de ce par quoi la nature commune est restreinte. Or il semble que cela soit une composition de forme et de matière ; donc il y a dans la substance spirituelle créée une composition de forme et de matière.

10. La forme d'un genre ne peut être que dans l'intellect ou dans la matière. Or une substance spirituelle créée, par exemple un ange, est dans un certain genre; la forme de ce genre est donc soit dans l'intellect seulement, soit dans la matière. Mais si un ange n'avait

ergo esset in intellectu tantum : et sic, supposito quod nullus intelligeret angelum, sequeretur quod angelus non esset, quod est inconueniens. Oportet igitur dicere, ut uidetur, quod substantia spiritualis creata sit composita ex materia et forma.

11. Preterea. Si substantia spiritualis creata esset forma tantum, sequeretur quod una substantia spiritualis esset presens alteri. Si enim unus angelus intelligit alium, aut hoc est per essentiam angeli intellecti : et sic oportebit quod substantia angeli intellecti sit presens in intellectu angeli intelligentis ipsum; aut per speciem : et tunc idem sequitur, si species per quam angelus ab alio intelligitur non differt ab ipsa substantia angeli intellecti. Nec uidetur posse dari in quo differat, si substantia angeli est sine materia sicut et eius species intelligibilis. Hoc autem est inconueniens, quod unus angelus per sui substantiam sit presens in alio, quia sola Trinitas menti rationali illabitur. Ergo et primum ex quo sequitur est inconueniens, scilicet quod substantia spiritualis creata sit immaterialis.

12. Preterea. Commentator dicit in XI Methaphisice quod, si esset archa sine materia, idem esset cum archa que est in intellectu. Et sic uidetur idem quod prius.

13. Preterea. Augustinus dicit VII Super Genesim ad litteram quod, sicut caro habuit materiam, id est terram, de qua fieret, sic fortasse potuit, et antequam ea ipsa natura fieret que anima dicitur, habere aliquam materiam pro suo genere spiritualem, que nondum esset anima. Ergo anima uidetur esse composita ex materia et forma, et eadem ratione angelus.

14. Preterea. Damascenus dicit quod «solus Deus essentialiter immaterialis est et incorporeus»; non ergo substantia spiritualis creata.

15. Preterea. Omnis substantia nature sue limitibus circumscripta habet esse limitatum et coartatum; set omnis substantia creata est nature sue limitibus circumscripta; ergo omnis substantia creata habet esse limitatum et coartatum. Set omne quod coartatur aliquo coartatur; ergo in qualibet substantia creata est aliquid coartans et aliquid coartatum : et hoc uidetur esse forma et materia. Ergo omnis substantia spiritualis est composita ex materia et forma.

16. Preterea. Nichil secundum idem agit et patitur, set agit unumquodque per formam, patitur autem per materiam. Set substantia

pas de matière, il ne serait pas dans la matière; il ne serait donc que dans l'intellect, si bien que, en admettant que personne n'intellige l'ange, il s'ensuivrait que l'ange n'existerait pas, ce qui ne convient pas. Il faut donc dire, à ce qu'il semble, qu'une substance spirituelle créée est composée de matière et de forme.

11. Si une substance spirituelle créée était seulement une forme, il s'ensuivrait qu'une substance spirituelle serait présente à une autre. En effet, si un ange en intellige un autre, soit cela se fait par l'essence de l'ange intelligé – et en ce cas il faudra que la substance de l'ange intelligé soit présente dans l'intellect de l'ange qui l'intellige; soit par une espèce – mais cela revient au même si l'espèce par laquelle l'ange est intelligé par l'autre ne se distingue pas de la substance même de l'ange intelligé; et il ne semble pas qu'on puisse trouver en quoi elle s'en distingue si la substance de l'ange est sans matière tout comme son espèce intelligible. Or cela ne convient pas, à savoir qu'un ange soit par sa substance présent en un autre, car seule la Trinité pénètre l'esprit rationnel [5]. Donc la prémisse dont cela découle est elle aussi inacceptable, à savoir qu'une substance spirituelle créée soit immatérielle.

12. Le Commentateur dit en commentant le livre XI de la *Métaphysique* [com. 36] [6] que s'il existait un coffre sans matière, ce dernier serait identique au coffre qui se trouve dans l'intellect. Ce qui donne la même chose que dans l'argument précédent.

13. Augustin dit au livre VII de *La Genèse au sens littéral* [chap. 6, n. 9] que, de même que la chair a eu une matière, à savoir la terre, dont elle a pu être tirée, pareillement [l'âme], avant que ne fût produite cette nature même qu'on appelle « âme », a pu avoir une certaine matière spirituelle d'un genre spécial, qui n'était pas encore âme. Donc l'âme semble être composée de matière et de forme, et l'ange aussi, pour la même raison.

14. Jean Damascène dit que « seul Dieu est essentiellement immatériel et incorporel [7] »; donc une substance spirituelle créée ne l'est pas.

15. Toute substance circonscrite par les limites de sa nature a un être limité et restreint. Or toute substance créée est circonscrite par les limites de sa nature; donc toute substance créée possède un être limité et restreint. Mais tout ce qui est restreint est restreint par quelque chose; donc il y a dans toute substance créée quelque chose qui restreint et quelque chose qui est restreint; et il semble que ce soient la forme et la matière. Donc toute substance spirituelle est composée de matière et de forme.

16. Rien n'agit et ne pâtit sous le même rapport, mais une chose agit par la forme et pâtit par la matière. Or une substance spirituelle

spiritualis creata, ut angelus, agit dum illuminat inferiorem angelum, et patitur dum illuminatur a superiori; similiter in anima est intellectus agens et possibilis. Ergo tam angelus quam anima componitur ex materia et forma.

17. Preterea. Omne quod est aut est actus purus aut potentia pura aut compositum ex actu et potentia; set substantia spiritualis non est actus purus – hoc enim solius Dei est – nec etiam potentia pura; ergo est compositum ex potentia et actu, quod uidetur idem ei quod est componi ex materia et forma.

18. Preterea. Plato in Thimeo inducit deum summum loquentem diis creatis et dicentem : Voluntas mea major est nexu uestro, et inducit hec uerba Augustinus in libro De ciuitate Dei; dii autem creati uidentur esse angeli; ergo in angelis est nexus siue compositio.

19. Preterea. In hiis que numerantur et essentialiter differunt est materia, quia materia est principium distinctionis secundum numerum; set substantie spirituales numerantur et essentialiter differunt; ergo habent materiam.

20. Preterea. Nichil patitur a corpore nisi habens materiam; set substantie spirituales create patiuntur ab igne corporeo, ut patet per Augustinum De ciuitate Dei; ergo substantie spirituales create habent materiam.

21. Preterea. Boetius in libro De unitate et uno expresse dicit quod angelus est compositus ex materia et forma.

22. Preterea. Boetius dicit in libro De ebdomadibus quod id quod est aliquid aliud potest habere ammixtum; set ipsum esse nichil omnino aliud habet ammixtum. Et idem possumus dicere de omnibus abstractis et concretis : nam in homine potest aliquid aliud esse quam humanitas, utpote albedo uel aliquid huiusmodi; set in ipsa humanitate non potest aliquid esse nisi quod ad rationem humanitatis pertinet. Si ergo substantie spirituales sunt forme abstracte, non poterit in eis esse aliquid quod ad earum speciem <non> pertineat; set sublato eo quod pertinet ad speciem rei corrumpitur res. Cum ergo omnis substantia spiritualis sit incorruptibilis, nichil quod inest substantie spirituali create poterit amittere; et ita erit omnino immobilis, quod est inconueniens.

23. Preterea. Omne quod est in genere participat principia generis. Substantia autem spiritualis creata est in predicamento substantie; principia autem huius predicamenti sunt materia et forma quod

créée, comme un ange, agit dans la mesure où elle illumine un ange inférieur, et pâtit dans la mesure où elle est illuminée par un ange supérieur; de la même façon, il y a dans l'âme un intellect agent et un intellect possible. Aussi bien l'ange que l'âme sont donc composés de forme et de matière.

17. Tout ce qui est est soit acte pur, soit pure puissance, soit un composé d'acte et de puissance. Or une substance spirituelle n'est ni acte pur – car cela ne convient qu'à Dieu – ni pure puissance; elle est donc un composé de puissance et d'acte, ce qui semble bien revenir à une composition de matière et de forme.

18. Platon dans le *Timée* [41B][8] fait intervenir le dieu souverain s'adressant aux dieux créés pour leur dire : « Ma volonté est plus forte que votre lien » – Augustin rapporte ces paroles dans le livre *La Cité de Dieu*[9]. Or il semble bien que les dieux créés soient des anges; donc il y a dans les anges un lien ou une composition.

19. Dans les choses qui sont nombrées et qui diffèrent essentiellement, il y a de la matière, parce que la matière est le principe de la distinction numérique. Or les substances spirituelles sont nombrées et diffèrent essentiellement ; elles ont donc une matière.

20. Seul pâtit d'un corps ce qui a une matière. Or les substances spirituelles créées pâtissent du feu corporel, comme le montre Augustin dans *La Cité de Dieu*[10]; donc les substances spirituelles créées ont une matière.

21. Boèce dit expressément dans le livre *Sur l'unité et l'un*[11] que l'ange est composé de matière et de forme.

22. Boèce dit dans le livre *Sur les hebdomades*[12] que ce qui est peut avoir quelque chose d'autre qui lui soit mélangé, mais que l'être même n'a absolument rien d'autre qui lui soit mélangé. Et nous pouvons dire de même pour toutes les choses abstraites et concrètes. Car dans l'homme il peut y avoir quelque chose d'autre que l'humanité, par exemple la blancheur ou quelque chose de ce type; alors que dans l'humanité elle-même il ne peut rien y avoir, sinon ce qui relève de la notion d'humanité. Si donc les substances spirituelles sont des formes abstraites, il ne pourra rien y avoir en elles qui ne relève de leur espèce. Mais si l'on retire à une chose ce qui relève de son espèce, la chose se corrompt. Puisque donc toute substance spirituelle est incorruptible, rien de ce qui se trouve dans la substance spirituelle ne pourra se perdre; et ainsi elle sera absolument immobile, ce qui ne convient pas.

23. Tout ce qui est dans un genre participe les principes de ce genre. Or une substance spirituelle créée se trouve dans la catégorie « substance »; et les principes de cette catégorie sont la matière et la

uidetur per Boetium in Commento Predicamentorum, qui dicit quod Aristotiles relictis extremis, scilicet materia et forma, agit de medio, scilicet de composito, dans intelligere quod substantia, que est predicamentum, de qua ibi agit, sit composita ex materia et forma. Ergo substantia spiritualis creata est composita ex materia et forma.

24. Preterea. Omne quod est in genere componitur ex genere et differentia; differentia autem sumitur a forma, genus autem a materia, ut patet in VIII Methaphisice; cum igitur substantia spiritualis sit in genere, uidetur quod sit composita ex materia et forma.

25. Preterea. Id quod est primum in quolibet genere est causa eorum que sunt post, sicut primus actus est causa omnis entis in actu; ergo eadem ratione omne id quod est in potentia quocumque modo habet hoc a prima potentia, que est potentia pura, scilicet a prima materia. Set aliqua potentia est in substantiis spiritualibus creatis, quia solus Deus est actus purus; ergo substantia spiritualis creata habet hoc a materia, quod non posset esse nisi materia esset pars eius. Est ergo composita ex materia et forma.

Set contra est quod Dyonisius dicit IV cap. De diuinis nominibus de angelis, quod sunt «incorporei et immateriales».

2. Set dicebat quod dicuntur immateriales quia non habent materiam subiectam quantitati et transmutationi. – Set contra est quod ipse premittit, quod «ab uniuersa materia sunt munde».

3. Preterea. Secundum Philosophum in IV Phisicorum locus non queritur nisi propter motum; et similiter nec materia quereretur nisi propter motum : secundum ergo quod aliqua habent motum, secundum hoc querenda est in eis materia. Vnde illa que sunt generabilia et corruptibilia habent materiam ad esse, que autem sunt transmutabilia secundum locum habent materiam ad ubi; set substantie spirituales non sunt transmutabiles secundum esse; ergo non est in eis materia ad esse, et sic non sunt composite ex materia et forma.

4. Preterea. Hugo de S. Victore dicit Super angelicam ierarchiam Dyonisii quod in substantiis spiritualibus idem est quod uiuificat et

forme, ce que montre Boèce dans son *Commentaire des Catégories* [13], qui dit qu'Aristote, quittant les extrêmes, à savoir la matière et la forme, traite de l'intermédiaire, à savoir du composé, donnant à penser que la substance, qui est la catégorie dont il est question dans ce passage, est composée de matière et de forme; donc une substance spirituelle créée est composée de matière et de forme.

24. Tout ce qui est dans un genre est composé du genre et d'une différence; or la différence est tirée de la forme, et le genre de la matière, comme on le voit au livre VIII de la *Métaphysique* [1043a19-21]. Puisque donc la substance spirituelle est dans un genre, il semble bien qu'elle soit composée de matière et de forme.

25. Ce qui est premier dans un genre, quel qu'il soit, est cause de ce qui vient après lui : l'acte premier, par exemple, est cause de tout étant en acte; donc, pour la même raison, tout ce qui est en puissance en quelque façon tient cela de la puissance première, qui est pure puissance, à savoir la matière première. Or il y a dans les substances spirituelles créées une certaine puissance, parce que seul Dieu est acte pur; donc une substance spirituelle créée tient cela de la matière, ce qui ne pourrait se faire si de la matière ne constituait pas l'une de ses parties; elle est donc composée de matière et forme.

Mais à l'inverse, il y a ce que dit Denys à propos des anges au chapitre IV des *Noms divins* [§ 1] [14], à savoir qu'ils sont « incorporels et immatériels ».

2. On a objecté, cependant, qu'ils sont dits « immatériels » parce qu'ils n'ont pas de matière sujette à la quantité et au changement. Mais à cela s'oppose ce que Denys lui-même dit auparavant, à savoir qu'ils sont « purs de toute matière [15] ».

3. Selon le Philosophe, au livre IV des *Physiques* [*Physique*, 211a12-13], on ne fait une recherche sur le lieu qu'en raison du mouvement; et de la même façon, on ne ferait aucune recherche sur la matière si ce n'était en raison du mouvement : c'est dans la mesure, donc, où certaines choses possèdent le mouvement que l'on doit chercher en elles une matière. Ainsi, les choses qui sont engendrables et corruptibles possèdent une matière relative à l'être, tandis que celles qui sont soumises au changement selon le lieu possèdent une matière relative au lieu. Or les substances spirituelles ne sont pas soumises au changement selon l'être; donc il n'y a pas en elles de matière relative à l'être, si bien qu'elles ne sont pas composées de matière et de forme.

4. Hugues de Saint-Victor affirme [dans son livre] *Sur la hiérarchie angélique de Denys* que, dans les substances spirituelles, ce qui vivifie est

quod uiuificatur; set id quod uiuificat est forma, quod autem uiuificatur est materia: forma enim dat esse materie, uiuere autem uiuentibus est esse. Ergo in angelis non differt materia et forma.

5. Preterea. Auicenna et Algazel dicunt quod substantie separate, que spirituales substantie dicuntur, sunt omnino a materia denudate.

6. Preterea. Philosophus dicit in III De anima quod «lapis non est in anima, set species» lapidis : quod uidetur esse propter simplicitatem anime, ut scilicet in ea materialia esse non possint. Ergo anima non est composita ex materia et forma.

7. Preterea. In libro De causis dicitur quod «intelligentia est substantia que non diuiditur»; set omne quod componitur diuiditur; ergo intelligentia non est substantia composita.

8. Preterea. «In hiis que sunt sine materia idem est intelligens et quod intelligitur»; set id quod intelligitur est forma intelligibilis omnino immaterialis; ergo et substantia intelligens est absque materia.

9. Preterea. Augustinus dicit in libro De Trinitate quod anima se tota intelligit; non autem intelligit per materiam; ergo materia non est aliquid eius.

10. Preterea. Damascenus dicit quod anima est simplex, non ergo composita ex materia et forma.

11. Preterea. Spiritus rationalis magis appropinquat primo simplicissimo, scilicet Deo, quam spiritus brutalis; set spiritus brutalis non est compositus ex materia et forma; ergo multo minus spiritus rationalis.

12. Preterea. Plus appropinquat primo simplici substantia angelica quam forma materialis; set forma materialis non est composita ex materia et forma; ergo nec substantia angelica.

13. Preterea. Forma accidentalis est ordine dignitatis infra substantiam; set Deus facit aliquam formam accidentalem subsistere sine materia, ut patet in sacramento altaris; ergo forcius facit aliquam formam in genere substantie subsistere sine materia : et hoc maxime uidetur substantie spiritualis.

14. Preterea. Augustinus dicit XII Confessionum : Duo fecisti, Domine, «unum prope te», id est substantiam angelicam, «aliud prope nichil», scilicet materiam. Sic ergo materia non est in angelo, cum contra ipsum diuidatur.

identique à ce qui est vivifié [16]. Or ce qui vivifie est la forme, et ce qui est vivifié la matière – la forme, en effet, donne l'être à la matière, et l'être, pour les vivants, c'est la vie [17]. Dans les anges, donc, matière et forme ne sont pas distinguées.

5. Avicenne et Algazel disent que les substances séparées, que l'on appelle « substances spirituelles », sont absolument dénuées de matière [18].

6. Le Philosophe dit au livre III du [traité] *De l'âme* [431b29] que « la pierre n'est pas dans l'âme, mais la forme » de la pierre. Et cela – à savoir qu'il ne puisse y avoir en elle des choses matérielles – semble bien dû à la simplicité de l'âme. Donc l'âme n'est pas composée de matière et de forme.

7. Dans le *Livre des causes* [prop. 6] il est dit que « l'intelligence est une substance qui n'est pas divisée [19] ». Or tout ce qui est composé est divisé; donc l'intelligence n'est pas une substance composée.

8. « Dans le cas des choses qui sont sans matière, ce qui intellige est identique à ce qui est intelligé [20] »; Or ce qui est intelligé est une forme intelligible absolument immatérielle; donc la substance qui intellige est elle aussi sans matière.

9. Augustin dit dans le livre *La Trinité* [X, chap. 4] que l'âme tout entière s'intellige; or elle n'intellige pas par la matière; donc la matière ne fait pas partie d'elle.

10. Jean Damascène dit que l'âme est simple, et donc qu'elle n'est pas composée de matière et de forme [21].

11. Un esprit rationnel s'approche plus du [principe] premier absolument simple, à savoir Dieu, qu'un esprit animal. Or un esprit animal n'est pas composé de matière et de forme; donc un esprit rationnel l'est encore bien moins.

12. La substance angélique s'approche plus du [principe] premier [et] simple que la forme matérielle. Or la forme matérielle n'est pas composée de matière et de forme; donc la substance angélique non plus.

13. Une forme accidentelle est inférieure à la substance par ordre de dignité. Or Dieu fait subsister une certaine forme accidentelle sans matière, comme on le voit lors du sacrement de l'autel. Il fait donc *a fortiori* subsister sans matière une certaine forme dans le genre « substance », ce qui paraît au plus haut point valoir pour la substance spirituelle.

14. Augustin dit au livre XII des *Confessions* [chap. 7, n. 7]: Tu as fait deux choses, Seigneur, « l'une proche de toi », à savoir la substance angélique, « l'autre proche du néant », à savoir la matière. Il n'y a donc pas de matière dans l'ange, puisque, par division, c'est à lui qu'on l'oppose.

Responsio. Dicendum quod circa hanc questionem contrarie aliqui opinantur : quidam enim asserunt substantiam spiritualem creatam esse compositam ex materia et forma, quidam uero hoc negant : unde ad huius ueritatis inquisitionem ne in ambiguo procedamus, considerandum est quid nomine materie significetur. Manifestum est enim quod, cum potentia et actus diuidant ens, et cum quodlibet genus per actum et potentiam diuidatur, id communiter materia prima nominatur quod est in genere substantie ut potentia quedam, intellecta preter omnem speciem et formam, et etiam preter priuationem, que tamen est susceptiua et formarum et priuationum, ut patet per Augustinum XII Confessionum et I Super Genesim ad litteram et per Philosophum in VII Methaphisice.

Sic autem accepta materia, que est propria eius acceptio et communis, impossibile est quod materia sit in substantiis spiritualibus : licet enim in uno et eodem, quod quandoque est in actu quandoque in potentia, prius tempore sit potentia quam actus, actus tamen naturaliter est prior potentia. Illud autem quod est prius non dependet a posteriori set e conuerso : et ideo inuenitur aliquis primus actus absque omni potentia. Numquam tamen inuenitur in rerum natura potentia que non sit perfecta per aliquem actum, et propter hoc semper in materia prima est aliqua forma. A primo autem actu perfecto simpliciter, qui habet in se omnem plenitudinem perfectionis, causatur esse actu in omnibus, set tamen secundum quendam ordinem : nullus enim actus causatus habet omnem perfectionis plenitudinem, set respectu primi actus omnis actus causatus est imperfectus; quanto tamen aliquis actus est perfectior, tanto est Deo propinquior. Inter omnes autem creaturas Deo maxime appropinquant spirituales substantie, ut patet per Dyonisium IV cap. Celestis ierarchie : unde maxime accedunt ad perfectionem primi actus, cum comparentur ad inferiores creaturas sicut perfectum ad imperfectum et sicut actus ad potentiam. Nullo ergo modo hoc ratio ordinis rerum habet, quod substantie spirituales ad esse suum requirant materiam primam, que est incompletissimum inter omnia entia, set sunt longe supra totam materiam et omnia materialia eleuate.

Hoc etiam manifeste apparet si quis propriam operationem substantiarum spiritualium consideret. Omnes enim spirituales substantie

Réponse. Sur cette question, on trouve des opinions contraires. D'aucuns soutiennent en effet que la substance spirituelle créée est composée de matière et de forme [22], alors que d'autres le nient [23]. Pour chercher ici la vérité, sans verser dans l'équivoque, il faut donc examiner ce que signifie le nom de « matière ». Il est clair en effet que, la puissance et l'acte divisant l'étant, et tout genre étant divisé par l'acte et la puissance, on appelle généralement « matière première » ce qui, dans le genre « substance », est une certaine puissance, conçue [comme étant] indépendante de toute espèce, de toute forme, et aussi indépendante de [toute] privation, et qui, cependant, peut recevoir des formes et des privations, comme le montrent Augustin au livre XII des *Confessions* [chap. 8, n. 8] et au livre I de *La Genèse au sens littéral* [chap. 14, n. 28], ainsi qu'Aristote au livre VII de la *Métaphysique* [1029a20-26].

Si on l'entend en ce sens – ce qui est son acception propre et courante –, il est impossible qu'il y ait de la matière dans les substances spirituelles. En effet, bien que dans une seule et même chose qui est tantôt en acte, tantôt en puissance, la puissance soit chronologiquement antérieure à l'acte, l'acte, cependant, est naturellement antérieur à la puissance ; or ce qui est antérieur ne dépend pas du postérieur, c'est l'inverse ; et c'est pourquoi l'on trouve un certain acte premier dénué de toute puissance. Dans la nature, cela dit, on ne trouve jamais de puissance qui ne soit parachevée par un certain acte, ce qui fait qu'il y a toujours quelque forme dans la matière première ; or c'est par l'acte premier absolument parfait, qui possède en lui l'entière plénitude de la perfection, qu'est causé l'être en acte de toutes les choses, mais cela selon un certain ordre : aucun acte causé, en effet, ne possède l'entière plénitude de la perfection, mais, par rapport à l'acte premier, tout acte causé est imparfait. Un acte, cependant, est d'autant plus parfait qu'il est proche de Dieu ; or de toutes les créatures, comme Denys le montre au livre IV de la *Hiérarchie céleste* [§ 2] [24], les créatures spirituelles sont celles qui s'approchent au plus haut point de Dieu – de là vient qu'elles parviennent au plus haut point à la perfection de l'acte premier –, puisqu'elles se rapportent aux créatures inférieures comme le parfait à l'imparfait et comme l'acte à la puissance. Il n'entre donc aucunement dans la notion de l'ordre des choses que les substances spirituelles aient besoin pour leur être de la matière première, qui est parmi tous les étants ce qu'il y a de plus incomplet ; elles sont au contraire élevées bien au-dessus de toute la matière et de toutes les choses matérielles.

C'est aussi ce qui ressort clairement si l'on considère l'opération propre des substances spirituelles. Toutes les substances spirituelles,

intellectuales sunt. Talis autem est uniuscuiusque rei potentia qualis reperitur perfectio eius : nam proprius actus propriam potentiam requirit. Perfectio autem cuiuslibet intellectualis substantie in quantum huiusmodi est intelligibile prout est in intellectu; talem igitur potentiam oportet in substantiis spiritualibus requirere, que sit proportionata ad susceptionem forme intelligibilis. Huiusmodi autem non est potentia materie prime : nam materia prima recipit formam contrahendo ipsam ad esse indiuiduale. Forma uero intelligibilis est in intellectu absque huiusmodi contractione : sic enim intelligit intellectus unumquodque intelligibile, secundum quod forma eius est in eo. Intelligit autem intellectus intelligibile precipue secundum naturam communem et uniuersalem : et sic forma intelligibilis in intellectu est secundum rationem sue communitatis; non est ergo substantia intellectualis receptiua forme ex ratione materie prime, set magis per oppositam quandam rationem. Vnde manifestum fit quod in substantiis spiritualibus illa prima materia que de se omni specie caret earum[1] pars esse non potest.

Si tamen quecumque duo se habent ad inuicem ut potentia et actus nominentur materia et forma nichil obstat dicere, ut non fiat uis in uerbis, quod in substantiis spiritualibus est materia et forma : oportet enim in substantia spirituali creata esse duo, quorum unum comparatur ad alterum ut potentia ad actum. Quod sic patet. Manifestum est enim quod primum ens, quod Deus est, est actus infinitus utpote habens in se totam essendi plenitudinem, non contractam ad aliquam naturam generis uel speciei; unde oportet quod ipsum esse eius non sit esse quasi inditum alicui nature que non sit suum esse, quia sic finiretur ad illam naturam : unde dicimus quod Deus est ipsum suum esse. Hoc autem non potest dici de aliquo alio : sicut enim impossibile est intelligere quod sint plures albedines separate – set si esset albedo separata ab omni subiecto et recipiente, esset una tantum –, ita impossibile est quod sit ipsum esse subsistens nisi unum tantum. Omne igitur quod est post primum ens, cum non sit suum esse, habet esse in aliquo receptum, per quod ipsum esse contrahitur : et sic in quolibet creato aliud est natura rei que participat esse et, aliud ipsum esse participatum. Et cum quelibet res participet per assimilationem primum actum in quantum habet esse, necesse est quod esse participatum in unoquoque comparetur ad naturam participantem ipsum sicut actus ad potentiam.

1. Substitution de *earum* à *eius* avec Guldentops et Steel.

en effet, sont intellectuelles. Or la puissance de chaque chose correspond à la perfection qu'on lui trouve : car un acte propre requiert une puissance propre. Or la perfection de toute substance intellectuelle, en tant que telle, est l'intelligible selon qu'il est dans l'intellect ; donc il faut postuler dans les substances spirituelles une puissance telle qu'elle soit proportionnée à la réception d'une forme intelligible. Or telle n'est pas la puissance de la matière première ; car la matière première reçoit une forme en la restreignant à un être individuel, alors que la forme intelligible est dans l'intellect sans une telle restriction : l'intellect, en effet, intellige chaque intelligible selon que sa forme est en lui ; or l'intellect intellige principalement l'intelligible selon [sa] nature commune et universelle, si bien que la forme intelligible est dans l'intellect selon la notion qui la rend commune ; par conséquent, la substance intellectuelle ne reçoit pas une forme sur le mode de la matière première, mais plutôt sur un mode opposé. Il apparaît donc clairement que, dans les substances spirituelles, cette matière première qui est en elle-même dépourvue de toute espèce ne saurait être une partie.

Cependant, si l'on appelle « matière » et « forme » deux choses qui se rapportent l'une à l'autre comme la puissance à l'acte, rien n'empêche de dire, pour ne pas se focaliser sur les mots, qu'il y a dans les substances spirituelles une matière et une forme. Dans la substance spirituelle créée, en effet, il doit y avoir deux choses, dont l'une se rapporte à l'autre comme la puissance à l'acte. Et voici pourquoi. Il est clair que le premier étant, qui est Dieu, est un acte infini, puisqu'il possède en lui l'entière plénitude de l'être sans restriction à quelque nature générique ou spécifique que ce soit ; aussi faut-il que son être même ne soit pas un être comme introduit dans une nature qui ne serait pas son être, car il serait alors limité à cette nature ; et c'est la raison pour laquelle nous disons que Dieu est son être même. Or cela, on ne peut le dire de rien d'autre. De même, en effet, qu'il est impossible de concevoir l'existence de plusieurs blancheurs séparées – s'il y avait une blancheur séparée de tout sujet et de tout récepteur, il n'y en aurait qu'une –, il est impossible que l'être même subsistant ne soit pas unique. Tout ce qui vient donc après le premier étant, n'étant pas identique à son être, possède un être reçu en quelque chose qui restreint l'être même. En toute chose créée, par conséquent, la nature de la chose qui participe l'être et l'être même participé sont différents. Et puisque toute chose, en tant qu'elle possède l'être, participe l'acte premier par assimilation, il est nécessaire que l'être participé en chaque chose se rapporte à la nature qui le participe comme l'acte à la puissance.

In natura igitur rerum corporearum materia non per se participat ipsum esse, set per formam : forma enim adueniens materie facit ipsam esse actu sicut anima corpori. Vnde in rebus compositis est considerare duplicem actum et duplicem potentiam : nam primo quidem materia est ut potentia respectu forme, et forma est actus eius ; et iterum natura constituta ex materia et forma est ut potentia respectu ipsius esse in quantum est susceptiua eius. Remoto igitur fundamento materie, si remaneat aliqua forma determinate nature per se subsistens – non in materia – adhuc comparabitur ad suum esse ut potentia ad actum : non dico autem « ut potentia separabilis ab actu », set quam semper suus actus comitetur. Et hoc modo natura spiritualis substantie, que non est composita ex materia et forma, est ut potentia respectu sui esse ; et sic in substantia spirituali est compositio potentie et actus, et per consequens forme et materie, si tamen omnis potentia nominetur materia et omnis actus nominetur forma. Set tamen hoc non est proprie dictum secundum communem usum nominum.

1. Ad primum ergo dicendum quod ratio forme opponitur rationi subiecti : nam omnis forma in quantum huiusmodi est actus, omne autem subiectum comparatur ad id cuius est subiectum ut potentia ad actum. Si qua ergo forma est que sit actus tantum, ut diuina essentia, illa nullo modo potest esse subiectum, et de hac Boetius loquitur ; si autem aliqua forma sit, que secundum aliquid sit in actu et secundum aliquid in potentia, secundum hoc tantum erit subiectum, secundum quod est in potentia. Substantie autem spirituales, licet sint forme subsistentes, sunt tamen in potentia in quantum habent esse finitum et limitatum. Et quia intellectus est cognoscitiuus omnium secundum sui rationem, et uoluntas est amatiua uniuersalis boni, remanet semper in intellectu et uoluntate substantie create potentia ad aliquid quod est extra se : unde, si quis recte consideret, substantie spirituales non inueniuntur esse subiecte nisi accidentium que pertinent ad intellectum et uoluntatem.

2. Ad secundum dicendum quod duplex est limitatio forme : una quidem secundum quod forma speciei limitatur ad indiuiduum : et talis limitatio forme est per materiam ; alia uero secundum quod forma generis limitatur ad naturam speciei : et talis limitatio forme non fit

La matière, donc, dans la nature des choses corporelles, ne participe pas l'être même par soi, mais par la forme : en effet, la forme, advenant à la matière, la fait être en acte, comme le fait l'âme pour le corps. C'est pourquoi il faut admettre dans les choses composées deux sortes d'acte et deux sortes de puissance : d'abord, en effet, la matière est assurément comme une puissance par rapport à la forme, et la forme est son acte; ensuite, la nature constituée de la matière et de la forme est comme une puissance par rapport à l'être même en tant qu'elle le reçoit. Donc, une fois supprimé le soutien de la matière, s'il doit rester une forme d'une nature déterminée subsistant par soi, et non pas dans une matière, elle continuera de se rapporter à son être comme une puissance à un acte – je ne dis pas : comme une puissance « séparable » de l'acte, mais comme une puissance que son acte accompagne toujours. Et c'est sur ce mode que la nature de la substance spirituelle, qui n'est pas composée de matière et de forme, est comme une puissance par rapport à son être; par conséquent, il y a dans la substance spirituelle une composition de puissance et d'acte, et donc de forme et de matière, à condition, cependant, d'appeler « matière » toute puissance, et « forme » tout acte – ce qui, toutefois, ne se dit pas au sens propre, eu égard à l'usage courant des termes.

1. La notion de forme est opposée à la notion de sujet : car toute forme, en tant que telle, est un acte, alors que tout sujet se rapporte à ce dont il est le sujet comme la puissance à l'égard de l'acte. Si donc il existe une forme qui n'est qu'acte, comme l'essence divine, elle ne peut en aucune façon être sujet, et c'est d'elle que parle Boèce; mais s'il existe une forme qui est en acte sous un certain rapport, et en puissance sous un autre, elle ne sera sujet que sous le rapport où elle est en puissance. Or bien qu'elles soient des formes subsistantes, les substances spirituelles sont en puissance en tant qu'elles ont un être fini et limité. Et parce que l'intellect est selon sa nature propre capable de connaître toutes choses, et que la volonté est douée d'amour pour le bien universel, il demeure toujours dans l'intellect et dans la volonté de la substance créée une puissance à l'égard de quelque chose qui lui est extérieur. C'est pourquoi, si l'on examine les choses correctement, les substances spirituelles ne sont sujets que d'accidents relevant de l'intellect et de la volonté.

2. Il y a deux manières pour une forme d'être limitée : premièrement, lorsque la forme de l'espèce est limitée à l'individu; et une telle limitation de la forme se fait par la matière; deuxièmement, lorsque la forme du genre est limitée à la nature d'une espèce;

per materiam set per formam magis determinatam, a qua sumitur differentia; differentia enim addita supra genus contrahit ipsum ad speciem. Et talis limitatio est in substantiis spiritualibus, secundum scilicet quod sunt forme determinatarum specierum.

3. Ad tertium dicendum quod mutabilitas non inuenitur in substantiis spiritualibus secundum earum esse set secundum intellectum et uoluntatem; set talis mutabilitas non est ex materia set ex potentialitate intellectus et uoluntatis.

4. Ad quartum dicendum quod non est intentio Augustini dicere quod sit eadem numero materia uisibilium et inuisibilium, cum ipse dicat duplicem informitatem intelligi per celum et terram, que dicuntur primo creata, ut per celum intelligatur substantia spiritualis adhuc informis, per terram autem materia rerum corporalium, que in se considerata informis est quasi omni specie carens : unde etiam dicitur «inanis et uacua», uel «inuisibilis et incomposita» secundum aliam litteram; celum autem non describitur inane et uacuum. Per quod manifeste apparet quod materia, que caret omni specie, non est pars substantie angelice; set informitas substantie spiritualis est secundum quod nondum est conuersa ad uerbum a quo illuminatur, quod pertinet ad potentiam intelligibilem. Sic ergo materiam communem uisibilium et inuisibilium nominat utrumque prout est informe suo modo.

5. Ad quintum dicendum quod Philosophus loquitur ibi non de causa agente set de causa formali. Illa enim que sunt composita ex materia et forma non statim sunt ens et unum; set materia est ens in potentia et fit ens actu per aduentum forme, que est ei causa essendi. Set forma non habet esse per aliam formam : unde si sit aliqua forma subsistens, statim est ens et unum nec habet causam formalem sui esse; habet tamen causam influentem ei esse, non autem causam mouentem, que reducat ipsam ex potentia preexistenti in actum.

6. Ad sextum dicendum quod, licet anima sit per se subsistens, non tamen sequitur quod sit composita ex materia et forma, quia per se subsistere potest conuenire etiam forme absque materia. Cum enim materia habeat esse per formam et non e conuerso, nichil prohibet aliquam formam sine materia subsistere, licet materia sine forma esse non possit.

et une telle limitation de la forme ne se fait pas par la matière, mais par une forme plus déterminée dont est tirée la différence : en effet, la différence ajoutée au genre le restreint à une espèce; et c'est cette dernière limitation qu'on trouve dans les substances spirituelles, dans la mesure où ce sont des formes d'espèces déterminées.

3. On ne trouve pas de mutabilité dans les substances spirituelles au point de vue de leur être, mais au point de vue de l'intellect et de la volonté; or une telle mutabilité n'est pas due à la matière, mais à la potentialité de l'intellect et de la volonté.

4. Augustin ne veut pas dire qu'il y a pour les choses visibles et invisibles une matière numériquement identique, puisqu'il affirme lui-même qu'on entend par « ciel » et « terre », dont il est dit qu'ils ont été créés en premier, deux sortes d'absence de forme. Par « ciel », on désigne la créature spirituelle encore informe, et par « terre », la matière des choses corporelles qui, considérée en elle-même, est informe, au sens où elle est dénuée de toute détermination. C'est pourquoi on la dit aussi « vide et nue » ou, dans une autre version, « invisible et inorganisée », alors que le ciel n'est pas décrit comme vide et nu. Cela montre clairement que la matière, qui est dépourvue de toute détermination, n'est pas une partie de la substance angélique, l'absence de forme de la substance angélique tenant au fait que cette dernière n'est pas encore tournée vers le Verbe qui l'illumine (ce qui concerne la puissance intellectuelle). Par conséquent, la « matière commune » des choses visibles et invisibles désigne chacune des deux [*i.e.* la matière et la substance angélique] en tant qu'elle est informe à sa manière.

5. Le Philosophe parle ici non pas de la cause agente, mais de la cause formelle. En effet, ce qui est composé de matière et de forme n'est pas aussitôt un étant et quelque chose d'un : la matière est un étant en puissance et devient un étant en acte par l'arrivée d'une forme, qui est pour elle cause de l'être. Mais la forme, elle, ne possède pas l'être par le biais d'une autre forme. C'est pourquoi, s'il est une forme subsistante, elle est aussitôt un étant et quelque chose d'un et elle n'a pas une cause formelle de son être. Elle a cependant une cause qui répand l'être en elle, mais pas une cause motrice qui l'amènerait d'une puissance préexistante à l'acte.

6. Bien que l'âme soit subsistante par soi, il ne s'ensuit pas cependant qu'elle soit composée de matière et de forme, parce que le fait de subsister par soi peut également convenir à une forme dépourvue de matière. En effet, puisque la matière possède l'être par le biais de la forme, et non l'inverse, rien n'empêche qu'une forme subsiste sans matière, même s'il ne peut y avoir de matière sans forme.

7. Ad septimum dicendum quod esse susceptiuum contrariorum est substantie in potentia aliqualiter existentis, siue sit composita ex materia et forma siue sit simplex. Substantia autem spiritualis non est subiectum contrariorum nisi pertinentium ad uoluntatem et intellectum, secundum que <est> in potentia, ut ex dictis patet.

8. Ad octauum dicendum quod non idem est componi ex quod est et quo est et ex materia et forma : licet enim forma possit dici quo aliquid est, tamen materia non proprie potest dici quod est, cum non sit nisi in potentia. Set quod est est id quod subsistit in esse, quod quidem in substantiis corporeis est ipsum compositum ex materia et forma, in substantiis autem incorporeis est ipsa forma simplex; quo est autem est ipsum esse participatum, quia in tantum unumquodque est in quantum ipso esse participat. Vnde et Boetius sic utitur istis uocabulis in libro De ebdomadibus, dicens quod in aliis preter Primum non idem est quod est et esse.

9. Ad nonum dicendum quod sub aliquo communi est aliquid dupliciter : uno modo sicut indiuiduum sub specie, alio modo sicut species sub genere. Quandocumque igitur sub una communi specie sunt multa indiuidua, distinctio multorum indiuiduorum est per materiam indiuidualem, que est preter naturam speciei, et hoc in rebus creatis; quando uero sunt multe species sub uno genere, non oportet quod forme quibus distinguntur species ad inuicem sint aliud secundum rem a forma communi generis. Per unam enim et eandem formam hoc indiuiduum collocatur in genere substantie et in genere corporis, et sic usque ad specialissimam speciem. Si enim secundum aliquam formam hoc indiuiduum habeat quod sit substantia, de necessitate oportet quod alie forme superuenientes, secundum quas collocatur in inferioribus generibus et speciebus, sint forme accidentales.

Quod ex hoc patet. Forma enim accidentalis a substantiali differt, quia forma substantialis facit hoc aliquid, forma autem accidentalis aduenit rei iam hoc aliquid existenti; si igitur prima forma, per quam collocatur in genere, faciet indiuiduum esse hoc aliquid, omnes alie forme aduenient indiuiduo subsistenti in actu, et ita erunt forme accidentales. Sequetur etiam quod per aduentum posteriorum formarum, quibus collocatur aliquid in specie specialissima uel subalterna, non sit

7. Pouvoir recevoir des contraires revient à la substance qui existe en quelque sorte en puissance, qu'elle soit composée de matière et de forme ou qu'elle soit simple. Et une substance spirituelle n'est que le sujet des contraires qui relèvent de la volonté et de l'intellect, sous le rapport desquels elle est en puissance, comme le montre ce qu'on a dit [25].

8. Être composé de « ce qui est » et de « ce par quoi c'est » n'est pas la même chose qu'être composé de matière et de forme. En effet, bien que la forme puisse être dite « ce par quoi » quelque chose est, la matière, elle, ne peut pas être dite à proprement parler « ce qui est », puisqu'elle n'est qu'en puissance. « Ce qui est », c'est ce qui subsiste dans l'être, c'est-à-dire, pour les substances corporelles, le composé de matière et de forme, et pour les substances incorporelles, la forme simple elle-même ; et « ce par quoi c'est », c'est [fondamentalement] l'être même participé, parce que chaque chose est pour autant qu'elle participe l'être même. C'est en ce sens, par conséquent, que Boèce, lui aussi, utilise ces termes dans le livre *Les Hebdomades*, lorsqu'il dit que dans les autres [étants], outre le Premier, « ce qui est » et « l'être » ne sont pas identiques.

9. Il y a deux manières pour une chose de se trouver sous un [élément] commun : premièrement, comme un individu sous une espèce ; deuxièmement, comme une espèce sous un genre. Chaque fois donc qu'une multitude d'individus se trouve sous une espèce commune, la distinction de cette multitude d'individus se fait par la matière individuelle, qui est étrangère à la nature de l'espèce ; et c'est ce qui se passe pour les choses créées. En revanche, lorsqu'une multitude d'espèces se trouve sous un genre, il n'est pas nécessaire que les formes par lesquelles les espèces sont distinguées entre elles soient réellement autres que la forme commune du genre. Car c'est par une seule et même forme que cet individu est placé dans le genre « substance », puis dans le genre « corps », et ainsi de suite, jusqu'à l'espèce la plus spéciale. En effet, si cet individu tenait d'une certaine forme le fait d'être une substance, il faudrait nécessairement que les autres formes qui, en s'ajoutant, lui valent d'être placé dans des genres et des espèces inférieurs, fussent des formes accidentelles.

Voici pourquoi. Une forme accidentelle diffère d'une forme substantielle parce que la forme substantielle produit quelque chose [26], alors que la forme accidentelle advient à ce qui existe déjà comme quelque chose. Si donc la première forme, qui le place dans un genre, fait que l'individu est quelque chose, toutes les autres formes adviendront à un individu subsistant en acte et seront ainsi des formes accidentelles. Il s'ensuivra aussi que l'advenir ou le retrait des formes suivantes, qui placent la chose dans l'espèce la plus spéciale ou une

generatio, neque per subtractionem corruptio simpliciter set secundum quid : cum enim generatio sit transmutatio ad esse rei, illud simpliciter generari dicitur quod simpliciter fit ens de non ente in actu set ente in potentia tantum. Si igitur aliquid fiat de preexistenti in actu non generabitur simpliciter ens set hoc ens, et eadem ratio est de corruptione; est ergo dicendum quod forme rerum sunt ordinate, et una addit super alteram in perfectione. Et hoc patet cum per Philosophum in VIII Methaphisice, qui dicit quod diffinitiones et species rerum sunt sicut numeri, in quibus species multiplicantur per additionem unitatis, tum etiam per hoc quod per inductionem apparet gradatim species rerum multiplicari secundum perfectum et imperfectum. Sic igitur per hoc excluditur positio Auicebron in libro Fontis uite quod materia prima, que omnino sine forma consideratur, primo recipit formam substantie, qua quidem supposita in aliqua sui parte super formam substantia recipit aliam formam, per quam fit corpus, et sic deinceps usque ad ultimam speciem; et in illa parte in qua non recipit formam corpoream est substantia incorporea, cuius materiam non subiectam quantitati aliqui nominant materiam spiritualem. Ipsam autem materiam iam perfectam per formam substantie, que est subiectum quantitatis et aliorum accidentium, dicit esse clauem ad intelligendum substantias incorporeas.

Non enim ex hoc contingit quod aliquod indiuiduum sit corpus inanimatum et aliud corpus animatum per hoc quod indiuiduum animatum habet formam aliquam, cui substernatur forma substantialis corporis, set quia hoc indiuiduum animatum habet formam perfectiorem, per quam habet non solum subsistere et corpus esse set etiam uiuere; aliud autem habet formam imperfectiorem, per quam non attingit ad uitam set solum ad subsistere corporaliter.

10. Ad decimum dicendum quod forma generis de cuius ratione est materia non potest esse extra intellectum nisi <in> materia, ut forma plante aut metalli; set hoc genus ‘substantia’ non est tale de cuius ratione sit materia, alioquin non esset methaphisicum set naturale; unde forma huius generis non dependet a materia secundum suum esse, set potest inueniri etiam extra materiam.

espèce subalterne, ne donnera pas lieu à une génération ou une corruption de manière absolue, mais seulement relative : en effet, puisque la génération est un changement vers l'être de la chose, on dit qu'est engendré de manière absolue ce qui de manière absolue vient à être un étant à partir d'un non-étant en acte, qui n'est un étant qu'en puissance. Si donc quelque chose vient à être à partir d'une chose qui préexiste en acte, ce qui sera engendré n'est pas, au sens absolu, un étant, mais cet étant-ci; et le même raisonnement vaut pour la corruption. Il faut donc dire que les formes des choses sont ordonnées, et que l'une ajoute à l'autre en perfection. C'est ce qui ressort de ce que dit le Philosophe au livre VIII de la *Métaphysique* [1043b33-1044a2], à savoir que les définitions et les espèces des choses sont comme des nombres, dont les espèces sont multipliées par l'addition d'une unité; mais aussi du fait que, par induction, les espèces des choses apparaissent graduellement multipliées selon le parfait et l'imparfait.

Cela exclut donc la thèse d'Avicébron dans le livre *La Source de vie*[27] : la matière première, selon lui, considérée comme étant absolument sans forme, reçoit d'abord la forme de substance; une fois celle-ci inscrite dans l'une de ses parties, [la matière] reçoit, outre la forme de substance, une autre forme qui en fait un corps, et ainsi de suite jusqu'à la dernière espèce; et dans la partie où elle ne reçoit pas la forme corporelle se trouve la substance incorporelle (dont la matière, n'étant pas sujette à la quantité, est appelée par certains[28] « matière spirituelle »). Et il affirme que la matière déjà parachevée par la forme de substance qui est le sujet de la quantité et des autres accidents est la clé pour concevoir les substances incorporelles. [Mais tout cela est faux]. S'il arrive, en effet, qu'un certain individu soit un corps inanimé et un autre un corps animé, cela ne vient pas de ce que l'individu animé possède une certaine forme à laquelle la forme substantielle du corps sert de substrat, mais c'est parce que cet individu animé possède une forme plus parfaite qui lui donne non seulement de subsister et d'être un corps, mais aussi de vivre, alors que l'autre possède une forme plus imparfaite qui ne le fait pas accéder à la vie, mais seulement au fait de subsister de manière corporelle.

10. La forme d'un genre dont la notion inclut la matière ne peut exister en dehors de l'intellect que dans la matière, comme la forme de la plante ou du métal; mais le genre « substance » n'est pas tel que sa notion inclue la matière, sans quoi il ne serait pas un objet de la métaphysique, mais de la physique. C'est pourquoi la forme de ce genre ne dépend pas de la matière selon son être, mais peut se trouver aussi en dehors de la matière.

11. Ad undecimum dicendum quod species intelligibilis que est in intellectu angeli intelligentis differt ab angelo intellecto, non secundum abstractum a materia et materie concretum, set sicut ens intentionale ab ente quod habet esse ratum in natura, sicut differt species coloris in oculo a colore qui est in pariete.

12. Ad duodecimum dicendum quod, si archa esset sine materia per se subsistens, esset intelligens se ipsam, quia immunitas a materia est ratio intellectualitatis : et secundum hoc archa sine materia non differret ab archa intelligibili.

13. Ad tertium decimum dicendum quod Augustinus inducit illud inquirendo, quod patet ex hoc quod illam positionem improbat.

14. Ad quartum decimum dicendum quod solus Deus dicitur immaterialis et incorporeus, quia omnia eius simplicitati comparata possunt reputari quasi corpora materialia, licet in se sint incorporea et immaterialia.

15. Ad quintum decimum dicendum quod esse substantie spiritualis create[1] est coartatum et limitatum, non per materiam set per hoc quod est receptum et participatum in natura determinate speciei, ut dictum est.

16. Ad sextum decimum dicendum quod agit et patitur substantia spiritualis creata, non secundum formam uel materiam, set secundum quod est in actu uel potentia.

17. Ad septimum decimum dicendum quod substantia spiritualis nec est actus purus nec potentia pura set habens potentiam cum actu, non tamen composita ex materia et forma, ut ex dictis patet.

18. Ad duodeuicesimum dicendum quod Plato appellat deos secundos non angelos set corpora celestia.

19. Ad undeuicesimum dicendum quod materia est principium distinctionis secundum numerum in eadem specie, non autem distinctionis specierum; angeli autem non sunt multi numero in eadem specie, set multitudo eorum est sicut multe nature specierum per se subsistentes.

20. Ad uicesimum dicendum quod substantie spirituales non patiuntur ab igne corporeo per modum alterationis materialis set per modum alligationis, ut Augustinus dicit : unde non oportet quod habeant materiam.

21. Ad uicesimum primum dicendum quod liber De unitate et uno non est Boetii, ut ipse stilus indicat.

22. Ad uicesimum secundum dicendum quod forma separata in quantum est actus non potest aliquid extraneum habere ammixtum, set solum in quantum est in potentia; et hoc modo substantie spirituales, in quantum sunt in potentia secundum intellectum et uoluntatem, recipiunt aliqua accidentia.

1. Nous lisons *create* et non *creature*, en suivant l'arg. 15, l. 126 et 128 de l'éd. Léonine.

11. L'espèce intelligible qui est dans l'intellect de l'ange qui intellige diffère de l'ange qui est intelligé, non pas comme ce qui est abstrait de la matière diffère de ce qui existe concrètement dans la matière, mais comme un étant intentionnel diffère d'un étant qui possède un être établi dans la nature – tout comme l'espèce de la couleur dans l'œil diffère de la couleur qui est dans le mur.

12. Si le coffre était sans matière, subsistant par soi, il s'intelligerait lui-même, parce que le fait d'être exempt de matière est la marque de l'intellectualité. En ce sens, le coffre sans matière ne serait pas différent du coffre intelligible.

13. Augustin évoque cela à titre d'hypothèse, ce qui est manifeste, puisque c'est une position qu'il réfute.

14. Seul Dieu est dit immatériel et incorporel parce que, comparées à sa simplicité, toutes les choses peuvent être tenues pour des corps matériels, même si elles sont en elles-mêmes incorporelles et immatérielles.

15. L'être d'une substance spirituelle créée est restreint et limité, non pas par la matière, mais parce qu'il est participé et reçu dans une nature d'une espèce déterminée, ainsi qu'on l'a dit [29].

16. La substance spirituelle créée agit et pâtit, non pas selon la forme ou la matière, mais selon qu'elle est en acte ou en puissance.

17. La substance spirituelle n'est ni acte pur, ni pure matière, mais elle possède une puissance mêlée d'acte, sans être cependant composée de matière et de forme, comme le montre ce qu'on a dit [30].

18. Platon appelle « dieux seconds », non pas les anges, mais les corps célestes.

19. La matière est un principe de distinction numérique au sein d'une même espèce, mais pas de distinction spécifique ; or les anges ne sont pas multiples numériquement au sein d'une même espèce ; leur multitude est semblable à une multitude de natures spécifiques subsistant par soi.

20. Les substances spirituelles ne pâtissent pas du feu corporel par le biais d'une altération matérielle, mais, comme le dit Augustin [31], par celui d'un enchaînement. Aussi n'est-il pas nécessaire qu'elles aient une matière.

21. Le livre *L'Unité et l'Un* n'est pas de Boèce, comme l'indique le style.

22. La forme séparée ne peut rien avoir d'étranger qui lui soit mêlé en tant qu'elle est un acte, mais seulement en tant qu'elle est en puissance. C'est ainsi que les substances spirituelles, en tant qu'elles sont en puissance sous le rapport de l'intellect et de la volonté, reçoivent certains accidents.

23. Ad uicesimum tertium dicendum quod intentio Boetii non est dicere quod de ratione substantie, quod est genus[1], sit esse compositum ex materia et forma, cum substantia sit de consideratione methaphisici, non naturalis; set intendit dicere quod, cum forma et materia non pertineant ad genus substantie tamquam species, sola substantia, que est compositum, collocatur in genere ut species.

24. Ad uicesimum quartum dicendum quod in rebus compositis ex materia et forma genus sumitur a materia et differentia a forma, ita tamen quod per materiam non intelligatur materia prima, set secundum quod per formam recipit quoddam esse imperfectum et materiale respectu esse specifici : sicut esse animalis est imperfectum et materiale respectu esse hominis. Tamen illud duplex esse non est secundum aliam et aliam formam set secundum unam formam, que homini dat non solum hoc quod est esse animal set hoc quod est esse hominem; anima autem alterius animalis dat ei solum esse animal : unde animal commune non est unum numero set ratione tantum, quia non ab una et eadem forma homo est animal et asinus. Subtracta ergo materia a substantiis spiritualibus remanebit ibi genus et differentia, non secundum materiam et formam, set secundum quod consideratur in substantia spirituali tam id quod est commune sibi et imperfectioribus substantiis quam etiam id quod est sibi proprium.

25. Ad uicesimum quintum dicendum quod quanto aliquid est plus in actu tanto perfectius est, quanto autem aliquid est plus in potentia tanto est imperfectius; imperfecta autem a perfectis sumunt originem et non e conuerso. Vnde <non> oportet quod omne quod quocumque modo est in potentia hoc habeat a pura potentia, que est materia. Et in hoc uidetur fuisse deceptus Auicebron in libro Fontis uite, dum credidit quod omne illud quod est in potentia uel subiectum quodammodo hoc habeat ex prima materia.

1. Sans doute faut-il lire *secundum quod est genus*; on le suppose dans notre traduction.

23. Boèce n'entend pas dire qu'il appartient à la notion de la substance, considérée comme un genre, d'être composée de matière et de forme, puisque la substance est l'objet d'examen du métaphysicien, et non pas du physicien; mais il veut dire que, puisque la forme et la matière ne relèvent pas du genre « substance » en tant qu'espèces, seule la substance que forme le composé est placée dans ce genre à titre d'espèce.

24. Dans les choses composées de matière et de forme, le genre est tiré de la matière et la différence de la forme, à condition, cependant, de ne pas entendre par « matière » la matière première, mais [la matière] qui, par la forme, reçoit un être imparfait et matériel par rapport à l'être spécifique : l'être de l'animal, par exemple, est imparfait et matériel par rapport à l'être de l'homme. Cependant, ces deux sortes d'être ne dépendent pas de formes différentes, mais d'une seule forme qui donne à l'homme non seulement d'être animal, mais aussi d'être homme, tandis que l'âme d'un autre animal lui donne seulement d'être animal. C'est pourquoi l'animal commun n'est pas un par le nombre, mais seulement par la notion, parce que ce n'est pas par une seule et même forme qu'un homme et un âne sont « animal ». Donc, une fois la matière retirée des substances spirituelles, on y trouvera toujours un genre et une différence, non pas en fonction d'une matière et d'une forme, mais si l'on considère dans une substance spirituelle aussi bien ce qu'elle a en commun avec des substances plus imparfaites que ce qui lui est propre.

25. Plus une chose est en acte, plus elle est parfaite; plus elle est en puissance, en revanche, plus elle est imparfaite. Or les choses imparfaites tirent leur origine des choses parfaites, et non l'inverse. Il ne convient donc pas que ce qui est en puissance en quelque façon tienne cela de la pure puissance qu'est la matière. Et l'on voit qu'en cela Avicébron s'est trompé dans le livre *La Source de vie*, qui a cru que tout ce qui en quelque façon est en puissance ou est un sujet tient cela de la matière première.

[lieux parallèles : *De ente et essentia*, chap. 4 et 5; *Script. super Sent.* I, d. 8, q. 5, art. 2; II, d. 3, q. 1, art. 1; d. 17, q. 1, art. 2; *Super Boethium de Trinitate*, q. 5, art. 4, ad 4m; *Quodlib.* IX, q. 4, art. 1 [6]; *Contra Gent.*, II, chap. 50 et 51; *Quest. disp. de potentia*, q. 6, art. 6, ad 4m; *I^a Pars*, q. 50, art. 2; q. 75, art. 5; *Quaest. disp. de anima*, q. 6; *Quodlib.* III, q. 8, art. 1 [20]; *De substantiis separatis*, chap. 5-8; et *infra* art. 9, ad 9m]

< Articulus secundus >

Secundo queritur utrum substantia spiritualis possit uniri corpori.

Et uidetur quod non. Dicit enim Dyonisius I cap. De diuinis nominibus quod incorporalia sunt incomprehensibilia a corporalibus; set omnis forma comprehenditur a materia, cum sit actus eius; ergo substantia spiritualis incorporea non potest esse forma corporis.

2. Preterea. Secundum Philosophum in libro De sompno et uigilia «Cuius est potentia eius est actio». Set operatio propria substantie spiritualis est intelligere, que non potest esse corporis, quia non contingit intelligere per organum corporeum, ut probatur in III De anima. Ergo potentia intellectiua non potest esse forma corporis; ergo neque substantia spiritualis, in qua fundatur talis potentia, potest esse forma corporis.

3. Preterea. Quod aduenit alicui post esse completum aduenit ei accidentaliter; set substantia spiritualis habet in se esse subsistens; si igitur adueniat ei corpus adueniet ei accidentaliter. Non ergo potest ei uniri ut forma substantialis.

4. Set dicebat quod anima in quantum est spiritus est per se subsistens, in quantum autem est anima unitur ut forma. – Set contra. Anima secundum suam essentiam est spiritus; aut igitur secundum suam essentiam est forma corporis aut secundum aliquid additum essentie. Si autem secundum aliquid additum essentie, cum omne illud quod aduenit alicui supra essentiam suam sit accidentale, sequitur quod anima per aliquod accidens uniatur corpori; et sic homo est ens per accidens, quod est inconueniens. Ergo unitur ei per suam essentiam in quantum est spiritus.

5. Preterea. Forma non est propter materiam set materia propter formam. Vnde anima non unitur corpori ut perficiatur corpus, set magis corpus, si anima est forma, unitur ei propter anime perfectionem. Set anima ad sui perfectionem non indiget corpore, cum sine corpore possit esse et intelligere; ergo anima non unitur corpori ut forma.

6. Preterea. Vnio forme et materie est naturalis; set unio anime ad corpus non est naturalis set miraculosa: dicitur enim in libro

ARTICLE 2

Deuxièmement, on demande si une substance spirituelle peut être unie à un corps.

Et il semble que non. Denys dit en effet au chapitre 1 des *Noms divins* [§ 1][32] que les choses incorporelles ne peuvent être embrassées par les choses corporelles. Or toute forme est embrassée par une matière, puisqu'elle en est l'acte. Donc une substance spirituelle incorporelle ne peut être la forme d'un corps.

2. D'après le Philosophe dans le livre *Du sommeil et de la veille* [454a8], « la puissance appartient à ce à quoi appartient l'action ». Or l'opération propre d'une substance spirituelle est l'intelliger, et cela ne peut appartenir au corps, parce que l'intelliger ne se produit pas par le biais d'un organe corporel, comme il est démontré au livre III du [traité] *De l'âme* [429a24-27]. Donc une puissance intellective ne peut être la forme d'un corps; donc une substance spirituelle, qui sert de fondement à une telle puissance, ne peut pas être non plus la forme d'un corps.

3. Ce qui arrive à une chose une fois que son être est achevé lui arrive de manière accidentelle; or une substance spirituelle possède en soi un être subsistant; par conséquent, si un corps lui arrivait, il lui arriverait de manière accidentelle. Elle ne peut donc lui être unie à titre de forme substantielle.

4. Mais on a objecté ceci : l'âme est subsistante par soi en tant qu'elle est esprit, et en tant qu'elle est âme, en revanche, elle est unie à titre de forme. Mais on rétorque : l'âme est esprit selon son essence; elle est donc la forme d'un corps selon son essence ou selon quelque chose d'ajouté à l'essence. Mais si c'est selon quelque chose d'ajouté à son essence, puisque tout ce qui advient à quelque chose en plus de son essence est accidentel, il s'ensuit que l'âme est unie au corps par un certain accident : l'homme est alors un être par accident, ce qui ne convient pas. Par conséquent, elle lui est unie par son essence, en tant qu'elle est esprit.

5. Une forme n'est pas en vue de la matière, c'est la matière qui est en vue de la forme[33]. Par conséquent, l'âme n'est pas unie au corps afin de le parfaire; c'est plutôt le corps, si l'âme est une forme, qui lui est uni en vue de la perfection de l'âme. Or l'âme n'a pas besoin du corps pour sa propre perfection, puisqu'elle peut à la fois être et intelliger sans le corps. Donc l'âme n'est pas unie au corps à titre de forme.

6. L'union de la forme et de la matière est naturelle. Or l'union de l'âme au corps n'est pas naturelle, mais miraculeuse. Il est dit en effet

De spiritu et anima «Plenum fuit miraculo quod tam diuersa et tam diuisa ad inuicem potuerunt coniungi»; ergo anima non unitur corpori ut forma.

7. Preterea. Secundum Philosophum in libro De celo «Omnis debilitatio est preter naturam»; quicquid ergo debilitat aliquid non unitur ei naturaliter. Set anima debilitatur per unionem corporis et quantum ad esse, quia corpus pregrauat animam, ut dicitur in libro De spiritu et anima, et quantum ad operationem, quia non potest se cognoscere nisi retrahendo se ab omnibus corporeis nexibus, ut in eodem libro dicitur; ergo unio anime ad corpus non est naturalis. Et sic idem quod prius.

8. Preterea. Commentator dicit in VIII Methaphisice quod, cum id quod est in potentia fit actu, hoc non fit per aliquod additum; set cum anima unitur corpori additur corpori aliquod extrinsecum, quia anima creatur a Deo et corpori infunditur; ergo anima non est actus seu forma corporis.

9. Preterea. Forma educitur de potentia materie; set substantia spiritualis non potest educi de potentia materie corporalis; ergo substantia spiritualis non potest uniri corpori ut forma.

10. Preterea. Maior est conuenientia spiritus ad spiritum quam spiritus ad corpus; set spiritus non potest esse forma alterius spiritus; ergo neque substantia spiritualis potest esse forma corporis.

11. Preterea. Augustinus dicit quod anima et angelus sunt «natura pares, officio dispares»; set angelus non potest esse forma corporis; ergo neque anima.

12. Preterea. Boetius dicit in libro De duabus naturis «Natura est unumquodque informans specifica differentia»; set eadem est specifica differentia anime et angeli, scilicet rationale; ergo eadem est natura utriusque. Et sic idem quod prius.

13. Preterea. Anima eodem modo se habet ad totum et partes, quia est tota in toto et tota in qualibet parte; set substantia spiritualis que est intellectus «nullius partis corporis actus est», ut dicitur in III De anima; ergo substantia spiritualis non est forma totius corporis.

dans le livre *De l'esprit et de l'âme* : « Ce fut pur miracle que des choses si différentes et si séparées l'une de l'autre aient pu être jointes [34]. » Donc l'âme n'est pas unie au corps à titre de forme.

7. D'après le Philosophe, dans le livre *Du ciel* [II, 288b14] : « Tout affaiblissement est étranger à la nature » ; donc tout ce qui affaiblit quelque chose ne lui est pas uni d'une manière naturelle ; or l'âme est affaiblie par l'union du corps, à la fois au point de vue de l'être, parce que le corps alourdit l'âme, comme il est dit dans le livre *De l'esprit et de l'âme* [35], et au point de vue de l'opération, parce qu'elle ne peut se connaître qu'en se retirant de tous les liens corporels, comme il est dit dans le même livre [36]. Donc l'union de l'âme au corps n'est pas naturelle ; et l'on a ainsi la même conclusion que précédemment.

8. Le Commentateur dit en commentant le livre VIII de la *Métaphysique* [com. 16] [37] que lorsque ce qui est en puissance passe à l'acte, cela ne se fait pas par quelque chose d'ajouté. Or lorsque l'âme est unie au corps, quelque chose d'extrinsèque est ajouté au corps, parce que l'âme est créée par Dieu et infusée dans le corps. Donc l'âme n'est pas l'acte, ou la forme, du corps.

9. Une forme est tirée de la puissance de la matière. Or une substance spirituelle ne peut être tirée de la puissance de la matière corporelle ; donc une substance spirituelle ne peut être unie au corps à titre de forme.

10. La convenance est plus grande entre un esprit et un [autre] esprit qu'entre un esprit et un corps. Or un esprit ne peut être la forme d'un autre esprit ; donc une substance spirituelle ne peut pas être non plus la forme d'un corps.

11. Augustin dit que l'âme et l'ange sont « semblables par [leur] nature, mais dissemblables par [leur] fonction [38] ». Or l'ange ne peut être la forme d'un corps ; donc l'âme non plus.

12. Boèce dit dans le livre *Les Deux Natures* [chap. 1] : « La nature est la différence spécifique informant chaque chose [39]. » Or la différence spécifique de l'âme et d'un ange est la même, à savoir : « rationnel ». Donc leurs natures sont les mêmes ; et l'on a ainsi la même conclusion que précédemment.

13. L'âme se rapporte de la même manière à l'égard du tout et à l'égard des parties, parce qu'elle est tout entière dans le tout et tout entière dans chaque partie. Or la substance spirituelle qu'est l'intellect « n'est l'acte d'aucune partie du corps », comme il est dit au livre III du [traité] *De l'âme* [II, 413a4-7]. Donc une substance spirituelle n'est pas la forme du corps dans son entier.

14. Preterea. Forma naturalis existens in corpore non operatur extra corpus. Set anima existens in corpore operatur extra corpus : dicitur enim in concilio Anquirensi de mulieribus que putant se ad Dyanam de nocte ire, quod eis aduenit in spiritu quod putant se in corpore pati, et sic spiritus etiam earum extra corpus operatur. Non ergo substantia spiritualis unitur corpori ut forma naturalis eius.

15. Preterea. In libro De articulis fidei dicitur «neque forma sine materia neque materia sine forma subiectum esse»; set corpus est subiectum aliquorum accidentium; ergo corpus non est materia sine forma. Si igitur substantia spiritualis aduenit ei ut forma, sequeretur quod due forme erunt in uno et eodem, quod est impossibile.

16. Preterea. Corruptibile et incorruptibile differunt genere, nec aliquid de eis dicitur uniuoce, ut patet per Philosophum et Commentatorem eius in X Methaphisice; plus ergo differt corruptibile et incorruptibile quam duo contraria que sunt species unius generis. Boetius enim dicit quod unum contrariorum non iuuat aliud ad esse; ergo substantia spiritualis, cum sit incorruptibilis, non iuuat corpus corruptibile ad esse, et ita non est forma eius, cum forma det esse materie.

17. Preterea. Quicquid unitur alteri per id quod non est de essentia eius non unitur ei ut forma; set intellectus unitur corpori per fantasma, quod non est de substantia intellectus, ut Commentator dicit in III De anima; ergo substantia spiritualis que est intellectus non unitur corpori ut forma.

18. Preterea. Omnis substantia spiritualis est intellectualis; omnis autem substantia intellectualis est abstracta a materia, cum per immunitatem a materia sit aliquid intellectuale; nulla ergo substantia spiritualis est forma in materia, et ita non potest uniri corpori ut forma.

19. Preterea. Ex materia et forma fit unum; si igitur substantia spiritualis unitur corpori ut forma, oportet quod ex substantia spirituali et corpore fiat unum. Forme ergo intelligibiles que recipiuntur <in> intellectu recipientur in materia corporali : quod est impossibile, quia forme recepte in materia corporali sunt intelligibiles tantum in potentia. Non ergo substantia spiritualis unitur corpori ut forma.

14. Une forme naturelle existant dans un corps n'opère pas en dehors du corps. Or l'âme existant dans le corps opère en dehors du corps. Dans le concile d'Ancyre [40], en effet, il est dit des femmes qui pensent se rendre de nuit vers Diane que ce qu'elles pensent subir dans le corps leur arrive dans l'esprit; et ainsi leur esprit opère aussi en dehors du corps. Une substance spirituelle n'est donc pas unie au corps comme sa forme naturelle.

15. Il est dit dans le livre *Les Articles de la foi* [41] : « Ni la forme sans matière ni la matière sans forme n'est un sujet »; or le corps est le sujet de certains accidents; donc le corps n'est pas une matière sans forme. Si donc une substance spirituelle lui arrivait à titre de forme, il s'ensuivrait que deux formes seraient dans une seule et même chose, ce qui est impossible.

16. Le corruptible et l'incorruptible diffèrent par le genre, et rien ne se dit d'eux de manière univoque, comme le montrent le Philosophe et son Commentateur [com. 26] au livre X de la *Métaphysique* [1058b28-29] [42]. Donc le corruptible et l'incorruptible diffèrent plus que deux contraires, qui sont des espèces d'un même genre. Or Boèce dit qu'un contraire n'aide pas l'autre à être [43]; donc une substance spirituelle, puisqu'elle est incorruptible, n'aide pas le corps corruptible à être; et ainsi elle n'en est pas la forme, puisqu'une forme donne l'être à la matière.

17. Tout ce qui est uni à autre chose par ce qui n'appartient pas à son essence ne lui est pas uni comme forme. Or, comme le dit le Commentateur dans [son commentaire du livre] III du [traité] *De l'âme* [com. 5] [44], l'intellect est uni au corps par un phantasme, lequel n'appartient pas à la substance de l'intellect; donc la substance spirituelle qu'est l'intellect n'est pas unie au corps à titre de forme.

18. Toute substance spirituelle est intellectuelle. Or toute substance intellectuelle est séparée de la matière, puisque c'est l'exemption de matière qui rend quelque chose intellectuel; donc aucune substance spirituelle n'est une forme dans une matière; et ainsi [aucune] ne peut être unie au corps à titre de forme.

19. De la matière et de la forme résulte quelque chose d'un. Si donc une substance spirituelle est unie au corps comme forme, il est nécessaire que d'une substance spirituelle et du corps résulte quelque chose d'un. Les formes intelligibles qui sont reçues dans l'intellect seront donc reçues dans la matière corporelle; ce qui est impossible, parce que les formes reçues dans la matière corporelle ne sont intelligibles qu'en puissance. Une substance spirituelle n'est donc pas unie au corps à titre de forme.

Set contra est quod Dyonisius dicit IV cap. De diuinis nominibus quod anima est substantia intellectualis habens uitam indeficientem; set anima est forma corporis, ut patet per eius diffinitionem, que ponitur in II De anima; ergo aliqua substantia spiritualis siue intellectualis unitur corpori ut forma.

Responsio. Dicendum quod difficultas huius questionis ex hoc accidit quia substantia spiritualis est quedam res per se subsistens; forme autem debetur esse in alio, id est in materia, cuius est actus et perfectio : unde contra rationem substantia spiritualis esse uidetur quod sit corporis forma. Et propter hoc Gregorius Nixenus in suo libro quem de anima fecit imposuit Aristotili quod posuit animam non per se subsistentem esse et corrumpi corrupto corpore, quia posuit eam endelichiam, id est actum uel perfectionem phisici corporis. Set tamen, si quis diligenter consideret, euidenter apparet quod necesse est aliquam spiritualem substantiam formam humani corporis esse. Manifestum est enim quod huic homini singulari, ut Sorti uel Platoni, conuenit intelligere. Nulla autem operatio conuenit alicui nisi per aliquam formam in ipso existentem, uel substantialem uel accidentalem, quia nichil agit aut operatur nisi secundum quod est actu; est autem unumquodque actu per formam aliquam, uel substantialem uel accidentalem, cum forma sit actus : sicut ignis est actu ignis per igneitatem, actu calidus per calorem. Oportet igitur principium huius operationis quod est intelligere formaliter inesse huic homini. Principium autem huius operationis non est aliqua forma cuius esse sit dependens a corpore et materie obligatum siue immersum, quia hec operatio non fit per corpus ut probatur in III De anima : unde principium huius operationis habet operationem sine communicatione materie corporalis. Sic autem unumquodque operatur secundum quod est : unde oportet quod esse principii illius sit esse eleuatum supra materiam corporalem et non dependens ab ipsa. Hoc autem est proprium spiritualis substantie; oportet ergo dicere, si predicta coniungantur, quod quedam spiritualis substantia sit forma humani corporis.

Quidam uero, concedentes quod intelligere est actus spiritualis substantie, negauerunt illam spiritualem substantiam uniri corpori ut formam. Quorum Auerroys posuit intellectum possibilem secundum

Mais à l'inverse, il y a ce que dit Denys au chapitre IV des *Noms divins*[45], à savoir que l'âme est une substance intellectuelle possédant une vie sans défaillance; or l'âme est la forme du corps, comme le montre sa définition, donnée au livre II du [traité] *De l'âme* [412a20]; donc une certaine substance spirituelle, ou intellectuelle, est unie au corps à titre de forme.

Réponse. La difficulté de cette question tient au fait qu'une substance spirituelle est une certaine chose subsistant par soi, tandis qu'une forme doit être dans autre chose, à savoir dans la matière dont elle est l'acte et la perfection. Par conséquent, il semble contraire à la notion de substance spirituelle qu'elle soit la forme d'un corps; et c'est la raison pour laquelle Grégoire de Nysse, dans le livre qu'il a écrit sur l'âme[46], a accusé Aristote d'avoir soutenu que l'âme n'était pas subsistante par soi et qu'elle se corrompait à la corruption du corps, puisque ce dernier soutenait que l'âme est une « entéléchie », c'est-à-dire l'acte ou la perfection d'un corps physique. Cependant, si l'on y prend bien garde, il apparaît avec évidence qu'il est nécessaire qu'une certaine substance spirituelle soit la forme du corps humain. Il est clair en effet qu'intelliger convient à cet homme singulier-ci, par exemple Socrate ou Platon. Or aucune opération ne convient à une chose sinon par le biais d'une certaine forme existant en elle, qu'elle soit substantielle ou accidentelle, parce que rien n'agit ou n'opère sinon en tant qu'il est en acte; or toute chose est en acte par le biais d'une certaine forme, substantielle ou accidentelle, puisqu'une forme est un acte – le feu, par exemple, est du feu en acte par la feu-ité, et il est chaud en acte par la chaleur. Il faut donc que le principe de cette opération qu'est l'intelliger soit formellement dans cet homme. Or le principe de cette opération n'est pas une forme dont l'être est dépendant du corps et attaché à la matière, ou enfoncé en elle, parce que cette opération ne se fait pas par le biais du corps, comme cela est démontré au livre III du [traité] *De l'âme* [429a24-27]; le principe de cette opération possède donc une opération sans communication avec la matière corporelle; or toute chose agit selon [ce] qu'elle est; il faut donc que l'être de ce principe soit un être élevé au-dessus de la matière et indépendant d'elle. Or cela, c'est le propre d'une substance spirituelle; il faut donc dire, si l'on rassemble ce qui précède, qu'une certaine substance spirituelle est forme du corps humain.

Mais certains, tout en admettant que l'intelliger est l'acte d'une substance spirituelle, ont nié que cette substance spirituelle fût unie au corps à titre de forme. Parmi eux, Averroès a soutenu que l'intellect

esse separatum a corpore. Vidit tamen quod, nisi esset aliqua unio eius ad hunc hominem, actio eius ad hunc hominem pertinere non posset; si enim sint due substantie omnino disiuncte, una agente uel operante, alia non dicitur operari. Vnde posuit intellectum illum, quem dicebat separatum omnino secundum esse a corpore, continuari cum hoc homine per phantasmata hac ratione quia species intelligibilis, que est perfectio intellectus possibilis, fundatur in fantasmatibus a quibus abstrahitur. Sic ergo habet duplex esse : unum in intellectu possibili cuius est forma, et aliud in phantasmatibus a quibus abstrahitur. Phantasmata autem sunt in hoc homine quia uirtus ymaginatiua est uirtus in corpore, id est habens organum corporale. Ipsa ergo species intelligibilis est medium coniungens intellectum possibilem homini singulari; set hec continuatio nullo modo sufficit ad hoc quod hic homo singularis intelligat. Vt enim Aristotiles dicit in libro III De anima, phantasmata comparantur ad intellectum possibilem sicut color ad uisum. Sic igitur species intelligibilis a fantasmatibus abstracta est in intellectu possibili sicut species coloris in sensu uisus; sic autem est in fantasmatibus intelligibilis species sicut species uisibilis est in colore parietis. Per hoc autem quod species uisibilis, que est forma uisus, fundatur in colore parietis, non coniungitur uisus parieti ut uidenti set ut uiso : non enim per hoc paries uidet set uidetur; non enim hoc facit cognoscentem ut sit in eo forma cuius similitudo est in potentia cognoscente, set ut sit in eo ipsa cognoscitiua potentia. Neque igitur hic homo per hoc erit intelligens quod sunt in eo phantasmata quorum similitudo, que est species intelligibilis, est in intellectu possibili, set sequitur per hoc quod sua fantasmata sint ab illo intellecta; set oportet ipsum intellectum possibilem, quod est potentia intellectus, formaliter inesse huic homini ad hoc quod hic homo intelligat. Videtur etiam in ipsa ratione continuationis defecisse, cum species intelligibilis non sit unum cum intellectu possibili, nisi in quantum est abstracta a phantasmatibus : sic enim solum est intellecta in actu; secundum autem quod est in phantasmatibus est intellecta solum in potentia. Per hoc igitur magis demonstratur disiunctio intellectus possibilis a fantasmatibus quam continuatio :

possible était séparé du corps selon l'être [47]. Il a vu cependant que s'il ne s'unissait pas en quelque façon à cet homme-ci, son action ne pourrait pas appartenir à cet homme-ci ; car si deux substances sont absolument disjointes, on ne dit pas, lorsque l'une agit ou opère, que l'autre opère. Aussi a-t-il soutenu que cet intellect, qu'il disait absolument séparé du corps selon l'être, est joint à cet homme-ci par le biais des phantasmes, pour cette raison que l'espèce intelligible, qui est la perfection de l'intellect possible, a son fondement dans les phantasmes dont elle est abstraite [48]. Elle a donc [selon lui] un être double : l'un dans l'intellect possible, dont elle est la forme ; l'autre dans les phantasmes, dont elle est abstraite. Or les phantasmes sont dans cet homme-ci parce que le pouvoir imaginatif est un pouvoir dans le corps, en ce sens qu'il possède un organe corporel. L'espèce intelligible est donc l'intermédiaire qui joint l'intellect possible à l'homme singulier.

Mais cette jonction ne suffit nullement à faire que cet homme singulier-ci intellige. En effet, comme le dit Aristote au livre III du [traité] *De l'âme* [431a14-17] [49], les phantasmes se rapportent à l'intellect possible comme la couleur à la vue. Donc l'espèce intelligible abstraite des phantasmes est dans l'intellect possible comme l'espèce de la couleur dans le sens de la vue ; l'espèce intelligible est dans les phantasmes, en revanche, comme l'espèce visible dans la couleur du mur. Or, du fait que l'espèce visible, qui est la forme de la vue, a son fondement dans la couleur du mur, la vue n'est pas jointe au mur comme à ce qui voit, mais comme à ce qui est vu : de cette façon, en effet, le mur ne voit pas, il est vu ; ce qui rend connaissant, en effet, ce n'est pas d'avoir en soi une forme dont la similitude est dans la puissance connaissante, mais c'est d'avoir en soi la puissance de connaître elle-même. Donc cet homme-ci n'intelligera pas non plus du fait que se trouvent en lui des phantasmes dont la similitude, qui est une espèce intelligible, est dans l'intellect possible ; de cela, en revanche, il s'ensuit que ses phantasmes sont intelligés par cet intellect ; mais pour faire que cet homme-ci intellige, il faut que l'intellect possible lui-même, qui est une puissance de l'intellect, soit formellement dans cet homme-ci. [Averroès] semble également s'être trompé dans la justification même de la jonction, puisque l'espèce intelligible ne fait un avec l'intellect possible qu'en tant qu'elle est abstraite des phantasmes : c'est seulement ainsi, en effet, qu'elle est intelligée en acte ; en tant qu'elle est dans les phantasmes, en revanche, elle n'est intelligée qu'en puissance. Par là, donc, on fait plus apparaître une disjonction entre l'intellect possible et les phantasmes qu'une jonction : il est nécessaire, en effet, que des réalités soient totalement disjointes si

oportet enim illa esse omnino disiuncta, quorum uni aliquid uniri non potest nisi fuerit ab altero separatum [1].

Hac igitur opinione reiecta tamquam impossibili considerandum est quod Plato efficacius posuit hunc hominem intelligere, nec tamen substantiam spiritualem uniri corpori ut formam. Vt enim Gregorius Nixenus narrat, Plato posuit substantiam intellectiuam, que dicitur anima, uniri corpori per quendam spiritualem contactum, quod quidem intelligitur secundum quod mouens uel agens tangit motum aut passum, etiam si sit incorporeum; ex qua ratione dicit Aristotiles in I De generatione quod quedam tangunt et non tanguntur, quia agunt et non patiuntur. Vnde dicebat Plato, ut dictus Gregorius refert, quod homo non est aliquid compositum ex anima et corpore set est anima utens corpore, ut intelligatur esse in corpore quodammodo sicut nauta in naui, quod uidetur tangere Aristotiles in II De anima; sic igitur et hic homo intelligit in quantum hic homo est ipsa substantia spiritualis que est anima, cuius actus proprius est intelligere, hac tamen substantia forma corporis non existente.

Set ad huius rationis improbationem unum sufficiat, quod Aristotiles in II De anima inducit directe contra hanc positionem : si enim anima non uniretur corpori ut forma, sequeretur quod corpus et partes eius non haberent esse specificum per animam; quod manifeste falsum apparet, quia recedente anima non dicitur oculus aut caro et os nisi equiuoce, sicut oculus pictus aut lapideus. Vnde manifestum est quod anima est forma et quod quid erat esse huius corporis, id est a qua hoc corpus habet rationem sue speciei.

Qualiter autem hoc esse possit inquirendum est. Considerandum est autem quod, quanto aliqua forma est perfectior, tanto magis supergreditur materiam corporalem, quod patet inducenti in diuersis formarum ordinibus : forma enim elementi non habet aliquam operationem nisi que fit per qualitates actiuas et passiuas, que sunt dispositiones materie corporalis; forma autem corporis mineralis habet aliquam operationem excedentem qualitates actiuas et passiuas, que consequitur speciem ex influentia corporis celestis, ut quod magnes attrahit ferrum et quod saphirus curat apostema. Vlterius autem

1. Substitution de *separatum* à *separatio* avec Guldentops et Steel.

quelque chose ne peut être uni à l'une d'elles qu'à la condition d'avoir été séparé de l'autre.

Donc, une fois rejetée cette opinion pour son impossibilité, il faut considérer le fait que Platon, sans unir la substance spirituelle au corps à titre de forme, a plus efficacement soutenu que cet homme-ci intellige. Comme l'expose Grégoire de Nysse [50], en effet, Platon a soutenu que la substance intellectuelle qu'on appelle « âme » est unie au corps par un certain contact spirituel, ce qui se comprend au sens où ce qui meut ou ce qui agit, même si c'est incorporel, touche ce qui est mû ou ce qui pâtit – ce qui permet à Aristote de dire au livre I du [traité] *De la génération et de la corruption* [323a28 *sq.*] que certaines choses touchent et ne sont pas touchées, parce qu'elles agissent et ne pâtissent pas. Aussi Platon disait-il – comme le rapporte ledit Grégoire [51] – que l'homme n'est pas un composé d'âme et de corps, mais qu'il est une âme utilisant un corps, si bien qu'on la conçoit dans le corps d'une certaine manière comme le marin dans le navire – ce dont parle Aristote au livre II du [traité] *De l'âme* [413a8-9]. Dans ces conditions aussi, par conséquent, cet homme-ci intellige, en tant que cet homme-ci est la substance spirituelle elle-même qu'est l'âme, dont l'acte propre est d'intelliger, cette substance, cependant, n'existant pas comme forme du corps.

Mais, pour réfuter ce raisonnement, qu'il nous suffise d'un seul argument, qu'Aristote fait directement valoir contre cette thèse au livre II du [traité] *De l'âme* [412b17-25] : si l'âme n'était pas unie au corps à titre de forme, en effet, il s'ensuivrait que le corps et ses parties ne posséderaient pas un être spécifique par le biais de l'âme; ce qui, on le voit, est clairement faux, puisqu'une fois que l'âme s'est retirée, « œil », « chair » et « os » ne se disent plus que de manière équivoque, comme pour un œil peint ou en pierre. Aussi est-il clair que l'âme est la forme et la quiddité de ce corps, c'est-à-dire ce par quoi ce corps possède la définition de son espèce.

Reste à chercher comment cela est possible. On doit considérer le fait que plus une forme est parfaite, plus elle dépasse la matière corporelle. Cela apparaît clairement à celui qui examine les différents ordres de forme : la forme d'un élément, en effet, n'a pas d'autre opération que celle qui se fait par le biais des qualités actives et passives, qui sont des dispositions de la matière corporelle; la forme d'un corps minéral, elle, possède une opération excédant les qualités actives et passives qui résulte de [son] espèce sous l'influence d'un corps céleste – par exemple, que l'aimant attire le fer, et que le saphir soigne l'abcès. Au niveau supérieur, l'âme

anima uegetabilis habet operationem, cui quidem deseruiunt qualitates actiue et passiue organice; set tamen supra posse huiusmodi qualitatum ipsa effectum proprium sortitur nutriendo, augendo usque ad determinatum terminum et alia huiusmodi complendo. Anima autem sensitiua alterius habet operationem ad quam nullo modo se extendunt qualitates actiue et passiue, nisi quatenus exiguntur ad compositionem organi per quod talis operatio exercetur, ut uidere, audire, appetere et huiusmodi. Perfectissima autem formarum, id est anima humana, que est finis omnium formarum naturalium, habet operationem omnino excedentem materiam, que non fit per organum corporale, scilicet intelligere. Et quia esse rei proportionatur eius operationi, ut dictum est, cum unumquodque operetur secundum quod est ens, oportet quod esse anime humane superexcedat materiam corporalem et non sit totaliter comprehensum ab ipsa, set tamen aliquo modo attingatur ab ea[1]. In quantum igitur supergreditur esse materie corporalis potens per se subsistere et operari, anima humana est substantia spiritualis, in quantum uero attingitur a materia et esse suum communicat illi est corporis forma. Attingitur autem a materia corporali ea ratione quod semper suppremum infimi ordinis attingit infimum suppremi, ut patet per Dyonisium VII cap. De diuinis nominibus; et ideo anima humana, que est infima in ordine substantiarum spiritualium, esse suum communicare potest corpori humano, quod est dignissimum, ut fiat ex anima et corpore unum sicut ex forma et materia. Si uero substantia spiritualis esset composita ex materia et forma, impossibile esset quod esset forma corporis, quia de ratione materie est quod non sit in alio, set quod ipsa sit primum subiectum.

1. Ad primum ergo dicendum quod substantia spiritualis, licet non comprehendatur a corpore, attingitur tamen aliqualiter ab eo, ut dictum est.

2. Ad secundum dicendum quod intelligere est operatio anime humane secundum quod superexcedit proportionem materie corporalis, et ideo non fit per aliquod organum corporale. Potest tamen dici quod ipsum coniunctum, id est homo, intelligit in quantum anima, que est

1. Substitution d'un point à la virgule avec Guldentops et Steel.

végétative possède certes une opération que viennent servir les qualités organiques actives et passives, cependant, outre le pouvoir de ces qualités, elle se voit attribuer un effet propre dans la nutrition et la croissance jusqu'à un terme déterminé, ainsi que l'accomplissement d'autres opérations de ce genre. Au niveau encore supérieur, l'âme sensitive possède une opération que les qualités actives et passives n'atteignent nullement, sinon pour autant qu'elles sont nécessaires à la composition de l'organe par lequel une telle opération – par exemple : voir, entendre, désirer, etc. – s'exerce. Quant à la plus parfaite des formes, à savoir l'âme humaine, qui est la fin de toutes les formes matérielles, elle possède une opération qui excède absolument la matière et ne se fait pas par le biais d'un organe corporel : l'intelliger. Et parce que l'être d'une chose est proportionné à son opération, ainsi qu'on l'a dit – puisque toute chose agit selon qu'elle est un étant –, il faut que l'être de l'âme humaine surpasse la matière corporelle et ne soit pas totalement embrassée par elle, et que, cependant, il soit en quelque façon touché par elle. Dans la mesure, donc, où elle transcende l'être de la matière corporelle en étant capable de subsister et d'opérer par soi, l'âme humaine est une substance spirituelle ; dans la mesure, en revanche, où elle est touchée par la matière et où son être communique avec elle, elle est forme d'un corps. Et elle est touchée par la matière pour cette raison que ce qu'il y a de plus haut dans l'ordre le plus bas touche toujours ce qu'il y a de plus bas dans l'ordre le plus haut, comme le montre Denys au chapitre VII des *Noms divins* [52] ; c'est la raison pour laquelle l'âme humaine, qui est la plus basse dans l'ordre des substances spirituelles, peut communiquer son être au corps humain, qui est le plus digne qui soit, de sorte que résulte de l'âme et du corps, comme d'une forme et d'une matière, quelque chose d'un. Et si la substance spirituelle était composée de matière et de forme, il serait impossible qu'elle fût une forme corporelle, parce qu'il entre dans la notion de matière de n'être pas dans autre chose, mais d'être elle-même le sujet premier.

1. Même si la substance spirituelle n'est pas embrassée par le corps, cependant, ainsi qu'on l'a dit [53], elle est en quelque sorte touchée par lui.

2. Intelliger est l'opération de l'âme humaine en tant qu'elle transcende le rapport qu'elle a avec la matière corporelle, et c'est la raison pour laquelle cela ne se produit pas par le biais d'un organe corporel. On peut dire cependant que le conjoint lui-même, c'est-à-dire l'homme, intellige, dans la mesure où l'âme, qui est sa partie formelle, possède

pars eius formalis, habet hanc operationem propriam, sicut operatio cuiuslibet partis attribuitur toti : homo enim uidet oculo, ambulat pede, et similiter intelligit per animam.

3. Ad tertium dicendum quod anima habet esse subsistens in quantum esse suum non dependet a corpore utpote supra materiam corporalem eleuatum ; et tamen ad huius esse communionem recipit corpus ut sic sit unum esse anime et corporis, quod est esse hominis. Si autem secundum aliud esse uniretur sibi corpus, sequeretur quod esset unio accidentalis.

4. Ad quartum dicendum quod anima secundum suam essentiam est forma corporis, et non secundum aliquid additum ; tamen in quantum attingitur a corpore est forma, in quantum uero superexcedit corporis proportionem dicitur spiritus uel spiritualis substantia.

5. Ad quintum dicendum quod nulla pars habet perfectionem nature separata a toto : unde anima, cum sit pars humane nature, non habet perfectionem sue nature nisi in unione ad corpus. Quod patet ex hoc quod in uirtute ipsius anime est quod fluant ab ea quedam potentie que non sunt actus organorum corporalium, secundum quod excedit corporis proportionem, et iterum quod fluant ab ea potentie que sunt actus organorum, in quantum potest contingi a materia corporali. Nec[1] est aliquid perfectum in sua natura nisi actu explicari possit quod in eo uirtute continetur : unde anima, licet possit esse et intelligere a corpore separata, tamen non habet perfectionem sue nature cum est separata a corpore, ut Augustinus dicit XII Super Genesim ad litteram.

6. Ad sextum dicendum quod miraculum non accipitur ibi secundum quod diuiditur contra naturalem operationem, set secundum quod etiam ipsa naturalia opera miracula dicuntur, prout ab incomprehensibili diuina uirtute procedunt : et hoc modo dicit Augustinus Super Iohannem quod mirabilius est quod Deus ex paucis granis tantam segetum multitudinem producit, que sufficiat ad totius humani generis sacietatem, quam quod ex quinque panibus quinque milia hominum saciauit.

7. Ad septimum dicendum quod illud per quod debilitatur aliquid, preintellecta sua natura, non est naturale. Contingit tamen plerumque quod aliquid est pertinens ad naturam alicuius, ex quo sequitur in eo aliqua debilitatio aut defectus : sicut componi ex contrariis est naturale animali, ex quo tamen sequitur in eo mors et

1. Substitution de *nec* à *non* avec Guldentops et Steel.

cette opération propre, tout comme l'opération de n'importe quelle partie est attribuée au tout : l'homme, en effet, voit avec l'œil, il marche avec le pied et, pareillement, il intellige par le biais de l'âme.

3. L'âme possède un être subsistant dans la mesure où son être ne dépend pas du corps, étant donné qu'il est élevé au-dessus de la matière corporelle; cependant, elle accueille le corps dans la mise en commun de cet être, afin que l'être de l'âme et du corps, qui est l'être de l'homme, soit un. Et si le corps lui était uni selon un autre être, il s'ensuivrait que l'union serait accidentelle.

4. L'âme est la forme du corps selon son essence, et non selon quelque chose d'ajouté; cependant, en tant qu'elle est touchée par le corps, elle est une forme, mais en tant qu'elle transcende le rapport qu'elle a avec le corps, elle est dite « esprit » ou « substance spirituelle ».

5. Aucune partie ne possède la perfection de [sa] nature lorsqu'elle est séparée du tout. C'est pourquoi l'âme, puisqu'elle est une partie de la nature humaine, ne possède la perfection de sa nature que dans l'union avec le corps. C'est ce qui ressort du fait qu'il est du pouvoir de l'âme que découlent d'elle, en tant qu'elle dépasse le rapport qu'elle a avec le corps, certaines puissances qui ne sont pas les actes d'organes corporels, et qu'en outre découlent d'elle, en tant qu'elle peut être en relation avec la matière corporelle, des puissances qui sont les actes d'organes. [Or] une chose n'est pas parfaite dans sa nature si ce qui est virtuellement [54] contenue en elle ne peut être déployé en acte. C'est pourquoi, bien qu'elle puisse être et intelliger une fois séparée du corps, l'âme ne possède pas la perfection de sa nature lorsqu'elle est séparée du corps, comme Augustin le dit au livre XII de *La Genèse au sens littéral* [chap. 35, n. 68].

6. Dans ce passage, « miracle » n'est pas pris au sens où cela s'oppose à l'opération naturelle, mais au sens où même les œuvres naturelles sont elles-mêmes appelées « miracles », dans la mesure où elles procèdent de l'incompréhensible pouvoir de Dieu. Et c'est en ce sens qu'Augustin dit [dans ses homélies] *Sur l'Évangile de Jean* [traité 24, n. 1] [55] que le fait pour Dieu d'avoir produit avec quelques grains un si grand nombre de champs, à même de rassasier tout le genre humain, est plus admirable que d'avoir rassasié cinq mille hommes avec cinq pains.

7. Ce par quoi quelque chose est affaibli, une fois qu'on a posé sa nature, n'est pas naturel. Il arrive souvent, cependant, de trouver quelque chose appartenant à la nature d'un être qui provoque en lui un certain affaiblissement ou un défaut; par exemple, le fait d'être composé de contraires est quelque chose de naturel pour l'animal,

corruptio; et similiter naturale est anime quod indigeat fantasmatibus ad intelligendum, ex quo tamen sequitur quod diminuatur in intelligendo a substantiis inferioribus. Quod autem dicitur quod anima a corpore pregrauatur, hoc non est ex eius natura set ex eius corruptione, secundum illud Sap. IX, «Corpus quod corrumpitur aggrauat animam». Quod uero dicitur quod abstrahit se a nexibus corporalibus ut se intelligat, intelligendum est quod abstrahit se ab eis quasi ab obiectis, quia anima intelligitur per remotionem omnis corporeitatis; non tamen ab eis abstrahitur secundum esse, quin immo quibusdam corporeis organis lesis anima non potest directe nec se nec aliud intelligere, ut quando leditur cerebrum.

8. Ad octauum dicendum quod quanta aliqua forma est altior, tanto plus indiget a potentiori agente produci; unde cum anima humana sit altissima omnium formarum, producitur a potentissimo agente, scilicet Deo, alio tamen modo quam alie forme a quibuscumque agentibus. Nam alie forme non sunt subsistentes : unde esse non est earum set eis aliqua sunt; unde fieri earum est secundum quod materia uel subiectum reducitur de potentia in actum, et hoc est <educi> formam de potentia materie absque additione alicuius extrinseci. Set ipsa anima habet esse subsistens : unde sibi proprie debetur fieri, et corpus trahitur ad esse eius; et propter hoc dicitur quod est ab extrinseco et quod non educitur de potentia materie.

9. Vnde patet solutio ad nonum.

10. Ad decimum dicendum quod spiritus magis <conuenit> cum spiritu quam cum corpore conuenientia nature. Set conuenientia proportionis, que requiritur inter formam et materiam, magis conuenit spiritus cum corpore quam spiritus cum spiritu, cum duo spiritus sint duo actus; corpus autem comparatur ad animam sicut potentia ad actum.

11. Ad undecimum dicendum quod angelus et anima sunt pares natura generis in quantum utrumque est intellectualis substantia; set angelus natura speciei est superior, ut patet per Dyonisium IV cap. Celestis ierarchie.

12. Ad duodecimum dicendum quod rationale proprie acceptum est differentia anime, non angeli, set magis intellectuale, ut Dyonisius

qui provoque pourtant en lui la mort et la corruption; de la même façon, le fait d'avoir besoin des phantasmes pour intelliger est pour l'âme quelque chose de naturel, qui a pourtant cette conséquence qu'elle est amoindrie dans son acte d'intellection par rapport aux substances supérieures. Cela dit, quand on affirme que l'âme est alourdie par le corps, cela ne résulte pas de sa nature mais de sa corruption – ce qu'on lit dans *Sagesse* IX [15] : « Le corps qui est corrompu appesantit l'âme. » Et quand on affirme qu'elle se détache des liens corporels pour s'intelliger, il faut comprendre qu'elle se détache d'eux en tant qu'objets, parce que l'âme est intelligée par la négation de toute corporéité; cependant, elle n'est pas détachée d'eux selon l'être; au contraire, lorsque certains organes corporels sont lésés – comme lorsque le cerveau est lésé –, l'âme ne peut directement ni s'intelliger ni intelliger autre chose.

8. Plus une forme est élevée, plus elle a besoin d'être produite par un agent puissant; aussi, puisque l'âme humaine est la plus élevée de toutes les formes, elle est produite par le plus puissant des agents, à savoir Dieu, quoique d'une autre façon que celle dont sont produites, par des agents quelconques, les autres formes. Car les autres formes ne sont pas subsistantes : l'être, donc, ne leur appartient pas, mais, par elles, certaines choses sont, si bien que leur advenir tient au fait qu'une matière ou un sujet est amené de la puissance à l'acte, c'est-à-dire que la forme est tirée de la puissance de la matière, sans l'addition d'une chose extrinsèque. L'âme, en revanche, possède elle-même un être subsistant, si bien que c'est à elle, proprement, qu'est dû l'advenir, le corps étant tiré jusqu'à son être. Et c'est pour cela qu'on dit qu'elle vient de l'extérieur, et qu'elle n'est pas tirée de la puissance de la matière.

9. La solution du neuvième argument est donc claire.

10. Un esprit s'accorde plus avec un esprit qu'avec un corps par une convenance de nature; mais du point de vue de la convenance de proportion qui doit exister entre une forme et une matière, un esprit s'accorde plus avec un corps qu'un esprit avec un esprit, puisque les deux esprits sont deux actes, alors qu'un corps se rapporte à l'âme comme la puissance à l'acte.

11. L'ange et l'âme sont semblables par la nature de leur genre, dans la mesure où l'un et l'autre sont des substances intellectuelles; mais l'ange est supérieur par la nature de son espèce, comme le montre Denys au chapitre IV de la *Hiérarchie céleste* [§ 1 ; 2][56].

12. « Rationnel », pris au sens propre, est la différence de l'âme, et non de l'ange, [auquel s'applique] plutôt « intellectuel », selon l'usage

utitur, quia angelus non cognoscit ueritatem per discursum rationis set simplici intuitu, quod est proprie intelligere. Si tamen rationale large accipiatur, tunc dicendum est quod non est ultima differentia specifica, set diuiditur per alias specificas differentias propter diuersos gradus intelligendi.

13. Ad tertium decimum dicendum quod intellectus non dicitur esse actus partis alicuius corporis in quantum est potentia non utens organo, ipsa tamen substantia anime unitur corpori ut forma, sicut dictum est.

14. Ad quartum decimum dicendum quod illis mulieribus discursus dicitur accidere in spiritu, non quod spiritus, id est substantia anime, extra corpus operetur, set quia in spiritu, hoc est in fantastico anime, huiusmodi uisa formantur.

15. Ad quintum decimum dicendum quod materia sine forma proprie loquendo non potest esse subiectum, secundum quod subiectum proprie dicitur aliquid ens actu; set quod corpus animatum sit ens actu, ut possit esse subiectum, non habet ab alia forma quam ab anima, ut infra patebit.

16. Ad sextum decimum dicendum quod corruptibile et incorruptibile non conueniunt in genere secundum considerationem naturalem propter diuersum modum essendi et diuersam rationem potentie in utroque, licet possint conuenire in genere logico, quod accipitur secundum intencionem intelligibilem solum. Anima autem licet sit incorruptibilis non tamen est in alio genere quam corpus quia, cum sit pars humane nature, non competit sibi esse in genere uel specie uel esse personam aut ypostasim set composito. Vnde etiam nec hoc aliquid dici potest, si per hoc intelligatur ypostasis uel persona uel indiuiduum in genere aut specie collocatum, set si hoc aliquid dicatur omne quod potest per se subsistere, sic anima est hoc aliquid.

17. Ad septimum decimum dicendum quod illa positio Commentatoris est impossibilis, ut ostensum est.

18. Ad duodeuicesimum dicendum quod de ratione substantie intellectualis est quod sit immunis a materia a qua dependeat eius esse sicut totaliter comprehensum a materia : unde nichil prohibet animam esse substantiam intellectualem et formam corporis, ut supra dictum est.

de Denys, parce que l'ange ne connaît pas la vérité par le biais d'une raison discursive, mais par une simple intuition, ce qui est proprement intelliger. Cependant, si « rationnel » est pris au sens large, il faut dire alors que cela ne constitue pas une différence spécifique ultime, mais que d'autres différences spécifiques le divisent du fait des divers degrés d'intellection.

13. On ne dit pas de l'intellect qu'il est l'acte d'une partie du corps, dans la mesure où il est une puissance n'utilisant pas d'organe; cependant, la substance même de l'âme est unie au corps à titre de forme, ainsi qu'on l'a dit [57].

14. S'agissant de ces femmes, on dit que l'action de courir survient dans l'esprit, non pas que l'esprit, c'est-à-dire la substance de l'âme, opère en dehors du corps, mais parce que c'est dans l'esprit, c'est-à-dire dans la fantaisie de l'âme, que ces visions se forment.

15. À proprement parler, une matière sans une forme ne peut être un sujet, étant donné que « sujet », au sens strict, désigne un être en acte. Mais que le corps animé soit un être en acte, et partant, qu'il puisse être sujet, il ne le tient d'aucune autre forme que l'âme, comme on le verra plus bas [58].

16. Selon le point de vue du physicien, le corruptible et l'incorruptible n'appartiennent pas à un même genre, du fait que le mode d'être et la notion de puissance sont différents dans les deux cas, bien qu'ils puissent appartenir à un même genre logique, pour lequel on ne tient compte que de la notion intelligible. Cela dit, bien que l'âme soit incorruptible, elle n'est pourtant pas dans un autre genre que le corps parce que, dans la mesure où elle est une partie de la nature humaine, ce n'est pas à elle, mais au composé, qu'il revient d'être dans un genre ou une espèce, ou encore d'être une personne ou une hypostase. C'est aussi pourquoi on ne peut dire d'elle qu'elle est « quelque chose », si l'on entend par là une hypostase, une personne, ou un individu placé dans un genre ou une espèce – en revanche, si l'on appelle « quelque chose » tout ce qui peut subsister par soi, alors l'âme est quelque chose.

17. Cette thèse du Commentateur est impossible, ainsi qu'on l'a montré [59].

18. Il appartient à la notion de substance intellectuelle d'être exempte d'une matière dont dépendrait son être comme quelque chose de totalement embrassé par la matière; c'est pourquoi rien n'empêche que l'âme soit une substance intellectuelle et la forme d'un corps, ainsi qu'on l'a dit plus haut [60].

19. Ad undeuicesimum dicendum quod ex anima humana et corpore ita fit unum quod tamen anima superexcedit corporis proportionem, et ex ea parte qua corpus excedit attribuitur ei potentia intellectiua; unde <non> oportet quod species intelligibiles que sunt in intellectu recipiantur in materia corporali.

< Articulus tertius >

Tertio queritur utrum substantia spiritualis que est anima humana uniatur corpori per medium.

Et uidetur quod sic. Dyonisius enim dicit XIII cap. Celestis ierarchie quod supprema coniunguntur infimis per media; set inter substantiam spiritualem et corpus sunt media anima uegetabilis et sensibilis, ergo substantia spiritualis que est anima rationalis unitur corpori mediante uegetabili et sensibili.

2. Preterea. Philosophus dicit in II De anima quod «est actus corporis organici potentia uitam habentis»; corpus ergo phisicum organicum potentia uitam habens comparatur ad animam ut materia ad formam. Set hoc, scilicet corpus phisicum organicum, non est nisi per aliquam formam substantialem; ergo illa forma substantialis, quecumque sit, precedit in materia substantiam spiritualem que est anima rationalis, et eadem ratione alie forme consequentes, que sunt anima sensibilis et uegetabilis.

3. Preterea. Quamuis materia non sit genus nec differentia forma, quia neutrum eorum predicatur de composito, genus autem et differentia de specie predicantur, tamen secundum Philosophum in VIII Methaphisice genus sumitur a materia et differentia a forma. Set genus hominis est animal, quod sumitur a natura sensitiua, differentia uero rationale, quod sumitur ab anima rationali; natura ergo sensitiua se habet ad animam rationalem ut materia ad formam. Set natura sensitiua perficitur per animam sensitiuam; ergo anima sensitiua

19. De l'âme humaine et du corps advient quelque chose d'un, mais de telle manière que l'âme transcende le rapport qu'elle a avec le corps; et c'est par là où elle excède le corps que la puissance intellective lui est attribuée; aussi n'est-il pas nécessaire que les espèces intelligibles qui se trouvent dans l'intellect soient reçues dans la matière corporelle.

[Lieux parallèles : *Script. super Sent.*, II, d. 1, q. 2, art. 4; dist. 17, q. 2, art. 1; *Contra Gent.*, II, chap. 56, 57, 68, 69, 70; *Quaest. disp. de anima*, q. 1 et 2; *Sentencia libri de anima*, III, chap. 1; éd. Léonine, p. 205 *sq.*, 275 *sq.*; *I*[a] *Pars*, q. 76, art. 1; *De unitate intellectus*, chap. 3]

Article 3

Troisièmement, on demande si la substance spirituelle qu'est l'âme humaine est unie au corps par un intermédiaire.

Et il semble que oui. Denys dit en effet au chapitre XIII de *La Hiérarchie céleste*[61] que les choses les plus hautes sont jointes aux choses les plus basses par des intermédiaires; or entre la substance spirituelle et le corps, il y a comme intermédiaires les âmes végétative et sensitive; donc la substance spirituelle qu'est l'âme rationnelle est unie au corps par l'intermédiaire des âmes végétative et sensitive.

2. Le Philosophe dit au livre II du [traité] *De l'âme* qu'« elle est l'acte d'un corps organique ayant la vie en puissance » [412a27-28]; donc le corps physique organique ayant la vie en puissance se rapporte à l'âme comme la matière à la forme. Mais cela, à savoir le corps physique organique, n'existe que par une forme substantielle; donc cette forme substantielle, quelle qu'elle soit, précède dans la matière la substance spirituelle qu'est l'âme rationnelle, tout comme, pour la même raison, les formes subséquentes que sont les âmes sensitive et végétative.

3. Bien que la matière ne soit pas un genre, ni la forme une différence – parce qu'aucune des deux n'est prédiquée du composé, alors que le genre et la différence sont prédiqués de l'espèce –, cependant, selon le Philosophe au livre VIII de la *Métaphysique* [1043a19-21], le genre est tiré de la matière et la différence de la forme. Or le genre de l'homme est « animal », ce qui est tiré de la nature sensitive, et sa différence, « rationnel », ce qui est tiré de l'âme rationnelle; donc la nature sensitive se rapporte à l'âme rationnelle comme la matière à la forme. Or la nature sensitive est parfaite par une âme sensitive; donc, sous le rapport de la nature, l'âme sensitive

preexistit anime rationali in natura, et eadem ratione omnes alie forme precedentes.

4. Preterea. Vt probatur in VIII Phisicorum, omne mouens se ipsum diuiditur in duas partes, quarum una est mouens et alia mota. Set homo et quodlibet animal est mouens se ipsum ; pars autem eius mouens est anima, pars autem mota non potest esse materia nuda set oportet esse corpus, quia omne quod mouetur est corpus, ut probatur in VI Phisicorum. Corpus autem est per aliquam formam ; preexistit ergo aliqua forma in materia ante animam. Et sic idem quod prius.

5. Preterea. Damascenus dicit quod tanta est simplicitas diuine essentie ut non congruat Verbum uniri carni nisi mediante anima. Distantia ergo secundum simplex et compositum impedit quod aliqua possunt [1] coniungi sine medio ; set anima rationalis et corpus maxime distant secundum simplex et compositum ; ergo oportet quod uniantur <per medium>.

6. Preterea. Augustinus dicit in libro De spiritu et anima quod « anima, que uere spiritus est, et caro, que uere corpus est, in suis extremitatibus facile et conuenienter coniunguntur, id est in fantastico anime, quod corpus non est set simile corpori, et sensualitate corporis, que fere spiritus est, quia sine anima fieri non potest ». Coniungitur igitur anima corpori per duo media, scilicet per fantasticum et sensualitatem.

7. Preterea. In eodem libro dicitur « Cum anima sit incorporea, per subtiliorem naturam corporis sui », id est per ignem et aerem, « corpus amministrat ». Eadem autem ratione corpus amministrat qua ei unitur : deficientibus enim hiis quibus amministrat corpus anima discedit a corpore, ut Augustinus dicit VII Super Genesim ad litteram. Ergo anima unitur corpori per medium.

8. Preterea. Ea que maxime differunt non coniunguntur nisi per medium ; set corruptibile et incorruptibile maxime differunt, ut dicitur in X Methaphisice ; anima ergo humana, que est incorruptibilis, non unitur corpori corruptibili nisi per medium.

9. Preterea. Philosophus quidam dicit in libro De differentia spiritus et anime quod anima unitur corpori mediante spiritu ; unitur ergo ei per medium.

1. Dans l'édition léonine, le *non* qui précède *possunt* est à l'évidence de trop. Nous le supprimons pour rendre à la phrase son sens.

existe avant l'âme rationnelle, de même que, pour la même raison, toutes les autres formes qui [la] précèdent.

4. Comme il est prouvé au livre VIII des *Physiques* [*Physique*, 257b12-13], tout ce qui se meut soi-même est divisé en deux parties, dont l'une est motrice et l'autre mue. Or l'homme, comme tout animal, se meut lui-même; et sa partie motrice est l'âme, tandis que la partie mue ne peut être une matière nue mais doit être un corps, parce que tout ce qui est mû est un corps, comme il est prouvé au livre VI des *Physiques* [234b10-20]. Mais un corps existe grâce à une forme; donc une forme existe dans la matière avant l'âme. Et ainsi l'on obtient la même conclusion que précédemment.

5. Jean Damascène dit que la simplicité de l'essence divine est si grande qu'il ne convient pas au Verbe d'être uni à la chair, sinon par l'intermédiaire d'une âme[62]. Donc la distance, sous le rapport du simple et du composé, empêche que certaines choses puissent être jointes sans intermédiaire; or l'âme rationnelle et le corps sont distants au plus haut point sous le rapport du simple et du composé; donc ils doivent être unis par un intermédiaire.

6. Augustin dit dans le livre *L'Esprit et l'âme* que « l'âme, qui est vraiment un esprit, et la chair, qui est vraiment un corps, sont jointes facilement et convenablement à leurs extrémités, c'est-à-dire au niveau de la fantaisie de l'âme, qui n'est pas un corps mais est semblable à un corps, et de la sensualité du corps, qui est presque un esprit, parce qu'elle ne peut advenir sans l'âme[63] ». Donc l'âme est jointe au corps par deux intermédiaires, à savoir par la fantaisie et la sensualité.

7. Il est dit dans le même livre[64] : « Bien que l'âme soit incorporelle, elle administre le corps par la nature de son corps plus subtile [que le reste] », à savoir par le feu et l'air; or elle administre le corps pour la même raison que celle qui fait qu'elle lui est unie. En effet, lorsque manque ce qui lui permet d'administrer le corps, l'âme se sépare du corps, comme le dit Augustin au livre VII de *La Genèse au sens littéral* [chap. 19, n. 25]. Donc l'âme est unie au corps par un intermédiaire.

8. Les choses qui diffèrent au plus haut point ne sont jointes que par un intermédiaire; or le corruptible et l'incorruptible diffèrent au plus haut point, comme il est dit au livre X de la *Métaphysique* [1058b28-29]; donc l'âme humaine, qui est incorruptible, n'est unie au corps corruptible que par un intermédiaire.

9. Un certain philosophe dit dans le livre *La Différence de l'esprit et de l'âme*[65] que l'âme est unie au corps par l'intermédiaire de l'esprit; elle lui est donc unie par un intermédiaire.

10. Preterea. Que sunt diuersa per essentiam non uniuntur sine medio : oportet enim aliquid esse quod faciat ea unum, ut patet in VIII Methaphisice ; set anima et corpus differunt per essentiam ; ergo non possunt uniri nisi per medium.

11. Preterea. Anima unitur corpori ut perficiatur per huiusmodi unionem, quia forma non est propter materiam set materia propter formam. Perficitur autem anima ex unione corporis precipue quantum ad intelligere fantasticum, in quantum scilicet intelligit abstrahendo a fantasmatibus ; ergo unitur corpori per fantasmata, que non sunt neque de essentia corporis neque de essentia anime. Ergo anima unitur corpori per medium.

12. Preterea. Corpus ante aduentum anime rationalis in materno utero habet aliquam formam ; adueniente autem anima rationali non est dicere quod illa forma deficiat, quia neque cedit in nichilum neque esset dare in quid rediret ; ergo forma aliqua preexistit in materia ante animam rationalem.

13. Preterea. In embrione ante aduentum anime rationalis apparent opera uite, ut patet in XVI De animalibus ; set opera uite non sunt nisi ab anima ; ergo alia anima preexistit in corpore ante aduentum anime rationalis. Et sic uidetur quod anima rationalis uniatur corpori mediante alia anima.

14. Preterea. Cum « abstrahentium non sit mendacium », ut dicitur in II Phisicorum, oportet corpus de quo mathematici loquntur aliqualiter esse ; cum ergo non sit separatum a sensibilibus sequitur quod sit in sensibilibus. Set ad hoc quod sit corpus requiritur forma corporeitatis ; ergo forma corporeitatis ad minus preintelligitur in corpore humano, quod est corpus sensibile, ante animam humanam.

15. Preterea. In VII Methaphisice dicitur quod omnis diffinitio habet partes et quod partes diffinitionis sunt forme ; in quolibet ergo diffinito oportet esse plures formas ; cum ergo homo sit quoddam diffinitum, necesse est in eo ponere plures formas. Et ita aliqua forma preexistit ante animam rationalem.

16. Preterea. Nichil dat quod non habet ; set anima rationalis non habet corporeitatem, cum sit incorporea ; ergo non dat

10. Les choses qui sont diverses par essence ne sont pas unies sans un intermédiaire : il faut en effet qu'il y ait quelque chose qui fasse d'elles quelque chose d'un, comme on le voit au livre VIII de la *Métaphysique* [1045a8-10]; or l'âme et le corps diffèrent par essence; donc ils ne peuvent être unis que par un intermédiaire.

11. L'âme est unie au corps afin d'être parfaite par cette union, parce que la forme n'est pas en vue de la matière, c'est la matière qui est en vue de la forme[66]. Or l'âme est parfaite par l'union du corps, principalement pour ce qui est de l'intelliger portant sur la fantaisie, c'est-à-dire en tant qu'elle intellige en abstrayant à partir des fantasmes; donc elle est unie au corps par les fantasmes, lesquels n'appartiennent ni à l'essence du corps, ni à l'essence de l'âme. Donc l'âme est unie au corps par un intermédiaire.

12. Le corps, avant l'arrivée de l'âme rationnelle, possède une certaine forme dans le sein maternel; or lorsque l'âme rationnelle arrive, on ne peut dire que cette forme disparaît, parce qu'elle ne tombe pas dans le néant, et qu'on ne saurait dire non plus à quoi elle retournerait; donc une certaine forme existe dans la matière avant l'âme rationnelle.

13. Dans l'embryon, avant l'arrivée de l'âme rationnelle, apparaissent les opérations de la vie, comme le montre le livre XVI du [traité] *Des animaux* [*La Génération des animaux*, II, 736a32-b1]; or les opérations de la vie ne proviennent que d'une âme; donc une autre âme existe dans le corps avant l'arrivée de l'âme rationnelle. Et il apparaît ainsi que l'âme rationnelle est unie au corps par l'intermédiaire d'une autre âme.

14. Puisque « abstraire n'est pas mentir », comme il est dit au livre II des *Physiques* [*Physique*, 193b35], le corps dont parlent les mathématiciens doit exister en quelque sorte; par conséquent, puisqu'il n'est pas séparé des sensibles, il s'ensuit qu'il est dans les sensibles. Mais pour que ce soit un corps, une forme de corporéité est requise; donc dans le corps humain, qui est un corps sensible, on présuppose au moins une forme de corporéité avant l'âme humaine.

15. Au livre VII de la *Métaphysique* [1034b20-22], il est dit que toute définition comporte des parties et que les parties d'une définition sont des formes; dans tout ce qui est défini, donc, il faut qu'il y ait plusieurs formes; donc, puisque l'homme est quelque chose de défini, il est nécessaire de soutenir qu'il y a en lui plusieurs formes. Et ainsi une certaine forme existe avant l'âme rationnelle.

16. Aucune chose ne donne ce qu'elle n'a pas; or l'âme rationnelle n'a pas la corporéité, puisqu'elle est incorporelle; donc elle ne donne

homini corporeitatem. Et ita oportet quod homo habeat hoc ab alia forma.

17. Preterea. Commentator dicit quod materia prima prius recipit formas uniuersales quam particulares, utpote prius formam corporis quam formam animati corporis, et sic deinceps; cum ergo anima humana sit ultima forma et maxime specifica, uidetur quod presupponat alias formas uniuersales in materia.

18. Preterea. Commentator dicit in libro De substantia orbis quod dimensiones preexistunt in materia ante formas elementares; set dimensiones sunt accidentia et presupponunt aliquam formam substantialem in materia, alioquin esse accidentale precederet esse substantiale; ergo ante formam simplicis elementi preexistit in materia aliqua alia forma substantialis. Multo igitur forcius ante animam rationalem.

19. Preterea. Secundum Philosophum in libro De generatione facilius aer conuertitur in ignem quam aqua propter hoc quod conuenit cum eo in una qualitate, scilicet calore. Cum ergo ex aere fit ignis oportet quod maneat idem calor specie quia, si differret specie calor ignis et calor aeris, essent octo qualitates prime et non quatuor tantum : eadem enim ratio esset de aliis qualitatibus, quarum quelibet in duobus elementis inuenitur. Si ergo dicatur quod remaneat idem specie set differens numero, non erit facilior conuersio aeris in ignem quam aque in ignem, quia forma ignis habebit corrumpere duas qualitates in aere sicut in aqua; relinquitur ergo quod sit idem calor numero. Set hoc non potest esse nisi preexistente aliqua forma substantiali que utrobique remaneat una et conseruet subiectum caloris unum : non enim potest esse accidens unum numero nisi subiectum fuerit unum. Oportet ergo dicere quod ante formam corporis simplicis preintelligatur in materia aliqua forma substantialis; multo igitur magis ante animam rationalem.

20. Preterea. Materia prima quantum est de se indifferenter se habet ad omnes formas; si igitur non preexistant quedam forme et dispositiones ante alias, per quas approprietur ad hanc formam uel ad illam, non magis recipietur in ea hec forma quam illa.

21. Preterea. Materia unitur forme per potentiam qua ei potest subesse; set potentia illa non est idem quod essentia materie : sic enim esset equalis simplicitatis cum Deo, qui est sua potentia. Cadit

pas à l'homme la corporéité; par conséquent, il faut que l'homme tienne cela d'une autre forme.

17. Le Commentateur dit que la matière première reçoit les formes universelles avant les formes particulières, c'est-à-dire la forme du corps avant la forme du corps animé, et ainsi de suite [67]; puisque donc l'âme humaine est la forme dernière et la plus spécifique, il semble bien qu'elle présuppose d'autres formes universelles dans la matière.

18. Le Commentateur dit dans le livre *La Substance de la sphère* [chap. 1] [68] que des dimensions existent dans la matière avant les formes élémentaires. Mais les dimensions sont des accidents et présupposent une forme substantielle dans la matière, sans quoi l'être accidentel précéderait l'être substantiel; donc une autre forme substantielle existe dans la matière avant la forme de l'élément simple, et *a fortiori* avant l'âme rationnelle.

19. Selon le Philosophe dans le livre *De la génération* [*De la génération et la corruption*, 331a7-332a2], l'air se change plus facilement en feu que l'eau, du fait qu'il partage avec lui une qualité, à savoir la chaleur. Donc, puisqu'à partir de l'air advient du feu, il faut que la même chaleur spécifique demeure, parce que si la chaleur du feu et la chaleur de l'air différaient spécifiquement, il y aurait huit qualités premières et non pas seulement quatre : le raisonnement serait le même, en effet, pour les autres qualités, chacune d'elles se trouvant en deux éléments. Donc, si l'on dit qu'elle demeure identique par l'espèce, mais qu'elle diffère par le nombre, le changement de l'air en feu ne sera pas plus facile que celui de l'eau en feu, parce que la forme du feu aura à corrompre deux qualités dans l'air aussi bien que dans l'eau. Reste comme solution, donc, qu'il s'agit numériquement de la même chaleur. Mais cela ne peut se faire que par la préexistence d'une certaine forme substantielle qui demeure une de part et d'autre et conserve l'unité du sujet de la chaleur : un accident, en effet, ne peut être numériquement un si son sujet n'est pas un. Il faut donc dire qu'on présuppose dans la matière une certaine forme substantielle avant la forme du corps simple; et *a fortiori*, donc, avant l'âme rationnelle.

20. La matière première, de soi, se rapporte indifféremment à toutes les formes; si donc certaines formes et dispositions ne préexistent pas à d'autres, permettant à cette matière d'être adaptée à telle ou telle forme, telle forme ne sera pas plus reçue en elle que telle autre.

21. La matière est unie à la forme par le biais d'une puissance lui permettant d'y être sujette; or cette puissance n'est pas identique à l'essence de la matière – en ce cas, en effet, celle-ci serait d'une simplicité égale à celle de Dieu, lequel est [identique à] sa puissance.

ergo aliquid medium inter materiam et animam et quamlibet aliam formam.

Set contra est in libro De ecclesiasticis dogmatibus «Neque duas in homine animas dicimus, unam animalem, que corpus uiuificet, aliam spiritualem, que rationem ministret». Ex hoc sic arguitur : sicut homo est in genere animalis, ita est in genere animati corporis et corporis et substantie; set per unam et eandem formam, que est anima, est homo et animal, ut ex predicta auctoritate patet; ergo eadem ratione per unam et eandem formam collocatur in omnibus generibus superioribus. Et sic non preexistit ante animam aliqua forma in materia.

2. Preterea. Plus distat Deus et anima quam anima et corpus; set in misterio incarnationis Verbum unitum est anime immediate; ergo multo forcius anima potest uniri corpori immediate.

3. Preterea. Medium oportet participari cum utroque extremorum; set non potest esse aliquid quod partim sit corporale et partim spirituale; ergo non potest aliquid cadere medium inter animam et corpus.

4. Preterea. Magister dicit in I dist. II libri Sententiarum quod unio anime ad corpus est exemplum illius beate unionis qua anima beata coniungitur Deo; set illa coniunctio fit sine medio; ergo et ista unio.

5. Preterea. Philosophus dicit in I De anima quod corpus non continet animam set magis anima corpus, et dicit ibidem Commentator quod anima est causa continuitatis corporis; set continuitas corporis dependet a forma substantiali per quam corpus est corpus; ergo ipsa anima rationalis est in homine forma qua corpus est corpus.

6. Preterea. Efficacior est et uirtuosior anima rationalis quam forma simplicis elementi; set a forma simplicis elementi habet corpus simplex quicquid substantialiter est; ergo multo forcius ab anima corpus humanum. Et sic non preexistit aliqua forma uel aliquod medium.

Responsio. Dicendum quod huius questionis ueritas aliqualiter dependet ex premissa : si enim anima rationalis unitur corpori solum per contactum uirtualem ut motor, ut aliqui posuerunt, nichil prohibebat dicere quod sunt multa media inter animam et corpus, et magis inter animam et materiam primam. Si uero ponatur anima uniri

Il y a donc quelque chose d'intermédiaire entre la matière et l'âme, ou n'importe quelle autre forme.

Mais à l'inverse, on trouve dans le livre *Les Dogmes ecclésiastiques* : « Nous ne parlons pas de deux âmes dans l'homme, l'une animale, qui vivifierait le corps, l'autre spirituelle, qui servirait la raison [69]. » De là, on argumente ainsi : de même que l'homme est dans le genre « animal », il est dans le genre « corps animé », « corps » et « substance ». Or, comme le montre l'autorité précédente, c'est par une seule et même forme, l'âme, qu'il est homme et animal ; pour la même raison, donc, c'est une seule et même forme qui le place dans tous les genres supérieurs. Par conséquent, aucune forme n'existe dans la matière avant l'âme.

2. Dieu et l'âme sont plus distants que l'âme et le corps ; or dans le mystère de l'incarnation, le Verbe est uni à l'âme immédiatement ; donc l'âme peut *a fortiori* être unie au corps immédiatement.

3. Un intermédiaire doit être participé par les deux extrêmes ; or il ne peut y avoir quelque chose qui serait en partie corporel et en partie spirituel ; donc rien ne peut servir d'intermédiaire entre l'âme et le corps.

4. Le Maître dit dans la distinction I du livre II des *Sentences* [chap. 6, n. 3] que l'union de l'âme au corps est un exemple de cette union bienheureuse par laquelle l'âme bienheureuse est jointe à Dieu ; or cette jonction se fait sans intermédiaire ; donc cette union aussi.

5. Le Philosophe dit au livre I du [traité] *De l'âme* [411b6-8] que le corps ne contient pas l'âme, mais que c'est plutôt l'âme qui contient le corps, et sur ce passage le Commentateur dit que l'âme est la cause de la continuité du corps [70] ; or la continuité du corps dépend de la forme substantielle par laquelle le corps est corps ; donc l'âme rationnelle elle-même est dans l'homme la forme par laquelle le corps est corps.

6. L'âme rationnelle est plus efficace et a plus de pouvoir que la forme d'un élément simple ; or le corps simple doit à la forme de l'élément simple tout ce qu'il est substantiellement ; *a fortiori*, donc, [c'est ce que doit aussi] le corps humain à l'âme. Par conséquent, aucune forme ou aucun intermédiaire ne préexiste.

Réponse. Sur cette question, la vérité dépend en quelque sorte de ce qui précède. En effet, si l'âme rationnelle n'est unie au corps que par un contact virtuel, à titre de moteur, comme certains l'ont soutenu [71], rien n'empêcherait de dire qu'il y a de nombreux intermédiaires entre l'âme et le corps, et plus encore entre l'âme et la matière première. En

corpori ut forma, necesse est dicere quod uniatur ei immediate; omnis enim forma, siue substantialis siue accidentalis, unitur materie uel subiecto : unumquodque enim secundum hoc est unum secundum quod est ens. Est autem unumquodque ens actu per formam, siue secundum esse substantiale siue secundum esse accidentale : unde omnis forma est actus, et per consequens est ratio unitatis qua aliquid est unum. Sicut igitur non est dicere quod sit aliquod aliud medium quo materia habeat esse per suam formam, ita non potest dici quod sit aliquod aliud medium uniens formam materie uel subiecto; secundum igitur quod anima est forma corporis non potest esse aliquid medium inter animam et corpus, secundum uero quod est motor sic nichil prohibet ponere ibi multa media : manifeste enim anima per cor mouet alia membra, et per spiritum etiam mouet corpus.

Set tunc dubium restat quid sit proprium subiectum anime, quod comparetur ad ipsam sicut materia ad formam. Circa hoc enim est duplex opinio : quidam enim dicunt quod sunt multe forme substantiales in eodem indiuiduo, quarum una substernitur alteri, et sic materia prima non est immediatum subiectum ultime forme substantialis set subicitur ei mediantibus formis mediis, ita quod ipsa materia secundum quod est sub forma est subiectum proximum forme secunde, et sic deinceps usque ad ultimam formam; sic igitur subiectum anime rationalis proximum est corpus perfectum anima sensitiua, et huic unitur anima rationalis immediate ut forma. Alia opinio est quod in uno indiuiduo non est nisi una forma substantialis : et secundum hoc oportet dicere quod per formam substantialem, que est anima humana, habet hoc indiuiduum non solum quod sit homo, set quod sit animal et quod sit uiuum [1] et quod sit corpus et substantia et ens; et sic nulla alia forma substantialis precedit in hoc homine animam humanam, et per consequens nec accidentalis, quia tunc oportet dicere quod materia prima prius perficiatur per formam accidentalem quam substantialem, quod est impossibile : oportet enim omne accidens fundari in substantia.

Harum autem duarum opinionum [2] diuersitas ex hoc procedit quod quidam ad inquirendam ueritatem de natura rerum processerunt ex rationibus intelligibilibus : et hoc fuit proprium Platonicorum,

1. Substitution de *uiuum* à *unum* avec Guldentops et Steel.
2. Substitution de *opinionum* à *opinionium* avec Guldentops et Steel.

revanche, si l'on pose que l'âme est unie au corps à titre de forme, il est nécessaire de dire qu'elle lui est unie de manière immédiate. Toute forme, en effet, qu'elle soit substantielle ou accidentelle, fait un avec une matière ou un sujet. Car chaque chose est une par cela même qui fait aussi qu'elle est un étant; or chaque chose est un étant en acte par une forme, que ce soit sous le rapport de l'être substantiel ou sous le rapport de l'être accidentel; donc toute forme est un acte et, par conséquent, elle est la raison de l'unité par laquelle quelque chose est un. De même donc qu'il ne faut pas dire qu'il y a quelque autre chose intermédiaire grâce à laquelle la matière aurait l'être par sa forme, on ne peut dire qu'il y a quelque autre chose intermédiaire permettant à la forme de faire un avec la matière ou le sujet. Selon que l'âme est forme du corps, il ne peut donc y avoir d'intermédiaire entre l'âme et le corps; en revanche, selon qu'elle est moteur, rien n'empêche d'y voir de nombreux intermédiaires : il est clair, en effet, que l'âme meut les autres membres par le biais du cœur [72], et qu'elle meut aussi le corps par le biais de l'esprit [73].

Mais alors un doute subsiste sur ce qu'est le sujet propre de l'âme, qui se rapporte à elle comme la matière à la forme. Sur ce point, en effet, il y a deux opinions. Certains [74] disent en effet qu'on trouve un grand nombre de formes substantielles dans le même individu, chacune d'elles étant subordonnée à une autre. Dans ces conditions, la matière première n'est pas le sujet immédiat de la dernière forme substantielle, mais elle lui est soumise par l'entremise de formes intermédiaires, de sorte que la matière elle-même, selon qu'elle est sous une [première] forme, est le sujet prochain d'une deuxième forme, et ainsi de suite, jusqu'à la dernière forme : ici, donc, le sujet prochain de l'âme rationnelle est le corps parfait par l'âme sensitive, et c'est à cela que l'âme rationnelle est immédiatement unie à titre de forme. L'autre opinion est qu'on ne trouve dans un seul individu qu'une seule forme substantielle [75]; et de ce point de vue, on doit dire que tel individu tient de la forme substantielle, qui est l'âme humaine, non seulement d'être homme, mais d'être animal, d'être vivant, d'être corps, substance et étant; et ainsi, dans cet homme, aucune autre forme substantielle ne précède l'âme humaine, et donc aucune forme accidentelle non plus, parce qu'on devrait dire alors que la matière première est parfaite par une forme accidentelle avant de l'être par la forme substantielle, ce qui est impossible – tout accident, en effet, doit être fondé sur une substance.

La différence entre ces deux opinions tient au fait que, pour rechercher la vérité sur la nature des choses, certains sont partis des notions intelligibles, ce qui fut le propre des platoniciens, et d'autres,

quidam uero ex rebus sensibilibus : et hoc fuit proprium philosophie Aristotilis, ut dicit Simplicius in Commento super Predicamenta. Considerauerunt Platonici ordinem quendam generum et specierum, et quod semper superius potest intelligi sine inferiori, sicut homo sine hoc homine et animal sine homine et sic deinceps. Extimauit etiam quod quicquid est abstractum in intellectu sit abstractum in re : alias uidebatur ei quod intellectus abstrahens esset falsus aut uanus, si nulla res abstracta ei responderet; propter quod etiam crediderunt mathematica esse abstracta a sensibilibus quia sine eis intelliguntur. Vnde posuit hominem abstractum ab hiis hominibus, et sic deinceps usque ad ens et unum et bonum, quod posuit summam rerum uirtutem; uiderunt enim quod semper inferius particularius est suo superiori et quod natura superioris participatur in inferiori. Participans autem se habet ut materiale ad participatum : unde posuerunt quod inter abstracta quanto aliquid est uniuersalius tanto est formalius. Quidam uero, secundum eandem uiam ingredientes, ex opposito posuerunt quod quanto aliqua forma est uniuersalior tanto est magis materialis : et hec est positio Auicebron in libro Fontis uite; posuit enim[1] materiam primam absque omni forma, quam uocauit materiam uniuersalem, et dixit eam communem substantiis spiritualibus et corporalibus, cui dixit aduenire formam uniuersalem, que est forma substantie. Materiam autem sic sub forma substantia existentem in aliquo sui dixit recipere formam corporeitatis, alia parte eius, que pertinet ad spirituales substantias, sine huiusmodi forma remanente; et sic deinceps posuit in materia formam sub forma secundum ordinem generum et specierum usque ad ultimam speciem specialissimam. Et hec positio, quamuis uideatur discordare a prima, tamen secundum rei ueritatem cum ea concordat et est sequela eius. Posuerunt enim Platonici quod, quanto aliqua causa est uniuersalior et formalior, tanto eius perfectio in aliquo indiuiduo magis est substrata[2] : unde effectum primi abstracti, quod est boni, posuerunt materiam primam, ut suppremo agenti respondeat primum subiectum; et sic deinceps secundum ordinem causarum abstractarum et formarum participatarum in materia, sicut uniuersalius abstractum est formalius, ita uniuersalior forma participata est materialior.

1. Substitution de *posuit enim* au seul *posuit* avec Guldentops et Steel.

2. Nous proposons *substrata* au lieu de *subtracta* – Guldentops et Steel suggèrent *abstracta*. Cf. *I^a^ Pars*, q. 65, art. 3.

en revanche, des choses sensibles, ce qui fut le propre de la philosophie d'Aristote, comme le dit Simplicius dans son commentaire des *Catégories*[76]. Les platoniciens ont considéré un certain ordre des genres et des espèces, et [ils ont posé] que ce qui est plus élevé peut toujours être intelligé sans ce qui est plus bas : l'homme, par exemple, sans cet homme, l'animal sans l'homme, et ainsi de suite. Ils[77] ont estimé aussi que tout ce qui est séparé dans l'intellect est séparé dans la réalité, sans quoi, leur semblait-il, si aucune chose séparée ne lui correspondait, l'intellect qui sépare serait faux ou vain; pour cette raison, ils ont également cru que les [êtres] mathématiques étaient séparés des sensibles parce qu'ils sont intelligés sans eux. Aussi ont-ils posé l'homme, séparé de ces hommes, et ainsi de suite jusqu'à l'étant, l'un et le bien, dont ils ont fait le suprême pouvoir [causal] des choses; ils ont vu, en effet, que ce qui est plus bas est toujours plus particulier que ce qui lui est supérieur, et que la nature de ce qui est supérieur est participée dans ce qui est inférieur. Or ce qui participe se rapporte à ce qui est participé comme quelque chose de matériel; aussi ont-ils soutenu que, parmi les choses séparées, plus une chose est universelle, plus elle est formelle.

D'autres, s'engageant dans la même voie, ont posé au contraire que plus une forme est universelle, plus elle est matérielle : telle est la thèse d'Avicébron dans le livre *La Source de vie*[78]; il a posé en effet une matière première sans aucune forme, qu'il a appelée « matière universelle »; il a affirmé qu'elle était commune aux substances spirituelles et corporelles et qu'une forme universelle lui advenait, la forme de substance; puis il a affirmé que la matière existant ainsi sous la forme de substance recevait en une [partie] d'elle-même la forme de corporéité, son autre partie, qui concerne les substances spirituelles, demeurant sans cette forme; et ainsi de suite, il a posé dans la matière une forme sous une autre, selon l'ordre des genres et des espèces, jusqu'à l'espèce dernière la plus spéciale. Et cette thèse, en vérité, bien qu'elle semble être en désaccord avec la première, concorde avec elle et en est une conséquence. Les platoniciens ont posé en effet que plus une cause est universelle et formelle, plus la perfection [qu'elle cause] dans un individu fait substrat. C'est pourquoi ils ont posé que l'effet du premier [principe] séparé, qui est le bien, est la matière première, pour qu'à l'agent suprême corresponde un sujet premier; et ainsi de suite, selon l'ordre des causes séparées et des formes participées dans la matière : de même qu'un [être] séparé plus universel est plus formel, une forme participée plus universelle est plus matérielle.

Set hec positio secundum uera philosophie principia que considerauit Aristotiles est impossibilis. Primo quidem quia nullum indiuiduum substantie esset simpliciter unum : non enim fit simpliciter unum ex duobus actibus set ex potentia et actu, in quantum id quod est potentia fit actu; et propter hoc homo albus non est simpliciter unum, set animal bipes est simpliciter unum, quia hoc ipsum quod est animal est bipes. Si autem esset seorsum animal et seorsum bipes, homo non esset unum set plura, ut Philosophus argumentatur in III et VIII Methaphisice; manifestum est ergo quod, si multiplicarentur multe forme substantiales in uno indiuiduo substantie, quod indiuiduum substantie non esset unum simpliciter set secundum quid, sicut homo albus.

Secundo uero quia in hoc consistit ratio accidentis quod sit in subiecto, ita tamen quod per subiectum intelligatur aliquod ens actu et non in potentia tantum, secundum quem modum forma substantialis non est in subiecto set in materia; cuicumque ergo forme substernitur aliquod ens actu quocumque modo, illa forma est accidens. Manifestum est autem quod quelibet forma substantialis, quecumque sit, facit ens actu et constituit : unde sequitur quod sola prima forma que aduenit materie sit substantialis, omnes uero subsequenter aduenientes sint accidentales. Nec hoc excluditur per hoc quod quidam dicunt, quod prima forma est in potentia ad secundam, quia omne subiectum comparatur ad suum accidens ut potentia ad actum. Completior etiam esset forma corporis que prestaret susceptibilitatem uite quam illa que non prestaret : unde si forma corporis inanimati facit ipsum esse subiectum, multo magis forma corporis potentia uitam habentis facit ipsum esse subiectum; et sic anima esset forma in subiecto, quod est ratio accidentis.

Tertio quia sequeretur quod in adeptione postreme forme non esset generatio simpliciter set secundum quid tantum : cum enim generatio sit transmutatio de non esse in esse, illud simpliciter generatur quod fit ens simpliciter loquendo de non ente simpliciter; quod autem preexistit ens actu non potest fieri ens simpliciter set potest fieri ens hoc, ut album uel magnum, quod est fieri secundum

Mais cette thèse est impossible selon les vrais principes de la philosophie considérés par Aristote. Premièrement, parce qu'aucun individu dans la catégorie « substance » ne serait absolument un : ce qui est absolument un, en effet, n'advient pas à partir de deux actes, mais à partir d'une puissance et d'un acte, dans la mesure où ce qui est en puissance devient en acte. C'est la raison pour laquelle un homme blanc n'est pas absolument un, alors qu'un animal bipède est absolument un, parce que cela même qui est animal est bipède. Mais s'il y avait d'un côté l'animal, et le bipède de l'autre, l'homme ne serait pas un mais plusieurs, comme l'expose le Philosophe au livre III [VII, 1037b13-21] et VIII de la *Métaphysique* [1045a14]; il est donc clair que si de nombreuses formes substantielles étaient multipliées dans un seul individu de la catégorie « substance », l'individu de la catégorie « substance » ne serait pas un absolument, mais relativement, comme l'est un homme blanc.

Deuxièmement, parce que la notion d'accident consiste en ceci : être dans un sujet – à condition, cependant, d'entendre par « sujet » un certain étant en acte et non pas seulement en puissance; et en ce sens, la forme substantielle n'est pas dans un sujet, mais dans une matière. Chaque fois, donc, qu'une forme a pour substrat un étant en acte, de quelque façon que ce soit, cette forme est un accident. Or il est clair que toute forme substantielle, quelle qu'elle soit, rend un étant en acte et le constitue. Il s'ensuit, donc, que seule la première forme qui advient à la matière est substantielle, toutes celles qui arrivent par la suite étant accidentelles. Et ce que certains disent n'y change rien, à savoir que la première forme est en puissance à l'égard de la deuxième, parce que tout sujet se rapporte à son accident comme la puissance à l'acte. Du reste, la forme du corps conférant la capacité de recevoir la vie serait plus complète que celle ne la conférant pas : par conséquent, si la forme du corps inanimé fait qu'il est sujet, *a fortiori* la forme du corps ayant la vie en puissance fait qu'il est sujet; et ainsi l'âme serait une forme dans un sujet, ce qui est la définition de l'accident.

Troisièmement, parce qu'il s'ensuivrait qu'à l'acquisition de la dernière forme ne correspondrait pas une génération au sens absolu, mais seulement au sens relatif. En effet, puisque la génération est un changement du non-être à l'être, ce qui est engendré au sens absolu, c'est ce qui vient à être un étant, absolument parlant, à partir du non-étant au sens absolu. Or ce qui existe déjà comme un étant en acte ne peut venir à être un étant au sens absolu, mais peut venir à être un étant tel, par exemple blanc ou grand, ce qui est venir à être au sens

quid. Cum igitur forma precedens in materia faciat esse actu, subsequens forma non faciet esse simpliciter set esse hoc, ut esse hominem uel asinum uel plantam : et sic non erit generatio simpliciter; et propter hoc omnes antiqui qui posuerunt materiam primam esse aliquid actu, ut ignem aut aerem aut aquam aut aliquid medium, dixerunt quod fieri nichil erat nisi alterari. Et Aristotiles eorum dubitationem soluit ponendo materiam esse in potentia tantum, quam dicit esse subiectum generationis et corruptionis simpliciter; et quia materia numquam denudatur ab omni forma, propter hoc quandocumque recipit unam formam perdit aliam et e conuerso; et ideo semper generatio unius est cum corruptione alterius et e conuerso.

Sic ergo dicimus quod in hoc homine non est alia forma substantialis quam anima rationalis, et quod per eam homo non solum est homo, set animal et uiuum et corpus et substantia et ens. Quod quidem sic considerari potest. Forma enim est similitudo agentis in materia; in uirtutibus autem actiuis et operatiuis hoc inuenitur quod, quanto aliqua uirtus est altior tanto in se plura comprehendit non composite set unite, sicut secundum unam uirtutem sensus communis se extendit ad omnia sensibilia, que secundum diuersas potentias sensus proprii apprehendunt. Perfectioris autem agentis est inducere perfectiorem formam; unde perfectior forma facit per unum omnia que inferiores forme faciunt per diuersa, et adhuc amplius : puta si forma corporis inanimati dat materie esse et esse corpus, forma plante debit ei et hoc et insuper uiuere, anima uero sensitiua et hoc <et> insuper sensibile esse, anima uero rationalis et hoc et insuper rationale esse. Sic enim inueniuntur differre forme rerum naturalium secundum perfectum et magis perfectum, ut patet intuenti in omnibus generibus et speciebus rerum naturalium; propter quod species rerum comparantur numeris, ut dicitur in VIII Methaphisice, quorum species per additionem et subtractionem unitatis uariantur. Vnde etiam Aristotiles in II De anima dicit quod «uegetatiuum est in sensitiuo» et sensitiuum in intellectiuo «sicut trigonum in tetragono» et tetragonum in pentagono : pentagonum enim uirtute continet tetragonum; habet enim hoc et adhuc amplius, non quod seorsum pentagono sit

relatif. Puisque donc la première forme dans la matière fait être en acte, la forme suivante ne fera pas être au sens absolu, mais être tel, par exemple être homme, âne, ou plante; et ainsi il n'y aura pas une génération au sens absolu; et c'est pourquoi tous les anciens [79] qui ont posé que la matière première était quelque chose en acte, par exemple du feu, de l'air, de l'eau, ou quelque chose d'intermédiaire, ont affirmé que venir à être n'était rien qu'être altéré. Et Aristote a résolu leurs doutes en posant que la matière est en puissance seulement, et il dit qu'elle est le sujet de la génération et de la corruption au sens absolu; et parce que la matière n'est jamais dénuée de toute forme, toutes les fois qu'elle reçoit une forme, elle en perd une autre, et vice versa, ce qui explique que la génération d'une chose soit toujours en même temps la corruption d'une autre, et vice versa [80].

Ainsi donc, nous disons qu'il n'y a pas d'autre forme substantielle dans l'homme individuel que l'âme rationnelle, et que par elle l'homme non seulement est homme, mais animal, vivant, corps, substance et étant. Ce qu'on peut concevoir comme suit. La forme, en effet, est la similitude d'un agent dans une matière; et s'agissant des pouvoirs d'action et d'opération, on constate ceci que plus un pouvoir est élevé, plus il comprend de choses en lui, non pas de manière composée, mais de manière unitaire – le sens commun, par exemple, s'étend par un pouvoir unique à tous les sensibles que les sens propres appréhendent par différentes puissances. Or il appartient à un agent plus parfait d'induire une forme plus parfaite. C'est pourquoi une forme plus parfaite fait par un seul [pouvoir] tout ce que les formes inférieures font par des [pouvoirs] différents, et plus encore : par exemple, si la forme du corps inanimé donne à la matière l'être et l'être-corps, la forme de la plante lui donnera à la fois cela, et en plus le vivre; l'âme sensitive à la fois cela, et en plus l'être-sensible; et l'âme rationnelle, à la fois cela, et en plus l'être-rationnel. C'est ainsi, en effet, que les formes des choses naturelles se trouvent différer selon un ordre de perfection croissante, comme le voit celui qui considère tous les genres et les espèces des choses naturelles. Et c'est la raison pour laquelle, comme il est dit au livre VIII de la *Métaphysique* [1043b33], les espèces des choses sont comparées aux nombres, dont les espèces varient par addition et soustraction d'une unité. C'est aussi pourquoi Aristote dit au livre II du [traité] *De l'âme* [414b28-31] que « le végétatif est dans le sensitif », et le sensitif dans l'intellectif, « comme le triangle dans le tétragone » et le tétragone dans le pentagone : le pentagone, en effet, contient virtuellement le tétragone; car il a cela [en lui], et plus encore, sans qu'il y ait séparément dans le pentagone, telles deux figures, ce qui est

id quod est tetragoni et id quod est pentagoni proprium tamquam due figure. Sic etiam anima intellectiua uirtute continet sensitiuam, quia habet hoc et adhuc amplius, non tamen ita quod sint due anime; si autem diceretur quod anima intellectiua differret per essentiam a sensitiua in homine, non posset assignari ratio unionis anime intellectiue ad corpus, cum nulla operatio propria anime intellectiue sit per organum corporale.

1. Ad primum ergo dicendum quod auctoritas Dyonisii intelligenda est de causis agentibus, non de causis formalibus.

2. Ad secundum dicendum quod, cum forma perfectissima det omnia que dent forme imperfectiores et adhuc amplius, materia, prout ab ea perficitur eo modo perfectionis quo perficitur a formis imperfectioribus, consideratur ut materia propria respectu illius modi perfectionis quem addit perfectior forma super alias, ita tamen quod non intelligatur hec distinctio in formis secundum essentiam set solum secundum intelligibilem rationem. Sic ergo ipsa materia secundum quod intelligitur ut perfecta in esse corporeo susceptiuo uite est proprium subiectum anime.

3. Ad tertium dicendum quod, cum animal sit id quod uere est homo, distinctio nature animalis ab homine non est <secundum> diuersitatem realem formarum, quasi alia forma sit per quam sit animal, et superadditur altera per quam sit homo, set secundum rationes intelligibiles; secundum enim quod intelligitur corpus perfectum in esse sensibili ab anima, sic comparatur ad perfectionem ultimam, que est ab anima rationali in quantum huiusmodi, ut materiale ad formale. Cum enim genus et species significent quasdam intentiones intelligibiles, non requiritur ad distinctionem speciei et generis distinctio realis formarum set intelligibilis tantum.

4. Ad quartum dicendum quod anima mouet corpus per cognitionem et appetitum; uis autem sensitiua et appetitiua in animali habet determinatum organum, et sic ab illo organo incipit motus animalis, quod est cor secundum Aristotilem. Sic igitur una pars animalis est mouens et altera est mota, ut pars mouens accipiatur primum organum anime appetitiue et reliqum corpus sit motum; set quia in homine mouent uoluntas et intellectus, que non sunt alicuius organi actus, mouens erit ipsa anima secundum partem intellectiuam,

propre au tétragone et ce qui est propre au pentagone. C'est également ainsi que l'âme intellective contient virtuellement l'âme sensitive, parce qu'elle a cela [en elle], et plus encore, sans toutefois qu'il y ait deux âmes. Et si l'on disait que, dans l'homme, l'âme intellective diffère par essence de la sensitive, on ne pourrait assigner la raison de l'union de l'âme intellective au corps, puisqu'aucune opération propre de l'âme intellective ne se fait par un organe corporel.

1. L'autorité de Denys doit s'entendre des causes agentes, non des causes formelles.

2. Puisque la forme la plus parfaite donne tout ce que donnent les formes plus imparfaites, et plus encore, la matière, en tant qu'elle a reçu de cette forme le mode de perfection qu'elle reçoit des formes plus imparfaites, est considérée comme la matière propre à ce mode de perfection que la forme plus parfaite ajoute aux autres [formes], à condition, cependant, de ne pas voir dans cette distinction entre les formes une distinction selon l'essence, mais seulement selon la notion intelligible. C'est en ce sens, donc, que la matière, comprise comme ayant reçu la perfection de l'être corporel capable de recevoir la vie, est le sujet propre de l'âme.

3. Puisque animal est ce qu'est vraiment l'homme, la distinction entre la nature animale et l'homme ne repose pas sur une diversité réelle des formes – comme s'il y avait une forme par laquelle il serait animal, et qu'était surajoutée une autre forme par laquelle il serait homme –, mais seulement sur des notions intelligibles. Le corps, en effet, compris comme ayant reçu de l'âme la perfection de l'être sensitif, se rapporte à la perfection dernière, qui provient de l'âme rationnelle en tant que telle, comme quelque chose de matériel à quelque chose de formel. En effet, puisque le genre et l'espèce signifient certaines intentions intelligibles, la distinction du genre et de l'espèce ne requiert pas une distinction réelle des formes, mais seulement une distinction intelligible.

4. L'âme meut le corps par la connaissance et l'appétit; or les puissances appétitive et sensitive dans l'animal possèdent un organe déterminé; c'est de cet organe, donc, que part le mouvement de l'animal, lequel organe, selon Aristote, est le cœur. C'est ainsi, par conséquent, qu'une partie de l'animal est motrice et que l'autre est mue, si l'on considère que la partie motrice est l'organe premier de l'âme appétitive et que le reste du corps est ce qui est mû. Mais parce que dans l'homme meuvent la volonté et l'intellect, qui ne sont pas l'acte d'un organe, ce qui meut sera l'âme elle-même, par sa partie

motum autem corpus secundum quod est perfectum ab ea anima in esse corporeo.

5. Ad quintum dicendum quod in incarnatione Verbi anima ponitur medium inter Verbum et carnem, non necessitatis set congruentie; unde etiam separata anima a carne in morte Christi remansit Verbum immediate carni unitum.

6. Ad sextum dicendum quod liber ille non est Augustini nec est multum autenticus, et in hoc uerbo satis improprie loquitur : utrumque enim ad animam pertinet, et phantasticum et sensualitas; tamen <dicitur> sensualitas ad carnem referri in quantum est appetitus rerum ad corpus pertinentium, phantasticum autem ad animam in quantum in eo sunt similitudines corporum sine corporibus. Hec autem dicuntur esse media inter animam et carnem, non prout anima est forma corporis, set prout est motor.

7. Ad septimum dicendum quod amministratio corporis pertinet ad animam in quantum est motor, non in quantum est forma; et licet ea quibus anima amministrat corpus sint necessaria ad hoc quod anima sit in corpore, ut proprie dispositiones talis materie, non tamen propter hoc sequitur quod eadem sit ratio amministrationis et formalis unionis : sicut enim eadem est secundum substantiam anima, que est motor et forma, set differt ratione, ita etiam eadem sunt que sunt necessaria ad unionem formalem et ad amministrationem, licet non secundum eandem rationem.

8. Ad octauum dicendum quod per hoc quod anima differt a corpore ut corruptibile ab incorruptibili non tollitur quin sit forma eius, ut ex supra dictis patet : unde sequitur quod immediate corpori uniatur.

9. Ad nonum dicendum quod anima dicitur uniri corpori per spiritum in quantum est motor, quia primum quod mouetur ab anima in corpore est spiritus, ut Aristotiles dicit in libro De causa motus animalium. Tamen ille etiam liber non est magne auctoritatis.

10. Ad decimum dicendum quod, si aliqua duo sunt diuersa per essentiam, ita quod utrumque habeat naturam sue speciei completam, non possunt uniri nisi per aliquod medium ligans et uniens; anima autem et corpus non sunt huiusmodi, cum utrumque naturaliter sit pars hominis, set comparantur ad inuicem ut materia ad formam, quarum unio est immediata, ut ostensum est.

intellective, et ce qui est mû, le corps, en tant qu'il a reçu de cette âme la perfection de l'être corporel.

5. Dans l'incarnation du Verbe, l'âme est prise comme intermédiaire entre le Verbe et la chair, non pas par nécessité, mais par congruence ; c'est pourquoi, même lorsque l'âme fût séparée de la chair, à la mort du Christ, le Verbe resta uni à la chair, sans intermédiaire.

6. Ce livre n'est pas d'Augustin et ne fait guère autorité ; et, dans cette phrase, on s'exprime de manière assez impropre. L'un et l'autre, en effet, la fantaisie comme la sensualité, relèvent de l'âme. Cependant, on dit que la sensualité se rapporte à la chair en tant qu'elle est l'appétit des choses relevant du corps, et la fantaisie, à l'âme, en tant que se trouvent en elle les similitudes des corps sans les corps eux-mêmes. Cela étant, on dit qu'ils sont intermédiaires entre l'âme et la chair, non pas dans la mesure où l'âme est la forme du corps, mais dans la mesure où elle est moteur.

7. L'administration du corps relève de l'âme en tant qu'elle est moteur, et non pas en tant qu'elle est forme ; et bien que ce par quoi l'âme administre le corps soit nécessaire pour que l'âme soit dans le corps, à titre de dispositions propres d'une telle matière, il ne s'ensuit pas pour autant que la notion d'administration et celle d'union formelle soient identiques : de même en effet que c'est la même âme, selon la substance, qui est moteur et forme, mais qu'elle diffère par la notion, ce sont les mêmes choses qui sont nécessaires à l'union formelle et à l'administration, même si ce n'est pas selon la même notion.

8. Le fait que l'âme diffère du corps comme le corruptible de l'incorruptible n'empêche pas qu'elle soit sa forme, comme le montre ce qui a été dit plus haut [81] ; et de là s'ensuit qu'elle lui est unie immédiatement.

9. On dit que l'âme est unie au corps par le biais de l'esprit en tant qu'elle est moteur, parce que ce qui est mû en premier par l'âme dans le corps est l'esprit, comme le dit Aristote dans le livre *La Cause du mouvement des animaux* [*Du mouvement des animaux*, 703a7-18]. Cependant, ce livre non plus ne jouit pas d'une grande autorité.

10. Si deux choses sont différentes par essence, de telle sorte que chacune d'elle possède la nature complète de son espèce, elles ne peuvent être unies que par un intermédiaire qui les lie et les unit. Mais tels ne sont pas l'âme et le corps, puisque chacun d'eux, par nature, est une partie de l'homme : ils se rapportent l'un à l'autre comme la matière à la forme, dont l'union est immédiate, ainsi qu'on l'a montré [82].

11. Ad undecimum dicendum quod anima unitur corpori ut perficiatur, non solum quantum ad intelligere fantasticum, set etiam quantum ad naturam speciei et quantum ad alias operationes quas exercet per corpus. Tamen dato quod solum propter intelligere phantasticum ei uniretur, non sequeretur quod unio esset mediante phantasmate : sic enim unitur anima corpori propter intelligere ut per eam homo intelligat ; quod non esset si fieret unio per fantasmata, ut ostensum est supra.

12. Ad duodecimum dicendum quod corpus antequam animetur habet aliquam formam ; illa autem forma non manet anima adueniente : aduentus enim anime est per quandam generationem. Generatio autem unius non est sine corruptione alterius : sicut cum recipitur forma ignis in materia, desinit esse actu in ea forma aeris et remanet in potentia tantum. Nec est dicendum quod forma fiat uel corrumpatur, quia eius est fieri et corrumpi cuius est esse, quod non <est> forme ut existentis set sicut eius quo aliquid est : unde et fieri non dicitur nisi compositum in quantum reducitur de potentia in actum.

13. Ad tertium decimum dicendum quod in embrione apparent quedam opera uite. Set quidam dixerunt huiusmodi opera esse ab anima matris ; set hoc est impossibile, quia de ratione operum uite est quod sint a principio intrinseco, quod est anima. Quidam uero dixerunt quod a principio inest anima uegetabilis ; et illa eadem, cum fuerit magis pertecta, fit anima sensitiua, et tandem fit anima intellectiua, set per actionem exterioris agentis quod est Deus. Set hoc est impossibile : primo quia sequeretur quod forma substantialis reciperet magis et minus, et quod generatio est motus continuus ; secundo quia sequeretur animam rationalem esse corruptibilem, cum uegetabilis et sensibilis corruptibiles sint, dum ponitur fundamentum anime rationalis esse substantia uegetabilis et sensibilis. Non autem dici potest quod sint tres anime in uno homine, ut ostensum est. Relinquitur dicendum quod in generatione hominis aut animalis sunt multe generationes et corruptiones sibi inuicem succedentes : adueniente enim perfectiori forma deficit imperfectior. Et sic, cum in embrione primo sit anima uegetatiua tantum, cum peruentum fuerit ad maiorem perfectionem, tollitur forma imperfecta et succedit forma

11. L'âme est unie au corps afin d'être parfaite, non seulement pour ce qui concerne l'intelliger portant sur la fantaisie, mais aussi pour ce qui concerne la nature de l'espèce et les autres opérations qu'elle exerce par le corps. Cependant, en admettant qu'elle ne lui soit unie que pour l'intelliger portant sur la fantaisie, il ne s'ensuivrait pas que l'union se ferait par l'intermédiaire des fantasmes : l'âme, en effet, est unie au corps en vue de l'intelliger afin que, par elle, ce soit l'homme qui intellige; ce qui ne serait pas le cas, comme on l'a montré plus haut [83], si l'union se faisait par le biais des phantasmes.

12. Le corps, avant d'être animé, possède une certaine forme; mais cette forme ne demeure pas à l'arrivée de l'âme; l'arrivée de l'âme, en effet, résulte d'une certaine génération, et la génération d'une chose ne va pas sans la corruption d'une autre : par exemple, lorsque la forme du feu est reçue dans une matière, la forme de l'air cesse d'y être en acte et ne demeure qu'en puissance. Et l'on ne doit pas dire qu'une forme vient à être ou qu'elle se corrompt, parce que le fait de venir à être ou de se corrompre appartient à ce à quoi appartient l'être, ce dernier n'appartenant pas à la forme comme à ce qui existe, mais comme à ce par quoi quelque chose est, si bien que venir à être n'est dit aussi que du composé en tant qu'il est amené de la puissance à l'acte.

13. Dans l'embryon apparaissent certaines opérations vitales. Certains ont affirmé que ces opérations provenaient de l'âme de la mère – mais cela est impossible, parce que la notion même des opérations vitales implique qu'elles procèdent d'un principe intrinsèque, à savoir l'âme. D'autres ont affirmé qu'une âme végétative est présente dès le départ, puis que cette même âme, une fois plus parfaite, devient une âme sensitive et que, pour finir, elle devient une âme intellective, mais cela par l'action d'un agent extérieur, à savoir Dieu. Mais c'est impossible : premièrement, parce qu'il s'ensuivrait qu'une forme substantielle serait susceptible de plus et de moins et que la génération serait un mouvement continu; deuxièmement, parce qu'il s'ensuivrait que l'âme rationnelle serait corruptible, puisque les [âmes] végétative et sensitive sont corruptibles et qu'on fait de la substance végétative et sensitive le fondement de l'âme rationnelle. Cela étant, comme on l'a montré [84], on ne peut pas dire qu'il y a trois âmes dans un seul homme. On ne doit donc dire qu'une chose, c'est que dans la génération d'un homme ou d'un animal il y a plusieurs générations et corruptions qui succèdent les unes aux autres. Lorsque arrive une forme plus parfaite, en effet, la moins parfaite disparaît. Et ainsi, bien qu'il n'y ait d'abord dans l'embryon que l'âme végétative, dès que ce dernier est parvenu à une plus grande perfection, la forme imparfaite est

perfectior, que est anima uegetatiua et sensitiua simul; et ultimo cedente succedit ultima forma completissima, que est anima rationalis.

14. Ad quartum decimum dicendum quod corpus mathematicum dicitur corpus abstractum : unde dicere corpus mathematicum esse in sensibilibus est dicere duo opposita simul, ut Aristotiles argumentatur in III Metaphisice contra quosdam Platonicos hoc ponentes. Nec tamen sequitur quod abstrahentium sit mendacium, si corpus mathematicum sit in intellectu tantum, quia non intelligit intellectus abstrahens corpus aliquod esse non in sensibilibus, set intelligit ipsum non intelligendo sensibilia : sicut si quis intelligat hominem non intelligendo eius risibilitatem non mentitur; mentiretur autem si intelligeret hominem non esse risibile. Dico tamen quod, <si> corpus mathematicum esset in corpore sensibili, cum corpus mathematicum sit dimensionale tantum, pertinet ad genus quantitatis; unde non requireretur ad ipsum aliqua forma substantialis. Corpus autem quod est in genere substantie habet formam substantialem, que dicitur corporeitas, que non est tres dimensiones set quecumque forma substantialis ex qua sequntur in materia tres dimensiones : et hec forma in igne est igneitas, in animali anima sensitiua et in homine anima intellectiua.

15. Ad quintum decimum dicendum quod partes diffinitionis sunt partes forme uel speciei, non propter realem distinctionem formarum, set secundum distinctionem intelligibilem, ut dictum est.

16. Ad sextum decimum dicendum quod, licet anima non habeat corporeitatem in actu, habet tamen uirtute, sicut sol calorem.

17. Ad septimum decimum dicendum quod ordo ille quem Commentator tangit est secundum rationem intelligibilem tantum, quia prius intelligitur materia perfici secundum rationem forme uniuersalis quam specialis, sicut prius intelligitur aliquid ens quam uiuum et uiuum quam animal et animal quam homo.

18. Ad duodeuicesimum dicendum quod quodlibet esse generis uel speciei consequntur propria accidentia illius generis uel speciei : unde quando iam materia intelligitur perfecta secundum rationem huius generis quod est corpus, possunt in ea intelligi dimensiones, que sunt propria accidentia huius generis, et sic subsequntur ordine intelligibili in materia secundum diuersas eius partes diuerse forme elementares.

supprimée et une forme plus parfaite lui succède, qui est à la fois âme végétative et sensitive; et lorsque la dernière se retire, une dernière forme absolument complète lui succède : l'âme rationnelle.

14. Un corps mathématique est appelé « corps abstrait »; aussi, dire qu'un corps mathématique existe dans les sensibles revient à dire en même temps deux choses opposées, comme Aristote l'explique au livre III de la *Métaphysique* [998a13-14] contre certains platoniciens qui le soutenaient. Cependant, si le corps mathématique n'existe que dans l'intellect, il ne s'ensuit pas qu'abstraire soit mentir, parce que l'intellect qui abstrait ne conçoit pas que le corps existe sans être dans les sensibles, mais il le conçoit sans concevoir les sensibles : de même, si quelqu'un conçoit l'homme sans concevoir sa capacité de rire, il ne ment pas; mais il mentirait s'il concevait l'homme comme incapable de rire. Je dis cependant que, si le corps mathématique était dans un corps sensible, puisque le corps mathématique est seulement pourvu de dimensions, il relèverait du genre « quantité » et ne requerrait donc pas une quelconque forme substantielle. En revanche, le corps qui est dans le genre « substance » possède une forme substantielle, qu'on appelle « corporéité » : il ne s'agit pas des trois dimensions, mais d'une forme substantielle, quelle qu'elle soit, dont découle dans la matière trois dimensions : dans le feu, cette forme est la feu-ité, dans l'animal, l'âme sensitive, et dans l'homme l'âme intellective.

15. Les parties de la définition sont des parties de la forme ou de l'espèce, non pas en raison d'une distinction réelle des formes, mais selon une distinction intelligible, ainsi qu'on l'a dit [85].

16. Bien que l'âme n'ait pas la corporéité en acte, cependant elle l'a virtuellement, comme le soleil a la chaleur.

17. Cet ordre dont parle le Commentateur n'existe que selon la notion intelligible, parce que la matière est conçue comme étant parfaite selon la notion d'une forme universelle avant de l'être selon celle d'une forme spéciale – par exemple, une chose est conçue d'abord comme « étant » avant de l'être comme « vivant », comme « vivant » avant de l'être comme « animal », et comme « animal » avant de l'être comme « homme ».

18. Tout être relevant d'un genre ou d'une espèce est accompagné des accidents propres de ce genre ou de cette espèce. Dès lors, donc, que la matière est conçue comme étant parfaite selon la notion de ce genre qu'est le corps, on peut concevoir en elle des dimensions, qui sont les accidents propres de ce genre; et ainsi, suivant un ordre intelligible, les différentes formes élémentaires arrivent ensuite dans la matière selon ses différentes parties.

19. Ad undeuicesimum dicendum quod idem specie calor est in igne et aere, quia quelibet qualitas specialiter attribuitur uni elemento in quo est perfecte, et per concomitantiam uel deriuationem alteri, tamen imperfectius; cum ergo ex hoc aere fit hic ignis, calor manet idem specie, set augmentatus, non tamen idem numero, quia non manet idem subiectum. Nec hoc facit ad difficultatem conuersionis, cum corrumpatur per accidens ex corruptione subiecti et non ex contrarietate agentis.

20. Ad uicesimum dicendum quod materia prout nuda consideratur se habet indifferenter ad omnes formas, set determinatur ad speciales formas per uirtutem mouentis, ut traditur in II De generatione, et secundum ordinem intelligibilem formarum in materia est ordo agentium naturalium; inter ipsa enim corpora celestia unum est uniuersalius actiuum quam alterum, nec uniuersalius agens agit seorsum ab inferioribus agentibus, set ultimum agens proprium agit in uirtute omnium superiorum. Vnde non imprimuntur a diuersis agentibus diuerse forme in uno indiuiduo, set una forma est que imprimitur a proximo agente, continens in se uirtute omnes formas precedentes; et materia, secundum quod consideratur perfecta sub ratione forme uniuersalioris et accidentium consequentium, fit propria ad subsequentem perfectionem.

21. Ad uicesimum primum dicendum quod, cum unumquodque genus diuidatur per potentiam et actum, ipsa potentia, que est in genere substantie, materia est sicut forma actus : unde materia non subest forme mediante aliqua alia potentia.

< Articulus quartus >

Quarto queritur utrum tota anima sit in qualibet parte corporis.

Et uidetur quod non. Dicit enim Aristotiles in libro De causa motus animalium «Nichil opus est in unoquoque corporis esse

19. Il y a dans le feu et dans l'air une chaleur spécifiquement identique, parce que toute qualité est spécialement attribuée à un seul élément, dans lequel elle se trouve de manière parfaite, et par concomitance ou par dérivation, à un autre, mais d'une manière plus imparfaite; par conséquent, lorsque de cet air advient ce feu, la chaleur demeure spécifiquement identique, mais elle est augmentée; elle n'est pas, cependant, numériquement identique, parce que le sujet ne demeure pas identique. Et cela est sans effet sur la difficulté de la transformation, puisque [la première chaleur] est corrompue par accident, du fait de la corruption du sujet, et non du fait de la contrariété de l'agent.

20. La matière, si on la considère nue, se rapporte indifféremment à toutes les formes, mais elle est déterminée à [recevoir] des formes spéciales par le pouvoir d'un moteur, comme l'enseigne le livre II du [traité] *De la génération* [*De la génération et la corruption*, 335a30-b7; 335b29-336a14], et à l'ordre intelligible des formes dans la matière correspond un ordre des agents naturels. Parmi les corps célestes, en effet, l'un est actif plus universellement que l'autre, et l'agent plus universel n'agit pas indépendamment des agents inférieurs, mais l'ultime agent propre agit en vertu de tous les agents supérieurs. Il n'y a donc pas différentes formes imprimées dans un seul individu par différents agents, mais une seule forme imprimée par l'agent prochain qui contient virtuellement en elle toutes les formes précédentes; et la matière, en tant qu'on la considère comme parfaite selon la notion d'une forme plus universelle et des accidents qui en découlent, est rendue propre à [recevoir] la perfection suivante.

21. Chaque genre est divisé en puissance et acte ; dans le genre « substance », la puissance elle-même est la matière, et la forme est l'acte; la matière n'est donc pas sujette à la forme par l'intermédiaire de quelque autre puissance.

[lieux parallèles : *Script. super Sent.*, II, d. 1, q. 2, art. 4; *Contra Gent.*, II, chap. 71; *Quaest. disp. de anima*, q. 9; *Sentencia libri de anima*, II, chap. 1; *I^a Pars*, q. 76, art. 3, 4, 6 et 7]

Article 4

Quatrièmement, on demande si l'âme tout entière se trouve dans chaque partie du corps.

Et il semble que non. Aristote dit en effet dans le livre *La Cause du mouvement des animaux* [*Du mouvement des animaux*, 703a36-37] :

animam, set in quodam corporis principio existere»; in natura autem nichil est frustra; non est ergo anima in qualibet parte corporis.

2. Preterea. Ex corpore et anima constituitur animal, si igitur in qualibet parte corporis esset anima, quelibet pars animalis esset animal. Quod est inconueniens.

3. Preterea. In quocumque est subiectum, et proprietas subiecti; set omnes potentie anime sunt in essentia anime sicut et proprietates in subiecto; ergo si anima esset in qualibet parte corporis, sequeretur quod in qualibet parte corporis essent omnes potentie anime : et sic auditus erit in oculo et uisus in aure. Quod est inconueniens.

4. Preterea. Nulla forma que requirit dissimilitudinem partium inuenitur in qualibet parte, ut patet de forma domus, que non est in qualibet parte domus set in tota domo. Forme uero que non requirunt dissimilitudinem partium sunt in singulis partibus, ut forma aeris et ignis; anima autem est forma requirens dissimilitudinem partium, ut patet in omnibus animatis; ergo anima non est in qualibet parte corporis.

5. Preterea. Nulla forma que extenditur secundum extensionem materie est tota in qualibet parte sue materie. Set anima extenditur secundum extensionem materie; dicitur enim in libro De quantitate anime : tantam extimo esse animam «quantam eam spatia corporis esse patiuntur». Ergo anima non est tota in qualibet corporis parte.

6. Preterea. Quod anima sit in qualibet corporis parte precipue uidetur ex hoc quod in qualibet corporis parte agit. Set anima operatur ubi non est, quia Augustinus dicit ad Valusianum : anima sentit et uidet in celo, ubi non est; non est ergo necessarium animam esse in qualibet corporis parte.

7. Preterea. Secundum Philosophum mouentibus nobis mouentur ea que in nobis sunt. Contingit autem unam partem corporis moueri alia quiescente; si ergo anima est in qualibet parte corporis, sequitur quod simul moueatur et quiescat. Quod uidetur impossibile.

8. Preterea. Si anima est in qualibet parte corporis, unaqueque pars corporis immediatum ordinem habebit ad animam; et sic non dependent alie partes a corde, quod est contra Ieronimum Super

« Il n'est pas besoin qu'une âme soit dans chaque [partie] du corps, mais qu'elle existe dans un certain principe du corps »; or rien n'est vain dans la nature; donc l'âme n'est pas dans chaque partie du corps.

2. Un animal est constitué d'un corps et d'une âme; donc si l'âme était dans chaque partie du corps, chaque partie de l'animal serait un animal; ce qui ne convient pas.

3. Partout où l'on trouve un sujet, on trouve aussi la propriété du sujet; or toutes les puissances de l'âme sont dans l'essence de l'âme comme des propriétés dans un sujet; donc si l'âme était dans chaque partie du corps, il s'ensuivrait qu'il y aurait toutes les puissances de l'âme dans chaque partie du corps; et ainsi l'ouïe serait dans l'œil et la vue dans l'oreille; ce qui ne convient pas.

4. Une forme qui demande des parties dissemblables ne se trouve jamais en chaque partie, comme on le voit avec la forme de la maison, qui n'est pas en chaque partie de la maison, mais dans la maison tout entière. En revanche, les formes qui ne demandent pas des parties dissemblables, comme la forme de l'air et celle du feu, se trouvent en chacune des parties; or l'âme est une forme qui demande des parties dissemblables, comme on le voit chez tous les êtres animés; donc l'âme n'est pas en chaque partie du corps.

5. Une forme qui est étendue selon l'extension de la matière n'est jamais tout entière dans chaque partie de sa matière. Or l'âme est étendue selon l'extension de la matière; il est dit, en effet, dans le livre *La Quantité de l'âme* [86] : j'estime que l'âme est aussi grande « que ce que lui permettent d'être les dimensions du corps ». Donc l'âme n'est pas tout entière en chaque partie du corps.

6. S'il semble que l'âme est en chaque partie du corps, c'est avant tout du fait qu'elle agit en chaque partie du corps. Mais l'âme opère où elle n'est pas, parce que Augustin dit à Valusien [87] : l'âme sent et voit dans le ciel, où elle n'est pas; donc il n'est pas nécessaire que l'âme soit en chaque partie du corps.

7. Selon le Philosophe [88], lorsque nous nous mouvons, les choses qui sont en nous sont mues. Or il arrive qu'une partie du corps soit mue tandis qu'une autre est au repos; donc si l'âme est dans chaque partie du corps, il s'ensuit qu'elle est en même temps mue et au repos. Ce qui paraît impossible.

8. Si l'âme est dans chaque partie du corps, chaque partie du corps sera immédiatement ordonnée à l'âme; et ainsi les autres parties ne dépendront pas du cœur, ce qui va contre ce que dit Jérôme dans [son commentaire] *Sur Matthieu* [89], à savoir que « la chose principale dans

Matheo, qui dicit quod «principale hominis non est in cerebro secundum Platonem, set in corde secundum Christum».

9. Preterea. Nulla forma que requirit determinatam figuram potest esse ubi non est illa figura. Set anima est in corpore secundum determinatam figuram; dicit enim Commentator in I De anima quod quodlibet corpus animalis habet figuram propriam, et hoc manifestatur in speciebus : «Membra enim leonis non differunt a membris cerui nisi propter diuersitatem aninae». Ergo, cum in parte non inueniatur figura totius, anima non erit in parte. Et hoc est quod idem Commentator dicit in eodem libro «quod, si cor habet naturam recipiendi animam quia habet talem figuram, manifestum est quod pars eius non recipit illam animam quia non habet talem figuram».

10. Preterea. Quanto aliquid est magis abstractum, tanto minus determinatur ad aliquid corporale. Set angelus est magis abstractus quam anima; determinatur autem angelus ad aliquam partem mobilis quod mouet, et non est in qualibet parte eius, ut patet per Philosophum in VIII[1] Phisicorum, ubi dicit quod motor celi non est in centro set in quadam parte circumferentie. Multo minus igitur anima est in qualibet parte sui corporis.

11. Preterea. Si in quacumque parte corporis est operatio anime, <ibi> est ipsa anima[2], pari ratione in quacumque parte corporis est operatio uisiue potentie, ibi est uisiua potentia. Set operatio uisiue potentie esset in pede, si ibi esset organum uisiue potentie : unde quod desit operatio uisiua erit propter defectum organi tantum; erit igitur ibi potentia uisiua, si ibi sit anima.

12. Preterea. Si anima est in qualibet parte corporis, oportet quod ubicumque sit aliqua pars corporis ibi sit anima; set pueri crescentis partes incipiunt esse per augmentum ubi prius non erant; ergo et anima eius incipit esse ubi prius non erat. Set hoc uidetur impossibile. Tribus enim modis aliquid incipit esse ubi prius non erat : aut per hoc quod de nouo fit, sicut cum anima creatur et infunditur corpori, aut per propriam transmutationem, sicut cum corpus transfertur de loco ad locum, aut per transmutationem alterius in ipsum, sicut cum corpus Christi incipit esse in altari; quorum nullum hic dici potest. Ergo anima non est in qualibet parte corporis.

1. Substitution de « VIII » à « IV » avec Guldentops et Steel.
2. Substitution d'une virgule au point-virgule avec Guldentops et Steel.

l'homme n'est pas dans le cerveau, comme le veut Platon, mais dans le cœur, comme le veut le Christ ».

9. Une forme qui requiert une configuration déterminée ne peut jamais se trouver là où manque cette configuration. Or l'âme est dans le corps selon une configuration déterminée ; le Commentateur dit en effet en commentant le livre I du [traité] *De l'âme* [com. 53][90] que le corps de tout animal a une configuration propre, ce que manifeste bien [la diversité] des espèces : « Les membres du lion ne diffèrent en effet des membres du cerf qu'en raison de la diversité de l'âme. » Donc, puisqu'il n'y a pas dans la partie la configuration du tout, l'âme ne sera pas dans la partie. Et c'est ce que le même Commentateur dit dans le même livre [com. 94], « à savoir que, si le cœur a une nature capable de recevoir une âme parce qu'il a telle configuration, il est clair que sa partie ne reçoit pas cette âme parce qu'elle n'a pas une telle configuration[91] ».

10. Plus une chose est séparée, moins elle se limite à quelque chose de corporel. Mais l'ange est plus séparé que l'âme ; or il se limite à une certaine partie du mobile qu'il meut et n'est pas en chacune de ses parties, comme le montre le Philosophe au livre VIII des *Physiques* [*Physique*, 267b7-9], lorsqu'il dit que le moteur du ciel n'est pas au centre, mais dans une certaine partie de la circonférence. L'âme est donc encore moins dans chaque partie de son corps.

11. Si dans toute partie du corps où il y a une opération de l'âme, il y a l'âme elle-même, pour la même raison, dans toute partie du corps où il y a une opération de la puissance visuelle, il y a la puissance visuelle. Mais l'opération de la puissance visuelle serait dans le pied si l'organe de la puissance visuelle s'y trouvait ; aussi, qu'il n'y ait pas d'opération visuelle ne sera dû qu'à l'absence d'organe ; si donc l'âme se trouve là, la puissance visuelle s'y trouvera.

12. Si l'âme est dans chaque partie du corps, il faut que, partout où il y a une partie du corps, il y ait l'âme. Mais les parties de l'enfant qui grandit apparaissent, du fait de l'accroissement, là où auparavant elles n'étaient pas ; donc son âme aussi apparaît là où auparavant elle n'était pas. Or cela semble impossible. Car il y a trois manières pour une chose d'apparaître là où auparavant elle n'était pas : soit parce qu'elle vient à être pour la première fois, comme lorsque l'âme est créée et infusée dans le corps ; soit par [sa] propre transformation, comme lorsqu'un corps est transporté d'un lieu vers un autre ; soit parce qu'elle résulte de la transformation d'une autre chose, comme lorsque le corps du Christ apparaît sur l'autel ; or rien de cela ne peut se dire ici ; donc l'âme n'est pas en chaque partie du corps.

13. Preterea. Anima non est nisi in corpore cuius est actus; est autem «actus corporis organici», ut dicitur II De anima. Cum igitur non quelibet pars corporis sit corpus organicum, non erit anima in qualibet parte corporis.

14. Preterea. Plus differunt caro et os unius hominis quam due carnes duorum hominum; set anima una non potest esse in duobus corporibus diuersorum; ergo non potest esse in omnibus partibus unius hominis.

15. Preterea. Si anima est in qualibet parte corporis, oportet quod ablata quacumque parte corporis uel auferatur anima, quod patet esse falsum, cum remaneat homo uiuens, uel transferatur de illa parte ad alias, quod est impossibile, cum anima sit simplex et per consequens immobilis. Non ergo est in qualibet parte corporis.

16. Preterea. Nullum indiuisibile potest esse nisi in indiuisibili, cum locum oporteat equari locato; in corpore autem contingit significare infinita indiuisibilia; si igitur anima sit in qualibet parte corporis, sequetur quod sit in infinitis. Quod esse non potest, cum sit finite uirtutis.

17. Preterea. Cum anima sit simplex et absque quantitate dimensiua, nulla totalitas uidetur ei posse attribui nisi uirtutis; set non est in qualibet parte corporis secundum suas potentias, in quibus consideratur totalitas uirtutis eius; non ergo in qualibet parte corporis est tota anima.

18. Preterea. Quod aliquid possit esse totum in toto cum omnibus partibus uidetur prouenire ex eius simplicitate : in corporibus enim hoc uidemus non posse accidere. Set anima non est simplex set composita ex materia et forma; ergo non est in qualibet parte corporis. Probatio medie : Philosophus in II Methaphisice reprehendit ponentes materiam corporalem primum principium, quia ponebant solum elementa corporum, non corporum autem non. Est igitur etiam incorporeorum aliquod elementum; set elementum est materiale principium; ergo etiam substantie incorporee ut angelus et anima habent materiale principium.

19. Preterea. «Quedam animalia decisa uiuunt». Non est autem dicere quod altera pars uiuat per totem animam; ergo nec ante decisionem tota anima erat in illa parte set pars anime.

13. L'âme n'est que dans le corps dont elle est l'acte ; or elle est « l'acte d'un corps organique », comme il est dit au livre II du [traité] *De l'âme* [412b5-6]. Puisque donc chaque partie du corps n'est pas un corps organique, l'âme ne sera pas dans chaque partie du corps.

14. La chair et les os d'un même homme diffèrent plus que les deux chairs de deux hommes ; or une seule âme ne peut être dans les deux corps d'êtres distincts ; elle ne peut donc être dans toutes les parties d'un même homme.

15. Si l'âme est dans chaque partie du corps, il faut, si une partie quelconque du corps est retirée, soit que l'âme elle-même soit retirée – ce qui est manifestement faux, puisque l'homme reste vivant –, soit qu'elle soit transférée de cette partie vers d'autres – ce qui est impossible, puisque l'âme est simple, et par conséquent immobile. Elle n'est donc pas dans chaque partie du corps.

16. Un indivisible ne peut jamais être ailleurs que dans un [lieu] indivisible, puisque le lieu doit être égal à ce qui y est localisé ; or dans le corps, on peut assigner une infinité d'indivisibles ; si donc l'âme est dans chaque partie du corps, il s'ensuivra qu'elle est dans une infinité [de lieux]. Ce qui ne peut être, puisque son pouvoir est fini.

17. Puisque l'âme est simple et dépourvue de quantité dimensionnelle, il semble qu'on ne puisse lui attribuer aucune autre totalité que la totalité relative au pouvoir ; or elle n'est pas dans chaque partie du corps selon ses puissances, où l'on place la totalité de son pouvoir ; donc l'âme n'est pas tout entière dans chaque partie du corps.

18. Qu'une chose puisse être tout entière dans un tout et aussi dans toutes les parties semble être dû à sa simplicité – avec les corps, en effet, nous voyons que cela ne peut arriver. Or l'âme n'est pas simple, mais composée de matière et de forme ; donc elle n'est pas dans chaque partie du corps. Preuve de la mineure : au livre II de la *Métaphysique* [I, 988b24-25], le Philosophe critique ceux qui faisaient de la matière corporelle le principe premier, parce qu'ils ne posaient d'éléments que pour les corps, mais pas pour les non-corps ; c'est donc qu'il y a aussi un élément pour les incorporels ; or un élément est un principe matériel ; donc même les substances incorporelles comme l'ange et l'âme ont un principe matériel.

19. « Certains animaux, une fois sectionnés, vivent [92]. » Or on ne peut dire que l'autre partie vit par l'âme tout entière ; donc, avant le sectionnement, ce n'était pas non plus l'âme tout entière qui était dans cette partie, mais une partie de l'âme.

20. Preterea. Totum et perfectum idem, ut dicitur in III Phisicorum. Perfectum autem est «quod attingit propriam uirtutem», ut dicitur in III Phisicorum; propria autem uirtus anime humane secundum intellectum non est actus alicuius partis corporis. Non ergo <est> anima tota in qualibet corporis parte.

Set contra est quod Augustinus dicit in III De Trinitate quod anima «in toto tota est et in qualibet parte eius tota».

2. Preterea. Damascenus dicit quod angelus ibi est ubi operatur. Pari ergo ratione et anima; set anima operatur in qualibet parte corporis, quia quelibet pars corporis nutritur, augetur et sentit; ergo anima est in qualibet parte corporis.

3. Preterea. Anima est maioris uirtutis quam forme materiales; set forme materiales ut ignis aut aeris sunt in qualibet parte; multo igitur magis anima.

4. Preterea. In libro De spiritu et anima dicitur quod «anima presentia sua corpus uiuificat»; set quelibet pars corporis uiuificatur ab anima; ergo anima est cuilibet parti corporis presens.

Responsio. Dicendum quod ueritas huius questionis ex precedentibus dependet. Ostensum est enim prius quod anima unitur corpori, non solum ut motor, set ut forma. Posterius uero ostensum est quod anima non presupponit alias formas substantiales in materia, que dent esse substantiale corpori aut partibus eius; set et totum corpus et omnes eius partes habent esse substantiale et specificum per animam, qua recedente, sicut non manet homo aut animal aut uiuum, ita non manet manus aut oculus aut caro aut os nisi equiuoce, sicut depicta aut lapidea. Sic igitur, cum omnis actus sit in eo cuius est actus, oportet animam, que est actus totius corporis et omnium partium, esse in toto corpore et in qualibet eius parte. Set tamen aliter se habet totum ad animam et aliter partes eius : anima enim totius quidem corporis actus est primo et per se, partium uero in ordine ad totum. Ad cuius euidentiam considerandum est quod, cum materia sit propter formam, talem oportet esse materiam ut competit forme. In istis rebus corruptibilibus forme imperfectiores que sunt debilioris uirtutis, habent paucas operationes, ad quas non requiritur partium

20. Un tout, et quelque chose d'accompli, c'est la même chose, comme il est dit au livre III des *Physiques* [*Physique*, 207a13-14]. Or ce qui est accompli, c'est « ce qui atteint son pouvoir propre », comme il est dit au livre III des *Physiques* [*Physique*, 207a13-14] [93]; or le pouvoir propre de l'âme humaine, sous le rapport de l'intellect, n'est pas l'acte d'une quelconque partie du corps; donc l'âme n'est pas tout entière dans chaque partie du corps.

Mais à l'inverse, il y a ce que dit Augustin au livre III de *La Trinité* [VI, chap. 6, n. 8], à savoir que l'âme « est tout entière dans le tout et tout entière dans chacune de ses parties ».

2. Jean Damascène dit que l'ange est là où il opère [94]. Pour la même raison, donc, l'âme aussi; or l'âme opère dans chaque partie du corps, parce que chaque partie du corps se nourrit, croît et sent; donc l'âme est dans chaque partie du corps.

3. L'âme dispose d'un plus grand pouvoir que les formes matérielles; or les formes matérielles, comme celles du feu et de l'air, sont dans chaque partie [de leur matière]; *a fortiori*, donc, l'âme aussi.

4. Dans le livre *L'Esprit et l'Âme,* il est dit que « l'âme vivifie le corps par sa présence [95] »; or chaque partie du corps est vivifiée par l'âme; donc l'âme est présente à chaque partie du corps.

Réponse. Sur cette question, la vérité dépend de ce qui précède. En effet, on a d'abord montré que l'âme est unie au corps non seulement comme moteur, mais comme forme. On a montré ensuite que l'âme ne présuppose pas d'autres formes substantielles dans la matière, qui donneraient un être substantiel au corps ou à ses parties, mais que c'est par l'âme que le corps entier et toutes ses parties ont un être substantiel et spécifique, et que, si cette âme se retire, de même qu'il n'y a plus homme, d'animal ou de vivant, il n'y a plus de main, d'œil, de chair ou d'os, sinon en un sens équivoque, comme pour des choses peintes ou en pierre. Ainsi, puisque tout acte est dans ce dont il est l'acte, il faut que l'âme, qui est l'acte du corps entier et de toutes les parties, soit dans le corps entier et dans chacune de ses parties. Cependant, le tout et ses parties se rapportent différemment à l'âme : l'âme, en effet, est l'acte du corps entier à titre premier et par soi, alors qu'elle est celui des parties selon qu'elles se rapportent au tout. Pour bien le voir, il faut considérer le fait que, la matière étant en vue de la forme, la matière doit être telle qu'elle convienne à la forme. Dans le cas des choses corruptibles ici-bas, les formes plus imparfaites, dont le pouvoir est plus faible, ont des opérations en petit nombre qui

dissimilitudo, sicut patet in omnibus inanimatis corporibus; anima uero, cum sit forma altioris et maioris uirtutis, potest esse principium diuersarum operationum, ad quarum executionem requirantur dissimiles partes corporis. Et ideo omnis anima requirit diuersitatem organorum in partibus corporis cuius est actus, et tanto maiorem diuersitatem quanto anima fuerit perfectior; sic igitur forme infime uniformiter perficiunt suam materiam, set anima difformiter, ut ex dissimilibus partibus constituatur integritas corporis, cuius primo et per se anima est actus.

Set restat inquirendum quod dicitur totam animam esse in toto et totam in singulis partibus. Ad cuius euidentiam considerandum est quod totalitas inuenitur prima quidem et manifestior secundum quantitatem, prout totum quantum dicitur quod natum est diuidi in partes quantitatis : et hec totalitas non potest attribui formis nisi per accidens, in quantum scilicet per accidens diuiduntur diuisione quantitatis, sicut albedo diuisione superficiei. Set hec est illarum tantum formarum que coextenduntur quantitati, quod ex hoc competit aliquibus formis quia habent materiam similem aut fere similem in toto et in parte : unde forme que requirunt magnam dissimilitudinem in partibus non habent huiusmodi extensionem et totalitatem sicuti anime precipue animalium perfectorum. Secunda autem totalitas attenditur secundum perfectionem essentie, cui totalitati etiam respondent partes essentie, phisice quidem in compositis materia et forma, logice uero genus et differentia; que quidem perfectio in formis accidentalibus recipit magis et minus, non autem in substantialibus. Tertia autem totalitas est secundum uirtutem. Si igitur loqueremur de aliqua forma habente extensionem in materia, puta de albedine, possemus dicere quod est tota in qualibet parte totalitate essentie et uirtutis, non autem totalitate prima, que est ei per accidens : sicut tota ratio speciei albedinis inuenitur in qualibet parte superficiei, non autem tota quantitas quam habet per accidens, set pars in parte. Anima autem, et precipue humana, non habet extensionem in materia : unde in ea prima totalitas locum non habet.

ne requièrent pas des parties dissemblables, comme on le voit pour l'ensemble des corps inanimés. Une âme, en revanche, du fait qu'elle est une forme dont le pouvoir est plus élevé et plus grand, peut être le principe de diverses opérations dont l'exécution requiert des parties dissemblables du corps. C'est pourquoi toute âme requiert une diversité d'organes dans les parties du corps dont elle est l'acte, et une diversité d'autant plus grande que l'âme est plus parfaite. Ainsi, les formes les plus basses parachèvent leur matière d'une seule manière, tandis qu'une âme le fait de diverses manières, de façon à constituer avec les parties dissemblables la totalité du corps dont elle est l'acte à titre premier et par soi.

Mais il reste à examiner le fait de dire que l'âme est tout entière dans le tout et tout entière dans chacune des parties. Pour y voir clair, il faut savoir que la totalité se comprend d'abord, et de manière plus nette, relativement à la quantité, dans la mesure où on appelle « tout » un quantum qui est de nature à être divisé en parties quantitatives ; et ce type de totalité ne peut être attribué aux formes, sinon par accident, c'est-à-dire en tant qu'elles sont divisées par accident par la division d'une quantité, comme la blancheur l'est par la division d'une surface. Mais cela ne vaut que pour ces formes qui sont coextensives à une quantité – ce que certaines formes doivent au fait d'avoir une matière semblable ou presque semblable dans le tout et dans la partie ; les formes, donc, qui requièrent une grande dissemblance dans les parties n'ont pas une extension ni une totalité de ce genre ; c'est le cas des âmes, et surtout de celles des animaux parfaits. Le deuxième type de totalité se comprend selon la perfection de l'essence. Cette totalité a aussi [ses parties,] des parties de l'essence : dans l'ordre physique, pour les composés, il s'agit de la matière et de la forme ; dans l'ordre logique, du genre et de la différence. Cette perfection est susceptible de plus ou de moins dans le cas des formes accidentelles, mais pas dans celui des formes substantielles. Quant à la troisième totalité, elle est relative au pouvoir.

Si donc nous parlions d'une forme ayant une extension dans la matière, par exemple la blancheur, nous pourrions dire qu'elle est tout entière en chaque partie par la totalité de l'essence et du pouvoir, mais pas par la totalité au premier sens, qui ne la concerne que par accident : la notion tout entière de l'espèce « blancheur » se trouve en chaque partie de la surface, mais pas la quantité tout entière qu'elle a par accident, laquelle, au contraire, se trouve en partie dans chaque partie. Mais une âme, et surtout l'âme humaine, ne possède pas d'extension dans la matière ; dans son cas, par conséquent, le premier

Relinquitur ergo quod secundum totalitatem essentie simpliciter enuntiari possit esse tota in qualibet corporis parte, non autem secundum totalitatem uirtutis, quia partes difformiter perficiuntur ab ipsa ad diuersas operationes, et aliqua operatio est eius, scilicet intelligere, quam per nullam partem corporis exequitur[1]. Vnde sic accepta totalitate anime secundum uirtutem non solum non est tota in qualibet parte, set nec tota in toto, quia uirtus anime capacitatem corporis excedit, ut supra dictum est.

1. Ad primum ergo dicendum quod Philosophus ibi loquitur de anima quantum ad potentiam motiuam, que primo fundatur in corde.

2. Ad secundum dicendum quod anima non est in qualibet parte corporis primo et per se set in ordine ad totum, ut dictum est; et ideo non quelibet pars animalis <est> animal.

3. Ad tertium dicendum quod secundum Philosophum in libro De sompno et uigilia «Cuius est potentia eius est actio». Vnde potentie ille quarum operationes non sunt solius anime set coniuncti, sunt in organo sicut in subiecto, in anima autem sicut in radice; solum autem ille potentie sunt in anima sicut in subiecto, quarum operationes anima non per organum corporis exequitur[2], que tamen sunt anime secundum quod excedit corpus. Vnde non sequitur quod in qualibet parte corporis sint omnes potentie anime.

4. Ad quartum dicendum quod forma domus, cum sit accidentalis, non dat esse specificum singulis partibus domus sicut dat anima singulis partibus corporis. Et ideo non est simile.

5. Ad quintum dicendum quod auctoritas illa non sic intelligitur quod anima humana extendatur secundum extensionem corporis, set quia uirtualis anime quantitas non porrigitur in maiorem quantitatem quam corporis.

6. Ad sextum dicendum quod omnis operatio aliquo modo accipitur ut media inter operantem et obiectum operationis, uel realiter, sicut in illis actionibus que procedunt ab agente in aliquod extrinsecum transmutandum, uel secundum modum intelligendi, sicut intelligere et uelle et huiusmodi, que, licet sint actiones in agente manentes, ut dicitur in IX Methaphisice, tamen significantur per modum aliarum actionum ut ab uno tendentes in aliud. Sic ergo, cum

1. Substitution d'*exequitur* à *exequetur* avec Guldentops et Steel.
2. Substitution d'*exequitur* à *exequetur* avec Guldentops et Steel.

type de totalité n'a pas sa place. Reste donc cette conclusion : selon la totalité de l'essence, on peut absolument affirmer qu'elle est tout entière en chaque partie du corps, mais pas selon la totalité du pouvoir, parce que les parties sont parachevées par elle de différentes manières, en fonction d'opérations diverses, et qu'elle possède une opération, à savoir l'intelliger, qu'elle n'accomplit par aucune partie du corps. Par conséquent, s'il s'agit de la totalité de l'âme selon le pouvoir, non seulement l'âme n'est pas tout entière en chaque partie, mais elle n'est même pas tout entière dans le tout, parce que le pouvoir de l'âme excède la capacité du corps, ainsi qu'on l'a dit.

1. Le Philosophe parle ici de l'âme sous le rapport de la puissance motrice, laquelle est d'abord fondée sur le cœur.

2. L'âme n'est pas dans chaque partie du corps à titre premier et par soi, mais selon que ce que requiert l'ordre du tout, ainsi qu'on l'a dit [96]; c'est pourquoi chaque partie d'un animal n'est pas un animal.

3. Selon le Philosophe, dans le livre *Du sommeil et de la veille*, « la puissance appartient à ce à quoi appartient l'action» [454a8]. Par conséquent, les puissances dont les opérations n'appartiennent pas à l'âme seule, mais au conjoint, sont dans l'organe comme dans un sujet, tout en étant dans l'âme comme dans leur racine. Seules sont dans l'âme comme dans un sujet ces puissances dont les opérations ne sont pas accomplies par l'âme au moyen d'un organe du corps; cependant, elles appartiennent à l'âme dans la mesure où celle-ci excède le corps. Il ne s'ensuit donc pas que toutes les puissances se trouvent dans chaque partie du corps.

4. La forme de la maison, du fait qu'elle est accidentelle, ne donne pas l'être spécifique à chaque partie de la maison comme l'âme le donne à chaque partie du corps. Ce n'est donc pas la même chose.

5. Il ne faut pas comprendre dans cette autorité que l'âme humaine est étendue selon l'extension du corps, mais que la quantité virtuelle de l'âme ne s'étend pas au-delà de la quantité du corps.

6. Toute opération est en quelque façon tenue pour intermédiaire entre l'opérateur et l'objet de l'opération, que ce soit réellement, comme pour ces actions qui procèdent de l'agent vers quelque chose d'extérieur devant être transformé, ou [seulement] d'après [notre] manière de concevoir [les choses], comme pour l'intelliger, le vouloir, et les opérations de ce genre, qui, bien que ce soient des actions demeurant dans l'agent, comme il est dit au livre IX de la *Métaphysique* [1050a34-b1], sont présentées à la manière des autres actions comme [procédant] d'une chose en tendant vers une autre. Dans ces conditions, par

dicitur aliquis operari hic uel ibi, dupliciter potest intelligi : uno modo quod per huiusmodi aduerbia determinetur uerbum ex <ea parte> qua operatio exit ab agente, et sic uerum est quod anima ubicumque operatur ibi est ; alio modo ex ea parte qua operatio intelligitur terminari in alterum, et sic non ubicumque operatur ibi est : sic enim sentit et uidet in celo, in quantum celum sentitur et uidetur ab ea.

7. Ad septimum dicendum quod anima moto corpore mouetur per accidens et non per se. Non est autem inconueniens quod aliquid simul moueatur et quiescat per accidens secundum diuersa ; esset autem inconueniens si per se simul quiesceret et moueretur.

8. Ad octauum dicendum quod, licet anima sit actus cuiuslibet partis corporis, non tamen uniformiter omnes partes corporis perficiuntur ab ea, ut dictum est, set una altera principalius et perfectius.

9. Ad nonum dicendum quod anima per determinatam figuram dicitur <esse> in corpore, non quod figura sit causa quare sit in corpore, set potius figura corporis est ex anima : unde <ubi> non est figura conueniens huic anime non potest esse hec anima ; set aliam figuram requirit anima in toto corpore, cuius per prius est actus, et aliam in parte, cuius est actus in ordine ad totum, sicut dictum est. Vnde in animalibus in quibus figura partis fere est conformis figure totius pars recipit animam ut quoddam totum : quare decisa uiuit. In animalibus tamen perfectis, in quibus figura partis multum differt a figura totius, pars non recipit animam sicut totum et primum perfectibile, ut decisa uiuat ; recipit tamen animam in ordine ad totum ut coniuncta uiuat.

10. Ad decimum dicendum quod angelus comparatur ad corpus celeste quod mouet, non sicut forma set sicut motor ; unde non est simile de ipso et anima, que est forma totius et cuiuslibet partis.

11. Ad undecimum dicendum quod, si esset oculus in pede, esset ibi potentia uisiua, quia hec potentia est actus talis organi animati ; remoto autem organo manet ibi anima, non tamen potentia uisiua.

conséquent, lorsqu'on dit qu'un [agent] opère « ici » ou « là », cela peut s'entendre de deux manières : soit ces adverbes s'appliquent au verbe du côté où l'opération sort de l'agent, et sous cet angle, il est vrai que l'âme est chaque fois là où elle opère ; soit [ils s'y appliquent] du côté où l'opération est conçue comme se terminant en autre chose, et en ce sens elle n'est pas chaque fois là où elle opère : c'est ainsi, en effet, qu'elle sent et voit « dans le ciel », [c'est-à-dire] dans la mesure où le ciel est senti et vu par elle.

7. L'âme, lorsque le corps est mû, est mue par accident et non par soi. Or il n'est pas inconvenant qu'une chose soit par accident, sous des rapports différents, en même temps en mouvement et au repos ; ce serait inconvenant si c'était par soi qu'elle était en même temps au repos et en mouvement.

8. Bien que l'âme soit l'acte de chaque partie du corps, toutes les parties du corps ne sont pas parachevées par elle de la même manière, ainsi qu'on l'a dit [97], mais l'une l'est plus principalement et plus parfaitement qu'une autre.

9. On dit de l'âme qu'elle est dans le corps par le biais d'une configuration déterminée, non pas au sens où la configuration serait la cause du fait qu'elle est dans le corps, mais plutôt en ce sens que la configuration du corps résulte de l'âme. Là, donc, où il n'y a pas la configuration qui convient à cette âme, il ne peut y avoir cette âme. Mais l'âme requiert une configuration différente dans le corps tout entier, dont elle est l'acte en priorité, et dans la partie, dont elle est l'acte selon ce que requiert l'ordre du tout, ainsi qu'on l'a dit [98]. C'est pourquoi dans le cas des animaux chez qui la configuration de la partie est presque conforme à la configuration du tout, la partie reçoit l'âme comme une sorte de tout, ce qui explique qu'elle vive une fois sectionnée. En revanche, dans le cas des animaux parfaits, chez qui la configuration de la partie diffère grandement de la configuration du tout, la partie ne reçoit pas l'âme comme un tout et à titre de premier perfectible – de sorte qu'elle vivrait en étant sectionnée –, mais elle reçoit l'âme dans son rapport au tout, de sorte que c'est en étant conjointe qu'elle vit.

10. L'ange se rapporte au corps céleste qu'il meut, non pas comme une forme, mais comme un moteur ; il n'en va donc pas de même de l'ange et de l'âme, laquelle est la forme du tout et de chaque partie.

11. Si l'œil était dans le pied, la puissance de voir s'y trouverait, parce que cette puissance est l'acte d'un organe animé de ce type ; cependant, si l'organe est supprimé, l'âme y demeure, mais pas la puissance de voir.

12. Ad duodecimum dicendum quod augmentum non fit sine motu locali, ut IV Phisicorum dicit Philosophus; unde augmentato puero, sicut aliqua pars corporis incipit esse per se ubi prius non erat, ita anima per accidens et per transmutationem suam, in quantum per accidens mouetur moto corpore.

13. Ad tertium decimum dicendum quod corpus organicum est perfectibile ab anima primo et per se, singula autem organa et organorum partes ut in ordine ad totum, sicut dictum est.

14. Ad quartum decimum dicendum quod caro mea cum carne tua magis conuenit secundum rationem speciei quam caro mea cum osse meo; set secundum analogiam ad totum est e conuerso : nam caro mea et os meum possunt ordinari ad unum totum constituendum, non autem caro mea et caro tua.

15. Ad quintum decimum dicendum quod precisa parte non sequitur quod auferatur anima uel quod ad aliam partem transmutetur, nisi poneretur quod in illa sola parte anima esset; set sequitur quod illa pars desinat perfici ab anima totius.

16. Ad sextum decimum dicendum quod anima non est indiuisibilis ut punctum habens situm in continuo, contra cuius rationem esset in loco diuisibili esse; set anima est indiuisibilis per abstractionem a toto genere continui. Vnde non est contra eius rationem si sit in aliquo diuisibili toto.

17. Ad septimum decimum dicendum quod anima, ex hoc quod est indiuisibilis, sequitur quod non habeat totalitatem quantitatis; nec propter hoc relinquitur quod sit in ea sola totalitas potentiarum : est enim in ea totalitas secundum essentie rationem, ut dictum est.

18. Ad duodeuicesimum dicendum quod Philosophus in libro illo intendit inquirere de principiis omnium entium, non solum materialibus set et formalibus et efficientibus et finalibus. Et ideo redarguuntur ab ipso antiqui naturales, qui posuerunt tantum causam materialem, que non habet locum in rebus incorporalibus; et sic non poterant ponere principia omnium entium. Non ergo intendit dicere quod sit aliquod elementum materiale rerum incorporalium, set quod illi sunt reprehendendi qui principia rerum incorporalium neglexerunt, ponentes causam materialem tantum.

19. Ad undeuicesimum dicendum quod in illis animalibus que decisa uiuunt est una anima in actu et multe in potentia; per decisionem autem inducuntur in actuam multitudinis, sicut contingit in omnibus formis que habent extensionem in materia.

12. L'accroissement ne se fait pas sans mouvement local, comme le dit le Philosophe au livre IV des *Physiques* [*Physique*, 209a26-29]; aussi, avec l'accroissement de l'enfant, de même qu'une partie du corps apparaît par soi là où auparavant elle n'était pas, l'âme [apparaît] par accident et du fait de sa transformation, dans la mesure où l'âme est mue par accident lorsque le corps est mû.

13. Le corps organique est perfectible par l'âme à titre premier et par soi; chaque organe, en revanche, ainsi que les parties des organes, le sont, comme on l'a dit [99], selon ce que requiert l'ordre du tout.

14. Ma chair s'accorde plus avec ta chair, au point de vue de la notion spécifique, que ma chair avec mes os; mais, pour ce qui est du rapport à un tout, c'est l'inverse. Car ma chair et mes os peuvent être ordonnés pour constituer un seul tout, mais pas ma chair et ta chair.

15. Lorsqu'une partie est ôtée, il ne s'ensuit pas que l'âme soit retirée ou qu'elle soit transférée vers une autre partie, à moins de poser que l'âme n'était que dans cette seule partie; il s'ensuit, en revanche, que cette partie cesse d'être parachevée par l'âme du tout.

16. L'âme n'est pas indivisible comme le point occupant une place dans le continu qui verrait sa notion contredite par le fait d'être dans un lieu indivisible; l'âme, elle, est indivisible du fait qu'elle est soustraite au genre « continu » dans son entier, si bien qu'il n'est pas contraire à sa notion de se trouver dans un tout divisible.

17. L'âme étant indivisible, il s'ensuit qu'elle n'a pas la totalité quantitative; mais cela n'implique pas pour autant qu'on ne trouve en elle que la totalité [composée] des puissances : il y a en elle, en effet, la totalité relative à la notion de l'essence, ainsi qu'on l'a dit [100].

18. Dans ce livre, le Philosophe entend examiner les principes de tous les étants, non seulement les principes matériels, mais aussi les principes formels, efficients et finaux. C'est la raison pour laquelle il dénonce les anciens physiciens qui n'admettaient que la cause matérielle, laquelle n'a pas sa place dans le cas des choses incorporelles. Aussi n'étaient-ils pas en mesure de poser les principes de tous les étants. Il n'entend donc pas dire qu'il y a un élément matériel pour les choses incorporelles, mais qu'il faut blâmer ceux qui, en n'admettant que la cause matérielle, ont négligé les principes des choses incorporelles.

19. Dans ces animaux qui vivent une fois sectionnés, il y a une seule âme en acte et de multiples âmes en puissance; mais par le sectionnement ces dernières sont portées à la multitude en acte, comme c'est le cas pour toutes les formes qui ont une extension dans la matière.

20. Ad uicesimum dicendum quod, cum dicitur anima esse tota in qualibet parte, accipitur totum et perfectum secundum rationem essentie et non secundum rationem potentie seu uirtutis, ut ex supra dictis patet.

< Articulus quintus >

Quinto queritur utrum aliqua substantia spiritualis creata sit non unita corpori.

Et uidetur quod non. Dicit enim Origenes in I Peryarcon «Solius Dei, id est Patris et Filii et Spiritus Sancti, proprium est ut absque ulla corporee societatis adiectione intelligatur existere»; nulla ergo substantia spiritualis creata potest esse corpori non unita.

2. Preterea. Pascalis Papa dicit quod spiritualia sine corporalibus subsistere non possunt; non est ergo possibile spirituales substantias non unitas corporibus esse.

3. Preterea. Bernardus Super Canticum «Liquet omnem spiritum creatum corporeo indigere solatio»; manifestum est autem quod, cum natura non deficiat in necessariis, multo minus deficit Deus; non ergo spiritus creatus sine corpore inuenitur.

4. Preterea. Si aliqua substantia spiritualis creata est omnino corpori non unita, necesse est quod sit supra tempus : tempus enim corporalia non excedit. Set substantie spirituales create non omnino sunt supra tempus : cum enim ex nichilo create sint et per consequens a uersione incipiant, necesse est eas uertibiles esse ut possint deficere in non esse, nisi ab alio continerentur. Quod autem <potest> in non esse deficere non omnino est supra tempus : potest enim nunc esse et in alio nunc non esse. Non est ergo possibile aliquas creatas substantias absque corporibus esse.

5. Preterea. Angeli corpora quedam assumunt; corpus autem assumptum ab angelo mouetur ab eo. Cum igitur moueri secundum

20. Lorsqu'on dit que l'âme est tout entière en chaque partie, « tout » et « accompli » s'entendent par rapport à la notion de l'essence, et non par rapport à la notion de la puissance ou du pouvoir, comme le montre ce qui a été dit plus haut [101].

[lieux parallèles : *Script. super Sent.*, I, d. 8, q. 5, art. 3; *Contra Gent.*, II, chap. 72; *Ia Pars*, q. 76, art. 8; *Quaest. disp. de anima*, q. 10; *Sentencia libri de anima*, I, chap. 14]

Article 5

Cinquièmement, on demande s'il est une substance spirituelle créée qui ne soit pas unie au corps.

Et il semble que non. Origène dit en effet au chapitre I du [traité] *Des principes* : « Il n'est propre qu'à Dieu, c'est-à-dire au Père, au Fils et à l'Esprit Saint, d'être conçu comme existant sans aucun ajout d'une union corporelle [102] »; donc aucune substance spirituelle ne peut être créée sans être unie à un corps.

2. Le pape Pascal dit que les choses spirituelles ne peuvent subsister sans les choses corporelles [103]; il n'est donc pas possible que des substances spirituelles ne soient pas unies à des corps.

3. Bernard [affirme dans ses sermons] *Sur le Cantique* : « Il est clair que tout esprit créé a besoin d'un secours corporel [104] »; or il est manifeste que si la nature ne défaille pas pour ce qui est nécessaire [105], Dieu défaille encore moins; on ne trouve donc pas d'esprit créé sans corps.

4. S'il existe une substance spirituelle créée qui n'est absolument pas unie à un corps, il est nécessaire qu'elle soit au-dessus du temps – il n'y a pas de temps, en effet, au-delà des réalités corporelles. Or les substances spirituelles créées ne sont pas absolument au-dessus du temps. En effet, puisqu'elles sont créées du néant et que, par conséquent, elles commencent par une conversion, il est nécessaire qu'elles soient convertibles et puissent ainsi tomber dans le non-être, à moins d'être maintenues par autre chose. Or ce qui peut tomber dans le non-être n'est pas absolument au-dessus du temps – cela peut être à tel moment et ne plus être à tel autre. Donc il n'est pas possible que des substances créées soient sans corps.

5. Les anges assument des corps; or le corps assumé par l'ange est mû par lui. Puisque donc le fait d'être mû selon le lieu présuppose le

locum presupponat sentire et uiuere, ut patet in II De anima, uidetur quod corpora assumpta ab angelis sentiant et uiuant, et ita sint corporibus naturaliter uniti, de quibus tamen maxime uidetur quod sint a corporibus absoluti. Nulla ergo spiritualis substantia creata est corpori non unita.

6. Preterea. Angelus naturaliter est perfectior quam anima. Perfectius autem est quod uiuit et dat uitam quam illud quod uiuit tantum; cum igitur anima uiuat et det uitam corpori per hoc quod est forma eius, uidetur quod multo forcius angelus non solum uiuat, set etiam uniatur alicui corpori cui det uitam. Et sic idem quod prius.

7. Preterea. Manifestum est quod angeli singularia cognoscunt, alioquin frustra hominibus in custodiam deputarentur. Non possunt autem singularia cognoscere per formas uniuersales, quia sic equaliter se haberet eorum cognitio ad preteritum et futurum, cum tamen futura cognoscere solius Dei sit; cognoscunt igitur angeli singularia per formas particulares, que requirunt organa corporalia in quibus recipiantur. Ergo angeli habent organa corporalia sibi unita, et sic nullus spiritus creatus uidetur esse omnino corpore absolutus.

8. Preterea. Principium indiuiduationis est materia. Angeli autem sunt quedam indiuidua, alioquin non haberent proprias actiones : agere enim particularium est. Cum igitur non habeant materiam ex qua sint, ut supra dictum est, uidetur quod habeant materiam in qua, scilicet corpora quibus uniuntur.

9. Preterea. Cum spiritus creati sint substantie finite, necesse est quod sint in determinato genere et specie; est igitur in eis inuenire naturam uniuersalem speciei. Ex ipsa autem natura uniuersali non habent quod indiuiduentur; ergo oportet esse aliquid additum per quod indiuiduentur. Hoc autem non potest esse aliquid materiale quod intret compositionem angeli, cum angeli sint immateriales substantie, ut supra dictum est; necesse est ergo quod addatur eis aliqua materia corporalis, per quam indiuiduantur. Et sic idem quod prius.

10. Preterea. Substantie spirituales create non sunt materia tantum, quia sic essent in potentia solum et non haberent aliquam actionem; nec iterum sunt composite ex materia et forma, ut supra ostensum est; relinquitur igitur quod sint forme tantum. De ratione

fait de sentir et de vivre, comme le montre le livre II du [traité] *De l'âme* [413a22-25], il semble bien que les corps assumés par les anges sentent et vivent, et donc que ces derniers – qui pourtant semblent être au plus haut point séparés des corps – soient naturellement unis à des corps. Il n'est donc aucune substance spirituelle créée qui ne soit unie à un corps.

6. L'ange est naturellement plus parfait que l'âme. Or ce qui vit et donne la vie est plus parfait que ce qui ne fait que vivre; puisque donc l'âme vit et donne la vie au corps, du fait qu'elle est sa forme, il semble bien, *a fortiori*, non seulement que l'ange vive, mais qu'il soit aussi uni à un corps auquel il donne la vie. On obtient ainsi la même conclusion que précédemment.

7. Il est clair que les anges connaissent les singuliers, sans quoi ils seraient vainement chargés de la garde des hommes. Or ils ne peuvent connaître les singuliers par des formes universelles, parce que leur connaissance se rapporterait alors de la même manière au passé et au futur, alors qu'il n'appartient qu'à Dieu de connaître les choses futures. Les anges connaissent donc les singuliers par des formes particulières, lesquelles requièrent des organes corporels susceptibles de les recevoir; donc les anges ont des organes corporels qui leur sont unis, si bien qu'aucun esprit créé ne semble être absolument séparé d'un corps.

8. Le principe d'individuation est la matière. Or les anges sont des individus, sans quoi ils n'auraient pas d'actions propres – agir, en effet, revient aux {êtres} particuliers [106]. Puisque donc ils n'ont pas de matière à partir de laquelle ils sont, ainsi qu'on l'a dit plus haut [107], il semble qu'ils aient une matière dans laquelle [ils sont], à savoir les corps auxquels ils sont unis.

9. Puisque les esprits créés sont des substances finies, il est nécessaire qu'ils soient dans un genre et une espèce déterminés; on peut donc trouver en eux la nature universelle d'une espèce. Or la nature universelle elle-même ne leur permet pas d'être individués; il faut donc qu'il y ait quelque chose d'ajouté qui les individue. Or cela ne peut être quelque chose de matériel entrant dans la composition de l'ange puisque, ainsi qu'on l'a dit plus haut [108], les anges sont des substances immatérielles; il est donc nécessaire que leur soit ajoutée une certaine matière corporelle par laquelle ils sont individués. Et ainsi l'on obtient la même conclusion que précédemment.

10. Les substances spirituelles créées ne sont pas seulement matière, parce qu'elles ne seraient alors qu'en puissance et n'auraient aucune action; et elles ne sont pas non plus composées de matière et de forme, ainsi qu'on l'a montré plus haut [109]; c'est donc qu'elles sont

autem forme est quod sit actus materie cui unitur; uidetur ergo quod spirituales substantie create uniantur materie corporali.

11. Preterea. De similibus est idem iudicium; set alique spirituales substantie create sunt unite corporibus; ergo omnes.

Set contra est quod Dyonisius dicit in IV cap. De diuinis nominibus, quod angeli sunt incorporales et immateriales.

2. Preterea. Secundum Philosophum in VIII Phisicorum, si aliqua duo inueniuntur coniuncta, quorum unum sine altero inueniri potest, oportet et alterum sine alio inueniri. Inuenitur enim aliquid mouens motum : unde si aliquid est motum non mouens, inuenitur etiam aliquid mouens non motum. Set inuenitur aliquid compositum ex substantia corporali et spirituali; cum igitur inueniatur aliquod corpus sine spiritu, uidetur quod aliquis spiritus inueniri possit corpori non unitus.

3. Preterea. Ricardus de S. Victore sic argumentatur : in diuinis plures inueniuntur persone in una natura; in rebus autem humanis una persona in duabus naturis, scilicet anima et corpore; ergo et inuenitur medium, scilicet quod sit una persona in una natura, quod non esset si natura spiritualis corpori uniretur.

4. Preterea. Angelus est in corpore assumpto. Si ergo corpus aliud sibi naturaliter uniretur, sequeretur quod duo corpora simul essent in eodem, quod est impossibile; sunt ergo alique spirituales substantie create non habentes corpora naturaliter sibi unita.

Responsio. Dicendum quod, quia nostra cognitio a sensu incipit, sensus autem corporalium est, a principio homines de ueritate inquirentes solam naturam corpoream capere potuerunt, in tantum quod primi naturales philosophi nichil esse nisi corpora extimabant; unde et ipsam animam corpus esse dicebant. Quos etiam secuti uidentur Manichei heretici, qui Deum lucem quandam corpoream per infinita distensam spatia esse exstimabant; sic etiam et Antropomorfite, qui Deum lineamentis humani corporis figuratum esse construebant, nichil ultra corpora esse suspicabantur. Set posteriores philosophi,

seulement des formes. Or il entre dans la notion de forme d'être l'acte d'une matière à laquelle elle est unie ; il semble donc bien que les substances spirituelles créées soient unies à une matière corporelle.

11. Sur des choses semblables, le jugement est identique ; or certaines substances spirituelles créées sont unies à des corps ; donc toutes le sont.

Mais à l'inverse, il y a ce que dit Denys au chapitre IV des *Noms Divins* [§ 1] [110], à savoir que les anges sont immatériels et incorporels.

2. Selon le Philosophe au livre VIII des *Physiques* [*Physique*, 256b13-24], si l'on trouve deux choses jointes, et que l'une peut se trouver sans l'autre, il faut que l'autre aussi se trouve sans la première. En effet, on trouve quelque chose qui meut et est mû ; si donc il existe quelque chose qui est mû sans mouvoir, on trouve aussi quelque chose qui meut sans être mû. Or il existe quelque chose qui est composé d'une substance corporelle et d'une substance spirituelle ; puisque donc on trouve un corps sans esprit, il semble bien qu'on puisse trouver un esprit n'étant pas uni à un corps.

3. Richard de Saint-Victor raisonne ainsi [111] : dans l'ordre divin, on trouve plusieurs personnes en une seule nature ; et dans l'ordre des choses humaines, en revanche, une seule personne en deux natures, à savoir l'âme et le corps ; donc on trouve aussi quelque chose d'intermédiaire, à savoir qu'une seule personne soit en une seule nature, ce qui ne saurait arriver si la nature spirituelle était unie à un corps.

4. L'ange est dans un corps assumé. Si donc un autre corps lui était naturellement uni, il s'ensuivrait que deux corps seraient en même temps au même endroit, ce qui est impossible ; il existe donc certaines substances spirituelles créées n'ayant pas de corps qui leur soit naturellement uni.

Réponse. Du fait que notre connaissance commence par le sens, et que le sens porte sur ce qui corporel, les hommes qui ont au départ cherché à découvrir la vérité n'ont pu saisir que la nature corporelle, au point que les premiers philosophes de la nature estimaient que rien n'existe sinon les corps, ce qui leur faisait dire que l'âme elle-même est aussi un corps. Les hérétiques manichéens semblent également les avoir suivis, pour qui Dieu est une lumière corporelle répandue à travers des espaces infinis. De même, les anthropomorphites, qui se figuraient que Dieu est formé des contours du corps humain, faisaient la conjecture que rien, outre les corps, n'existe. Mais les philosophes

rationabiliter per intellectum corporalia transcendentes, ad cognitionem incorporee substantie peruenerunt. Quorum Anaxagoras primus, quia ponebat a principio omnia corporalia in inuicem esse immixta, coactus fuit ponere supra corporalia aliquod incorporeum non mixtum, quod corporalia distingueret et moueret : et hoc uocabat intellectum distinguentem et mouentem omnia, quem nos dicimus Deum. Plato uero est alia uia usus ad ponendum substantias incorporeas. Extimauit enim quod ante esse participans necesse est ponere aliquid abstractum non participatum : unde, cum omnia corpora sensibilia participent ea que de ipsis predicantur, scilicet naturas generum et specierum et aliorum uniuersaliter de ipsis dictorum, posuit huiusmodi naturas abstractas a sensibilibus per se subsistentes, quas substantias separatas nominabat. Aristotiles uero processit ad ponendum substantias incorporeas separatas ex perpetuitate celestis motus : oportet enim celestis motus aliquem finem ponere. Si autem finis alicuius motus non semper eodem modo se habeat, set moueatur per se uel per accidens, necesse est motum illum non semper uniformiter se habere : unde motus naturalis grauium et leuium magis intenditur cum appropinquauerit ad hoc quod est esse in loco proprio. Videmus autem in motibus celestium corporum semper uniformitatem seruari; ex quo exstimauit huius uniformis motus perpetuitatem. Oportebat igitur ut poneret finem huius motus non moueri nec per se nec per accidens. Omne autem corpus, uel quod est in corpore, mobile est per se uel per accidens; sic ergo necessarium fuit quod poneret aliquam substantiam omnino a corpore separatam, que esset finis motus celestis.

In hoc autem uidentur tres predicte positiones differre quod Anaxagoras non habuit necesse ponere, secundum principia ab eo supposita, nisi unam substantiam incorpoream. Plato autem necesse habuit ponere multas et ad inuicem ordinatas, secundum multitudinem et ordinem generum et specierum et aliorum que abstracta ponebat : posuit enim primum abstractum, quod essentialiter esset bonum et unum, et consequenter diuersos ordines intelligibilium et intellectuum. Aristotiles autem posuit plures substantias separatas. Cum enim in celo appareant multi motus, quorum quemlibet ponebat esse uniformem et perpetuum – cuiuslibet autem motus oportet esse

postérieurs, s'élevant de manière rationnelle, à l'aide de l'intellect, au-delà des réalités corporelles, parvinrent jusqu'à la connaissance de la substance incorporelle. Le premier d'entre eux fut Anaxagore : parce qu'il soutenait que toutes les choses corporelles sont au commencement mélangées les unes aux autres, il fut contraint de poser en plus des choses corporelles quelque chose d'incorporel et de non mélangé qui pût distinguer et mouvoir les choses corporelles : c'est ce qu'il appelait « l'intellect », distinguant et mouvant toutes choses, et que nous, nous nommons Dieu. Platon, lui, a usé d'une autre voie pour poser des substances incorporelles. Il estimait en effet qu'il était nécessaire de poser avant l'être participant quelque chose de séparé et de non participé[112]; aussi, puisque tous les corps sensibles participent ce qui se prédique d'eux, à savoir les natures des genres, des espèces, et de tout ce qui se dit d'eux de manière universelle, il posa que ces natures étaient abstraites[113] des sensibles et subsistantes par soi, et il les appela « substances séparées ». Quant à Aristote, il s'est fondé, pour poser des substances incorporelles séparées, sur la perpétuité du mouvement céleste. Il faut en effet poser une fin du mouvement céleste. Or si la fin d'un mouvement, quel qu'il soit, ne se comporte pas toujours de la même façon, mais qu'elle est mue par soi ou par accident, il est nécessaire que ce mouvement ne se comporte pas toujours de manière uniforme – c'est la raison pour laquelle le mouvement naturel des corps lourds et légers augmente lorsqu'il approche de ce qui consiste à être dans son lieu propre. Or nous voyons dans les mouvements des corps célestes qu'est toujours conservée une uniformité; il en a déduit la perpétuité de ce mouvement uniforme. Il lui fallait donc poser que la fin de ce mouvement n'était mue ni par soi, ni par accident. Or tout corps, ou tout ce qui est dans un corps, est mobile par soi ou par accident. Il fut donc nécessaire de poser une certaine substance absolument séparée du corps, qui fût la fin du mouvement céleste.

On voit toutefois que les trois positions précédentes se distinguent en ceci : Anaxagore, d'après les principes qu'il supposait, ne dut nécessairement poser qu'une seule substance incorporelle; Platon, lui, dut nécessairement en poser un grand nombre, et ordonnées entre elles, conformément à la multitude et à l'ordre des genres, des espèces et de ce qu'il posait aussi comme abstraits – il posa en effet un premier [principe] abstrait, qui aurait été essentiellement bon et un, puis différents ordres d'intelligibles et d'intellects; quant à Aristote, il posa une pluralité de substances séparées. En effet, puisqu'un grand nombre de mouvements apparaît dans le ciel, dont il soutenait qu'ils étaient chacun uniforme et perpétuel, et puisqu'il faut une fin

aliquem proprium finem, ex quo finis talis motus debet esse substantia incorporea –, consequens fuit ut poneret multas substantias incorporeas ad inuicem ordinatas secundum naturam et ordinem celestium motuum; nec ultra in eis ponendis processit, quia proprium philosophie eius fuit a manifestis non discedere. Set iste uie non sunt multum nobis accommode, quia neque ponimus mixtionem sensibilium cum Anaxagora neque abstractionem uniuersalium cum Platone neque perpetuitatem motus cum Aristotile : unde oportet nos aliis uiis procedere ad manifestationem propositi.

Primo igitur apparet esse aliquas substantias omnino a corpore absolutas ex perfectione uniuersi; talis enim uidetur esse uniuersi perfectio, ut non desit ei aliqua natura quam possibile sit esse : propter quod Gen. I singula dicuntur bona, omnia autem simul ualde bona. Manifestum est autem quod, si aliqua duo sunt, quorum unum ex altero non dependeat secundum suam rationem, possibile est illud sine alio inueniri : sicut animal secundum suam rationem non dependet a rationali; unde possibile est inueniri animalia non rationalia. Est autem de ratione substantie quod per se subsistat, quod nullo modo dependet a corporis ratione, cum ratio corporis quedam accidentia, scilicet dimensiones, aliquo modo respiciat, a quibus non causatur subsistere. Relinquitur igitur quod post Deum, qui non continetur in aliquo genere, inueniantur in genere substantie alique substantie a corporibus absolute. Secundo potest idem considerari ex ordine rerum, qui talis esse inuenitur ut ab uno extremo ad alterum non perueniatur nisi per media : sicut sub corpore celesti inuenitur immediate ignis, sub quo aer, sub quo aqua, sub qua terra, secundum scilicet consequentiam nobilitatis et subtilitatis horum corporum; est autem in summo rerum uertice id quod est omnibus modis simplex et unum, scilicet Deus. Non igitur est possibile quod immediate sub Deo collocetur corporalis substantia, que est omnino composita et diuisibilis, set oportet ponere multa media per que deueniatur a summa simplicitate diuina ad corpoream multiplicitatem; quorum mediorum aliqua sint substantie incorporee corporibus non unite, aliqua uero substantie incorporee corporibus unite. Tertio apparet idem ex

propre à chaque mouvement, la conséquence, du fait que la fin d'un tel mouvement doit être une substance incorporelle, fut qu'il dut poser un grand nombre de substances incorporelles ordonnées entre elles conformément à la nature et à l'ordre des mouvements célestes. Et en ce domaine, il ne poussa pas plus loin, parce que le propre de sa philosophie fut de ne pas s'écarter des choses manifestes.

Mais ces voies ne nous conviennent guère, du fait que nous n'admettons ni, avec Anaxagore, le mélange des réalités sensibles, ni, avec Platon, l'abstraction des universels, ni, avec Aristote, la perpétuité du mouvement. Il nous faut donc procéder par d'autres voies pour élucider le problème posé.

Premièrement, donc, il apparaît qu'il y a des substances absolument séparées d'un corps si l'on se base sur la perfection de l'univers. Il semble bien en effet que la perfection de l'univers soit telle que ne lui manque pas une nature qui pourrait être. C'est la raison pour laquelle dans la Genèse, I [31], les choses sont dites « bonnes », prises individuellement, mais, prises toutes ensemble, « extrêmement bonnes ». Or il est clair que, s'il y a deux choses telles que l'une ne dépend pas de l'autre selon sa notion, il est possible de trouver l'une sans l'autre : « animal », par exemple, selon sa notion, ne dépend pas de « rationnel »; il est donc possible de trouver des animaux non rationnels. Or il appartient à la notion de la substance de subsister par soi, ce qui ne dépend aucunement de la notion de corps, puisque la notion de corps implique en quelque façon certains accidents, à savoir des dimensions, qui ne causent pas le fait de subsister. C'est donc que, après Dieu, qui n'est pas contenu dans un genre, se trouvent dans le genre « substance » certaines substances séparées des corps. Deuxièmement, on peut soutenir la même chose en se fondant sur l'ordre des choses, qui est tel qu'on ne parvient d'un extrême à l'autre que par le biais d'intermédiaires : sous le corps céleste, par exemple, on trouve immédiatement le feu, sous le feu l'air, sous l'air l'eau, sous l'eau la terre, conformément à l'échelonnement de noblesse et de subtilité de ces corps. Or il y a au faîte des choses ce qui est un et simple sur tous les modes, à savoir Dieu. Il n'est donc pas possible que soit immédiatement placée sous Dieu la substance corporelle, laquelle est entièrement composée et divisible, mais il faut poser plusieurs intermédiaires permettant de passer de la suprême simplicité divine à la multiplicité corporelle : certains de ces intermédiaires sont des substances incorporelles n'étant pas unies à des corps, d'autres, au contraire, des substances incorporelles unies à des corps. Troisièmement, on voit la même chose si l'on se fonde sur

proprietate intellectus. Manifestum est enim quod intelligere est operatio que per corpus fieri non potest, ut probatur in III De anima; unde oportet quod substantia cuius est hec operatio habeat esse non dependens a corpore, set supra corpus eleuatum : sicut enim est unumquodque ita operatur. Si ergo aliqua substantia intelligens corpori uniatur, hoc non erit ei in quantum est intelligens set secundum aliquid aliud : sicut supra dictum est quod necessarium est animam humanam uniri corpori in quantum indiget operationibus per corpus exercitis ad complementum intellectualis operationis, prout intelligit a fantasmatibus abstrahendo. Quod quidem accidit intellectuali operationi et pertinet ad imperfectionem ipsius, ut ex hiis que sunt intelligibilia solum in potentia scientiam capiat : sicut est de imperfectione uisus uespertilionis quod necesse habeat uidere in obscuro; quod autem per accidens adiungitur alicui non in omnibus cum eo inuenitur. Oportet etiam quod ante esse imperfectum in aliquo genere inueniatur id quod est perfectum in genere illo, quia perfectum est naturaliter prius imperfecto sicut actus potentia. Relinquitur igitur quod oportet ponere aliquas substantias incorporeas corpori non unitas, utpote non indigentes aliquo corpore ad intellectualem operationem.

1. Ad primum ergo dicendum quod in hoc non est auctoritas Origenis recipienda, quia multa in illo libro herronee loquitur sequens opiniones antiquorum philosophorum.

2. Ad secundum dicendum quod Pascalis loquitur de spiritualibus quibus sunt annexa temporalia, cum quorum uenditione uel emptione ipsa spiritualia emi uel uendi intelliguntur : iura enim spiritualia uel consecrationes non per se seorsum subsistunt a corporalibus uel temporalibus que eis annectuntur.

3. Ad tertium dicendum quod omnis spiritus creatus indiget solatio corporeo : quidam propter se, ut anime rationales, quidam propter nos, ut angeli qui in corporibus assumptis nobis apparent.

4. Ad quartum dicendum quod substantie spirituales create quantum ad suum esse ponuntur mensurari euo, licet eorum motus tempore mensurentur secundum illud Augustini VIII[1] Super Genesim ad litteram « Quod Deus mouet creaturam spiritualem pro tempore ». Quod autem dicitur quod possit uerti in non esse, non pertinet ad

1. Substitution de « VIII » à « IV » avec Guldentops et Steel.

ce qui est propre à l'intellect. Il est clair en effet qu'intelliger est une opération qui ne peut être produite par le corps, ainsi qu'il est prouvé au livre III du [traité] *De l'âme* [429a24-27]. Il faut donc que la substance dont c'est l'opération ait un être qui ne dépende pas du corps mais soit, au contraire, élevé au-dessus du corps – une chose, en effet, opère comme elle est. Si donc une substance intelligente est unie au corps, cela ne lui revient pas en tant qu'elle est intelligente, mais selon quelque chose d'autre : c'est ainsi, comme on l'a dit plus haut [114], qu'il est nécessaire à l'âme humaine d'être unie au corps en tant qu'elle a besoin des opérations exercées par le corps pour l'accomplissement de l'opération intellectuelle, dans la mesure où elle intellige en abstrayant sur le base des images. Mais cela, pour l'opération intellectuelle, est assurément accidentel; et il tient à son imperfection que ce soit des choses qui ne sont intelligibles qu'en puissance qu'elle reçoive la science, de même que c'est l'imperfection de la vue de la chauve-souris qui l'oblige à voir dans l'obscurité. Or ce qui est ajouté par accident à une chose ne se trouve pas avec elle dans tous les cas. En outre, on doit trouver avant un être imparfait dans un genre quelconque ce qui est parfait dans ce même genre, parce que ce qui est parfait est naturellement antérieur à l'imparfait, comme l'acte l'est à la puissance. Reste donc comme conclusion qu'on doit poser des substances incorporelles n'étant pas unies au corps, en tant qu'elles n'ont besoin d'aucun corps pour l'opération intellectuelle.

1. Il ne faut pas admettre l'autorité d'Origène sur ce point, parce qu'en reprenant les opinions des philosophes anciens, il déclare dans ce livre bien des choses fausses.

2. Pascal parle des choses spirituelles auxquelles sont attachées des choses temporelles, et par la vente ou l'achat desquelles les choses spirituelles sont elles-mêmes considérées comme étant achetées ou vendues : les droits spirituels ou les consécrations, en effet, ne subsistent pas par soi indépendamment des corps ou des choses temporelles qui leur sont attachées.

3. Tout esprit créé a besoin d'un secours corporel : certains pour eux-mêmes, comme les âmes rationnelles ; d'autres pour nous, comme les anges, qui nous apparaissent dans des corps assumés.

4. Les substances spirituelles créées, quant à leur être, sont dites mesurées par l'éviternité, bien que leurs mouvements soient mesurés par le temps, selon ce mot d'Augustin au livre VIII de *La Genèse au sens littéral* [chap. 22, n. 43], « que Dieu meut la créature spirituelle dans le temps ». Quant au fait de dire que la substance spirituelle créée peut

aliquam potentiam in eis existentem set ad potentiam agentis : sicut enim antequam essent poterant esse per solam potentiam agentis, ita cum sunt possunt non esse per solam potentiam Dei, qui potest subtrahere manum conseruantem. In eis uero nulla est potentia ad non esse, ut sic tempore mensurentur sicut que possunt moueri, licet non moueantur, tempore mensurantur.

5. Ad quintum dicendum quod moueri secundum locum a mouente intrinseco et coniuncto presupponit sentire et uiuere; sic autem non mouentur corpora ab angelis sumpta. Vnde ratio non sequitur.

6. Ad sextum dicendum quod uiuere et dare uitam effectiue nobilius est quam uiuere tantum. Set dare uitam formaliter, hoc est ignobilioris substantie quam ea sit que uiuit per se subsistendo sine corpore : esse enim illius intellectualis substantie que est forma corporis est magis infimum et affine corporee nature, in tantum ut possit ei communicari.

7. Ad septimum dicendum quod angeli cognoscunt particularia per formas uniuersales, que sunt similitudines rationum ydealium, quibus Deus et uniuersalia et singularia cognoscit; nec tamen oportet quod cognoscant singularia futura, que nondum participauerunt naturam et formam, que representatur per species intellectus angelici. Secus est autem de intellectu diuino, qui in nunc eternitatis constitutus totum tempus uno intuitu circumspicit.

8. Ad octauum dicendum quod materia est indiuiduationis principium in quantum non est nata in alio recipi; forme uero, que nate sunt recipi in aliquo subiecto, de se indiuiduate esse non possunt, quia quantum est de sui ratione indifferens est eis quod recipiantur in uno uel pluribus. Set si aliqua forma sit que non sit in aliquo receptibilis, ex hoc ipso indiuiduationem habet, quia non potest in pluribus esse set ipsa sola manet in se ipsa. Vnde Aristotiles in VII Methaphisice contra Platonem arguit quod, si forme rerum sint abstracte, oportet quod sint singulares.

9. Ad nonum dicendum quod in compositis ex materia et forma indiuiduum addit supra naturam speciei designationem materie et accidentia indiuidualia. Set in formis abstractis non addit indiuiduum supra naturam speciei aliquid secundum rem, quia in talibus essentia

retourner au non-être, cela ne renvoie pas à une puissance existant en elles, mais à la puissance de [leur] agent : en effet, de même qu'avant d'être elles ne pouvaient être que par la puissance d'un agent, dès lors qu'elles sont, elles ne peuvent cesser d'être que par la puissance de Dieu, qui peut retirer la main qui [les] conserve. Mais en elles il n'y a aucune puissance au non-être qui puisse les rendre mesurables par le temps, à la manière dont sont mesurées par le temps des choses qui, même si elles ne sont pas mues, peuvent être mues.

5. Être mû selon le lieu par un moteur intrinsèque et conjoint présuppose le fait de sentir et de vivre ; mais ce n'est pas ainsi que les corps assumés par les anges sont mus ; l'argument n'est donc pas concluant.

6. Vivre et donner la vie de manière efficiente est plus noble que le seul fait de vivre. Mais donner la vie de manière formelle, voilà qui relève d'une substance moins noble que celle qui vit par soi en subsistant sans un corps : l'être de cette substance intellectuelle qui est forme d'un corps est en effet plus bas et plus proche de la nature corporelle, au point de pouvoir communiquer avec elle.

7. Les anges connaissent les particuliers par des formes universelles, qui sont les similitudes des raisons idéales grâce auxquelles Dieu connaît à la fois les universels et les singuliers. Cependant, il n'est pas nécessaire qu'ils connaissent les singuliers futurs, qui n'ont pas encore participé une nature et une forme que les espèces de l'intellect angélique représentent. Mais il en va autrement pour l'intellect divin, qui, placé dans un éternel présent, parcourt d'un seul regard l'intégralité du temps.

8. La matière est principe d'individuation en tant qu'elle n'est pas de nature à être reçue en autre chose ; en revanche, les formes qui sont de nature à être reçues en un sujet ne peuvent être individuées par elles-mêmes parce que, pour ce qui concerne leur notion, il leur est indifférent d'être reçues en une seule chose ou en plusieurs. Mais s'il existe une forme qui ne peut être reçue en quoi que ce soit, elle possède *ipso facto* l'individuation parce qu'elle ne peut être en plusieurs choses, mais demeure seule en elle-même. C'est pourquoi Aristote soutient contre Platon au livre VII de la *Métaphysique* [1039a25-33] que si les formes des choses sont séparées, il faut qu'elles soient singulières.

9. Dans le cas des composés de matière et de forme, l'individu ajoute à la nature de l'espèce la désignation de la matière et des accidents individuels. Mais, dans le cas des formes séparées, l'individu n'ajoute rien de réel à la nature de l'espèce, parce que, ici,

eius est ipsummet indiuiduum subsistens, ut patet per Philosophum in VII Methaphisice; addit tamen aliquid secundum rationem, scilicet hoc quod est non posse existere in pluribus.

10. Ad decimum dicendum quod substantie que sunt a corporibus separate sunt forme tantum, non tamen sunt actus alicuius materie : licet enim materia non possit esse sine forma, tamen forma potest esse sine materia, quia materia habet esse per formam et non e conuerso.

11. Ad undecimum dicendum quod anima, quia est infima inter substantias spirituales, maiorem habet affinitatem cum natura corporea, ut possit esse eius forma, quam superiores substantie.

< Articulus sextus >

Sexto queritur utrum substantia spiritualis celesti corpori uniatur.

Et uidetur quod sic. Dicit enim Dyonisius VII cap. De diuinis nominibus quod diuina sapientia «coniungit fines primorum principiis secundorum». Ex quo potest accipi quod natura inferior in sui summo attingat superiorem in sui infimo; suppremum autem in natura corporea est corpus celeste, infimum autem in nature spirituali est anima; ergo corpus celeste est animatum.

2. Preterea. Nobilioris corporis nobilior est forma; corpus autem celeste est nobilissimum corporum, et anima est nobilissima formarum; si ergo aliqua inferiora corpora sunt animata, multo magis corpus celeste animatum erit.

3. Set dicebat quod, licet corpus celeste non sit animatum, tamen forma qua illud corpus est corpus est nobilior quam forma qua corpus hominis est corpus. – Set contra. Aut in corpore humano est alia forma substantialis preter animam rationalem, que dat esse corpori, aut non. Si non, set ipsa anima dat esse substantiale corpori, cum

l'essence de l'individu est l'individu subsistant lui-même, comme le montre le Philosophe au livre VII de la *Métaphysique* [1039a25-33]; il ajoute toutefois quelque chose au point de vue de la notion, à savoir le fait de ne pouvoir exister en plusieurs choses.

10. Les substances qui sont séparées des corps sont seulement des formes; cependant, elles ne sont pas l'acte d'une matière. En effet, bien que la matière ne puisse être sans une forme, une forme, en revanche, peut être sans matière, parce que la matière possède l'être par la forme, mais pas l'inverse.

11. L'âme, parce qu'elle est la plus basse des substances spirituelles, possède une plus grande affinité que les substances supérieures avec la nature corporelle, de sorte qu'elle peut être sa forme.

[lieux parallèles : *Script. super Sent.* II, d. 8, art. 1, q. 1; *Contra Gent.*, II, chap. 46 et 91-92; *Quest. disp. de potentia*, q. 6, art. 6; *I^a Pars*, q. 50, art. 1; q. 51, art. 1; *Super Librum de causis expositio*, prop. 7; *De substantiis separatis*, chap. 1-4 et 18; *Comp. theol.*, chap. 75; *De malo*, q. 16, art. 1]

Article 6

Sixièmement, on demande si une substance spirituelle est unie à un corps céleste.

Et il semble que oui. Denys dit en effet au chapitre VII des *Noms divins* [§ 3] que la sagesse divine « a joint les extrémités des êtres qui précèdent aux commencements des êtres qui suivent [115] ». On peut en déduire qu'une nature inférieure en son point le plus haut touche celle qui est au-dessus en son point le plus bas. Or ce qu'il y a de plus élevé dans la nature corporelle, c'est le corps céleste, et ce qu'il y a de plus bas dans la nature spirituelle, c'est l'âme; donc le corps céleste est animé.

2. La forme d'un corps plus noble est plus noble. Or le corps céleste est le plus noble des corps, et l'âme la plus noble des formes. Si donc certains corps inférieurs sont animés, *a fortiori* le corps céleste sera animé.

3. Mais on a objecté ceci : bien que le corps céleste ne soit pas animé, cependant la forme par laquelle ce corps est un corps est plus noble que la forme par laquelle le corps de l'homme est un corps. Mais on rétorque : soit il y a dans le corps humain, outre l'âme rationnelle, une autre forme substantielle qui donne l'être au corps, soit ce n'est pas le cas. Si ce n'est pas le cas, mais que c'est l'âme elle-même qui

anima sit nobilissima formarum, sequetur quod forma per quam corpus humanum est corpus sit nobilior quam forma per quam corpus celeste est corpus. Si autem sit alia forma substantialis in homine dans esse corpori preter animam rationalem, manifestum est quod per illam formam corpus humanum sit susceptiuum anime rationalis; quod autem est susceptiuum perfecte bonitatis est melius eo quod non est susceptiuum, ut dicitur II De celo et mundo. Si ergo corpus celeste non est susceptiuum anime rationalis, adhuc sequetur quod forma per quam corpus humanum est corpus est nobilior quam forma per quam corpus celeste est corpus. Quod uidetur inconueniens.

4. Preterea. Perfectio uniuersi requirit ut nulli corpori denegetur id ad quod naturaliter inclinatur; omne autem corpus habet naturalem inclinationem ad id quo indiget ad suam operationem. Operatio autem propria corporis celestis est motus circularis, ad quem indiget substantia spirituali : non enim hic motus potest consequi aliquam formam corporalem sicut motus grauium et leuium, quia oporteret quod motus cessaret cum perueniretur ad aliquod ubi determinatum, sicut accidit in grauibus et leuibus. Quod patet esse falsum. Relinquitur ergo quod corpora celestia habent substantias spirituales sibi unitas.

5. Preterea. Omne quod in aliqua dispositione existens mouetur naturaliter in eadem dispositione existens non potest quiescere nisi uiolenter, sicut corpus graue aut leue extra suum ubi existens. Set si motus celi sit a forma naturali, oportet quod in quolibet ubi existens naturaliter moueatur; ergo in quocumque ubi ponatur quiescere non quiescet nisi per uiolentiam. Nullum autem uiolentum potest esse perpetuum; non ergo in perpetuum quiescet[1] celum post diem iudicii, ut secundum fidem ponimus. Cum ergo hoc sit inconueniens, necesse uidetur dicere quod celum moueatur motu uoluntario; et sic sequitur quod celum sit animatum.

6. Preterea. In quolibet genere quod est per se prius est eo quod est per aliud. Set celum est primum in genere mobilium; ergo est per se motum tamquam mouens se ipsum. Omne autem mouens se ipsum diuiditur in duas partes, quarum una est mouens per appetitum, ut anima, et alia mota, ut corpus. Corpus igitur celeste est animatum.

1. Substitution de *quiescet* à *quiescit* avec Guldentops et Steel.

donne l'être substantiel au corps, il s'ensuivra, puisque l'âme est la plus noble des formes, que la forme par laquelle le corps humain est un corps est plus noble que la forme par laquelle le corps céleste est un corps. Maintenant, s'il y a dans l'homme outre l'âme rationnelle une autre forme substantielle, qui donne l'être au corps, il est clair que par cette forme le corps humain est capable de recevoir l'âme rationnelle; or ce qui est capable de recevoir une bonté parfaite est meilleur que ce qui n'est pas capable de la recevoir, ainsi qu'il est dit au livre II du [traité] *Du ciel et du monde* [292b17-19] [116]. Si donc le corps céleste n'est pas capable de recevoir une âme rationnelle, il s'ensuivra à nouveau que la forme par laquelle le corps humain est un corps est plus noble que la forme par laquelle le corps céleste est un corps; ce qui semble bien ne pas convenir.

4. La perfection de l'univers requiert que ne soit refusé à aucun corps ce vers quoi il tend naturellement. Or tout corps a une inclination naturelle vers ce dont il a besoin pour son opération; or l'opération propre du corps céleste est le mouvement circulaire, et il a besoin pour cela d'une substance spirituelle. Ce mouvement, en effet, ne peut résulter d'une forme corporelle, comme pour le mouvement des corps graves et légers, parce qu'il faudrait que le mouvement cessât une fois atteint un lieu déterminé, comme c'est le cas pour les corps graves et légers : ce qui est manifestement faux. C'est donc que les corps célestes ont des substances spirituelles qui leur sont unies.

5. Tout ce qui est mû naturellement alors qu'il se trouve dans une certaine disposition ne peut être au repos, lorsqu'il se trouve dans cette même disposition, que de manière violente, comme c'est le cas du corps grave ou léger lorsqu'il se trouve en dehors de son lieu. Or si le mouvement du ciel se fait par une forme naturelle, il faut qu'il soit mû naturellement lorsqu'il se trouve dans n'importe quel lieu; partout, donc, où il est tenu au repos, il ne sera au repos que par la violence. Or rien de violent ne peut être perpétuel; le ciel ne sera donc pas perpétuellement au repos après le jour du jugement, comme nous le posons selon la foi. Par conséquent, puisque cela ne convient pas, il semble bien nécessaire de dire que le ciel est mû d'un mouvement volontaire; et il s'ensuit ainsi que le ciel est animé.

6. Dans chaque genre, ce qui est par soi est antérieur à ce qui est par un autre. Or le corps céleste est premier dans le genre des mobiles; donc il est mû par soi, en ce sens qu'il se meut lui-même. Mais tout ce qui se meut soi-même est divisé en deux parties, dont l'une est motrice par appétit, à savoir l'âme, et l'autre mue, à savoir le corps. Donc le corps céleste est animé.

7. Preterea. Nichil quod mouetur a motore totaliter extrinseco habet motum naturalem; cum ergo motus celi sit a substantia spirituali – quia secundum Augustinum III De Trinitate Deus administrat corporalem substantiam per spiritualem –, si illa substantia non uniretur ei set esset totaliter extrinseca, motus celi non esset naturalis, quod est contra Philosophum in I De celo.

8. Preterea. Substantia illa spiritualis mouens celum, si esset extrinseca tantum, non posset dici quod moueret celum solum uolendo, quia sic eius uelle esset eius agere, quod est solius Dei. Oporteret igitur quod aliquid immitteret ad mouendum, et sic, cum eius uirtus sit finita, sequeretur quod accideret ei fatigatio in mouendo per diuturnitatem temporis; quod est inconueniens, et maxime secundum ponentes eternitatem motus. Ergo substantia spiritualis que mouet celum est ei unita.

9. Preterea. Sicut habetur in VIII Phisicorum, motores inferiorum orbium mouentur per accidens, non autem motor superioris orbis; set motor superioris orbis unitur suo orbi ut motor; ergo motores inferiorum orbium uniuntur eis non solum ut motores set ut forme. Et sic ad minus inferiores orbes sunt animati.

10. Preterea. Vt in XI Methaphisice Commentator <dicit>, substantie separate sunt in optima dispositione in qua esse possunt : et hoc est ut unaqueque earum moueat corpus celeste et ut agens et ut finis. Non autem hoc esset nisi aliquo modo eis unirentur; ergo corporibus celestibus sunt unite substantie incorporee. Et sic corpora celestia uidentur esse animata.

11. Preterea. Commentator in eodem libro expresse dicit corpora celestia animata esse.

12. Preterea. Nichil agit extra suam speciem : effectus enim non potest esse potior sua causa. Substantia autem uiuens est melior non uiuente, ut dicit Augustinus in libro De uera religione; cum ergo corpora celestia causent uitam maxime in animalibus ex putrefactione generatis, uidetur quod corpora celestia uiuant et sint animata.

13. Preterea. Commentator dicit in libro De substantia orbis quod motus circularis proprius est anime. Maxime ergo uidentur illa

7. Ce qui est mû par un moteur totalement extrinsèque n'a jamais de mouvement naturel; puisque donc le mouvement du ciel se fait par une substance spirituelle – étant donné, selon Augustin au livre III de *La Trinité* [chap. 4, n. 9], que Dieu administre la substance corporelle par la spirituelle –, si cette substance ne lui était pas unie, mais qu'elle était totalement extrinsèque, le mouvement du ciel ne serait pas naturel, ce qui va contre ce que dit le Philosophe au livre I du [traité] *Du ciel* [268b14-16] [117].

8. Si cette substance spirituelle qui meut le ciel était seulement extrinsèque, on ne pourrait dire qu'elle meut le ciel en ne faisant que vouloir, car alors son vouloir serait son agir, ce qui n'appartient qu'à Dieu. Il faudrait donc qu'elle lui envoie quelque chose afin de le mouvoir; mais en ce cas, son pouvoir étant fini, il s'ensuivrait que le fait de mouvoir finirait par lui occasionner de la fatigue; ce qui ne convient pas, surtout pour ceux qui posent l'éternité du mouvement; donc la substance spirituelle qui meut le ciel lui est unie.

9. Ainsi qu'il est dit au livre VIII des *Physiques* [*Physique*, 259b28-31], les moteurs des sphères inférieures sont mus par accident, mais pas le moteur de la sphère supérieure. Or le moteur de la sphère supérieure est uni à sa sphère comme moteur; donc les moteurs des sphères inférieures leur sont unis non seulement comme moteurs, mais comme formes. En conséquence, les sphères inférieures, au moins, sont animées.

10. Comme le dit le Commentateur en [commentant le livre] XI de la *Métaphysique* [com. 48] [118], les substances séparées sont dans la meilleure disposition qu'elles peuvent avoir; et cela consiste pour chacune d'elles à mouvoir un corps céleste à la fois comme moteur et comme fin. Or ce ne serait pas le cas si elles ne leur étaient unies en quelque façon; donc des substances incorporelles sont unies aux corps célestes. En conséquence, les corps célestes semblent bien être animés.

11. Le Commentateur dit expressément dans le même livre que les corps célestes sont animés [119].

12. Rien n'agit au-delà de son espèce – car un effet ne peut être plus puissant que sa cause. Or une substance vivante est meilleure qu'une substance non vivante, comme le dit Augustin dans le livre *La Vraie Religion* [chap. 29, n. 52]; puisque donc les corps célestes causent la vie, surtout chez les animaux engendrés de la putréfaction, il semble bien que les corps célestes vivent et soient animés.

13. Le Commentateur dit dans le livre *La Substance de la sphère* [120] que le mouvement circulaire est le propre d'une âme. Les corps

corpora esse animata quibus est naturale circulariter moueri; talia autem sunt corpora celestia; ergo corpora celestia sunt animata.

14. Preterea. Laudare, enarrare et exultare non conuenit nisi rei animate et cognoscenti; set premissa attribuuntur celis in Sacra Scriptura secundum illud Psalmi «Laudate eum celi celorum» et «Celi enarrant gloriam Dei» et Apoc. XVIII[1] «Exulta super eam celum»; ergo celi sunt animati.

Set contra est quod Damascenus dicit II libro «Nullus animatos celos uel luminaria existimet : inanimati sunt enim et insensibiles».

2. Preterea. Anima unita corpori non separatur ab eo nisi per mortem; set corpora celestia non possunt esse mortalia, cum sint incorruptibilia; ergo si substantie spirituales alique uniantur eis ut anime, perpetuo erunt eis alligate. Et hoc uidetur inconueniens, quod aliqui angeli perpetuo aliquibus corporibus deputentur.

3. Preterea. Celestis societas beatorum ex angelis et animabus constat; set celorum anime, si sunt celi animati, sub neutra parte continentur; ergo alique creature rationales essent que non possunt esse participes beatitudinis. Quod uidetur inconueniens.

4. Preterea. Omnis creatura rationalis secundum suam naturam considerata potest peccare. Si igitur alique rationales creature sunt corporibus celestibus unite, nichil prohibuit aliquam earum peccasse; et sic sequeretur quod aliquod celestium corporum moueretur a malo spiritu. Quod uidetur absurdum.

5. Preterea. Bonorum spirituum suffragia implorare debemus. Si igitur spiritus aliqui corporibus celestibus sunt uniti, cum non sit conueniens ponere eos malos set oporteat eos bonos ponere utpote in administratione nature corporee Deo seruientes, sequeretur quod eorum suffragia essent imploranda. Videretur autem absurdum si quis diceret «sol» uel «luna ora pro me»; non ergo ponendum est spiritus aliquos corporibus celestibus esse unitos.

6. Preterea. Anima continet corpus cui unitur secundum Philosophum in I De anima; si igitur corpora celestia sunt animata, sequetur quod aliqua substantia spiritualis creata contineat totum celum. Quod est absurdum, cum hoc solius sapientie increate sit, ex cuius persona dicitur Eccli. XXIV «Girum celi circuiui sola».

1. Substitution de « XVIII » à « XIV » avec Guldentops et Steel.

pour lesquels il est naturel d'être mû de manière circulaire semblent donc au plus haut point être animés ; or tels sont les corps célestes ; donc les corps célestes sont animés.

14. Louer, raconter et se réjouir ne convient qu'à une chose animée et connaissante ; or tout cela est attribué aux cieux dans l'Écriture Sacrée, selon le Psaume : « Louez-Le, cieux des cieux ! » [148, 4] ; « les cieux racontent la gloire de Dieu » [18, 2] ; et l'*Apocalypse* XIV [18, 20] : « Réjouis-toi sur elle, ô ciel ! » ; donc les cieux sont animés.

Mais à l'inverse, il y a ce que dit Jean Damascène au livre II [de *La Foi orthodoxe*] : « Que personne ne considère les cieux ou les luminaires comme animés : car ils sont inanimés et insensibles [121]. »

2. L'âme unie au corps n'est séparée de lui que par la mort. Or les corps célestes ne peuvent être mortels, puisqu'ils sont incorruptibles ; donc si certaines substances spirituelles leur sont unies en tant qu'âmes, elles leur seront perpétuellement attachées. Mais que certains anges soient perpétuellement chargés de certains corps, cela semble bien ne pas convenir.

3. La société céleste des bienheureux est composée d'anges et d'âmes ; or les âmes des cieux, si les cieux sont animés, ne relèvent d'aucun de ces deux groupes ; il y aurait donc certaines créatures rationnelles qui ne pourraient pas participer à la béatitude, ce qui semble bien ne pas convenir.

4. Toute créature rationnelle considérée selon sa nature peut pécher. Si donc certaines créatures rationnelles sont unies à des corps célestes, rien n'empêche que l'une d'elles ait péché ; et ainsi il s'ensuivrait que l'un des corps célestes serait mû par un esprit mauvais, ce qui semble absurde.

5. Nous devons implorer les suffrages des bons esprits. Si donc certains esprits étaient unis à des corps célestes, puisqu'il ne convient pas de poser qu'ils sont mauvais, mais qu'on doit poser qu'ils sont bons – étant donné qu'ils sont au service de Dieu dans l'administration de la nature corporelle –, il s'ensuivrait que nous devrions implorer leur suffrage. Mais il semblerait absurde que quelqu'un dise : « Ô soleil », ou « Ô lune, prie pour moi » ; on ne doit donc pas poser que certains esprits sont unis à des corps célestes.

6. L'âme contient le corps auquel elle est unie, selon le Philosophe au livre I du [traité] *De l'âme* [411b6-9] ; si donc les corps célestes sont animés, il s'ensuivra qu'une certaine substance spirituelle créée contiendra le ciel dans son entier ; ce qui est absurde, puisque cela n'appartient qu'à la Sagesse Incréée, dont la Personne dit dans l'*Ecclésiastique*, XXIV [24, 8] : « J'ai fait seule tout le tour du ciel. »

Responsio. Dicendum quod circa hanc questionem fuerunt diuerse opiniones, tam inter antiquos philosophos quam etiam inter ecclesiasticos doctores. Anaxagoras autem exstimauit corpora celestia esse inanimata; unde ab Atheniensibus occisus est : dixit enim «solem esse lapidem accensum». Plato uero et Aristotiles et eorum sequaces posuerunt corpora celestia esse animata. Similiter inter doctores ecclesie Origenes posuit corpora celestia animata; quem secutus est Ieronimus, ut patet in quadam Glosa super Eccl. I «Lustrans uniuersa in circuitu pergit spiritus». Damascenus uero astruit corpora celestia inanimata esse, ut patet in auctoritate inducta; Augustinus uero relinquit sub dubio in II Super Genesim ad litteram et in Encheridion.

Vtraque autem opinio rationem probabilitatis habet. Consideratio enim nobilitatis[1] corporum celestium inducit ad ponendum ea esse animata, cum in rerum genere uiuentia omnibus non uiuentibus preferantur; set consideratio nobilitatis substantiarum spiritualium ad contrarium nos inducit. Non enim superiores spirituales substantie habere possunt de operibus anime nisi que pertinent ad intellectum, quia alie operationes uite sunt actus anime in quantum est forma corporis corruptibilis transmutabilis : cum quadam enim transmutatione et alteratione corporali sunt; nec intellectus superiorum substantiarum indigere uidetur ut a sensibilibus cognitionem accipiat sicut intellectus noster. Si ergo nulla est in eis de operationibus uite nisi intelligere et uelle, que non indigent organo corporali, earum dignitas unionem ad corpus excedere uidetur. Harum autem duarum considerationum secunda efficacior est quam prima : unio enim corporis et anime non est propter corpus, ut corpus scilicet nobilitetur, set propter animam, que indiget corpore ad sui perfectionem, sicut supra dictum est.

Si quis autem magis intime consideret, forte inueniet in hiis duabus opinionibus aut nullam aut modicam dissonantiam esse. Quod sic intelligendum est. Non enim potest dici quod motus corporis celestis consequatur aliquam formam corpoream sicut motus sursum consequitur formam ignis : manifestum est enim quod una forma naturalis non inclinat nisi ad unum. Ratio autem motus repugnat unitati, quia de ratione motus est quod aliquid aliter se habeat nunc et prius : unde non inclinat forma naturalis ad motum propter ipsum

1. Il nous semble falloir suivre la leçon de Keeler, qui lit *nobilitatis*, et non pas, comme Cos, *necessitatis*.

Réponse. Sur cette question, les opinions ont été diverses, aussi bien parmi les philosophes anciens que parmi les docteurs de l'Église. Anaxagore [122] a estimé que les corps célestes sont inanimés, ce qui lui valut d'être tué par les Athéniens – il déclara, en effet, que « le soleil est une pierre embrasée ». En revanche, Platon [123], Aristote [124] et leurs partisans ont posé que les corps célestes sont animés. De la même façon, parmi les docteurs de l'Église, Origène [125] a posé que les corps célestes sont animés, et il fut suivi par Jérôme [126], comme l'atteste une glose [127] sur l'*Ecclésiaste* I [6] : « Parcourant toutes choses, l'esprit va en tournant. » Jean Damascène [128], en revanche, affirme que les corps célestes sont inanimés, comme l'atteste l'autorité qu'on a donnée. Quant à Augustin, il laisse cela dans le doute au livre II de *La Genèse au sens littéral* [chap. 18, n. 38] et dans l'*Enchiridion* [chap. 15, n. 58].

Chacune de ces opinions revêt un caractère probable [129]. En effet, considérer la noblesse des corps célestes conduit à poser qu'ils sont animés, puisque dans le genre des « choses », les vivants sont placés avant tous les non-vivants; mais considérer la noblesse des substances spirituelles nous conduit à la conclusion contraire. Les substances spirituelles supérieures, en effet, ne peuvent avoir comme opérations de l'âme que celles qui relèvent de l'intellect, parce que les autres opérations vitales sont des actes de l'âme en tant qu'elle est la forme d'un corps corruptible sujet au changement (elles s'accompagnent, en effet, d'un certain changement et d'une altération corporels); et l'intellect des substances supérieures ne semble pas avoir besoin de tirer des choses sensibles [sa] connaissance, comme c'est le cas de notre intellect. Si donc il n'y a en elles d'autres opérations vitales que l'intelliger et le vouloir, qui n'ont pas besoin d'organe corporel, leur dignité semble outrepasser l'union avec un corps. De ces deux considérations, la seconde est plus efficace que la première. L'union du corps et de l'âme, en effet, n'est pas pour le corps, c'est-à-dire pour que le corps soit ennobli, mais pour l'âme, laquelle a besoin du corps pour sa perfection, ainsi qu'on l'a dit plus haut [130].

Cela étant, si l'on considère les choses de plus près, on verra peut-être que la discordance entre ces deux opinions est soit nulle, soit faible. Et il faut le comprendre comme suit. On ne peut dire, en effet, que le mouvement du corps céleste découle d'une forme corporelle, comme le mouvement vers le haut découle de la forme du feu – il est clair, en effet, qu'une forme naturelle n'incline que vers une seule chose; or la notion de mouvement s'oppose à l'unité, parce que la notion de mouvement implique qu'une chose se comporte maintenant autrement qu'auparavant, ce qui fait qu'une forme naturelle n'incline

motum set propter esse in aliquo ubi, quo adepto quiescit motus; et sic accideret in motu celi si consequeretur aliquam formam naturalem. Oportet igitur dicere quod motus celi sit ab aliqua substantia intelligente : nam finis huius motus non potest esse nisi quoddam bonum intelligibile abstractum, propter quod mouet substantia intelligens que mouet celum, ut scilicet assequatur eius similitudinem in operando, et ut explicetur in actu id quod uirtute continetur in illo intelligibili bono, et precipue completio numeri electorum, propter quos omnia alia esse uidentur.

Sic igitur erit duplex ordo substantiarum spiritualium, quarum quedam erunt motores celestium corporum et uniuntur eis sicut motores mobilibus, sicut etiam Augustinus dicit in III De Trinitate quod omnia corpora reguntur a Deo per spiritum uite rationalem; et idem habetur a Gregorio in IV Dyalogorum. Quedam uero erunt fines horum motuum, que sunt omnino abstracte et corporibus non unite, alie uero uniuntur corporibus celestibus per modum quo motor unitur mobili : et hoc uidetur sufficere ad saluandum intentionem Platonis et Aristotilis. Et de Platone quidem manifestum est : Plato enim, sicut supra dictum est, etiam corpus humanum non dixit aliter animatum, nisi in quantum anima unitur corpori ut motor. Ex dictis uero Aristotilis manifestum est quod non posuit in corporibus celestibus de uirtutibus anime nisi intellectiuam; intellectus uero secundum ipsum nullius corporis actus est. Dicere autem ulterius quod corpora celestia hoc modo sint animata sicut inferiora corpora, que per animam uegetantur et sensificantur, repugnat incorruptibilitati celestium corporum; sic igitur negandum est corpora celestia esse animata eo modo quo ista inferiora corpora animantur. Non est tamen negandum corpora celestia esse animata, si per animationem nichil aliud intelligatur quam unio motoris ad mobile. Et istos duos modos uidetur Augustinus tangere in II Super Genesim ad litteram : dicit enim «Solet queri utrum celi luminaria ista conspicua corpora sola sint, an habeant rectores quosdam spiritus suos et, si habent, utrum ab eis etiam uitaliter inspirentur, sicut animantur carnes per animas animalium». Set licet ipse sub dubio utrumque relinquat, ut per sequentia patet,

pas vers le mouvement pour le mouvement lui-même, mais pour être en un lieu qui, une fois atteint, fera que le mouvement s'arrête; et c'est bien ce qui arriverait au mouvement du ciel s'il découlait d'une forme naturelle. Il faut donc dire que le mouvement du ciel provient d'une substance intelligente; car la fin de ce mouvement ne peut être qu'un certain bien intelligible séparé, en vue duquel la substance intelligente qui meut le ciel est motrice, c'est-à-dire dans le but, en opérant, de lui ressembler et de déployer en acte ce qui est virtuellement contenu dans ce bien intelligible, à commencer par l'achèvement du nombre des élus en vue desquels toutes les autres choses semblent exister.

Dans ces conditions, il y aura donc deux ordres de substances spirituelles. Certaines seront des moteurs de corps célestes et leur sont unies comme des moteurs à des mobiles; c'est ainsi qu'Augustin dit au livre III de *La Trinité* [chap. 4, n. 9] que tous les corps sont régis par Dieu par le biais d'un esprit rationnel de vie – et Grégoire soutient la même chose dans [le livre] des *IV Dialogues* [chap. 6] [131]. D'autres, en revanche, seront les fins de ces mouvements, et elles sont absolument séparées et non unies aux corps, alors que les autres sont unies aux corps célestes à la manière dont le moteur est uni au mobile. Cela semble suffisant pour faire droit à ce que veulent dire Platon et Aristote. Pour Platon, c'est clair. Comme on l'a dit plus haut [132], en effet, Platon dit même du corps humain qu'il n'est animé que dans la mesure où l'âme lui est unie comme moteur. Quant aux propos d'Aristote, il en ressort clairement qu'il n'a pas admis de pouvoirs de l'âme dans les corps célestes sinon le [pouvoir] intellectif; or l'intellect, selon lui, n'est l'acte d'aucun corps. Mais aller jusqu'à dire que les corps célestes sont animés de la même manière que les corps inférieurs – qui, par l'âme, sont vivifiés et rendus sensitifs – s'oppose à l'incorruptibilité des corps célestes. Que les corps célestes, donc, soient animés à la manière dont les corps inférieurs ici-bas sont animés, il faut le nier. Mais il ne faut pas nier que les corps célestes soient animés si par « animation » on n'entend rien d'autre que l'union d'un moteur avec un mobile. Et Augustin semble bien évoquer ces deux manières [d'être animé] au livre II de *La Genèse au sens littéral* [chap. 18, n. 38]; il dit en effet : « Il est courant de se demander si ces luminaires du ciel sont seulement des corps brillants ou s'ils ont des esprits qui régissent chacun d'eux. Dans cette hypothèse, ces esprits vont-ils jusqu'à leur communiquer la vie, comme l'âme animale anime la chair ? » Mais bien qu'il laisse l'alternative dans le doute, comme le montre la suite, il faut dire d'après ce qui précède qu'ils ont des esprits

secundum premissa dicendum est quod habent rectores spiritus, a quibus tamen non sic animantur sicut inferiora animalia a suis animabus.

1. Ad primum ergo dicendum quod corpus celeste attingit substantias spirituales in quantum inferior ordo substantiarum spiritualium corporibus celestibus unitur per modum motoris.

2. Ad secundum dicendum quod secundum opinionem Auerroys celum est compositum ex materia et forma sicut animal in inferioribus. Set tamen materia utrobique equiuoce dicitur : nam in superioribus corporibus non est potentia ad esse sicut in inferioribus, set ad ubi tantum ; unde ipsum corpus actu existens est materia, nec indiget forma que dat ei esse, cum sit ens actu, set que det ei motum solum : et sic corpus celeste habet nobiliorem formam quam corpus humanum, set alio modo. Si autem dicatur, sicut alii dicunt, quod ipsum corpus celeste est compositum ex materia et forma corporali, tunc adhuc dici poterit quod illa forma corporalis erit nobilissima in quantum est forma et actus, quia implet totam potentialitatem materie, ut non remaneat in ea potentialitas ad aliam formam.

3. Et per hoc etiam patet solutio ad tertium.

4. Ad quartum dicendum quod corpus celeste, ex hoc quod mouetur a spirituali substantia, sequitur quod habeat inclinationem ad ipsam sicut ad motorem, et non aliter.

5-6. Et similiter dicendum ad quintum et sextum.

7. Ad septimum dicendum quod substantia spiritualis que mouet celum habet uirtutem naturalem determinatam ad talis corporis motum, et similiter corpus celi habet naturalem aptitudinem ut tali motu moueatur ; et per hoc motus celi est naturalis, licet sit a substantia intelligente.

8. Ad octauum dicendum quod probabiliter dicitur quod imperio uoluntatis substantia spiritualis mouet corpus celeste. Quamuis enim materia corporalis secundum formalem transmutationem non obediat ad nutum spiritui creato set soli Deo, ut Augustinus dicit III De Trinitate, tamen quod ei obedire ad nutum possit secundum transmutationem localem etiam in nobis apparet, in quibus statim ad imperium uoluntatis sequitur motus corporalium membrorum. Si tamen supra imperium uoluntatis addatur etiam influxus uirtutis, non

qui les régissent, par lesquels, cependant, ils ne sont pas animés comme les animaux inférieurs le sont par leurs âmes.

1. Le corps céleste touche les substances spirituelles dans la mesure où le rang inférieur des substances spirituelles est uni aux corps célestes à la manière d'un moteur.

2. Selon l'opinion d'Averroès, le ciel est composé de matière et de forme, tout comme l'animal parmi les êtres inférieurs [133]. Cependant, « matière » se dit dans les deux cas de manière équivoque. Car dans les corps supérieurs, il n'y a pas comme dans les corps inférieurs de puissance à l'égard de l'être, mais seulement à l'égard du lieu. C'est donc un corps existant en acte qui est lui-même matière, et celui-ci n'a pas besoin d'une forme qui lui donne l'être, puisqu'il est un étant en acte, mais d'une forme qui lui donne seulement le mouvement. Le corps céleste possède ainsi une forme plus noble que le corps humain, mais sur un autre mode. Et si l'on dit, comme certains le disent, que le corps céleste lui-même est composé d'une matière et d'une forme corporelle, on pourra dire encore que cette forme corporelle est la plus noble en tant qu'elle est forme et acte, parce qu'elle [134] remplit toute la potentialité de la matière, de sorte qu'il ne reste pas en elle de potentialité à l'égard d'une autre forme.

3. Cela donne aussi clairement la solution du troisième argument.

4. Du fait que le corps céleste est mû par une substance spirituelle, il s'ensuit qu'il possède une inclination vers elle comme vers un moteur, et pas autrement.

5-6. Il faut répondre pareillement aux cinquième et sixième arguments.

7. La substance spirituelle qui meut un ciel possède un pouvoir naturel restreint au mouvement de tel corps, et de la même façon, le corps de [ce] ciel possède une aptitude naturelle à être mû d'un tel mouvement. Cela fait que le mouvement du ciel est naturel, bien qu'il provienne d'une substance intelligente [135].

8. C'est de manière probable qu'on dit de la substance spirituelle qu'elle meut le corps céleste par un commandement de la volonté. En effet, bien que, pour ce qui est du changement formel, la matière corporelle n'obéisse pas à un esprit créé au moindre signe, mais seulement à Dieu, comme le dit Augustin au livre III de *La Trinité* [chap. 8, n. 13], qu'elle puisse cependant lui obéir au moindre signe pour ce qui est du changement local, cela se voit même en nous où le mouvement des membres corporels suit immédiatement le commandement de la volonté. Si toutefois l'on ajoute au commandement de la

propter hoc sequitur fatigatio ex finitate uirtutis : quelibet enim uirtus superioris ordinis, licet sit finita in se et respectu sui superioris, est tamen infinita respectu suorum inferiorum, sicut etiam uirtus solis est infinita respectu generabilium et corruptibilium, per quorum productionem, etiam si in infinitum esset, non minoraretur; et similiter uirtus intellectus est infinita respectu formarum sensibilium. Et sic etiam uirtus substantie spiritualis que mouet celum est infinita respectu motus corporalis : unde non sequitur in ea fatigatio.

9. Ad nonum dicendum quod anima que mouet animalia corruptibilia unitur eis secundum esse; set substantia spiritualis que mouet celestia corpora unitur eis secundum moueri tantum; unde moueri per accidens attribuitur anime corruptibilis animalis ratione sui ipsius. Oportet enim quod moto corpore cum quo est unum secundum esse ipsamet per accidens moueatur; set moueri per accidens attribuitur motori inferioris orbis, non ratione sui ipsius set ratione mobilis, in quantum scilicet inferior orbis mouetur per accidens ut delatus motu superioris. Motor uero superioris orbis neutro modo per accidens mouetur, quia orbis eius non defertur set alios defert.

10. Ad decimum dicendum quod super hoc inuenitur Auerroys uarie locutus. In libro enim De substantia orbis dixit quod idem est quod mouet corpora celestia ut agens et finis; quod quidem est ualde erroneum, presertim secundum eius opinionem qua ponit quod prima causa non est supra substantias mouentes primum celum : sic enim sequitur quod Deus sit anima primi celi secundum quod substantia que mouet primum celum ut agens dicitur anima eius. Et ratio qua hoc dixit est ualde insufficiens; quia enim in substantiis separatis a materia est idem intelligens et intellectum, extimauit quod sit idem desiderans et desideratum, quod non est simile : nam cognitio cuiuslibet rei fit secundum quod cognitum est in cognoscente, desiderium autem fit secundum conuersionem desiderantis ad rem desideratam. Si autem bonum desideratum inesset desideranti ex se ipso, non competeret ei

volonté l'influx d'un pouvoir, il n'en résulte pas pour autant une fatigue qui serait due au caractère fini de [ce] pouvoir. Tout pouvoir d'un rang supérieur, en effet, bien qu'il soit fini en lui-même et par rapport à ce qui lui est supérieur, est néanmoins infini par rapport aux choses qui lui sont inférieures : le pouvoir du soleil, par exemple, est lui aussi infini par rapport aux choses engendrables et corruptibles, dont la production, dût-elle aller à l'infini, ne l'affaiblirait pas ; et de la même façon, le pouvoir de l'intellect est infini par rapport aux formes sensibles. Ainsi le pouvoir de la substance spirituelle qui meut le ciel est-il lui aussi infini par rapport au mouvement corporel : il ne résulte donc en elle aucune fatigue.

9. L'âme qui meut les animaux corruptibles leur est unie selon l'être, alors que la substance spirituelle qui meut les corps célestes ne leur est unie que selon l'être mû. C'est pourquoi l'être mû par accident est attribué à l'âme de l'animal corruptible en raison d'elle-même : il faut en effet qu'elle soit mue elle-même par accident lorsque le corps avec lequel elle fait un selon l'être est mû. En revanche, l'être mû par accident est attribué au moteur d'une sphère inférieure, non pas en raison de lui-même, mais en raison du mobile [136], c'est-à-dire dans la mesure où la sphère inférieure est mue par accident en étant emportée par le mouvement de la sphère supérieure. Le moteur de la sphère supérieure, quant à lui, n'est mû par accident ni de l'une ni de l'autre façon parce que sa sphère n'est pas emportée, mais emporte les autres.

10. Sur ce point, il se trouve qu'Averroès s'est diversement exprimé. Dans le livre *La Substance de la sphère* [137], en effet, il dit que c'est la même chose qui meut les corps célestes comme agent et comme fin. Ce qui, assurément, est tout à fait erroné, surtout au regard de son opinion, selon laquelle il pose que la première cause n'est pas au-dessus des substances qui meuvent [138] le premier ciel ; dans ces conditions, en effet, il s'ensuit que Dieu est l'âme du premier ciel, dans la mesure où on dit de la substance qui meut le premier ciel à titre d'agent qu'elle est son âme. Et l'argument qui le conduit à affirmer cela est tout à fait insuffisant. En effet, parce que dans le cas des substances séparées de la matière, ce qui intellige est identique à ce qui est intelligé, il a estimé que ce qui désire est identique à ce qui est désiré ; ce qui n'est pas pareil : car la connaissance d'une chose quelconque se produit dans la mesure où ce qui est connu est dans ce qui connaît, alors que le désir se produit dans la mesure où ce qui désire se tourne vers la chose désirée. Or si le bien désiré était par lui-même dans ce qui désire, il ne reviendrait pas à ce dernier de se mouvoir pour

quod moueret ad consequendum bonum desideratum : unde oportet dicere quod bonum desideratum, quod mouet ut finis, est aliud a desiderante, quod mouet ut agens. Et hoc etiam idem dicit in Commento XI Methaphisice : ponit enim ibi duos motores, unum coniunctum, quem uocat animam, et aliud separatum, qui mouet ut finis ; tamen ex toto hoc non habetur amplius quam quod substantia spiritualis unitur corpori celesti ut motor.

11. Ad undecimum dicendum quod corpora celestia dicit esse animata, quia substantie spirituales uniuntur ei ut motores, et non ut forme ; unde super VII Methaphisice dicit quod uirtus formatiua seminis non agit nisi per calorem qui est in semine, non ita quod sit forma in eo sicut anima in calore naturali, set ita quod sit ibi inclusa, sicut anima est inclusa in corporibus celestibus.

12. Ad duodecimum dicendum quod corpus celeste in quantum mouetur a substantia spirituali est instrumentum eius, et ita mouet in uirtute substantie spiritualis ad causandum uitam in istis inferioribus, sicut serra agit in uirtute artis ad causandum archam.

13. Ad tertium decimum dicendum quod ex illa ratione amplius haberi non potest quam quod corpora celestia a substantiis spiritualibus moueantur.

14. Ad quartum decimum dicendum quod secundum Damascenum quod celi dicuntur enarrare gloriam Dei, laudare uel exultare materialiter, in quantum sunt hominibus materia laudandi uel enarrandi uel exultandi : similia enim inueniuntur in Scripturis de montibus et collibus et aliis inanimatis creaturis.

1. Ad primum uero eorum que in contrarium obiciuntur dicendum quod Damascenus remouet corpora celestia esse animata, ita quod substantie spirituales uniantur eis ut forme sicut corruptibilibus animalibus.

2. Ad secundum dicendum quod unus angelus deputatur ad custodiam unius hominis quamdiu uiuit : unde non est inconueniens si deputatur ad mouendum celeste corpus quamdiu mouetur.

3. Ad tertium dicendum quod, si corpora celestia sunt animata, spiritus eis presidentes in societate angelorum computantur : unde Augustinus dicit in Encheridion « Nec illud certum habeo, utrum ad societatem angelorum pertineant sol et luna et cuncta sidera, quamuis nonnullis lucida esse corpora, non cum sensu uel intelligentia, uideantur ».

poursuivre le bien désiré ; il faut donc dire que le bien désiré, qui meut à titre de fin, est autre que ce qui désire, qui meut à titre d'agent. Et c'est ce qu'il dit aussi dans un commentaire du livre XI de la *Métaphysique* [com. 44][139] : il y admet en effet deux moteurs, l'un joint, qu'il appelle « âme », et l'autre séparé, qui meut à titre de fin ; de tout cela, cependant, on ne peut tirer plus que le fait qu'une substance spirituelle est unie au corps céleste comme moteur.

11. [Averroès] dit que les corps célestes sont animés parce que des substances spirituelles leur sont unies comme moteurs, et non pas comme formes. C'est pourquoi il dit dans un commentaire du livre VII de la *Métaphysique* [com. 31][140] que le pouvoir formateur de la semence n'agit que par la chaleur qui est dans la semence, non pas au sens où [ce pouvoir] est une forme [inscrite] en elle comme l'âme [est] dans la chaleur naturelle, mais au sens où il y est inclus comme l'âme est incluse dans les corps célestes.

12. En tant qu'il est mû par une substance spirituelle, le corps céleste est son instrument, si bien qu'il meut en vertu[141] de la substance spirituelle pour causer la vie dans ces êtres inférieurs, tout comme la scie agit en vertu de l'art pour causer le coffre.

13. De cet argument, on peut tirer que les corps célestes sont mus par des substances spirituelles, mais rien de plus.

14. Selon Jean Damascène, c'est matériellement que les cieux sont dits raconter la Gloire de Dieu, louer ou se réjouir, en tant qu'ils donnent pour les hommes matière à louer, raconter ou se réjouir : on trouve en effet des choses similaires dans les Écritures à propos de montagnes, de collines et d'autres créatures inanimées.

Réponse aux contre-objections

1. Jean Damascène récuse l'idée que les corps célestes soient animés au sens où des substances spirituelles leur seraient unies à titre de forme comme à des animaux corruptibles.

2. Un seul ange est chargé de la garde d'un seul homme tant qu'il vit ; il n'est donc pas inconvenant qu'il soit chargé de mouvoir un corps céleste tant que ce dernier est mû.

3. Les esprits qui dirigent les corps célestes sont comptés dans la société des anges, à condition que ces corps soient animés – ce qui explique qu'Augustin dise dans l'*Enchiridion* [chap. 15, n. 58] : « Je ne tiens pas pour certain qu'appartiennent à la société des anges le soleil, la lune et tous les astres, quoique plusieurs les tiennent pour des corps lumineux, dépourvus de sensibilité et d'intelligence. »

4. Ad quartum dicendum quod in hoc nulla est dubitatio, si sequamur opinionem Damasceni ponentis angelos qui peccauerunt de numero eorum fuisse qui corporibus corruptibilibus preferuntur; si uero secundum sententiam Gregorii etiam de superioribus aliqui peccauerunt, dicendum quod Deus eos quos ad hoc ministerium deputauit custodiuit a casu, sicut et plures aliorum.

5. Ad quintum dicendum quod non dicimus «ora pro me, sol», tum quia substantia spiritualis non unitur corpori celi ut forma set ut motor, tum ut auferatur ydolatrie occasio.

6. Ad sextum dicendum quod secundum Philosophum in VIII[1] Phisicorum motor celi est in aliqua parte eius et in toto, et sic non circuit gyrum celi; secus autem est de anima, que dat esse corpori secundum totum et partes.

< Articulus septimus >

Septimo queritur utrum substantia spiritualis corpori aereo uniatur.

Et uidetur quod sic. Dicit enim Augustinus III Super Genesim ad litteram et VIII[2] De ciuitate Dei quod demones habent corpora aerea; set demones sunt substantie spirituales; ergo substantia spiritualis corpori aereo unitur.

2. Preterea. Augustinus in libro De diuinatione demonum dicit quod demones subtilitate aerei corporis sensum humanum transcendunt; hoc autem non esset nisi aereo corpori naturaliter unirentur; ergo substantie spirituales aereo corpori uniuntur.

3. Preterea. Medium non discrepat ab extremis; set in regione celestium corporum inuenitur uita secundum ponentes corpora

1. Substitution de « VIII » à « IV » avec Guldentops et Steel.
2. Substitution de « VIII » à « IV » avec Guldentops et Steel.

4. Il n'y a aucun doute sur ce point si nous suivons l'opinion de Jean Damascène, selon qui les anges qui ont péché faisaient partie des anges placés au-dessus des corps corruptibles [142]; si, en revanche, comme le veut la doctrine de Grégoire [143], certains des anges plus élevés ont également péché, il faut répondre que Dieu a préservé de la chute ceux qu'Il a chargés d'un tel ministère [*i.e.* la motion céleste], comme Il l'a fait aussi pour plusieurs autres.

5. Nous ne disons pas : « Ô soleil, prie pour moi », à la fois parce que la substance spirituelle n'est pas unie au corps du ciel comme forme, mais comme moteur, et pour écarter une occasion d'idolâtrie.

6. Selon le Philosophe au livre VIII des *Physiques* [*Physique*, 267b7], le moteur du ciel est dans l'une de ses parties, et non pas dans le tout, si bien qu'il ne fait pas le tour du ciel; mais il en va autrement avec une âme, qui donne l'être au corps selon le tout et les parties.

[lieux parallèles : *Script. super Sent.*, II, d. 14, q. 1, art. 3; *Quaest. disp. de veritate*, q. 5, art. 9, ad 14m; *Contra Gent.*, II, chap. 70; III, chap. 23 et 24; *Quest. disp. de Potentia*, q. 6, art. 6; *Comp. theol.* I, 171; *Quaest. disp. de anima*, q. 8, ad 3m; *Ia Pars*, q. 70, art. 3; *Sententia libri de celo et mundo*, II, chap. 2, lect. 3 et chap. 8, lect. 13; *Responsiones ad Magistrum Ioannem de Vercellis de 43 articulis*, art. 1-18; *Responsio ad lectorem Venetum de 36 articulis*, art. 1 et 3; *Quodlib.* XII, q. 5, art. 2 [9]]

Article 7

Septièmement, on demande si une substance spirituelle est unie à un corps aérien.

Et il semble que oui. Augustin dit en effet au livre III de *La Genèse au sens littéral* [chap. 10, n. 14] ainsi qu'au livre IV de *La Cité de Dieu* [VIII, chap. 16] que les démons ont des corps aériens; or les démons sont des substances spirituelles; donc une substance spirituelle est unie à un corps aérien.

2. Augustin dit dans le livre *La Divination des démons* [chap. 3, n. 7] que les démons, par la subtilité du corps aérien, surpassent le sens humain; or ce ne serait pas le cas s'ils n'étaient pas unis naturellement à un corps aérien; donc des substances spirituelles sont unies à un corps aérien.

3. Le milieu ne diffère pas des extrêmes. Or dans la région des corps célestes, d'après ceux pour qui les corps célestes sont animés, on

celestia animata, in regione autem terre inuenitur uita in animalibus et plantis; ergo et in regione media, que est aeris, inuenitur uita. Nec hoc potest referri ad uitam auium, quia aues ad modicum spatium aeris supra terram eleuantur; nec uideretur conueniens quod totum aliud spatium aeris uacuum uita remaneret : oportet igitur ponere, ut uidetur, ibi esse aliqua aerea animalia. Ex quo sequitur quod alique substantie spirituales aereo corpori uniantur.

4. Preterea. Nobilioris corporis nobilior est forma; set aer est nobilius corpus quam terra, cum sit formalius et subtilius; si igitur corpori terrestri, scilicet humano, unitur substantia spiritualis que est anima, multo forcius corpori aereo unietur [1].

5. Preterea. Eorum que magis conueniunt facilior est unio; set aer magis uidetur conuenire cum anima quam corpus commixtum, quale est corpus hominis, quia, ut Augustinus dicit Super Genesim ad litteram, anima per aerem administrat corpus; ergo magis nata est uniri anima corpori aereo quam etiam corpori commixto.

6. Preterea. Dicitur in libro De substantia orbis « Motus circularis proprius est anime», et hoc ideo quia anima quantum est de se indifferens est ut moueat in omnem partem; set hoc etiam uidetur aeri conuenire, quia est cum leuibus leuis et cum grauibus grauis; ergo anima maxime uidetur aeri uniri.

Set contra. Anima est actus corporis organici; set corpus aereum non potest esse organicum quia, cum non sit terminabilis termino proprio set solum alieno, non est figurabilis; ergo substantia spiritualis que est anima non potest corpori aereo uniri.

Responsio. Dicendum quod impossibile est substantiam spiritualem corpori <aereo> uniri. Quod potest manifestari tripliciter : primo quidem quia inter omnia alia corpora corpora simplicia elementorum sunt imperfectiora, cum sint materialia respectu omnium aliorum corporum; unde non est conueniens secundum rationem ordinis rerum quod aliquod simplex corpus elementare spirituali substantie uniatur ut forma. Secunda ratio est quia aer est corpus simile in toto et in

1. Substitution de *unietur* à *uniretur* avec Guldentops et Steel.

trouve la vie ; et dans la région de la terre, on trouve la vie chez les animaux et les plantes ; donc dans la région médiane, celle de l'air, on trouve aussi la vie. Mais cela ne peut correspondre à la vie des oiseaux, parce que les oiseaux ne s'élèvent au-dessus de la terre que dans une petite partie de l'espace aérien ; or il ne semblerait pas convenable que tout le reste de l'espace aérien demeure dépourvu de vie ; il faut donc poser, à ce qu'il semble, qu'existent à cet endroit certains animaux aériens. Il s'ensuit que certaines substances spirituelles sont unies à un corps aérien.

4. Un corps plus noble possède une forme plus noble ; or l'air est un corps plus noble que la terre puisqu'il est plus formel et plus subtil ; si donc la substance spirituelle qu'est l'âme est unie à un corps terrestre, à savoir le corps humain, elle s'unira *a fortiori* à un corps aérien.

5. Entre des choses qui s'accordent davantage, l'union est plus facile. Or l'air semble davantage s'accorder avec l'âme qu'un corps composé, tel que le corps de l'homme, parce que, comme le dit Augustin dans *La Genèse au sens littéral* [VII, chap. 15, n. 21], l'âme administre le corps par le biais de l'air ; donc l'âme semble même être de nature à s'unir davantage à un corps aérien qu'à un corps composé.

6. Il est dit dans le livre *La Substance de la sphère* [chap. 2] que « le mouvement circulaire est propre à l'âme [144] », et cela parce que l'âme, en elle-même, peut se mouvoir de toute part indifféremment ; or c'est bien ce qui semble aussi convenir à l'air, parce qu'il est léger avec les choses légères et lourd avec les choses lourdes ; donc l'âme semble au plus haut point être unie à l'air.

Mais à l'inverse, l'âme est l'acte d'un corps organique. Or un corps aérien ne peut être organique parce que, n'étant pas délimitable par une limite propre, mais seulement par la limite d'autre chose, il ne peut avoir une configuration ; donc la substance spirituelle qu'est l'âme ne peut être unie à un corps aérien.

Réponse. Il est impossible qu'une substance spirituelle soit unie à un corps aérien. On peut le montrer de trois manières. Premièrement, parce que, comparés à tous les autres corps, les corps simples des éléments sont plus imparfaits, étant donné qu'ils servent de matière à tous les autres corps ; aussi ne convient-il pas, si l'on considère ce qu'est l'ordre des choses, qu'un certain corps élémentaire simple soit uni à une substance spirituelle qui en serait la forme. Le deuxième argument est que l'air est un corps dont le tout et toutes ses parties

omnibus suis partibus : unde si alicui parti aeris unitur aliqua spiritualis substantia, eadem ratione et toti aeri unietur, et similiter cuilibet alteri elemento, quod uidetur absurdum. Tertia ratio est quia substantia spiritualis dupliciter alicui corpori inuenitur uniri : uno modo ad exhibendum corpori motum, sicut dictum est quod corporibus celestibus spirituales substantie uniuntur; alio modo ut substantia spiritualis per corpus iuuetur ad propriam suam operationem, que est intelligere, sicut anima humana unitur corpori ut per sensus corporeos scientias acquirat. Aeri autem substantia spiritualis non potest uniri neque ratione motus, quia aeri est connaturalis motus quidam qui consequitur formam eius naturalem, nec inuenitur aliquis motus aut in toto aere aut in aliqua eius parte, qui non possit reduci in aliquam causam corporalem : unde motu eius non apparet quod aliqua substantia spiritualis ei uniatur; neque etiam unitur spiritualis substantia corpori aereo propter perfectionem intellectualis operationis : corpus enim simplex non potest esse instrumentum sensus, ut probatur in libro De anima. Vnde relinquitur quod spiritualis substantia nullo modo corpori <aereo> uniatur.

1. Ad primum ergo dicendum quod, ubicumque Augustinus dicit demones habere aerea corpora, non loquitur asserendo quasi ex sententia propria set secundum opiniones aliorum : unde ipse dicit in XXI De ciuitate Dei «Sunt quedam sua etiam demonibus corpora, sicut doctis hominibus uisum est, ex isto aere crasso atque humido; si autem nulla quisquam [1] habere corpora demones asseuerat [2], non est de hac re aut laborandum operosa inquisitione aut contentiosa disputatione certandum».

2. Et per hoc patet solutio ad secundum.

3. Ad tertium dicendum quod in inferiori regione, scilicet circa terram, est locus mixtionis elementorum; corpora autem mixta, quanto magis ad equalitatem mixtionis perueniunt, tanto magis recedunt ab extremis contrariorum : et sic quandam similitudinem consequntur celestium corporum, que sunt sine contrarietate. Et sic patet quod uita magis potest esse in supprema et infima regione quam in media, presertim cum in istis inferioribus tanto paratius est corpus ad uitam quanto propinquius fuerit equalitati complexionis.

1. Substitution de *quisquam* à *quisque* avec Guldentops et Steel.
2. Substitution de *asseuerat* à *asserat* avec Guldentops et Steel.

sont semblables : c'est pourquoi, si une substance spirituelle est unie à quelque partie de l'air, pour la même raison elle sera également unie à l'air tout entier – et cela vaut pour tout autre élément –, ce qui est absurde. Le troisième argument est qu'une substance spirituelle peut être unie à un corps de deux manières : premièrement, pour fournir au corps le mouvement – c'est ainsi, on l'a dit [145], que des substances spirituelles sont unies à des corps célestes; deuxièmement, afin que la substance spirituelle soit aidée par le corps en vue de sa propre opération, qui est d'intelliger, à l'instar de l'âme humaine qui est unie au corps afin d'acquérir des sciences par le biais des sens corporels. Or une substance spirituelle ne peut être unie à l'air en raison du mouvement, d'une part, parce que l'air possède un mouvement connaturel qui découle de sa forme naturelle, et que l'on ne trouve pas un mouvement, que ce soit dans l'air tout entier ou dans l'une de ses parties, qui ne puisse être ramené à une cause corporelle : il ne ressort donc pas de son mouvement qu'une substance spirituelle lui soit unie; d'autre part, une substance spirituelle n'est pas non plus unie à un corps aérien pour la perfection de l'opération intellectuelle : un corps simple, en effet, ne peut être un instrument du sens, ainsi qu'il est prouvé dans le livre *De l'âme* [146]. Reste donc comme conclusion qu'une substance spirituelle n'est en aucune façon unie à corps aérien.

1. Chaque fois qu'Augustin déclare que les démons ont des corps aériens, il ne le dit pas en le soutenant, comme s'il s'agissait de sa propre doctrine, mais en reprenant l'opinion d'autres personnes. C'est pourquoi il écrit lui-même au livre XXI de *La Cité de Dieu* [chap. 10, n. 1] : « Les démons ont eux aussi une sorte de corps, comme l'ont cru des hommes savants, corps formé de cet air épais et humide; [...] mais, si l'on prétend que les démons n'ont pas de corps, il n'y a pas à instituer sur ce point une recherche laborieuse, ni à batailler en discussions opiniâtres. »

2. Cela montre clairement la solution du deuxième argument.

3. Le lieu où les éléments se mélangent se trouve dans la région inférieure, c'est-à-dire autour de la terre. Or plus les corps mélangés parviennent à un mélange équilibré, plus ils s'écartent des extrêmes des [qualités] contraires, obtenant ainsi une certaine ressemblance avec les corps célestes, qui sont sans contrariété. Il est donc clair que la vie peut se trouver davantage dans la région la plus haute et dans la plus basse que dans la région médiane, surtout puisque, au sein des réalités inférieures, un corps est d'autant plus préparé à la vie qu'il est plus proche d'une complexion équilibrée.

4. Ad quartum dicendum quod corpus aeris est nobilius quam terra; set corpus equalis complexionis est nobilius utroque, quia magis elongatum a contrarietate. Et hoc solum inuenitur substantie spirituali uniri; in quo tamen inferiora elementa plus necesse est habundare materialiter ad equalitatem constituendam propter excessum actiue uirtutis in aliis elementis.

5. Ad quintum dicendum quod anima dicitur administrare corpus suum per aerem quantum ad motum, quia est susceptibilior motus aliis corporibus spissis.

6. Ad sextum dicendum quod aer non est indifferens ad omnem motum, set respectu quorundam est leuis, respectu aliorum grauis : unde ex hoc non habetur quod sit perfectibile per animam.

< Articulus octauus >

Octauo queritur utrum omnes angeli differant specie ab inuicem.

Et uidetur quod non. Dicit Augustinus in Encheridion «Creatura rationalis que in hominibus erat, quantum peccatis atque suppliciis tota perierat, ex parte reparari» meruit. Ex quo sic arguitur. Si omnes angeli ad inuicem differrent secundum naturam speciei, pluribus angelis irreparabiliter cadentibus, plures nature irreparabiliter perissent; set hoc non patitur diuina prouidentia, ut aliqua natura rationalis ex toto pereat, ut patet ex auctoritate inducta; ergo non omnes angeli differunt ab inuicem secundum naturam speciei.

2. Preterea. Quanto sunt aliqua propinquiora Deo, in quo nulla est diuersitas, tanto minus sunt diuersa; angeli autem secundum ordinem nature propinquiores sunt Deo quam homines. Magis uero diuersa sunt ab inuicem que differunt numero et specie quam que differunt numero et conueniunt in specie; cum igitur homines non differant specie set numero solum, uidetur quod nec angeli specie differant.

4. Le corps qu'est l'air est plus noble que la terre. Mais un corps dont la complexion est équilibrée est plus noble que l'un et l'autre, parce qu'il est davantage éloigné de la contrariété ; et seul ce type de corps se trouve être uni à une substance spirituelle. En lui, toutefois, il est nécessaire, pour que l'équilibre se fasse, que les éléments inférieurs soient matériellement plus abondants en raison d'un excès de pouvoir actif dans les autres éléments.

5. L'âme est dite administrer son corps par le biais de l'air pour ce qui est du mouvement, parce que l'air est plus susceptible de mouvement que d'autres corps épais.

6. L'air ne se rapporte pas indifféremment à tout mouvement : avec certaines choses, il est léger ; avec d'autres, il est lourd. De cela, donc, on ne déduit pas qu'il peut être parfait par une âme.

[lieux parallèles : *Script. super Sent.*, II, d. 8, q. 1, art. 1 ; *Contra Gent.*, II, chap. 90 et 91 ; *Quest. disp. de potentia*, q. 6, art. 6 ; *I[a] Pars*, q. 51, art. 1 ; *Quest. disp. de Malo*, q. 16, art. 1 ; *De substantiis separatis*, chap. 18 et 19]

Article 8

Huitièmement, on demande si tous les anges diffèrent entre eux par l'espèce.

Et il semble que non. Augustin dit dans l'*Enchiridion* [chap. 29] : « La créature rationnelle qui était dans l'homme, dans la mesure où elle a péri tout entière à cause des péchés et des châtiments », a mérité « d'être en partie réparée ». De là on raisonne ainsi : si tous les anges différaient entre eux selon la nature de l'espèce, plusieurs anges ayant irréparablement chuté, plusieurs natures auraient irréparablement péri ; or la divine providence ne tolère pas qu'une nature rationnelle périsse en totalité, comme le montre l'autorité citée ; donc tous les anges ne diffèrent pas entre eux selon la nature de l'espèce.

2. Plus les choses sont proches de Dieu, en qui n'existe aucune diversité, moins elles sont diverses. Or les anges, selon l'ordre de la nature, sont plus proches de Dieu que les hommes. Mais les choses qui diffèrent entre elles par le nombre et par l'espèce sont plus diverses que celles qui diffèrent par le nombre, mais s'accordent par l'espèce. Puisque donc les hommes ne diffèrent pas par l'espèce, mais seulement par le nombre, il semble que les anges ne diffèrent pas non plus par l'espèce.

3. Preterea. Conuenientia aliquorum in formali principio facit aliqua idem esse specie, differentia uero in principio materiali facit differre numero solum; in angelis autem ipsum esse se habet ut formale ad essentiam angeli, ut supra dictum est. Cum igitur omnes angeli conueniant in esse, differant uero secundum essentiam, uidetur quod angeli non differant specie set numero solo.

4. Preterea. Omnis substantia subsistens creata est indiuiduum contentum sub aliqua natura communi speciei, ita quod si indiuiduum sit compositum, natura speciei predicabitur de eo secundum rationem compositi; si uero indiuiduum fuerit simplex, natura speciei predicabitur de eo secundum simplices rationes. Angelus autem est substantia creata subsistens; siue igitur sit compositus ex materia et forma siue simplex, oportet quod contineatur sub aliqua natura speciei. Set nature speciei non derogat quod possit habere plura supposita; similiter etiam nec indiuiduo sub ea existenti derogat si habeat aliquod secum compar in eadem specie. Ergo uidetur quod possibile sit esse plures angelos unius speciei; « In perpetuis autem non differunt esse et posse», ut dicitur in III Phisicorum; ergo in angelis sunt plura indiuidua unius speciei.

5. Preterea. In angelis est perfecta dilectio; nichil igitur eis subtrahendum est quod ad perfectionem dilectionis pertineat. Set quod sint plures unius speciei pertinet ad perfectionem dilectionis, quia omnia animalia unius speciei naturaliter se inuicem diligunt secundum illud Eccli. XIV « Omne animal diligit simile sibi ». Ergo in angelis sunt plures unius speciei.

6. Preterea. Cum sola species diffiniatur secundum Boetium, quecumque in diffinitione conueniunt uidentur in specie conuenire; set omnes angeli conueniunt in illa diffinitione quam Damascenus ponit in III libro « Angelus est substantia intellectualis, semper mobilis, arbitrio libera, incorporea, Deo ministrans, secundum gratiam, non natura, immortalitatem suscipiens »; ergo omnes angeli sunt unius speciei.

7. Preterea. Angeli secundum ordinem nature sunt propinquiores Deo quam homines; set in Deo sunt tres persone unius nature secundum numerum; cum igitur in hominibus sint plures persone unius nature secundum speciem, uidetur quod multo forcius in angelis sint plures persone in una natura speciei conuenientes.

3. Un accord au point de vue du principe formel rend des choses identiques par l'espèce, et une différence au point de vue du principe matériel ne les différencie que numériquement. Or, chez les anges, l'être même se rapporte à l'essence de l'ange comme quelque chose de formel, ainsi qu'on l'a dit plus haut [147]. Puisque donc tous les anges s'accordent au point de vue de l'être, tout en se différenciant au point de vue de l'essence, il semble bien que les anges ne diffèrent pas par l'espèce, mais seulement par le nombre.

4. Toute substance subsistante créée est un individu rangé sous la nature commune d'une espèce, de sorte que si l'individu est un composé, la nature de l'espèce sera prédiquée de lui selon [sa] notion de composé; tandis que s'il est simple, la nature de l'espèce se prédiquera de lui selon des notions simples. Or l'ange est une substance créée subsistante; par conséquent, qu'il soit composé de matière et de forme ou qu'il soit simple, il doit être rangé sous une nature spécifique. Mais qu'elle puisse avoir plusieurs suppôts ne porte pas atteinte à la nature d'une espèce; de même, cela ne porte pas atteinte à l'individu qui existe sous elle d'avoir un pair dans la même espèce. Il semble donc possible qu'il y ait plusieurs anges d'une même espèce; or comme il est dit au livre III des *Physiques* [*Physique*, 203b30], « dans les réalités perpétuelles être et pouvoir [être] ne sont pas différents »; il y a donc chez les anges plusieurs individus d'une même espèce.

5. Les anges connaissent l'amour parfait. On ne peut donc rien leur retirer qui touche à la perfection de l'amour. Or le fait qu'il y ait plusieurs [individus] au sein d'une même espèce touche à la perfection de l'amour, parce que tous les animaux d'une même espèce s'aiment naturellement les uns les autres, comme le dit l'*Ecclésiaste* XIV [XIII, 19] : « Tout animal aime son semblable. » Il y a donc chez les anges plusieurs [individus] d'une même espèce.

6. Puisque selon Boèce [148] seule une espèce possède une définition, toutes les choses qui partagent une définition semblent partager une espèce. Or tous les anges partagent cette définition que donne Jean Damascène au livre III [de *La Foi orthodoxe*] [149] : « Un ange est une substance intellectuelle, toujours mobile, libre par l'arbitre, incorporelle, au service de Dieu, recevant l'immortalité selon la grâce, non par nature. » Donc tous les anges sont d'une seule espèce.

7. Selon l'ordre de la nature, les anges sont plus proches de Dieu que les hommes. Or en Dieu il y a trois Personnes d'une nature numériquement une; puisque donc il y a chez les hommes plusieurs personnes d'une nature spécifiquement une, il semble *a fortiori* qu'il y ait chez les anges plusieurs personnes partageant une seule nature spécifique.

8. Preterea. Gregorius dicit quod in illa celesti patria, ubi plenitudo boni est, si quedam data sunt excellenter, nichil tamen possidetur singulariter : omnia enim in omnibus sunt, non quidem equaliter, quia aliqui aliis sublimius possident que tamen omnes habent. Non est ergo differentia in angelis nisi secundum magis et minus; set magis et minus non diuersificant speciem; ergo angeli non differunt specie.

9. Preterea. Quecumque conueniunt in nobilissimo conueniunt in specie, quia nobilius est quod ponit sub specie quam quod ponit sub genere : est enim differentia specifica formalis respectu generis; set omnes angeli conueniunt in nobilissimo quod in eis est, scilicet in natura intellectuali; ergo omnes angeli conueniunt in specie.

10. Preterea. Si aliquod genus diuidatur per duas differentias quarum una altera sit imperfectior, differentia imperfectior magis est multiplicabilis quam perfectior, sicut irrationale per plures species multiplicatur quam rationale. Substantia autem spiritualis diuiditur per unibile et non unibile; unibile autem corpori est imperfectius in spiritualibus substantiis. Cum igitur substantia spiritualis unibilis corpori, scilicet anima humana, non distinguatur in multas species, multo forcius substantia spiritualis non unibilis, scilicet angelus, non multiplicatur per multas species.

11. Preterea. Bonifacius Papa dicit quod ministrationes in ecclesia militanti sunt ad exemplum celestis militie, in qua angeli differunt in ordine et potestate; set in ecclesia militante differentia ordinis et potestatis non facit homines differre secundum speciem; ergo nec in celesti militia angelorum angeli specie differunt, etiam qui sunt diuersorum ordinum uel ierarchiarum.

12. Preterea. Sicut inferiora elementa sunt ornata plantis et animalibus et celum sydereum stellis et sole et luna, ita etiam celum empyreum ornatum est angelis. Set in plantis et animalibus inueniuntur multa eiusdem speciei; similiter etiam uidetur quod omnes stelle sint unius speciei, quia communicant in una forma nobilissima, que est lux. Ergo uidetur pari ratione quod uel omnes angeli uel aliqui conueniant in una specie.

8. Grégoire[150] dit que dans cette patrie céleste où se trouve la plénitude du bien, quoique certaines choses aient été données d'une manière excellente, rien cependant n'est possédé de manière exclusive : toutes les choses, en effet, sont à tous, mais, assurément, pas de manière égale, parce que certains possèdent de façon plus sublime les choses qui sont pourtant à tous. Il n'y a donc de différence chez les anges que selon le plus et le moins; mais le plus et le moins n'entraînent pas un changement d'espèce; donc les anges ne diffèrent pas par l'espèce.

9. Tous les êtres qui partagent ce qu'il y a de plus noble partagent l'espèce, parce que ce qui range sous une espèce est plus noble que ce qui range sous un genre – une différence spécifique est formelle, en effet, par rapport au genre. Or tous les anges partagent ce qui en eux est le plus noble, à savoir la nature intellectuelle; donc tous les anges partagent l'espèce.

10. Si un genre est divisé par deux différences, dont l'une est plus imparfaite que l'autre, la différence la plus imparfaite peut être davantage multipliée que la plus parfaite : « irrationnel », par exemple, est multiplié par plus d'espèces que « rationnel ». Or la substance spirituelle est divisée par « l'aptitude à l'union » et « la non-aptitude à l'union » et, pour les substances spirituelles, l'aptitude à s'unir à un corps est quelque chose de plus imparfait. Puisque donc la substance spirituelle apte à s'unir au corps, à savoir l'âme humaine, n'est pas distinguée en une multitude d'espèces, *a fortiori* la substance spirituelle qui n'est pas apte à s'unir [à lui], à savoir l'ange, n'est pas multipliée en une multitude d'espèces.

11. Le pape Boniface[151] dit que les fonctions ministérielles dans l'Église militante existent sur le modèle de l'armée céleste, dans laquelle les anges diffèrent au point de vue de l'ordre et du pouvoir; mais dans l'Église militante, la différence d'ordre et de pouvoir ne rend pas les hommes différents selon l'espèce; donc les anges ne diffèrent pas non plus par l'espèce dans l'armée céleste des anges, y compris ceux qui appartiennent à des hiérarchies et des ordres divers.

12. De même que les éléments inférieurs sont ornés par les plantes et les animaux, et le ciel sidéral par les étoiles, le soleil et la lune, de même le ciel empyrée est-il orné par les anges. Or parmi les plantes et les animaux, on trouve un grand nombre [d'individus] d'une même espèce. Et de la même façon, il semble aussi que toutes les étoiles soient d'une même espèce, parce qu'elles ont en commun la plus noble des formes, qui est la lumière. Il semble donc pour la même raison que tous les anges, ou certains d'entre eux, partagent une même espèce.

13. Preterea. Si plures angeli non ponantur conuenire in una specie, hoc non est nisi quia in eis non est materia. Set remotio materie non solum tollit pluralitatem indiuiduorum set etiam unitatem, quia indiuiduum non ponitur sub specie nisi per materiam, quia materia est indiuiduationis principium; si ergo necesse est poni angelos esse indiuidua quedam, pari etiam ratione poni poterit quod sint plures in una specie.

14. Preterea. «In hiis que sunt separata a materia idem est intelligens et intellectum», secundum Philosophum; si igitur angeli essent sine materia, idem esset angelus intelligens et angelus intellectus. Set quilibet angelus intelligit alium quemlibet; ergo sequeretur quod non esset nisi unus angelus, quod est falsum. Non est ergo ponendum quod angeli sint sine materia, et ita neque ponendum est quod omnes angeli differant specie.

15. Preterea. Numerus est species quantitatis, que non est sine materia; si igitur in angelis non esset materia, non esset in eis numerus, quod est falsum. Ergo idem quod prius.

16. Preterea. In hiis que sunt sine materia non est multiplicatio nisi secundum causam et causatum, ut Raby Moyses dicit; si igitur angeli sunt sine materia, aut non est in eis multitudo aut unum est causa alterius, quorum utrumque est falsum. Ergo idem quod prius.

17. Preterea. Creature a Deo sunt condite ut in eis diuina bonitas representetur; set in una specie angeli representatur diuina bonitas perfectius quam in una specie hominis; non ergo oportet ponere plures species angelorum.

18. Preterea. Diuerse species secundum differentiam specificam differunt, que ex opposito diuiduntur; non possunt autem designari tot differentie specifice opposite quanta ponitur multitudo angelorum; non ergo omnes angeli differunt specie.

Set contra. Si aliqui angeli specie conueniant, maxime hoc uidetur de illis qui sunt unius ordinis; set illi qui sunt unius ordinis non conueniunt in specie, cum in eodem ordine sint «primi, medii et ultimi», ut Dyonisius dicit X cap. Angelice ierarchie. Species autem non predicatur de suis indiuiduis secundum prius et posterius, ut dicitur in III Methaphisice. Non ergo sunt plures angeli unius speciei.

13. Si l'on pose que plusieurs anges ne partagent pas une même espèce, c'est seulement parce qu'il n'y a pas en eux de matière. Mais la négation de la matière supprime non seulement la pluralité des individus, mais aussi [leur] unité, puisqu'un individu n'appartient à une espèce que par la matière, la matière étant le principe d'individuation. Si donc il est nécessaire de poser que les anges sont des individus, pour la même raison il faudra aussi poser qu'il sont plusieurs au sein d'une même espèce.

14. D'après le Philosophe [152] : « Dans le cas des choses qui sont séparées de la matière, il y a identité entre ce qui intellige et ce qui est intelligé. » Donc si les anges étaient sans matière, il y aurait identité entre l'ange qui intellige et l'ange qui est intelligé. Or tout ange intellige n'importe quel autre ange ; il s'ensuivrait donc qu'il n'y aurait qu'un seul ange, ce qui est faux. On ne doit donc pas poser que les anges sont sans matière ; et ainsi, on ne doit pas poser non plus que tous les anges diffèrent par l'espèce.

15. Le nombre est une espèce de la quantité, laquelle n'est pas sans la matière ; donc s'il n'y avait pas de matière dans les anges, il n'y aurait pas de nombre en eux, ce qui est faux. Donc on a la même conclusion que précédemment.

16. Dans les choses qui sont sans matière, il n'y a pas de multiplication, sinon selon la cause et le causé, comme le dit Rabbi Moyses [153]. Donc si les anges sont sans matière, soit il n'y a pas en eux de multitude, soit l'un est la cause de l'autre, ce qui est faux dans les deux cas. Donc on a la même conclusion que précédemment.

17. Les créatures sont créées par Dieu pour que la bonté divine soit représentée en elle. Or la bonté divine est représentée plus parfaitement dans une seule espèce d'ange que dans une seule espèce d'homme ; il ne faut donc pas poser plusieurs espèces d'ange.

18. Diverses espèces, qui se distinguent comme des opposés, diffèrent selon une différence spécifique. Or on ne peut indiquer un nombre de différences spécifiques opposées aussi grand que la multitude d'anges qu'on admet ; donc tous les anges ne diffèrent pas par l'espèce.

Mais à l'inverse, si des anges s'accordent par l'espèce, cela semble surtout valoir pour ceux qui sont d'un même ordre. Mais ceux qui sont d'un même ordre ne s'accordent pas au point de vue de l'espèce, puisque dans un même ordre il y a « les premiers, les intermédiaires et les derniers », comme le dit Denys au chapitre x de la *Hiérarchie angélique* [§ 2] [154] ; or une espèce n'est pas prédiquée de ses individus selon l'antérieur et le postérieur, comme il est dit au livre III de la *Métaphysique* [999a12-13]. Il n'y a donc pas plusieurs anges d'une seule espèce.

2. Preterea. Illa sola uidentur multiplicari secundum numerum in una specie que sunt corruptibilia, ut natura speciei, que non potest conseruari in uno, conseruetur in pluribus; set angeli sunt incorruptibiles; ergo non sunt plures angeli unius speciei.

3. Preterea. Multiplicatio indiuiduorum in una specie est per diuisionem materie; set angeli sunt immateriales quia, ut Augustinus dicit XIII Confessionum, materia est «prope nichil», angeli autem «prope Deum»; ergo in angelis non est multiplicatio indiuiduorum in eadem specie.

Responsio. Dicendum quod circa hanc questionem diuersimode aliqui sunt locuti : quidam enim dixerunt quod omnes spirituales substantie sunt unius speciei, alii uero quod omnes angeli unius ierarchie aut etiam unius ordinis, alii autem quod omnes angeli ab inuicem specie differunt. Quod et michi uidetur propter tres rationes.

Prima sumitur ex condicione substantie eorum. Necesse est enim dicere quod uel sint forme simplices subsistentes absque materia, ut supra habitum est, uel sint forme composite ex materia et forma. Si autem angelus est forma simplex abstracta a materia, impossibile est etiam fingere plures angelos unius speciei, quia quecumque forma quantumcumque materialis et infima, si ponatur abstracta uel secundum esse uel secundum intellectum, non remanet nisi una in specie una. Intelligatur enim albedo absque omni subiecto subsistens, et non erit possibile ponere plures albedines, cum uideamus quod hec albedo non differt ab illa nisi per hoc quod est in hoc uel in illo subiecto; et similiter si esset humanitas abstracta, non esset nisi una tantum. Si uero angelus sit substantia ex materia et forma composita, necesse est dicere quod materie diuersorum angelorum sint aliquo modo distincte. Distinctio autem materie a materia non inuenitur nisi duplex : una secundum propriam rationem materie; et hoc est secundum habitudinem ad diuersos actus. Cum enim materia secundum propriam rationem sit in potentia, potentia autem ad actum dicatur, necesse est quod secundum ordinem actuum attendatur distinctio in potentiis et materiis : et hoc modo materia inferiorum corporum, que est potentia ad esse, differt a materia celestium corporum, que est potentia ad ubi.

2. Seules les choses qui sont corruptibles semblent être multipliées numériquement au sein d'une seule espèce, afin que la nature de l'espèce, qui ne peut être conservée en une seule, soit conservée en plusieurs. Mais les anges sont incorruptibles; donc il n'y a pas plusieurs anges d'une seule espèce.

3. La multiplication des individus dans une seule espèce se fait par la division de la matière; or les anges sont immatériels puisque, comme le dit Augustin au livre XIII des *Confessions* [XII, chap. 7, n. 7], la matière est « proche du néant », alors que les anges sont « proches de Dieu »; donc il n'y a pas chez les anges de multiplication des individus au sein d'une même espèce.

Réponse. Sur cette question, d'aucuns se sont diversement exprimés. Certains, en effet, ont affirmé que toutes les substances spirituelles sont d'une seule espèce; d'autres, que tous les anges relèvent d'une seule hiérarchie, voire d'un seul ordre; d'autres, enfin, que tous les anges diffèrent entre eux par l'espèce, ce qu'il me semble aussi, pour trois raisons.

La première est tirée de la condition de leur substance. Il est nécessaire de dire, en effet, soit que ce sont des formes simples subsistantes dépourvues de matière, comme on l'a soutenu plus haut [155], soit que ce sont des formes composées de matière et de forme. Or, si un ange est une forme simple séparée de la matière, il est même impossible de se figurer plusieurs anges d'une seule espèce, parce que toute forme, aussi matérielle et basse soit-elle, si on la pose séparée, soit selon l'être, soit selon l'intellect, se retrouve seule dans une seule espèce. En effet, que l'on conçoive la blancheur subsistant sans aucun sujet, et il ne sera pas possible d'admettre plusieurs blancheurs, puisque nous voyons que cette blancheur-ci ne diffère de celle-là que parce qu'elle se trouve dans ce sujet-ci ou dans celui-là; et de la même manière, si l'humanité était séparée, il n'y en aurait qu'une seule. Si en revanche un ange est une substance composée de matière et de forme, il est nécessaire de dire que les matières des divers anges sont en quelque façon distinctes. Or la distinction entre des matières n'est possible que de deux façons : la première, selon la notion propre de « matière », c'est-à-dire en fonction du rapport à divers actes. En effet, puisque la matière, selon sa notion propre, est en puissance, et que la puissance se dit relativement à l'acte, il est nécessaire que la distinction des puissances et des matières se prenne de l'ordre des actes; c'est ainsi que la matière des corps inférieurs, qui est en puissance à l'égard de l'être, diffère de la matière des corps

Secunda autem distinctio materie est secundum diuisionem quantitatis, prout materia existens sub hiis dimensionibus distinguitur ab ea que est sub aliis dimensionibus. Et prima quidem materie distinctio facit diuersitatem secundum genus, quia secundum Philosophum in V Methaphisice genere differunt secundum materiam diuersa; secunda autem distinctio materie facit diuersitatem indiuiduorum in eadem specie. Hec autem secunda distinctio materie non potest esse in diuersis angelis, cum angeli sint incorporei et omnino absque dimensionibus quantitatiuis; relinquitur ergo quod, si sint plures angeli compositi ex materia et forma, quod sit in eis distinctio materierum secundum primum modum, et ita sequitur quod non solum specie set etiam genere differunt.

Secunda ratio sumitur ex ordine uniuersi. Manifestum est enim quod duplex est bonum uniuersi : quoddam separatum, scilicet Deus, qui est sicut dux in exercitu, et quoddam in ipsis rebus : et hoc est ordo partium uniuersi, sicut ordo partium exercitus est bonum exercitus; unde Apostolus dicit Ro. XIII «Que a Deo sunt ordinata sunt». Oportet autem quod superiores uniuersi partes magis de bono uniuersi participent, quod est ordo; perfectius autem participant ordinem ea in quibus est ordo per se quam ea in quibus est ordo per accidens tantum. Manifestum est autem quod in omnibus indiuiduis unius speciei non est ordo nisi secundum accidens : conueniunt enim in natura speciei et differunt secundum principia indiuiduantia et diuersa accidentia, que per accidens se habent ad naturam speciei. Que autem specie differunt ordinem habent per se secundum essentialia principia : inuenitur enim in speciebus rerum una habundare super aliam, sicut et in speciebus numerorum, ut dicitur in VIII [1] Methaphisice. In istis autem inferioribus, que sunt generabilia et corruptibilia et infima pars uniuersi, <et> minus participant de ordine, inueniuntur non omnia diuersa habere ordinem per se, set quedam habent ordinem per accidens tantum, sicut indiuidua unius speciei. In superiori autem parte uniuersi, scilicet in corporibus celestibus, non inuenitur ordo per accidens set solum per se, cum omnia corpora celestia ab inuicem specie differant, nec sint in eis

1. Substitution de « VIII » à « IV » avec Guldentops et Steel.

célestes, qui est en puissance à l'égard du lieu. Quant à la seconde distinction de la matière, elle repose sur la division de la quantité, dans la mesure où une matière existant sous certaines dimensions se distingue de celle qui existe sous d'autres dimensions. La première distinction de la matière produit une diversité selon le genre, parce que selon le Philosophe, au livre V de la *Métaphysique* [1024b9-12], les choses diverses selon la matière diffèrent par le genre ; la seconde distinction de la matière, en revanche, produit une diversité d'individus au sein d'une même espèce. Or cette seconde distinction de la matière ne peut exister entre les différents anges, puisque les anges sont incorporels et absolument dépourvus de dimensions quantitatives. Par conséquent, s'il y a plusieurs anges composés de matière et de forme, c'est qu'il y a entre eux une distinction des matières comprise de la première façon, et il s'ensuit alors qu'ils diffèrent non seulement par l'espèce, mais aussi par le genre.

Le deuxième argument se tire de l'ordre de l'univers. Il est clair, en effet, que le bien de l'univers est de deux sortes : c'est quelque chose de séparé, à savoir Dieu, qui est comme le chef dans une armée ; ou quelque chose dans les choses elles-mêmes, et cela, c'est l'ordre des parties de l'univers, tout comme l'ordre des parties d'une armée est un bien pour l'armée – c'est pourquoi l'Apôtre dit [dans l'Épître aux] Romains XIII [1] : « Les choses qui viennent de Dieu sont ordonnées [156]. » Or il faut que les parties supérieures de l'univers participent davantage au bien de l'univers, qui est l'ordre ; et les choses dans lesquelles existe un ordre par soi participent à l'ordre plus parfaitement que celles dans lesquelles existe seulement un ordre par accident. Or il est clair qu'entre tous les individus d'une même espèce, il n'y a d'ordre que par accident : ils partagent la nature de l'espèce, en effet, et diffèrent selon des principes individuants et divers accidents, qui se rapportent par accident à la nature de l'espèce. En revanche, les choses qui diffèrent par l'espèce ont [entre elles] un ordre par soi selon des principes essentiels : on trouve en effet dans les espèces des choses que l'une dépasse l'autre, tout comme dans les espèces des nombres, ainsi qu'il est dit au livre VIII de la *Métaphysique* [1043b36-1044a2]. Or parmi les choses inférieures, qui sont engendrables et corruptibles, constituent la partie la plus basse de l'univers et participent moins à l'ordre, les choses différentes n'ont pas toutes [entre elles] un ordre par soi ; certaines n'ont qu'un ordre par accident, comme les individus d'une même espèce. En revanche, dans la partie supérieure de l'univers, c'est-à-dire dans les corps célestes, on ne trouve pas d'ordre par accident, mais seulement par soi, puisque tous les corps célestes diffèrent entre eux par l'espèce, et qu'il n'y a pas chez

plura indiuidua unius speciei, set unus tantum sol et una luna, et sic de aliis; multo igitur magis in supprema parte uniuersi non inueniuntur aliqua ordinata per accidens et non per se. Et sic relinquitur quod omnes angeli ad inuicem specie differant secundum maiorem et minorem perfectionem formarum simplicium ex maiori uel minori propinquitate ad Deum, qui est actus purus et infinite perfectionis.

Tertia uero ratio sumitur ex perfectione nature angelice. Perfectum enim dicitur unumquodque quando nichil deest ei eorum que ad ipsum pertinent; et huius quidem perfectionis gradus ex extremis rerum perpendi potest. Deo enim, qui est in suppremo perfectionis, nichil deest eorum que pertinent ad rationem totius esse : prehabet enim in se omnes rerum perfectiones simpliciter et excellenter, ut Dyonisius dicit. Indiuiduum autem aliquod in infima parte rerum, que continet generabilia et corruptibilia, perfectum inuenitur ex eo quod habet quicquid ad se pertinet secundum rationem indiuiduationis sue, non autem quicquid pertinet ad naturam sue speciei, cum natura sue speciei etiam in aliis indiuiduis inueniatur. Quod manifeste ad imperfectionem pertinere apparet, non solum in animalibus generabilibus, in quibus unum indiget alio sue speciei ad conuictum, set etiam in omnibus animalibus ex semine qualitercumque generatis, in quibus mas indiget femina sue speciei ad generandum, et ulterius in omnibus generabilibus et corruptibilibus, in quibus necessaria est multitudo indiuiduorum unius speciei, ut natura speciei, que non potest perpetuo conseruari in uno indiuiduo propter eius corruptibilitatem, conseruetur in pluribus. In parte autem superiori uniuersi inuenitur altior gradus perfectionis, in quibus unum indiuiduum, ut sol, sic est perfectum ut nichil ei desit eorum que ad propriam speciem pertinent : unde et tota materia speciei concluditur sub uno indiuiduo. Et similiter est de aliis corporibus celestibus; multo igitur magis in supprema parte rerum creatarum, que est Deo propinquissima, scilicet in angelis, hec perfectio inuenitur ut uni indiuiduo nichil desit eorum que ad totam speciem pertinent, et sic non sint plura indiuidua in una specie. Deus uero, qui est in summo perfectionis, cum nullo alio conuenit, non solum in specie set nec in genere nec in alio predicato uniuoco.

eux plusieurs individus d'une même espèce, mais rien qu'un seul soleil, une seule lune, et ainsi de suite; à bien plus forte raison, donc, on ne trouve pas dans la partie la plus haute de l'univers des choses ordonnées par accident et non par soi. Reste ainsi comme conclusion que tous les anges diffèrent entre eux par l'espèce selon la plus ou moins grande perfection que les formes simples tirent de leur plus ou moins grande proximité avec Dieu, qui est acte pur et dont la perfection est infinie.

Le troisième argument est tiré de la perfection de la nature angélique. On dit en effet qu'une chose est parfaite quand ne lui manque rien de ce qui lui revient; et le degré de cette perfection peut être évalué à partir des deux extrémités du réel. À Dieu, en effet, qui est au sommet de la perfection, ne manque rien de ce qui appartient à la notion d'être dans son entier : car Il possède d'avance en lui toutes les perfections des choses de manière absolue et excellente, ainsi que le dit Denys [157]. Quant à l'individu dans la partie la plus basse du réel, qui contient les choses engendrables et corruptibles, il se trouve parfait du fait qu'il possède tout ce qui lui revient selon la notion de son individuation, mais non tout ce qui revient à la nature de son espèce puisque la nature de son espèce se trouve aussi en d'autres individus. Et il apparaît clairement que cela relève d'une imperfection, non seulement chez les animaux engendrables où l'un a besoin d'un autre de son espèce pour la vie commune, mais même chez tous les animaux engendrés d'une semence, quelle qu'en soit la manière, où le mâle a besoin d'une femelle de son espèce pour engendrer, et également chez tous les êtres engendrables et corruptibles, où une multitude d'individus d'une même espèce est nécessaire afin que la nature de l'espèce, qui ne peut être perpétuellement conservée en un seul individu, en raison de sa corruptibilité, soit conservée en plusieurs. Dans la partie supérieure de l'univers, en revanche, on trouve un plus haut degré de perfection, [chez des êtres] où un seul individu, par exemple le soleil, est si parfait que rien ne lui manque de ce qui revient à son espèce propre, ce qui fait aussi que toute la matière de l'espèce est incluse en un seul individu – et il en va de même pour les autres corps célestes. À plus forte raison, par conséquent, dans la partie la plus haute des choses créées, celle la plus proche de Dieu, à savoir chez les anges, on trouve cette perfection selon laquelle rien ne manque à un seul individu de ce qui revient à l'espèce entière, de sorte qu'il n'y a pas plusieurs individus au sein d'une même espèce. Quant à Dieu, qui est au sommet de la perfection, Il ne s'accorde avec rien d'autre, non seulement au point de vue de l'espèce, mais aussi au point de vue du genre ou d'un autre prédicat univoque.

1. Ad primum ergo dicendum quod Augustinus loquitur ibi de natura angelica et humana, non secundum quod considerantur in esse naturali set secundum quod ordinantur ad beatitudinem : sic enim aliqui in natura angelica et humana perierunt. Quantum autem ad ordinem beatitudinis natura humana diuiditur contra totam angelicam, quia tota natura angelica uno modo nata est peruenire in beatitudinem uel ab ea deficere irreparabiliter, scilicet statim ad primam electionem, natura uero humana per decursum temporis. Et ideo loquitur ibi Augustinus de omnibus angelis sicut de una natura propter unum modum ordinis ad beatitudinem, licet differant secundum speciem nature.

2. Ad secundum dicendum quod, cum inquiritur de differentia uel conuenientia speciei, est consideratio de rebus secundum naturas ipsarum; et secundum hoc non est loquendum de omnibus angelis sicut de natura una Deo propinquissima, set solus primus angelus erat secundum hoc natura Deo propinquissima, in qua quidem natura est minima diuersitas quia nec secundum speciem nec secundum numerum.

3. Ad tertium dicendum quod ipsum esse se habet ut actus tam ad naturas compositas quam ad naturas simplices. Sicut ergo in naturis compositis species non sumitur ab ipso esse set a forma, quia species predicatur in quid est, esse autem pertinere uidetur ad questionem an est; unde nec in substantiis angelicis species sumitur secundum ipsum esse set secundum formas simplices subsistentes, quarum differentia est secundum ordinem perfectionis, ut dictum est.

4. Ad quartum dicendum quod sicut forma, que est in subiecto uel materia, indiuiduatur per hoc quod est in hoc, ita forma separata indiuiduatur per hoc quod non est nata in aliquo esse : sicut enim esse in hoc excludit communitatem uniuersalis, quod predicatur de multis, ita non posse esse in aliquo. Sicut igitur hec albedo non prohibetur habere sub se multa indiuidua ex hoc quod est albedo, quod pertinet ad rationem speciei, set ex hoc quod est in hoc, quod pertinet ad rationem indiuidui, ita natura huius angeli non prohibetur esse in multis ex hoc quod est natura in tali ordine rerum, quod pertinet ad rationem speciei, set ex hoc quod non est nata recipi in aliquo subiecto, quod pertinet ad rationem indiuidui.

1. Augustin parle ici des natures angélique et humaine, non pas en tant qu'elles sont considérées dans leur être naturel, mais en tant qu'elles sont ordonnées à la béatitude : de ce point de vue, en effet, certains, dans la nature angélique et dans la nature humaine, ont péri. Or dans l'ordre de la béatitude, la nature humaine est distinguée de la nature angélique tout entière parce que la nature angélique tout entière est faite pour parvenir à la béatitude ou en déchoir, irréparablement, sur un seul mode, à savoir dès le premier choix, alors que pour la nature humaine c'est au cours du temps. Par conséquent, Augustin parle ici de tous les anges comme d'une nature unique en raison du mode unique qu'ils ont de se rapporter à la béatitude, bien qu'ils diffèrent selon l'espèce de [leur] nature.

2. Lorsqu'on enquête sur la différence ou l'accord spécifique, l'examen porte sur les choses relativement à leurs natures; et sous ce rapport, on ne doit pas parler de tous les anges comme d'une seule nature qui serait la plus proche de Dieu : seul le premier ange, sous ce rapport, était la nature la plus proche de Dieu – une nature dans laquelle, assurément, la diversité est minime, puisqu'elle n'est ni spécifique ni numérique.

3. L'être même joue le rôle d'acte aussi bien pour les natures composées que pour les natures simples. Par conséquent, de même que dans les natures composées l'espèce n'est pas tirée de l'être même, mais de la forme (parce que l'espèce est prédiquée en [réponse à la question] « qu'est-ce ? », alors que l'être semble relever de la question « est-ce ? »), dans les substances angéliques, donc, l'espèce ne se prend pas non plus de l'être même, mais des formes simples subsistantes, leur différence, ainsi qu'on l'a dit[158], reposant sur [leur] degré de perfection.

4. De même que la forme qui est dans un sujet ou dans une matière est individuée du fait qu'elle est en ceci, la forme séparée est individuée du fait qu'elle n'est pas de nature à être en quoi que ce soit; en effet, tout comme le fait d'être en ceci, le fait de ne pouvoir être en quoi que ce soit exclut la communauté [caractéristique] de l'universel, lequel est prédiqué d'une pluralité. De même donc que ce qui empêche cette blancheur d'avoir sous elle plusieurs individus n'est pas le fait d'être blancheur – ce qui relève de la notion d'espèce –, mais le fait d'être en ceci – ce qui relève de la notion d'individu –, ce qui empêche la nature de cet ange d'être dans une pluralité n'est pas le fait d'être une nature située dans tel ordre de réalité – ce qui relève de la notion d'espèce –, mais le fait de ne pas pouvoir être reçue en un sujet – ce qui relève de la notion d'individu.

5. Ad quintum dicendum quod, cum affectio sequatur cognitionem, quanto cognitio est uniuersalior tanto affectio eam sequens magis respicit commune bonum, et quanto cognitio est magis particularis tanto affectio ipsam sequens magis respicit priuatum bonum : unde et in nobis priuata dilectio ex cognitione sensitiua exoritur, dilectio uero communis et absoluti boni ex cognitione intellectiua. Quia igitur angeli quanto sunt altiores tanto habent scientiam magis uniuersalem, ut Dyonisius dicit XII cap. Angelice ierarchie, ideo eorum dilectio maxime respicit commune bonum; magis igitur diligunt se inuicem si specie differunt, quod magis pertinet ad perfectionem uniuersi, ut ostensum est, quam si in specie conuenirent, quod pertineret ad bonum priuatum unius speciei.

6. Ad sextum dicendum quod substantias separatas non potest anima nostra corpori unita secundum essentias earum intelligere, ut sciat de eis quid sunt, quia earum essentie excedunt genus sensibilium naturarum et earum proportionem, ex quibus intellectus noster cognitionem capit : et ideo substantie separate non possunt diffiniri a nobis proprie; set solum per remotionem uel aliquam operationem ipsarum. Et hoc modo Damascenus diffinit angelum, non diffinitione pertinente ad speciem specialissimam, set ad genus subalternum, quod est genus et species, unde diffiniri potest.

7. Ad septimum dicendum quod modus distinctionis personarum diuinarum est absque essentie diuersitate, quod non patitur natura creata : et ideo non est hoc ad consequentiam trahendum in creaturis.

8. Ad octauum dicendum quod magis et minus dupliciter accipitur : uno modo secundum diuersum modum participationis unius et eiusdem forme, sicut magis album dicitur magis clarum quam minus album; et sic magis et minus non diuersificant speciem. Alio modo dicitur magis et minus secundum gradus diuersarum formarum, sicut album dicitur magis clarum quam rubeum aut uiride; et sic magis et minus diuersificant speciem : et hoc modo angeli differunt in donis spiritualibus naturalibus secundum magis et minus.

9. Ad nonum dicendum quod id quod constituit in specie est nobilius eo quod constituit in genere sicut determinatum indeterminato : habet enim se determinatum ad indeterminatum ut actus ad potentiam, non autem ita quod semper illud quod constituit in specie ad nobiliorem naturam pertineat, ut patet in speciebus animalium irrationalium. Non enim constituuntur huiusmodi species per additionem alterius nature nobilioris supra naturam sensitiuam, que est nobilissima in eis, set per determinationem ad diuersos gradus in illa

5. Puisque l'affection suit la connaissance, plus la connaissance est universelle, plus l'affection qui la suit regarde le bien commun; et plus la connaissance est particulière, plus l'affection qui la suit regarde un bien individuel – de là vient qu'en nous aussi un amour individuel naît de la connaissance sensitive, et un amour du bien commun et absolu de la connaissance intellective. Donc, puisque les anges ont une science d'autant plus universelle qu'ils sont plus élevés, comme le dit Denys au chapitre XII de la *Hiérarchie angélique* [§ 2][159], leur amour regarde surtout le bien commun; ils s'aiment donc davantage entre eux s'ils diffèrent par l'espèce – ce qui, comme on l'a montré[160], concerne plus la perfection de l'univers – que s'ils partageaient une même espèce – ce qui concernerait le bien individuel d'une seule espèce.

6. Notre âme unie au corps ne peut pas intelliger les substances séparées selon leurs essences, de façon à connaître d'elles ce qu'elles sont, parce que leurs essences excèdent le genre et la proportion des natures sensibles, dont notre intellect tire la connaissance. C'est pourquoi les substances séparées ne peuvent être définies par nous proprement, mais seulement par négation ou par l'une de leurs opérations. Et c'est de cette façon que Jean Damascène définit l'ange, par une définition relevant non pas de l'espèce la plus spéciale, mais d'un genre subalterne, à la fois genre et espèce, à partir duquel il peut être défini.

7. Le mode de distinction des personnes divines n'implique aucune diversité d'essence, ce que ne permet pas une nature créée. On ne peut donc en tirer une conclusion concernant les créatures.

8. Il y a deux façons d'envisager le plus et le moins. 1° En fonction d'une différence dans le mode de participation d'une seule et même forme, comme lorsque ce qui est plus blanc est dit plus clair que ce qui est moins blanc; et en ce cas, le plus et le moins n'entraînent pas un changement d'espèce. 2° On parle de plus et de moins en considérant le degré de formes différentes : le blanc, par exemple, est dit plus clair que le rouge ou le vert; dans ce cas, le plus et le moins entraînent un changement d'espèce; et c'est en ce sens que les anges, au point de vue des dons spirituels naturels, diffèrent selon le plus et le moins.

9. Ce qui place dans une espèce est plus noble que ce qui place dans un genre, au sens où le déterminé l'est plus que l'indéterminé (le déterminé, en effet, se rapporte à l'indéterminé comme l'acte à la puissance), sans pour autant que ce qui place dans l'espèce relève toujours d'une nature plus noble, comme on le voit avec les espèces des animaux irrationnels. Ces espèces, en effet, ne sont pas constituées par l'addition à la nature sensitive, qui est en eux la plus noble, d'une autre nature plus noble encore, mais par la détermination de divers degrés au sein

natura. Et similiter dicendum est de intellectuali, quod est commune in angelis.

10. Ad decimum dicendum quod hoc non uidetur esse uniuersaliter uerum, quod imperfectior differentia generis in plures species multiplicetur. Corpus enim diuiditur per animatum et inanimatum; plures tamen uidentur esse species animatorum corporum quam inanimatorum, precipue si corpora celestia sint animata et omnes stelle ad inuicem specie differant; set in plantis et animalibus est maxima diuersitas specierum. Vt tamen huius rei ueritas inuestigetur, considerandum est quod Dyonisius Platonicis contrariam sententiam proferre uidetur : dicunt enim Platonici quod substantie quo fuerunt primo uni propinquiores, eo sunt minoris numeri; Dyonisius uero dicit in XIV cap. Angelice ierarchie quod angeli omnem materialem multitudinem transcendunt. Vtrumque autem uerum esse aliquis potest ex rebus corporalibus percipere, in quibus quanto corpus aliquod inuenitur superius tanto minus habet de materia, set in maiorem quantitatem extenditur. Vnde cum numerus quodammodo sit causa quantitatis continue secundum quod punctum constituit unitas et punctus lineam, ut more Platonicorum loquamur, ita est etiam in tota rerum uniuersitate quod quanto aliqua sunt superiora in entibus tanto plus habent de formali multitudine, que attenditur secundum distinctionem specierum – et in hoc saluatur dictum Dyonisii –, minus autem de multitudine materiali, que attenditur secundum distinctionem indiuiduorum in eadem specie – in quo saluatur dictum Platonicorum –. Quod autem est una sola species animalis rationalis multis existentibus speciebus irrationalium animalium, ex hoc prouenit quia animal rationale constituitur ex hoc quod natura corporea attingit in sui suppremo naturam substantiarum spiritualium in sui infimo; suppremus autem gradus alicuius nature uel etiam infimus est unus tantum. Quamuis posset dici plures esse species rationalium animalium, si quis poneret corpora celestia animata.

11. Ad undecimum dicendum quod homines continentur inter creaturas corruptibiles, que sunt infima pars uniuersi, in qua inueniuntur aliqua ordinata non solum per se set etiam per accidens : et ideo in ecclesia militanti diuersitas secundum potentiam et ordinem non diuersificat speciem; secus autem est in angelis, qui sunt supprema pars uniuersi, ut dictum est. Est autem in hominibus angelorum similitudo non perfecta, set qualem esse contingit, dictum est[1].

1. Nous proposons de lire *dictum est* plutôt que *ut dictum est*.

de cette nature. Et il faut dire de même pour la nature intellectuelle, qui est chez les anges quelque chose de commun.

10. Il ne semble pas universellement vrai qu'une différence générique plus imparfaite soit multipliée en un plus grand nombre d'espèces. Le « corps », en effet, est divisé en « animé » et « inanimé »; cependant, il semble y avoir plus d'espèces de corps animés que d'inanimés, surtout si les corps célestes sont animés et que toutes les étoiles diffèrent entre elles spécifiquement – mais il y a [aussi] chez les plantes et les animaux une très grande diversité d'espèces. Toutefois, pour rechercher ce qu'il en est vraiment, on doit considérer le fait que Denys semble présenter une doctrine contraire aux platoniciens. Les platoniciens, en effet, disent que plus les substances sont proches de l'Un premier, plus leur nombre est petit [161], alors que Denys dit au chapitre XIV de la *Hiérarchie angélique* [§ 8] [162] que les anges surpassent toute multitude matérielle. Or que l'une et l'autre [thèses] soient vraies, on peut le saisir en considérant les choses corporelles, où plus un corps est élevé, moins il a de matière, mais plus il s'étend en quantité. Par conséquent, puisque le nombre est en quelque façon la cause de la quantité continue, dans la mesure où l'unité constitue le point et le point la ligne – pour parler comme les platoniciens [163] –, il se produit aussi ceci dans l'univers entier que plus les choses sont élevées au sein des étants, plus elles se multiplient formellement (ce qui correspond à une distinction d'espèces – et en cela on sauve la parole de Denys), et moins elles se multiplient matériellement (ce qui correspond à une distinction d'individus au sein d'une même espèce – et en cela on sauve la parole des platoniciens). Quant au fait qu'il y ait une seule espèce d'animal rationnel, alors qu'existe un grand nombre d'espèces d'animaux irrationnels, cela vient de ce que l'animal rationnel est constitué par le fait que la nature corporelle touche en son point le plus haut la nature des substances spirituelles en son point le plus bas; or le degré le plus haut d'une nature, et aussi le plus bas, est unique – cela étant, on pourrait dire qu'il y a plusieurs espèces d'animaux rationnels si l'on posait que les corps célestes sont animés.

11. Les hommes sont inclus dans les créatures corruptibles, qui constituent la partie la plus basse de l'univers où l'on trouve des choses ordonnées non seulement par soi, mais aussi par accident, ce qui explique que dans l'Église militante une différence de puissance et d'ordre ne fasse pas une différence d'espèce. Mais il en va autrement chez les anges, qui constituent, comme on l'a dit [164], la partie la plus haute de l'univers. Il y a cependant chez les hommes une ressemblance avec les anges, qui n'est pas parfaite – mais ce qu'elle est, on l'a dit [165].

12. Ad duodecimum dicendum quod ornamenta terre et aque, quia corruptibilia sunt, requirunt multitudinem in eadem specie, ut dictum est. Corpora autem celestia etiam sunt diuersarum specierum, ut dictum est : lux enim non est forma substantialis eorum, cum sit qualitas per se sensibilis, quod de nulla forma substantiali dici potest; et preterea non est eiusdem rationis lux in omnibus, quod patet ex hoc quod diuersorum corporum superiorum radii diuersos habent effectus.

13. Ad tertium decimum dicendum quod indiuiduatio in angelis non est per materiam, set per hoc quod sunt forme per se subsistentes, que non sunt nate esse in subiecto uel materia, ut dictum est.

14. Ad quartum decimum dicendum quod antiqui philosophi posuerunt quod cognoscens debet esse de natura rei cognite : unde Empedocles dixit quod «terram terra cognoscimus et aquam aqua». Set ad hoc excludendum Aristotiles posuit quod uirtus cognoscitiua in nobis prout est in potentia est denudata a natura cognoscibilium sicut pupilla a colore; set tamen sensus in actu est sensatum in actu, in quantum fit sensus in actu per hoc quod informatur specie sensibili. Et eadem ratione intellectus in actu est intellectum in actu in quantum informatur per speciem intelligibilem : «Non enim lapis est in anima set species lapidis», ut ipse dicit; ex hoc autem est aliquid intelligibile in actu quod est a materia separatum : et ideo dicit quod «in hiis que sunt sine materia idem est intelligens et quod intelligitur». Non ergo oportet quod angelus intelligens sit idem in substantia quod angelus intellectus, si sunt immateriales; set oportet quod intellectus unius formetur per similitudinem alterius.

15. Ad quintum decimum dicendum quod numerus qui causatur ex diuisione continui est species quantitatis, et est tantum in substantiis materialibus; set in substantiis immaterialibus est multitudo que est de transcendentibus, secundum quod unum et multa diuidunt ens : et hec multitudo consequitur distinctionem formalem.

16. Ad sextum decimum dicendum quod differentia secundum causam et causatum ponitur a quibusdam multiplicare substantias separatas, in quantum per hoc ponunt prouenire diuersos gradus in eis, prout causatum est infra quam causam : unde si ponimus diuersos gradus in substantiis immaterialibus ex ordine diuine sapientie causantis, remanebit eadem distinctionis ratio, etiam si una earum non sit causa alterius.

12. Les ornements de la terre et de l'eau, comme on l'a dit [166], requièrent une multitude au sein d'une même espèce parce qu'ils sont corruptibles. Quant aux corps célestes, comme on l'a dit [167], ils sont eux-mêmes d'espèces différentes : la lumière, en effet, n'est pas leur forme substantielle, puisque c'est une qualité sensible par soi, ce qu'on ne peut dire d'aucune forme substantielle ; du reste, la lumière n'a pas la même nature en tous, comme le montre le fait que les rayons des différents corps supérieurs ont des effets différents.

13. Chez les anges, l'individuation ne résulte pas de la matière, mais du fait que ce sont des formes subsistantes par soi qui, comme on l'a dit [168], ne sont pas de nature à exister dans un sujet ou une matière.

14. Les philosophes anciens ont soutenu que le connaissant devait être de la même nature que la chose connue, ce qui faisait dire à Empédocle que « nous connaissons la terre par la terre, et l'eau par l'eau [169] ». Mais pour le récuser, Aristote a soutenu que le pouvoir de connaître en nous, dans la mesure où il est en puissance, est dénué de la nature des choses connaissables, comme la pupille l'est de la couleur ; le sens en acte, cependant, est [identique au] senti en acte, en tant que le sens devient en acte du fait qu'il est informé par une espèce sensible ; et pour la même raison, l'intellect en acte est [identique à] l'intelligé en acte en tant qu'il est informé par une espèce intelligible – « ce n'est pas la pierre, en effet, qui est dans l'âme, mais l'espèce de la pierre », comme il le dit lui-même [170] ; or quelque chose est intelligible en acte du fait qu'il est séparé de la matière, et c'est pourquoi il dit que « dans le cas des choses qui sont sans matière, il y a identité entre ce qui intellige et ce qui est intelligé [171] ». L'ange qui intellige n'a donc pas à être substantiellement le même que l'ange qui est intelligé, s'ils sont immatériels ; mais il faut que l'intellect du premier soit informé par une similitude du second.

15. Le nombre qui est causé par la division du continu est une espèce de la quantité et ne vaut que pour les substances matérielles ; pour les substances immatérielles, en revanche, on trouve une multitude qui relève des transcendantaux, selon que « un » et « plusieurs » divisent l'étant. Et cette multitude-ci découle d'une distinction formelle.

16. Certains soutiennent que la différence selon la cause et le causé multiplie les substances séparées dans la mesure où cela, selon eux, fait apparaître en elles divers degrés, le causé étant inférieur à sa cause. Par conséquent, si nous posons divers degrés dans les substances immatérielles en vertu de l'ordre [voulu] par la divine sagesse qui [les] cause, la nature de la distinction restera la même, bien qu'aucune de ces substances immatérielles ne soit la cause d'une autre.

17. Ad septimum decimum dicendum quod quelibet natura creata, cum sit finita, non ita perfecte representat diuinam bonitatem sicut multitudo naturarum, quia quod in multis naturis multipliciter continetur comprehenditur in Deo unite : et ideo oportuit esse plures naturas in uniuerso, et etiam in substantiis angelicis.

18. Ad duodeuicesimum dicendum quod oppositio differentiarum constituentium angelicas species accipitur secundum perfectum et imperfectum uel excedens et excessum, sicut est etiam in numeris, et sicut se habent animatum et inanimatum et alia huiusmodi.

< Articulus nonus >

Nono queritur utrum intellectus possibilis sit unus in omnibus hominibus.

Et uidetur quod sic. Dicit enim Augustinus in libro De quantitate anime «Si dixero multas esse animas, ipse me ridebo» ; derisibile ergo uidetur dicere multas animas intellectiuas esse.

2. Preterea. In hiis que sunt sine materia est unum tantum indiuiduum in una specie, ut ostensum est ; set intellectus possibilis siue anima intellectiua, cum sit substantia spiritualis, non est compositus ex materia et forma, ut prius ostensum est ; ergo est una tantum anima intellectiua siue intellectus possibilis in tota specie humana.

3. Set dicebat quod, et si anima intellectiua non habeat materiam ex qua sit, habet tamen materiam in qua est, scilicet corpora, secundum quorum multiplicationem multiplicantur anime intellectiue. – Set contra. Remota causa remouetur effectus ; si igitur multiplicatio corporum est causa multiplicationis animarum, remotis corporibus non possunt multe anime remanere.

4. Preterea. Indiuiduatio fit secundum determinationem principiorum essentialium : sicut enim de ratione hominis est ut componatur ex anima et corpore, ita de ratione Sortis est ut componatur ex

17. Toute nature créée, étant donné qu'elle est finie, ne représente pas la bonté divine aussi parfaitement que la multitude des natures, parce que ce qui est contenu de différentes manières dans les différentes natures est compris en Dieu de manière unitaire. C'est pourquoi il a fallu qu'il y ait plusieurs natures dans l'univers, et même au sein des substances angéliques.

18. L'opposition des différences qui constituent les espèces angéliques s'entend selon ce qui est parfait et ce qui est imparfait, ou ce qui dépasse et ce qui est dépassé, comme il en va aussi pour les nombres, et pour le rapport entre l'animé et l'inanimé ou d'autres choses de ce genre.

[lieux parallèles : *De ente et essentia*, chap. 5; *Script. super Sent.*, II, d. 3, q. 1, art. 4 et 5; *Contra Gent.*, II, chap. 93 et 95; *Ia Pars*, q. 50, art. 4]

Article 9

Neuvièmement, on demande s'il y a un seul intellect possible pour tous les hommes.

Et il semble que oui. Augustin dit en effet dans le livre *La Quantité de l'âme* [chap. 33, n. 69] : « Si je disais qu'existe une multitude d'âmes, c'est de moi-même que je rirai. » Il semble donc risible de dire qu'existe une multitude d'âmes intellectives.

2. Dans les êtres qui sont sans matière, ainsi qu'on l'a montré [172], il n'y a qu'un seul individu par espèce; or l'intellect possible, ou l'âme intellective, puisque c'est une substance spirituelle, n'est pas composé de matière et de forme, ainsi qu'on l'a montré plus haut [173]; donc il n'y a qu'une seule âme intellective, ou qu'un seul intellect possible, pour toute l'espèce humaine.

3. Mais on a objecté ceci : même si l'âme intellective n'a pas de matière à partir de laquelle elle est, elle a néanmoins une matière dans laquelle elle est, à savoir les corps, selon la multiplication desquels les âmes intellectives sont elles-mêmes multipliées. – Mais on rétorque : si la cause est supprimée, l'effet est supprimé; si donc la multiplication des corps est la cause de la multiplication des âmes, la multitude des âmes ne peut perdurer une fois que les corps sont supprimés.

4. L'individuation advient par la détermination des principes essentiels; de même, en effet, qu'il est dans la notion de l'homme d'être composé d'une âme et d'un corps, il est dans la notion de Socrate

hac anima et hoc corpore, ut patet per Philosophum in VII Methaphisice. Set corpus non est de essentia anime; ergo impossibile est quod anima indiuiduetur per corpus : et ita non multiplicabuntur anime secundum multiplicationem corporum.

5. Preterea. Augustinus dicit Contra Felicianum «Si originem animantis potentie requiramus, prior est anima matre, et ex hac rursus nata uidetur cum sobole», et loquitur de «anima per quam animata est mater», ut statim subdit; ex quo uidetur dicere quod sit eadem anima in matre et filio, et eadem ratione in omnibus hominibus.

6. Preterea. Si intellectus possibilis <esset alius> in me et alius in te, oporteret quod res intellecta esset alia in me et alia in te, cum res intellecta sit in intellectu; et ita res intellecta numeraretur per numerationem indiuiduorum hominum. Set omnia que numerantur per numerationem indiuiduorum habent rem intellectam communem; et sic rei intellecte erit aliqua res intellecta in infinitum, quod est impossibile. Non ergo est alius intellectus possibilis in me et in te.

7. Preterea. Si non esset unus intellectus possibilis in omnibus hominibus, cum contingit scientiam a magistro in discipulo causari, oporteret quod uel eadem numero scientia que est in magistro deflueret ad discipulum, uel quod scientia magistri causaret scientiam discipuli, sicut calor ignis causat calorem in lignis, uel quod addiscere non esset aliud quam reminisci; si enim discipulus habeat ante addiscere scientiam quam addiscit, addiscere est reminisci, si uero non habeat eam prius, aut acquirit eam existentem prius in alio, scilicet in magistro, aut non existentem prius in alio : et sic oportet quod in eo de nouo causetur ab alio. Hec autem tria sunt impossibilia. Cum enim scientia sit accidens, non potest eadem numero transire de subiecto in subiectum quia, ut Boetius dicit, accidentia corrumpi possunt, transmutari non possunt; similiter etiam impossibile est quod scientia magistri causet scientiam in discipulo, tum quia scientia non est qualitas actiua, tum quia uerba que magister profert solum excitant discipulum ad intelligendum, ut Augustinus dicit in libro De magistro; quod autem addiscere sit reminisci est contra Philosophum in

d'être composé de cette âme et de ce corps, comme le montre Aristote au livre VII de la *Métaphysique* [1035b28-31]; mais le corps n'appartient pas à l'essence de l'âme; donc il est impossible que l'âme soit individuée par le corps, si bien que les âmes ne seront pas multipliées selon la multiplication des corps.

5. Augustin dit dans *Contre Félicien* [174] : « Si nous cherchons l'origine de la puissance animatrice, l'âme est antérieure à la mère, et elle semble en être née derechef, en même temps que le rejeton » ; et il parle « de l'âme par laquelle la mère est animée », comme il l'ajoute immédiatement ; par là il semble dire qu'il y a une même âme pour la mère et le fils, et, pour la même raison, pour tous les hommes.

6. Si l'intellect possible était autre en moi et en toi, il faudrait que la chose intelligée soit autre en moi et en toi, puisque la chose intelligée se trouve dans l'intellect ; et ainsi la chose intelligée serait nombrée par le dénombrement des individus humains [175]. Or toutes les choses qui sont nombrées par le dénombrement d'individus ont une chose intelligée commune ; pour une chose intelligée, par conséquent, il y aura une autre chose intelligée, et cela indéfiniment, ce qui est impossible. L'intellect possible n'est donc pas autre en moi et en toi.

7. S'il n'y avait pas un seul intellect possible pour tous les hommes, il faudrait, lorsque la science se trouve être causée par le maître chez l'élève, soit que s'écoule jusqu'à l'élève une science numériquement identique à celle qui est dans le maître, soit que la science du maître cause la science de l'élève comme la chaleur du feu cause la chaleur dans le bois, soit enfin qu'apprendre ne soit rien d'autre que se ressouvenir [176]. En effet, si l'élève possède avant d'apprendre la science qu'il apprend, apprendre consiste à se ressouvenir ; si en revanche il ne la possède pas préalablement, il l'acquiert soit comme quelque chose qui existe préalablement en un autre, à savoir dans le maître, soit comme quelque chose qui n'existe pas préalablement en un autre, et en ce cas il est nécessaire qu'elle soit causée en lui pour la première fois par un autre. Or ces trois choses sont impossibles. Étant donné en effet que la science est un accident, une même science par le nombre ne peut pas passer de sujet en sujet, parce que, comme le dit Boèce [177], « les accidents peuvent être corrompus, ils ne peuvent pas être transférés ». De même, il est tout aussi impossible que la science du maître cause la science chez l'élève : d'une part, parce que la science n'est pas une qualité active ; d'autre part, parce que les paroles que profère le maître ne font qu'exciter l'élève à intelliger, comme le dit Augustin dans le livre *Du maître* [178]. Quant au fait qu'apprendre consiste à se ressouvenir,

I Posteriorum. Non est ergo alius et alius intellectus possibilis in omnibus hominibus.

8. Preterea. Omnis uirtus cognoscitiua que est in materia corporali cognoscit ea tantum que habent affinitatem cum materia in qua est, sicut uisus cognoscit tantum colores qui habent affinitatem cum pupilla, que est susceptiua colorum propter suam dyafonitatem ; set intellectus possibilis non est susceptiuus eorum tantum que habent affinitatem uel cum toto corpore uel cum quacumque parte eius; intellectus ergo possibilis non est uirtus cognoscitiua in materia corporali neque in toto corpore neque in aliqua parte eius. Ergo non multiplicatur secundum multiplicationem corporum.

9. Preterea. Si anima intellectiua uel intellectus possibilis multiplicatur secundum multiplicationem corporum, hoc non est nisi quia est corporis forma; set non potest esse corporis forma, cum sit composita ex materia et forma, ut a multis ponitur : compositum enim ex materia et forma non potest esse alicuius forma. Ergo anima intellectiua siue intellectus possibilis non potest multiplicari secundum multiplicationem corporum.

10. Preterea. Sicut Cyprianus dicit, Dominus prohibuit discipulis ne in ciuitatem Samaritanorum intrarent propter peccatum scismatis, quia a regno Dauid recesserant decem tribus, in Samaria capud sibi regni postmodum statuentes; idem autem populus erat tempore Christi, qui prius fuerat. Sic autem se habet populus ad populum sicut homo ad hominem et anima ad animam; ergo eadem ratione una anima est in eo qui prius fuit et in alio qui post sequitur : et sic per eandem rationem eadem anima erit in singulis hominibus.

11. Preterea. Magis dependet accidens a subiecto quam forma a materia, cum forma det esse materie simpliciter, accidens autem non det esse simpliciter subiecto. Set unum accidens potest esse in multis subiectis, sicut unum tempus est in multis motibus, ut Ancelmus dicit; ergo multo magis una anima potest esse multorum corporum. Et sic non oportet esse multos intellectus possibiles.

12. Preterea. Anima intellectiua uirtuosior est quam uegetatiua; set anima uegetatiua potens <est> uegetare aliquid extra corpus cuius est forma : dicit enim Augustinus in VI Musice quod radii uisuales

cela s'oppose à ce que dit le Philosophe au livre I des *Seconds Analytiques* [71a27-30; 71b5-8]. L'intellect possible n'est donc pas différent chez tous les hommes.

8. Tout pouvoir de connaître qui est dans une matière corporelle ne connaît que ce qui a une affinité avec la matière dans laquelle il se trouve : la vue, par exemple, ne connaît que les couleurs, lesquelles ont une affinité avec la pupille, qui peut recevoir les couleurs en raison de sa nature diaphane. Or l'intellect possible n'est pas seulement capable de recevoir ce qui a une affinité avec le corps pris tout entier ou avec quelqu'une de ses parties; donc l'intellect possible n'est pas un pouvoir de connaître dans une matière corporelle : ni dans le corps pris tout entier, ni dans l'une de ses parties. Il n'est donc pas multiplié selon la multiplication des corps.

9. Si l'âme intellective, ou l'intellect possible, est multipliée selon la multiplication des corps, cela est uniquement dû au fait qu'elle est la forme du corps; or elle ne peut pas être la forme du corps puisqu'elle est composée de matière et de forme, comme beaucoup le soutiennent [179] : un composé de matière et de forme, en effet, ne peut être la forme de quelque chose. Donc l'âme intellective, ou l'intellect possible, ne peut être multipliée selon la multiplication des corps.

10. Ainsi que le dit Cyprien [180], le Seigneur a interdit à ses disciples d'entrer dans la cité des Samaritains [181] à cause du péché de schisme – parce que dix tribus avaient quitté le royaume de David, pour établir ensuite en Samarie la capitale de leur royaume; or le peuple au temps du Christ était le même que celui qui avait existé auparavant; or un peuple se rapporte à un peuple comme un homme à un homme et une âme à une âme; donc pour la même raison, il y a une seule âme dans celui qui a existé d'abord et dans celui qui est venu ensuite; et ainsi, pour la même raison, il y aura la même âme en chaque homme.

11. L'accident dépend plus du sujet que la forme de la matière, puisque la forme donne l'être à la matière absolument, tandis que l'accident ne donne pas absolument l'être au sujet. Or un seul accident peut se trouver en une multitude de sujets : un seul temps, par exemple, se trouve en une multitude de mouvements, comme le dit Anselme [182]; *a fortiori*, donc, une seule âme peut appartenir à une multitude de corps, si bien qu'il ne doit pas y avoir une multitude d'intellects possibles.

12. L'âme intellective a plus de pouvoir que l'âme végétative; or l'âme végétative est capable de vivifier quelque chose en dehors du corps dont elle est la forme; Augustin dit en effet au livre VI de *De la*

uegetantur ab anima uidentis, etiam longe producti usque ad rem uisam; ergo multo magis anima intellectiua potest perficere alia corpora preter corpus in quo est.

13. Preterea. Si intellectus possibilis multiplicatur secundum multiplicationem corporum, oportet quod species intelligibiles, que sunt in intellectu possibili in me et in te, secundum multiplicationem corporum multiplicentur; set ab omnibus formis multiplicatis secundum multiplicationem materie corporalis potest abstrahi aliqua intentio communis; ergo a formis intellectis per intellectum possibilem potest abstrahi aliqua intentio intellecta communis. Et eadem ratione, cum illa intentio intellecta multiplicetur secundum multiplicationem intellectus possibilis, erit abstrahere aliam intentionem intellectam in infinitum; hoc autem est impossibile. Est igitur unus intellectus possibilis in omnibus.

14. Preterea. Omnes homines consentiunt in primis principiis. Set hoc non esset nisi id quo cognoscunt prima principia esset unum commune in omnibus hominibus; huiusmodi autem est intellectus possibilis; est igitur unus intellectus possibilis in omnibus.

15. Preterea. Nulla forma indiuiduata et multiplicata per materiam est intellecta in actu; set intellectus possibilis cum actu intelligit est intellectus in actu, et intellectus in actu est intellectum in actu, ut dicitur III De anima, sicut sensus in actu est sensatum in actu; ergo intellectus possibilis non est indiuiduatus neque multiplicatus per materiam corporalem, et ita est unus in omnibus.

16. Preterea. Receptum est in recipiente per modum recipientis; set species intelligibilis recipitur in intellectu ut intellecta in actu, et non indiuiduata per materiam; ergo intellectus possibilis non est indiuiduatus per materiam. Ergo neque multiplicatur per multiplicationem materie corporalis.

17. Preterea. Intellectus possibilis etiam Sortis uel Platonis intelligit essentiam suam, cum intellectus in se ipsum reflectatur; ergo ipsa essentia intellectus possibilis est intellecta in actu. Set nulla forma indiuiduata et multiplicata per materiam est intellecta in actu; ergo intellectus possibilis non indiuiduatur et multiplicatur per materiam corporalem. Et sic relinquitur quod sit unus intellectus possibilis in omnibus.

musique [chap. 8, n. 21] que les rayons visuels sont vivifiés par l'âme de celui qui voit, même s'ils sont produits au loin, jusqu'à la chose vue ; *a fortiori*, donc, l'âme intellective peut parfaire d'autres corps en plus du corps dans lequel elle se trouve.

13. Si l'intellect possible est multiplié selon la multiplication des corps, il faut que les espèces intelligibles qui sont dans l'intellect possible en moi et en toi soient multipliées selon la multiplication des corps [183]. Or de toutes les formes multipliées selon la multiplication de la matière corporelle peut être abstraite une intention commune ; donc des formes intelligées par l'intellect possible peut être abstraite une intention intelligée commune ; et pour la même raison, puisque cette intention intelligée est multipliée selon la multiplication de l'intellect possible, l'abstraction d'une autre intention intelligée aura lieu, et cela à l'infini. Or c'est impossible. Il y a donc un seul intellect possible pour tous.

14. Tous les hommes s'accordent sur les premiers principes. Mais ce ne serait pas le cas si ce par quoi ils connaissent les premiers principes n'était pas une seule chose commune à tous les hommes ; or cela, c'est l'intellect possible ; donc il n'y a qu'un seul intellect possible pour tous.

15. Aucune forme individuée et multipliée par la matière n'est intelligée en acte ; or l'intellect possible, lorsqu'il intellige en acte, est un intellect en acte, et l'intellect en acte est [identique à] l'intelligé en acte, comme il est dit au livre III du [traité] *De l'âme* [430a19-20], tout comme le sens en acte est [identique au] senti en acte. Donc l'intellect possible n'est pas individué ni multiplié par une matière corporelle ; et ainsi il y en a un seul pour tous.

16. Ce qui est reçu est dans ce qui le reçoit sur le mode de ce qui le reçoit ; or l'espèce intelligible est reçue dans l'intellect en étant intelligée en acte, et non pas individuée par la matière ; donc l'intellect possible n'est pas individué par la matière ; donc il n'est pas non plus multiplié par la multiplication de la matière corporelle.

17. L'intellect possible, même si [on le considère comme étant celui] de Socrate ou de Platon, intellige sa propre essence, puisque l'intellect réfléchit sur lui-même ; donc l'essence même de l'intellect possible est intelligée en acte. Or aucune forme individuée et multipliée par la matière n'est intelligée en acte ; donc l'intellect possible n'est pas individué ni multiplié par la matière corporelle, ce qui implique, par conséquent, qu'il y a un seul intellect possible pour tous.

Set contra est quod dicitur Apoc. VII «Post hec uidi turbam magnam, quam dinumerare nemo poterat»; turba autem illa non erat hominum corporaliter uiuentium set animarum a corpore absolutarum; ergo sunt multe anime intellectiue non solum nunc, cum corpori uniuntur, set etiam a corporibus absolute.

2. Preterea. Augustinus dicit Contra Felicianum «Fingamus, sicut plerique uolunt, esse in mundo animam generalem», et postea subdit «Cum talia proponimus oppugnanda predicamus»; est ergo improbabile quod sit una anima omnium.

3. Preterea. Magis est alligata anima intellectiua corpori humano quam corpori celesti motor eius; set Commentator dicit in III De anima quod, si essent plura corpora mobilia, essent plures motores in orbibus celestibus; ergo magis, cum sint multa corpora humana, erunt multe anime intellectiue, et non unus tantum intellectus possibilis.

Responsio. Dicendum quod ad euidentiam huius questionis oportet preintelligere quid intelligatur nomine intellectus possibilis et agentis. Sciendum est autem quod Aristotiles processit ad considerandum de intellectu per similitudinem sensus. Ex parte autem sensus, cum inueniamur quandoque sentientes in potentia quandoque in actu, oportet ponere in nobis aliquam uirtutem sensitiuam per quam simus sentientes in potentia, quam oportet esse in potentia ad species sensibilium, et nullam earum habere actu in sua essentia; alioquin, si sensus haberet in actu sensibilia, sicut antiqui philosophi posuerunt, sequeretur quod semper essemus sentientes in actu. Similiter, cum inueniamur quandoque intelligentes in actu quandoque in potentia, necesse est ponere aliquam uirtutem per quam simus intelligentes in potentia, que quidem in sua essentia et natura non habet aliquam de naturis rerum sensibilium quas intelligere possumus, si[1] sit in potentia ad omnia : et propter hoc uocatur possibilis intellectus, sicut et sensus secundum quod est in potentia posset uocari sensus possibilis. Sensus autem qui est in potentia reducitur in actum per sensibilia actu, que sunt extra animam : unde non est necesse ponere sensum agentem; et similiter non esset necesse ponere intellectum agentem si uniuersalia, que sunt intelligibilia actu, per se subsisterent[2] extra animam, sicut posuit Plato. Set quia Aristotiles posuit ea non

1. Substitution de *si* à *set* avec Guldentops et Steel.
2. Substitution de *subsisterent* à *subsistunt* avec Guldentops et Steel.

Mais à l'inverse, il y a ce que dit l'*Apocalypse*, VII [9] : « Après cela, je vis une grande foule, que personne ne pouvait dénombrer. » Or cette foule n'était pas composée d'hommes vivant de manière corporelle, mais d'âmes séparées du corps ; donc il y a une multitude d'âmes intellectives, non seulement maintenant, lorsqu'elles sont unies au corps, mais aussi une fois qu'elles sont séparées des corps.

2. Augustin dit dans *Contre Félicien* [184] : « Imaginons, comme beaucoup le veulent, qu'il y ait dans le monde une âme générale » ; et il ajoute ensuite : « Lorsque nous proposons de telles choses, nous les avançons comme des choses à combattre. » Il est donc improbable qu'il y ait une seule âme pour tous [les hommes].

3. L'âme intellective est plus liée au corps humain que le moteur à son corps céleste ; or le Commentateur dit en [commentant le livre] III du [traité] *De l'âme* [185] que s'il y avait plusieurs corps mobiles, il y aurait plusieurs moteurs dans les sphères célestes ; *a fortiori*, donc, puisqu'il y a une multitude de corps humains, il y aura une multitude d'âmes intellectives et non pas un seul intellect possible.

Réponse. Pour élucider cette question, il faut au préalable comprendre ce qu'on entend par intellect «possible» et intellect «agent». Or il faut savoir qu'Aristote a procédé par comparaison avec le sens pour examiner l'intellect [186]. Pour ce qui est du sens, puisque nous nous trouvons sentir tantôt en puissance, tantôt en acte, il faut admettre en nous un pouvoir de sentir faisant que nous sommes sentant en puissance, lequel pouvoir doit être en puissance à l'égard des espèces sensibles et ne posséder en acte aucune d'elles dans son essence – sans quoi il s'ensuivrait, si le sens possédait en acte les sensibles, comme le soutenaient les philosophes anciens [187], que nous serions toujours sentant en acte. De la même manière, puisque nous nous trouvons intelliger tantôt en acte, tantôt en puissance, il est nécessaire d'admettre un pouvoir faisant que nous sommes intelligeant en puissance, lequel pouvoir, s'il est en puissance à l'égard de toutes, ne possède dans son essence et sa nature aucune des natures des choses sensibles que nous pouvons intelliger. Et c'est pour cela qu'on l'appelle intellect « possible », tout comme le sens, en tant qu'il est en puissance, pourrait être appelé sens « possible ». Cela dit, le sens qui est en puissance est conduit à l'acte par les sensibles en acte qui se trouvent à l'extérieur de l'âme, si bien qu'il n'est pas nécessaire d'admettre un sens agent. De la même façon, il ne serait pas nécessaire d'admettre un intellect agent si les universels, qui sont intelligibles en acte, subsistaient par soi à l'extérieur de l'âme ainsi que l'a soutenu Platon [188]. Mais parce que Aristote a soutenu

subsistere nisi in sensibilibus, que non sunt intelligibilia actu, necesse habuit ponere aliquam uirtutem que faceret intelligibilia in potentia esse intelligibilia actu, abstrahendo species rerum a materia et condicionibus indiuiduantibus : et hec uirtus uocatur intellectus agens.

De intellectu ergo possibili Auerroys in Commento III De anima posuit quod esset quedam substantia separata secundum esse a corporibus hominum sed[1] quod continuaretur nobiscum per fantasmata, et iterum quod esset unus intellectus possibilis omnium. Quod autem hec positio sit contraria fidei facile est uidere : tollit enim premia et penas future uite. Set ostendendum est hanc positionem esse secundum se impossibilem per uera principia philosophie. Ostensum est autem supra, cum de unione substantie spiritualis ad corpus ageretur, quod secundum hanc positionem sequeretur quod nullus homo particularis intelligeret aliquid; set dato disputationis gratia quod aliquis homo particularis per intellectum sic separatum intelligere posset, sequntur tria inconuenientia, si ponatur quod sit unus intellectus possibilis omnium, quo omnes intelligant.

Primo quidem quia non est possibile unius uirtutis simul et semel esse plures actiones respectu eiusdem obiecti. Contingit autem duos homines simul et semel unum et idem intelligibile intelligere; si igitur uterque intelligit per unum intellectum possibilem, sequeretur quod una et eadem numero esset intellectualis operatio utriusque : sicut si duo homines uiderent uno oculo, sequeretur quod eadem esset uisio utriusque. Quod patet omnino esse impossibile. Nec potest dici quod intelligere meum sit aliud ab intelligere tuo per diuersitatem fantasmatum, quia fantasma non est intellectum in actu set id quod est ab eo abstractum, quod ponitur esse uniuersale : unde diuersitas fantasmatum est extrinseca ab intellectuali operatione, et sic non potest diuersificare ipsam.

Secundo quia impossibile est esse unum numero in indiuiduis eiusdem speciei illud per quod speciem sortiuntur : si enim duo equi conuenirent in eodem secundum numerum quo speciem equi haberent, sequeretur quod duo equi essent unus equs, quod est impossibile. Et propter hoc in VII Methaphisice dicitur quod principia speciei secundum quod sunt determinata constituunt indiuiduum : ut,

1. Nous proposons de lire avec Keeler *sed* et non *secundum*.

qu'ils ne subsistent que dans les sensibles [189], lesquels ne sont pas intelligibles en acte, il a nécessairement dû admettre un certain pouvoir qui rende les intelligibles en puissance intelligibles en acte en abstrayant les espèces des choses de la matière et des conditions individuantes ; et ce pouvoir est appelé l'« intellect agent [190] ».

De l'intellect possible, donc, Averroès a soutenu dans [son] commentaire du livre III du [traité] *De l'âme* que ce serait une certaine substance séparée des corps humains selon l'être qui se joindrait à nous, cependant, par le biais des phantasmes, mais aussi qu'il n'y aurait qu'un seul intellect possible pour tous {les hommes} [191]. Que cette thèse soit contraire à la foi, on le voit aisément – cela supprime, en effet, les récompenses et les peines de la vie future. Mais il faut montrer par les vrais principes de la philosophie que cette thèse est en elle-même impossible. Or on a montré plus haut, lorsqu'il était question de l'union de la substance spirituelle avec le corps [192], qu'il s'ensuivrait selon cette thèse qu'aucun homme particulier n'intelligerait quoi que ce soit ; mais en admettant, pour les besoins de la dispute, qu'un homme particulier puisse intelliger par le biais d'un intellect ainsi séparé, il s'ensuit, si l'on pose qu'il y a pour tous {les hommes} un seul intellect possible par le biais duquel tous intelligent, trois choses qui ne conviennent pas.

Premièrement, parce qu'il n'est pas possible qu'un seul pouvoir ait en une seule et même fois plusieurs actions relativement à un même objet. Or il arrive que deux hommes intelligent en une seule et même fois un seul et même intelligible. Donc si l'un et l'autre intelligeaient par un seul intellect possible, il s'ensuivrait que l'opération intellectuelle de l'un et l'autre serait une et numériquement identique – de la même façon, si deux hommes voyaient par le biais d'un seul œil, il s'ensuivrait que la vision de l'un et l'autre serait la même, ce qui est manifestement tout à fait impossible. Et l'on ne peut pas dire que mon intelliger est autre que ton intelliger en raison de la diversité des phantasmes, car ce n'est pas le phantasme qui est intelligé en acte, mais ce qui en est abstrait, et qui est universel. La diversité des phantasmes est donc extérieure à l'opération intellectuelle, si bien qu'elle ne peut la diversifier.

Deuxièmement, parce qu'il est impossible que soit numériquement un dans des individus d'une même espèce ce à quoi ils doivent leur espèce. En effet, si deux chevaux partageaient quelque chose de numériquement identique leur conférant l'espèce « cheval », il s'ensuivrait que deux chevaux seraient un seul cheval, ce qui est impossible. C'est pourquoi il est dit au livre VII de la *Métaphysique* [1035b27-33] que les principes de l'espèce constituent l'individu en tant qu'ils sont

si ratio hominis est ut sit ex anima et corpore, de ratione huius hominis est quod sit ex hac anima et ex hoc corpore. Vnde principia cuiuslibet speciei oportet plurificari in pluribus indiuiduis eiusdem speciei. A quo autem aliquid speciem sortiatur cognoscitur a propria operatione speciem consequente : diiudicamus enim esse uerum aurum quod habet propriam operationem auri. Propria autem operatio humane speciei est intelligere : unde secundum hanc operationem ponit Philosophus ultimam hominis felicitatem in X Ethicorum[1]. Huius autem operationis principium non est intellectus passiuus, id est uis cogitatiua, uel uis appetitiua sensitiua, que participat aliqualiter ratione, cum hee uires non habeant operationem nisi per organum corporale; intelligere autem non potest esse per organum corporale, ut in III De anima probatur. Et sic relinquitur quod intellectus possibilis sit quo hic homo speciem humanam sortitur, non autem intellectus passiuus, ut Auerroys fingit; relinquitur ergo quod impossibile sit unum intellectum possibilem in omnibus hominibus esse.

Tertio sequeretur quod intellectus possibilis non reciperet aliquas species a fantasmatibus nostris abstractas, si sit unus intellectus possibilis omnium qui sunt et qui fuerunt quia, cum iam multi homines precesserint multa intelligentes, sequeretur quod respectu omnium illorum que illi sciuerunt sit in actu et non sit in potentia ad recipiendum, quia nichil recipit quod iam habet. Ex quo ulterius sequeretur quod, si nos sumus intelligentes et scientes per intellectum possibilem, quod scire in nobis non sit nisi reminisci; quamuis et hoc ipsum secundum se inconueniens uideatur, quod intellectus possibilis, si sit substantia separata secundum esse, efficiatur in actu per fantasmata, cum superiora in entibus non indigeant inferioribus ad sui perfectionem. Sicut enim inconueniens esset dicere quod corpora celestia perficiantur in actu accipiendo a corporibus inferioribus, similiter et multo amplius est impossibile quod aliqua substantia separata perficiatur in actu accipiendo a fantasmatibus.

Manifestum est etiam quod hec positio repugnat uerbis Aristotilis. Cum enim incipit inquirere de intellectu possibili, statim a principio nominat eum partem anime dicens « De parte autem anime qua cognoscit anima et sapit » ; uolens autem inquirere de natura

1. Substitution de *Ethicorum* à *Metaphisice* avec Guldentops et Steel.

déterminés : par exemple, s'il est dans la notion de l'homme d'être fait d'une âme et d'un corps, il est dans la notion de cet homme d'être fait de cette âme et de ce corps. Les principes de toute espèce doivent donc être multipliés dans les multiples individus d'une même espèce. Or ce à quoi une chose doit son espèce est connu par l'opération propre résultant de l'espèce – nous jugeons en effet qu'est de l'or véritable ce qui possède l'opération propre de l'or. Or l'opération propre de l'espèce humaine est d'intelliger, ce pourquoi le Philosophe soutient au livre X des *Éthiques* [*Éthique à Nicomaque*, 1177a12-b4] que le bonheur ultime de l'homme dépend de cette opération. Mais le principe de cette opération n'est pas l'intellect passif, à savoir la force cogitative, ni la force appétitive du sens (lesquelles participent en quelque sorte à la raison), puisque ces forces n'ont d'opération que par le biais d'un organe corporel; or intelliger ne peut se faire par le biais d'un organe corporel, comme il est démontré au livre III du [traité] *De l'âme* [429a24-25]. C'est donc que l'intellect possible est ce à quoi cet homme doit l'espèce humaine, et non pas l'intellect passif[193], comme se le figure Averroès[194]; on en conclut ainsi qu'il est impossible qu'il y ait un seul intellect possible pour tous les hommes.

Troisièmement, s'il y avait un seul intellect possible pour tous [les hommes] qui existent et qui ont existé, il s'ensuivrait que l'intellect possible ne recevrait pas certaines espèces abstraites de nos phantasmes. Car puisque bien des hommes déjà [nous] ont précédé, qui ont intelligé bien des choses, il s'ensuivrait que relativement à tout ce que ces hommes ont connu, [l'intellect] serait en acte et non en puissance de recevoir, étant donné que rien ne reçoit ce qu'il possède déjà. De là s'ensuivrait en outre, si c'est par l'intellect possible que nous sommes intelligeant et connaissant, que savoir ne serait pour nous rien d'autre que se ressouvenir – quoique cela même, en soi, ne semble pas convenir, à savoir que l'intellect possible, si c'est une substance séparée selon l'être, soit rendu en acte par des phantasmes, puisque les étants supérieurs n'ont pas besoin des étants inférieurs pour atteindre leur perfection; de même, en effet, qu'il ne conviendrait pas de dire que les corps célestes deviennent pleinement en acte en recevant [un apport] des corps inférieurs, de la même façon, et même bien davantage, il est impossible qu'une substance séparée devienne pleinement en acte en recevant [un apport] des phantasmes.

Il est clair, du reste, qu'une telle thèse s'oppose aux paroles d'Aristote. Car lorsqu'il commence son enquête sur l'intellect possible, il l'appelle d'emblée « partie de l'âme », en disant : « quant à la partie de l'âme par laquelle elle connaît et comprend[195] »; puis, désireux

intellectus possibilis pretermittit quandam dubitationem, scilicet utrum pars intellectiua sit separabilis ab aliis partibus anime subiecto, ut Plato posuit, uel ratione tantum : et hoc est quod dicit «siue separabili existente siue inseparabili secundum magnitudinem, set secundum rationem». Ex quo apparet quod, utrumlibet horum ponatur, stabit sententia sua quam intendit de intellectu possibili; non autem staret quod esset separata secundum rationem tantum, si predicta positio uera esset : unde predicta opinio non est sententia Aristotilis. Postmodum etiam subdit quod intellectus possibilis est «quo opinatur et intelligit anima», et multa alia huiusmodi, ex quibus manifeste dat intelligere quod intellectus possibilis sit aliquid anime et non sit substantia separata.

1. Ad primum ergo dicendum quod Augustinus intelligit derisibile esse quod ponantur diuersorum hominum anime multe, ita quod numero et specie differant, et precipue secundum opinionem Platonicorum quod supra omnia que sunt unius speciei posuerunt unum aliquod commune subsistens.

2. Ad secundum dicendum quod angeli, sicut non habent materiam ex qua sunt, ita non habent materiam in qua sunt; anima uero habet materiam in qua est; et ideo angeli non possunt esse multi in una specie, set anime possunt esse multe unius speciei.

3. Ad tertium dicendum quod, sicut corpus se habet ad esse anime, ita ad eius indiuiduationem, quia unumquodque secundum idem est unum et ens; esse autem anime acquiritur ei secundum quod unitur corpori, cum quo simul constituit unam naturam, cuius utrumque est pars. Et tamen, quia anima intellectiua est forma transcendens corporis capacitatem, habet esse suum eleuatum supra corpus : unde destructo corpore adhuc remanet esse anime. Et similiter secundum corpora multiplicantur anime, et tamen remotis corporibus adhuc remanet multitudo animarum.

4. Ad quartum dicendum quod, licet corpus non sit de essentia anime, tamen <anima> secundum suam essentiam habet habitudinem ad corpus in quantum hoc est ei essentiale quod sit corporis forma : et ideo in diffinitione anime ponitur corpus; sicut igitur de ratione anime est quod sit forma corporis, ita de ratione huius anime in quantum est hec anima est quod habeat habitudinem ad hoc corpus.

d'enquêter sur la nature de l'intellect possible, il laisse de côté la difficulté de savoir si la partie intellective est séparable des autres parties de l'âme par le sujet, ainsi que Platon le soutenait[196], ou seulement par la notion; et voici ce qu'il dit : « qu'elle soit séparable, ou inséparable selon la grandeur mais [seulement] selon la notion[197] ». Ce qui montre ceci : que l'on admette l'une ou l'autre branche de cette alternative, sa doctrine sur l'intellect possible demeurera valable. Or, si la thèse susdite était vraie, [l'hypothèse] que la [partie intellective] soit séparée seulement selon la notion ne demeurerait plus valable; ce qui montre que cette opinion n'est pas la doctrine d'Aristote. Ensuite, il ajoute également que l'intellect possible est « ce par quoi l'âme opine et intellige[198] », et plusieurs autres choses de ce genre, par lesquelles il laisse manifestement entendre que l'intellect possible est quelque chose de l'âme et que ce n'est pas une substance séparée.

1. Augustin veut dire qu'il est risible de poser une multitude d'âmes pour divers hommes au sens où elles seraient différentes à la fois par le nombre et par l'espèce; et cela surtout selon l'opinion des platoniciens, qui ont posé au-dessus de toutes les choses relevant d'une même espèce quelque chose d'un, de commun et de subsistant.

2. De même qu'ils n'ont pas de matière à partir de laquelle ils sont, les anges n'ont pas de matière dans laquelle ils sont; l'âme, en revanche, a une matière dans laquelle elle est; c'est pourquoi il ne peut y avoir une multitude d'anges dans une seule espèce, alors qu'il peut y avoir une multitude d'âmes d'une seule espèce.

3. Le corps se rapporte à l'individuation de l'âme comme il se rapporte à son être, parce que toute chose est sous le même rapport un étant et quelque chose d'un. Or l'âme acquiert son être en tant qu'elle est unie au corps, avec lequel elle constitue simultanément une seule nature, dont l'un et l'autre sont une partie. Cependant, du fait que l'âme intellective est une forme transcendant la capacité du corps, l'être qu'elle possède est élevé au-dessus du corps : une fois le corps détruit, par conséquent, l'être de l'âme perdure. De la même façon, les âmes sont multipliées selon les corps, et cependant, une fois les corps supprimés, la multitude des âmes perdure.

4. Bien que le corps n'appartienne pas à l'essence de l'âme, l'âme a par essence rapport au corps dans la mesure où il lui est essentiel d'être la forme du corps. C'est la raison pour laquelle le corps entre dans la définition de l'âme. De même donc qu'il est dans la notion de l'âme d'être la forme du corps, il est dans la notion de cette âme, en tant qu'elle est cette âme, d'avoir rapport à ce corps.

5. Ad quintum dicendum quod Augustinus ibi loquitur ex suppositione opinionis ponentium esse unam animam uniuersalem, ut ex precedentibus patet.

6. Ad sextum dicendum quod in hac ratione precipuam uim uidetur Auerroys constituere, quia uidelicet sequeretur, ut ipse dicit, si intellectus possibilis non esset unus in omnibus hominibus, quod res intellecta indiuiduaretur et numeraretur per indiuiduationem et numerationem singularium hominum : et sic esset intellecta potentia et non in actu. Ostendendum est igitur primo quod ista inconuenientia non minus sequntur ponentibus intellectum possibilem esse unum quam ponentibus ipsum multiplicari in multis. Et primo quidem quantum ad indiuiduationem manifestum est quod forma existens in aliquo indiuiduo eadem ratione indiuiduatur per ipsum, siue sit unum tantum in una specie sicut sol, siue multa in una specie sicut margarite : in utrisque enim est claritas indiuiduata; oportet enim dicere quod intellectus possibilis sit quoddam indiuiduum singulare : actus enim singularium sunt. Siue igitur sit unus in una specie siue multi, eadem ratione indiuiduabitur res intellecta in ipso. Quantum uero ad multiplicationem manifestum est quod, si non sint multi intellectus possibiles in specie humana, sunt tamen multi intellectus in uniuerso, quorum multi intelligunt unum et idem : remanebit ergo eadem dubitatio utrum res intellecta sit una uel plures in diuersis; non ergo potest per hoc probare suam intentionem, quia sua positione posita adhuc eadem inconuenientia remanebunt. Et ideo ad huius solutionem considerandum est quod, si de intellectu loqui oporteat secundum similitudinem sensus, ut patet ex processu Aristotilis in III De anima, oportet dicere quod res intellecta non se habet ad intellectum possibilem ut species intelligibilis, qua intellectus possibilis fit actu; set illa species se habet ut principium formale quo intellectus intelligit. Intellectum autem siue res intellecta se habet ut constitutum uel formatum per operationem intellectus, siue hoc sit quiditas simplex siue sit compositio et diuisio propositionis. Has enim duas operationes intellectus Aristotiles assignat in III De anima, unam scilicet quam uocat intelligentiam indiuisibilium, qua uidelicet intellectus apprehendit quod quid est alicuius rei : et hanc Arabes uocant formationem uel ymaginationem per intellectum; aliam uero ponit,

5. Augustin parle ici en présupposant l'opinion de ceux pour qui il y a une seule âme universelle, comme le montre ce qui précède.

6. Averroès semble insister particulièrement sur cet argument parce que, comme lui-même le dit [199], s'il n'y avait pas un seul intellect possible pour tous les hommes, il s'ensuivrait que la chose intelligée serait individuée et dénombrée par l'individuation et le dénombrement des hommes singuliers ; elle serait alors intelligée en puissance, et non en acte. Il faut donc montrer d'abord que ces inconvenances ne surviennent pas moins quand on pose qu'il y a un seul intellect possible que quand on pose qu'il est multiplié en plusieurs. Et d'abord, pour ce qui concerne l'individuation, il est clair qu'une forme existant dans un individu est individuée par lui pour la même raison, qu'il n'y en ait qu'un seul dans une espèce, comme pour le soleil, ou plusieurs dans une espèce, comme pour les perles ; dans l'un et l'autre cas, en effet, la clarté est individuée. Il faut dire, en effet, que l'intellect possible est un certain individu singulier – car les actes relèvent d'êtres singuliers [200]. Par conséquent, qu'il n'y en ait qu'un dans une espèce, ou plusieurs, la chose intelligée sera pour la même raison individuée en lui. Pour ce qui est maintenant de la multiplication, il est clair que s'il n'y a pas une multitude d'intellects possibles dans l'espèce humaine, il existe cependant une multitude d'intellects dans l'univers, parmi lesquels une multitude intellige une seule et même chose. Le même doute persistera donc {pour savoir} si la chose intelligée est une ou multiple en divers {sujets}. {Averroès} ne peut donc pas prouver par là ce qu'il vise, puisque même si l'on admet sa thèse, ce qui ne convenait pas demeurera.

C'est pourquoi, pour trouver une solution, on doit considérer ceci : s'il faut parler de l'intellect en le comparant au sens, comme le montre la démarche d'Aristote au livre III du [traité] *De l'âme* [201], il faut dire que la chose intelligée ne se rapporte pas à l'intellect possible de la même façon que l'espèce intelligible, par laquelle l'intellect possible est en acte. Cette espèce est comme un principe formel par lequel l'intellect intellige, tandis que l'intelligé, ou la chose intelligée, est comme ce qui est constitué ou formé par l'opération de l'intellect, qu'il s'agisse d'une quiddité simple ou de la composition et de la division d'une proposition. Aristote attribue en effet à l'intellect ces deux opérations au livre III du [traité] *De l'âme* [430a26-28] : l'une, qu'il appelle « intelligence des indivisibles », par laquelle l'intellect appréhende le ce que c'est d'une chose – cette opération, les Arabes l'appellent « conception », ou « imagination par l'intellect » ; et il en pose une autre, à savoir la composition et

scilicet compositionem et diuisionem intellectuum, quam Arabes uocant credulitatem uel fidem. Vtrique autem harum operationum preintelligitur species intelligibilis, qua fit intellectus possibilis in actu, quia intellectus possibilis non operatur nisi secundum quod est in actu, sicut nec uisus uidet nisi per hoc quod est factus in actu per speciem uisibilem : unde species uisibilis non se habet ut quod uidetur set ut quo uidetur. Et similiter est de intellectu possibili, nisi quod intellectus possibilis reflectitur supra se ipsum et supra speciem suam, non autem uisus.

Res igitur intellecta a duobus intellectibus est quodammodo una et eadem et quodammodo multe, quia ex parte rei que cognoscitur est una et eadem, ex parte uero ipsius cognitionis est alia et alia : sicut si duo uideant unum parietem est eadem res uisa ex parte rei que uidetur, alia tamen et alia secundum diuersas uisiones; et omnino simile esset ex parte intellectus, si res que intelligitur subsisteret extra animam sicut res que uidetur ut Platonici posuerunt. Set secundum opinionem Aristotilis uidetur habere maiorem difficultatem, licet sit eadem ratio si quis recte inspiciat. Non enim est differentia inter Aristotilem et Platonem nisi in hoc quod Plato posuit quod res que intelligitur eodem modo habet esse extra animam quo modo intellectus eam intelligit, id est ut abstracta et communis; Aristotiles uero posuit rem que intelligitur esse extra animam set alio modo, quia intelligitur abstracte et habet esse concrete. Et sicut secundum Platonem ipsa res que intelligitur est extra ipsam animam, ita secundum Aristotilem, quod patet ex hoc quod neuter eorum posuit scientias esse de hiis que sunt in intellectu nostro sicut de substantiis; set Plato quidem dixit scientias esse de formis separatis, Aristotiles uero de quiditatibus rerum in eis existentibus. Set ratio uniuersalitatis, que consistit in communitate et abstractione, sequitur solum modum intelligendi in quantum intelligimus abstracte et communiter; secundum Platonem uero sequitur etiam modum existendi formarum abstractarum; et ideo Plato posuit uniuersalia subsistere, Aristotiles autem non. Sic igitur patet quomodo multitudo intellectuum non preiudicat neque uniuersalitati, neque communitati, neque unitati rei intellecte.

la division des intelligés, que les Arabes appellent « créance » ou « confiance » [202]. Mais l'une et l'autre de ces opérations présupposent une espèce intelligible, par laquelle l'intellect possible devient en acte, parce que l'intellect possible n'opère qu'en tant qu'il est en acte, de même que la vue ne voit que parce qu'elle est mise en acte par l'espèce visible : aussi l'espèce visible ne se comporte-t-elle pas comme ce qui est vu, mais comme ce par quoi l'on voit. Et c'est la même chose pour l'intellect possible, excepté que l'intellect possible réfléchit sur lui-même et sur son espèce, mais pas la vue.

La chose intelligée par deux intellects est donc en quelque façon une et la même, et en quelque façon multiple : du côté de la chose qui est connue, elle est une et la même; du côté de la connaissance elle-même, en revanche, elle est différente. Par exemple, si deux personnes voient un même mur, la chose vue est la même si l'on considère la chose qui est vue, mais elle est différente relativement aux diverses visions. Et il en irait absolument de même avec l'intellect si la chose qui est intelligée subsistait en dehors de l'âme comme la chose qui est vue, ainsi que l'ont soutenu les platoniciens [203]. Si l'on suit l'opinion d'Aristote, toutefois, la difficulté semble être plus grande, bien que l'argument soit le même si l'on regarde bien. Car il n'y a pas de différence entre Aristote et Platon sinon en ceci que, pour Platon, la chose qui est intelligée existe à l'extérieur de l'âme sur le même mode que le mode selon lequel l'intellect l'intellige, c'est-à-dire comme quelque chose de séparé et de commun, alors que, pour Aristote, la chose qui est intelligée existe à l'extérieur de l'âme, mais sur un autre mode, parce qu'elle est intelligée abstraitement alors qu'elle existe concrètement. De même [donc] que, pour Platon, la chose même qui est intelligée est à l'extérieur de l'âme, de même pour Aristote, ce que montre clairement le fait que pour aucun des deux les sciences ne portent sur ces choses qui sont dans notre intellect comme sur des substances. Cela étant, Platon dit que les sciences portent sur des formes séparées, alors que, pour Aristote, c'est sur les quiddités des choses existant en elles. [Pour ce dernier], le caractère de l'universalité, qui consiste dans la communauté et l'abstraction, découle seulement du mode d'intellection, en tant que nous intelligeons de manière abstraite et commune, [alors que], pour Platon, cela découle aussi du mode d'existence des formes séparées : c'est pourquoi Platon a soutenu que les universels subsistaient, mais pas Aristote. On voit donc clairement comment la multitude des intellects ne porte atteinte ni à l'universalité, ni à la communauté, ni à l'unité de la chose intelligée.

7. Ad septimum dicendum quod scientia a magistro causatur in discipulo, non sicut calor in lignis ab igne, set sicut sanitas in infirmo a medico, qui causat sanitatem in quantum subministrat aliqua amminicula quibus natura utitur ad sanitatem causandum : et ideo eodem ordine medicus procedit in sanando sicut natura sanaret. Sicut enim principaliter sanans est natura interior, sic principium principaliter causans scientiam est intrinsecum, scilicet lumen intellectus agentis, quo causatur scientia in nobis dum deuenimus per applicationem uniuersalium principiorum ad aliqua specialia, que per experientiam accipimus in inueniendo; et similiter magister deducit principia uniuersalia in conclusiones speciales : unde dicit Aristotiles in I Posteriorum quod « demonstratio est sillogismus faciens scire ».

8. Ad octauum dicendum quod ex hac etiam ratione deceptus fuit Auerroys : putauit enim quod, quia Aristotiles dixit intellectum possibilem esse separatum, quod esset separatus secundum esse, et per consequens quod non multiplicaretur secundum multiplicationem corporum. Set Aristotiles intendit quod intellectus possibilis est uirtus anime, que non est actus alicuius organi quasi habeat operationem suam per organum corporale, sicut potentia uisiua est uirtus organi habens operationem per organum corporale; et quia non habet operationem intellectus possibilis per organum corporale, ideo non oportet quod cognoscat ea tantum que habent affinitatem uel cum toto corpore uel cum parte corporis.

9. Ad nonum dicendum quod opinio ponens animam esse compositam ex materia et forma est omnino falsa et improbabilis : non enim posset esse corporis forma si esset ex materia et forma composita. Si enim anima esset forma corporis secundum formam suam tantum, sequeretur quod una et eadem forma perficeret diuersas materias diuersorum generum, scilicet materiam spiritualem anime et materiam corporalem : quod est impossibile, cum proprius actus sit proprie potentie; et preterea illud compositum ex materia et forma non esset anima set forma eius : cum enim dicimus animam intelligimus id quod est corporis forma. Si uero forma anime esset forma corporis mediante materia propria, sicut color est actus corporis mediante superficie, ut sic tota anima possit dici corporis forma, hoc est impossibile quia per materiam intelligimus id quod est in potentia

7. La science est causée dans l'élève par le maître, non pas comme la chaleur est causée dans le bois par le feu, mais comme la santé est causée dans le malade par le médecin, lequel cause la santé dans la mesure où il fournit des aides dont se sert la nature pour causer la santé – c'est pourquoi le médecin procède quand il soigne selon le même ordre que si la nature soignait [seule]. De même, en effet, que ce qui soigne à titre principal est la nature intérieure, le principe qui cause la science à titre principal est quelque chose d'intrinsèque, à savoir la luminosité [204] de l'intellect agent qui cause en nous la science lorsque, par l'application de principes universels, nous passons à des cas particuliers que nous recueillons de l'expérience en découvrant [nous-mêmes les choses]; et le maître descend de la même façon de principes universels à des conclusions particulières – c'est pourquoi Aristote dit dans les *Premiers Analytiques* [71b17-18] que « la démonstration est le syllogisme qui fait connaître ».

8. Ce raisonnement a également trompé Averroès. Aristote ayant déclaré que l'intellect possible était séparé, il a en effet pensé qu'il était séparé selon l'être, et par conséquent qu'il n'était pas multiplié selon la multiplication des corps. Mais Aristote veut dire que l'intellect possible est un pouvoir de l'âme qui n'est pas l'acte d'un organe (comme s'il opérait par le biais d'un organe corporel, à la manière dont la puissance de voir est le pouvoir d'un organe, opérant par le biais d'un organe corporel); et parce que l'intellect possible n'opère pas par le biais d'un organe corporel, point n'est besoin qu'il connaisse seulement ce qui a une affinité soit avec le corps dans son entier, soit avec une partie du corps.

9. L'opinion qui affirme que l'âme est composée de matière et de forme est absolument fausse et ne peut aucunement être prouvée. Elle ne pourrait être en effet la forme du corps si elle était composée de forme et de matière. En effet, si l'âme était la forme du corps selon sa forme seulement, il s'ensuivrait qu'une seule et même forme parachèverait des matières différentes de genres différents, à savoir la matière spirituelle de l'âme et la matière corporelle : ce qui est impossible, puisqu'un acte est propre à une puissance propre. Du reste, ce n'est pas ce composé de matière et de forme qui serait l'âme, mais sa forme : lorsque nous parlons d'« âme », en effet, nous entendons « ce qui est forme du corps ». En revanche, si la forme de l'âme était la forme du corps par l'intermédiaire de sa matière propre, comme la couleur est l'acte du corps par l'intermédiaire de la superficie, de telle sorte que l'âme tout entière pût être dite « forme du corps », cela est impossible parce que nous entendons par « matière » ce qui est

tantum; quod autem est potentia tantum non potest esse alicuius actus, quod est esse formam. Si uero aliquis nomine materie intelligat aliquem actum non est curandum, quia nichil prohibet quod id quod uocamus actum aliquis uocet materiam, sicut quod nos uocamus lapidem aliquis potest uocare asinum.

10. Ad decimum dicendum quod, sicut fluuius Secana non est hic fluuius propter hanc aquam fluentem set propter hanc originem et hunc alueum – unde semper dicitur idem fluuius, licet sit alia aqua defluens – ita est idem populus, non propter ydemptitatem anime aut hominum, set propter eandem habitationem, uel magis propter easdem leges et eundem modum uiuendi, ut Aristotiles dicit in III Politice.

11. Ad undecimum dicendum quod tempus comparatur ad unum tantum motum sicut accidens ad subiectum, scilicet ad motum primi mobilis, quo mensurantur omnes alii motus; ad alios autem motus comparatur sicut mensura ad mensuratum : sicut ulna comparatur ad uirgam ligneam sicut ad subiectum, ad pannum autem qui per eam mensuratur sicut ad mensuratum tantum. Et ideo non sequitur quod unum accidens sit in multis subiectis.

12. Ad duodecimum dicendum quod uisus non fit per radios extra missos secundum ueritatem rei; set Augustinus hoc dicit secundum opinionem aliorum. Hoc tamen posito anima uegetaret radios quantumcumque extra missos, non quasi extranea corpora, set in quantum continuantur cum corpore proprio.

13. Ad tertium decimum dicendum quod, sicut ex predictis patet, res intellecta non indiuiduatur nec multiplicatur nisi ex parte operationis intellectualis. Non est autem inconueniens quod a re intellecta in quantum est intellecta ab hoc[1] abstrahitur res intellecta simpliciter, sicut ab hoc intelligente abstrahitur intelligens simpliciter. Nec hoc preiudicat rationi uniuersalitatis : accidit enim homini aut intentioni speciei quod intelligatur a me; unde non oportet quod de intellectu hominis aut intentionis speciei sit quod intelligatur a me uel ab illo.

14. Ad quartum decimum dicendum quod consensus in prima principia non causatur ex unitate intellectus possibilis set ex similitudine nature, ex qua omnes in idem inclinamur : sicut omnes oues consentiunt in hoc quod extimant lupum inimicum; nullus tamen diceret in eis unam tantum animam esse.

1. Substitution de *ab hoc* à *adhuc* avec Guldentops et Steel.

seulement en puissance; or ce qui est seulement en puissance ne peut être l'acte de quelque chose, c'est-à-dire être une forme. Maintenant, si quelqu'un entend par le terme « matière » un acte, peu nous importe, puisque rien n'empêche que quelqu'un appelle « matière » ce que nous appelons « acte », de même que ce que nous appelons « pierre », un autre peut l'appeler « âne ».

10. De même que le fleuve qu'est la Seine n'est pas ce fleuve en raison de cette eau qui s'écoule, mais en raison de cette source et de ce lit (c'est pourquoi on dit que c'est toujours le même fleuve, même si l'eau qui coule change), un peuple est le même, non pas en raison de l'identité d'une âme ou des hommes [qui le composent], mais en raison d'un même lieu d'existence, ou plutôt en raison de mêmes lois et d'un même mode de vie, comme Aristote le dit au livre III de la *Politique* [1276a34-b15].

11. C'est à un seul mouvement que le temps se rapporte comme l'accident au sujet, à savoir le mouvement du premier mobile, par lequel tous les autres mouvements sont mesurés; mais aux autres mouvements, il se rapporte comme la mesure à ce qui est mesuré : l'aune, par exemple, se rapporte à la verge de bois comme à un sujet, mais au morceau d'étoffe, qui est mesuré par elle, seulement comme à ce qui est mesuré. Il ne s'ensuit donc pas qu'un seul accident soit en une multitude de sujets.

12. En vérité, la vue ne se fait pas par l'envoi de rayons au dehors, mais Augustin le dit d'après l'opinion d'autres personnes [205]. Si on l'admet, cependant, l'âme vivifierait les rayons, si loin qu'ils fussent envoyés, non pas comme des corps extérieurs, mais en tant qu'ils sont joints au corps propre.

13. Comme le montre ce qui précède, la chose intelligée n'est individuée et multipliée que du côté de l'opération intellectuelle. Or il n'est pas inconvenant que d'une chose intelligée, en tant qu'elle est intelligée à partir de ceci, soit [encore] abstraite une chose intelligée de manière absolue : par exemple, de « cet être qui intellige » est abstrait de manière absolue « être qui intellige ». Et cela ne porte pas atteinte au caractère d'universalité : il est en effet accidentel à « homme » ou à l'intention d'une espèce d'être intelligé par moi; aussi n'est-il pas nécessaire qu'appartienne à la pensée de « homme » ou de l'intention d'une espèce le fait d'être intelligé par moi ou par un autre.

14. L'accord sur les premiers principes n'est pas causé par l'unité de l'intellect possible, mais par une ressemblance de nature qui nous fait tous incliner vers la même chose : toutes les brebis, par exemple, s'accordent en ceci qu'elles estiment le loup méchant; personne, pourtant, ne dirait qu'il n'y a en elles qu'une seule âme.

15. Ad quintum decimum dicendum quod esse indiuiduale non repugnat ei quod est esse intellectum in actu, quia substantie separate sunt intellecte in actu, cum tamen sint indiuidue; alioquin non haberent actiones, que sunt singularium. Set habere esse materiale repugnat ei quod est esse intellectum in actu : et ideo forme indiuiduales, que indiuiduantur per materiam, non sunt intellecte in actu set in potentia tantum. Anima autem intellectiua non sic indiuiduatur per materiam ut fiat forma materialis, precipue secundum intellectum, secundum quem transcendit materie corporalis proportionem; set eo modo indiuiduatur secundum materiam corporalem, ut dictum est, in quantum scilicet habet habitudinem ut sit forma huius corporis. Vnde per hoc non tollitur quin intellectus possibilis hominis huius sit intellectum in actu, et similiter ea que recipiuntur in ipso.

16-17. Et per hoc patet solutio ad duo sequentia.

< Articulus decimus >

Decimo queritur utrum intellectus agens sit unus omnium hominum.

Et uidetur quod sic. Illuminare enim homines est proprium Dei secundum illud Io. I «Erat lux uera que illuminat» etc.; set hoc pertinet ad intellectum agentem, ut patet in III De anima; ergo intellectus agens est Deus. Deus autem est unus; ergo intellectus agens est unus tantum.

2. Preterea. Nichil quod est a corpore separatum multiplicatur secundum multiplicationem corporum; set intellectus agens est a corpore separatus, ut dicitur in III De anima; ergo intellectus agens non multiplicatur secundum multiplicationem corporum, et per consequens neque secundum multiplicationem hominum.

15. Être individuel n'est pas incompatible avec le fait d'être intelligé en acte, puisque les substances séparées sont intelligées en acte alors qu'elles sont individuelles – sans quoi elles n'auraient pas d'actions, celles-ci relevant d'êtres singuliers[206]. En revanche, avoir un être matériel est incompatible avec le fait d'être intelligé en acte, ce qui explique que les formes individuelles, qui sont individuées par la matière, ne soient pas intelligées en acte, mais seulement en puissance. Or l'âme intellective n'est pas individuée par la matière d'une façon qui en ferait une forme matérielle – surtout pour ce qui est de l'intellect, par lequel elle transcende le rapport qu'elle a avec la matière corporelle; mais elle est individuée par la matière corporelle de la manière qu'on a dite[207], à savoir en tant qu'elle a [en elle] de se rapporter à ce corps comme sa forme. Cela n'empêche donc pas que l'intellect possible de cet homme soit intelligé en acte, tout comme ce qui est reçu en lui.

16-17. Et cela rend évidente la solution des deux arguments suivants.

[lieux parallèles : *Scriptum super Sent.*, II, d. 17, q. 2, art. 1; *Contra Gent.*, II, chap. 59, 73 et 75; *Quaest. disp. de anima*, q. 3; *Sentencia libri de anima*, III, 2; éd. Léonine, p. 213, 280-297; *Compendium theol.*, partie I, chap. 85; *I^a^ Pars*, q. 76, art. 2; *De unitate intellectus*, chap. 4 et 5; *Quodlibet* III, q. 8, art. unic. [20]]

Article 10

Dixièmement, on demande s'il y a un seul intellect agent pour tous les hommes.

Et il semble que oui. Illuminer les hommes, en effet, est le propre de Dieu, comme le dit Jean, I [9] : « C'était la vraie lumière, qui éclaire », etc. Or cela relève de l'intellect agent, comme le montre le livre III du [traité] *De l'âme* [430a15]; donc l'intellect agent est Dieu; or Dieu est un; donc il n'y a qu'un seul intellect agent.

2. Rien de ce qui est séparé du corps n'est multiplié selon la multiplication des corps. Or l'intellect agent est séparé du corps, comme il est dit au livre III du [traité] *De l'âme* [430a17]; donc l'intellect agent n'est pas multiplié selon la multiplication des corps ni, par conséquent, selon la multiplication des hommes.

3. Preterea. Nichil est in anima nostra quod semper intelligat; set hoc contingit intellectui agenti : dicitur enim in III De anima quod «non aliquando quidem intelligit, aliquando autem non». Ergo intellectus agens non est aliquid anime, et ita non multiplicatur secundum multiplicationem animarum et hominum.

4. Preterea. Nichil reducit se de potentia in actum; set intellectus possibilis reducitur in actum per intellectum agentem, ut patet III De anima; ergo intellectus agens non radicatur in essentia anime, in qua radicatur intellectus possibilis. Et sic idem quod prius.

5. Preterea. Omnis multiplicatio consequitur aliquam distinctionem; set intellectus agens non potest distingui per materiam, cum sit separatus, neque per formam, quia sic differret specie; ergo intellectus agens non multiplicatur in hominibus.

6. Preterea. Id quod est causa separationis est maxime separatum; set intellectus agens est causa separationis : abstrahit enim species a materia; ergo est separatus. Et ita non multiplicatur secundum multiplicationem hominum.

7. Preterea. Nulla uirtus que tanto magis potest operari quanto magis operatur habet terminum sue operationis; set intellectus agens est huiusmodi quia, «cum intelligimus aliquid magnum intelligibile, non minus possumus intelligere set magis», ut dicitur III De anima; ergo intellectus agens non habet aliquem terminum sue operationis. Esse autem creatum habet terminum sue operationis, cum sit finite uirtutis; ergo intellectus agens non est aliquid creatum, et sic est unus tantum.

8. Preterea. Augustinus dicit LXXXIII questionum «Omne quod corporeos sensus attingit sine ulla intermissione temporis commutatur. Comprehendi autem non potest quod sine ulla intermissione mutatur. Non est exspectanda sinceritas ueritatis a sensibus corporis»; et postmodum subdit «Nichil est sensibile quod non habet simile falso ut internosci non possit; nichil autem percipi potest quod non a falso discernitur; non est igitur constitutum iudicium ueritatis in sensibus». Sic igitur probat quod per sensibilia de ueritate iudicare non possumus, tum propter hoc quod sunt mutabilia, tum propter hoc quod habeant aliquid simile falso; set hoc contingit cuilibet creature; ergo secundum nichil creatum possumus iudicare de ueritate. Set secundum intellectum agentem iudicamus de ueritate; ergo intellectus agens non est aliquid creatum. Et sic idem quod prius.

3. Il n'est rien dans notre âme qui intellige sans cesse. Or c'est ce qui arrive à l'intellect agent ; il est dit en effet au livre III du [traité] *De l'âme* [430a22], qu'« [il n'est] pas [vrai que] tantôt il intellige, et tantôt non ». Donc l'intellect agent n'est pas quelque chose de l'âme, si bien qu'il n'est pas multiplié selon la multiplication des âmes et des hommes.

4. Rien ne se conduit soi-même de la puissance à l'acte ; or l'intellect possible est conduit de la puissance à l'acte par l'intellect agent, comme le montre le livre III du [traité] *De l'âme* [430a14-15] ; donc l'intellect agent n'est pas enraciné dans l'essence de l'âme, où se trouve enraciné l'intellect possible : ce qui donne la même conclusion que précédemment.

5. Toute multiplication résulte d'une certaine distinction ; or l'intellect agent ne peut être distingué par la matière, puisqu'il est séparé, ni par la forme, car il différerait alors spécifiquement ; donc il n'y a pas chez les hommes de multiplication de l'intellect agent.

6. Ce qui est cause de séparation est séparé au plus haut point ; or l'intellect agent est cause de séparation – il abstrait, en effet, les espèces de la matière ; donc il est séparé, si bien qu'il n'est pas multiplié selon la multiplication des hommes.

7. Un pouvoir qui peut opérer d'autant plus qu'il opère davantage n'est jamais limité dans son opération. Or c'est le cas de l'intellect agent, puisque « lorsque nous intelligeons une chose grandement intelligible, nous ne sommes pas moins capables d'intelliger, mais davantage », comme il est dit au livre III du [traité] *De l'âme* [429b3-4]. Donc l'intellect agent n'est pas limité dans son opération ; or un être créé est limité dans son opération, puisque son pouvoir est fini ; donc l'intellect agent n'est pas quelque chose de créé ; et ainsi il n'en existe qu'un seul.

8. Augustin dit dans *Les LXXXIII Questions* [q. 9] : « Tout ce qu'atteint le sens corporel évolue sans aucune relâche. Or on ne peut comprendre ce qui évolue sans relâche. Il ne faut donc pas attendre des sens du corps l'authentique vérité » ; et il ajoute ensuite : « Il n'est rien de sensible qui n'offre apparence de fausseté, sans qu'on puisse en faire la discrimination ; or rien ne peut être perçu si ce n'est pas discerné du faux ; le jugement de vérité n'est donc pas établi sur la base des sens. » Il démontre donc par là que nous ne pouvons pas juger de la vérité par les sensibles, à la fois parce qu'ils sont muables et qu'ils ont apparence de fausseté. Or cela vaut pour toute créature ; donc on ne peut jamais juger de la vérité d'après quelque chose de créé. Or c'est d'après l'intellect agent que nous jugeons de la vérité ; donc l'intellect agent n'est pas quelque chose de créé. Et l'on obtient ainsi la même conclusion que précédemment.

9. Preterea. Augustinus dicit in XIV[1] De Trinitate quod[2] «impii multa recte reprehendunt recteque laudant in hominum moribus. Quibus ea tandem regulis iudicant nisi in quibus uident quemadmodum quisque uiuere debeat, etiam si nec ipsi eodem modo uiuant? Vbi eas uident? Non enim in sua natura, cum eorum mentes constet esse mutabiles, has uero regulas immutabiles; nec in habitu sue mentis, cum ille regule sint iustitie, mentes uero eorum esse constet iniustas. Vbi ergo scripte sunt nisi in libro lucis illius que ueritas dicitur?» Ex quo uidetur quod iudicare de iusto et iniusto nobis competit secundum lucem que est supra mentes nostras; iudicium autem tam in rebus speculatiuis quam practicis nobis conuenit secundum intellectum agentem; ergo intellectus agens est lux aliqua supra mentem nostram. Non ergo multiplicatur secundum multiplicationem animarum et hominum.

10. Preterea. Augustinus dicit in libro De uera religione quod de aliquibus duobus quorum neutrum est optimum, non possumus iudicare quid eorum sit altero melius nisi per aliquid quod sit melius utroque; iudicamus autem quod angelus est melior anima, cum tamen neutrum eorum sit optimum; ergo oportet quod hoc iudicium fiat per aliquid quod est melius utroque, quod nichil est aliud quam Deus. Cum ergo iudicemus per intellectum agentem uidetur quod intellectus agens sit Deus. Et sic idem quod prius.

11. Preterea. Philosophus dicit III De anima quod intellectus agens se habet ad possibilem «sicut ars ad materiam»; set in nullo genere artificii ars et materia in idem coincidunt, neque uniuersaliter agens et materia incidunt in idem numero, ut dicitur in II Phisicorum. Ergo intellectus agens non est aliquid in essentia anime, in qua est intellectus possibilis; et sic non multiplicatur secundum multiplicationem animarum et hominum.

12. Preterea. Augustinus dicit III De libero arbitrio quod «ratio et ueritas numeri omnibus ratiocinantibus presto est»; set ratio et ueritas numeri est una; ergo oportet esse aliquid unum secundum quod presto sit omnibus. Hoc autem est intellectus agens, cuius uirtute rationes uniuersales a rebus abstrahimus; ergo intellectus agens est unus in omnibus.

1. Substitution de « XIV » à « IV » avec Guldentops et Steel.

2. Ouverture des guillemets avant *impii*, et non juste après, avec Guldentops et Steel.

9. Augustin dit au livre XIV de *La Trinité* [chap. 15, n. 21] que les impies « reprennent justement et louent justement maintes choses dans la conduite des hommes. À quelles règles se réfèrent-ils pour porter ces jugements, sinon à celles où ils voient comment chacun doit vivre, quand bien même eux ne vivent pas ainsi ? Où les voient-ils ? Ce n'est pas dans leur propre nature, puisqu'il est évident que leur esprit est changeant, alors que ces règles apparaissent immuables ; ce n'est pas non plus dans une manière d'être de leur esprit, puisque ces règles sont règles de justice, alors que de toute évidence leur esprit est injuste. Où donc sont-elles inscrites, sinon dans le livre de cette lumière qu'on appelle la Vérité ? » Cela nous montre que juger du juste et de l'injuste nous revient selon une lumière qui est au-dessus de nos esprits ; or le jugement qui porte sur les choses théorétiques autant que pratiques nous convient selon l'intellect agent ; donc l'intellect agent est une certaine lumière au-dessus de notre esprit ; donc il n'est pas multiplié selon la multiplication des âmes et des hommes.

10. Augustin dit dans le livre *De la vraie religion* [chap. 31-32] que, face à deux choses dont aucune n'est excellente, nous ne pouvons juger laquelle des deux est la meilleure que par quelque chose qui est meilleur que l'une et l'autre ; or nous jugeons que l'ange est meilleur que l'âme, bien qu'aucun des deux ne soit excellent ; il faut donc que ce jugement se fasse par quelque chose qui est meilleur que l'un et l'autre, et cela n'est rien d'autre que Dieu. Puisque donc nous jugeons par l'intellect agent, il semble bien que l'intellect agent soit Dieu. Et ainsi l'on obtient la même conclusion que précédemment.

11. Le Philosophe dit au livre III du [traité] *De l'âme* [430a12-13] que l'intellect agent se rapporte à l'intellect possible « comme l'art à la matière » ; or quel que soit le genre d'artefact, l'art et la matière ne se rencontrent jamais en une même chose, et de manière générale, comme il est dit au livre II des *Physiques* [*Physique*, 198a24-27], l'agent et la matière ne se retrouvent pas en une chose numériquement identique ; donc l'intellect agent n'est pas quelque chose dans l'essence de l'âme, où se trouve l'intellect possible, si bien qu'il n'est pas multiplié selon la multiplication des âmes et des hommes.

12. Augustin dit au livre III du [traité] *Du libre arbitre* [II, chap. 8, n. 20] que « la notion et la vérité du nombre sont à la disposition de tous ceux qui raisonnent ». Or il y a une seule notion et une seule vérité du nombre ; il faut donc qu'il y ait quelque chose d'unique qui mette cela à la disposition de tous. Or cette chose, c'est l'intellect agent, par le pouvoir duquel nous abstrayons les notions universelles des choses ; il y a donc un seul intellect agent pour tous.

13. Preterea. In eodem libro dicitur «Si summum bonum omnibus unum est, oportet etiam ueritatem in qua cernitur et tenetur, id est sapientiam, omnibus unam esse communem»; set summum bonum cernitur et tenetur a nobis per intellectum, et precipue per agentem; ergo intellectus agens est unus in omnibus.

14. Preterea. Idem natum est facere idem; set uniuersale est unum in omnibus; cum ergo intellectus agentis sit uniuersale facere, uidetur quod etiam intellectus agens sit unus in omnibus.

15. Preterea. Si intellectus agens est aliquid anime, oportet quod uel sit creatus uestitus seu impletus speciebus, et sic illas species ponit in intellectum possibilem, et non indigebit abstrahere species intelligibiles a fantasmatibus; aut creatus est nudus et carens speciebus, et sic non erit efficax ad abstrahendum species a fantasmatibus, quia non cognoscet illam quam querit postquam eam abstraxerit, nisi prius aliquam rationem habuerit : sicut ille qui querit seruum fugitiuum non cognoscit eum cum inuenerit, nisi prius aliquam eius notitiam habuerit. Non est ergo aliquid anime intellectus agens, et sic non multiplicatur secundum animas et homines.

16. Preterea. Posita causa sufficienti superfluum est aliam causam ponere ad eundem effectum; set est aliqua causa extrinseca sufficiens ad illuminationem hominum, scilicet Deus; ergo non oportet ponere intellectum agentem, cuius officium est illuminare, esse aliquid in anima hominis, et sic non multiplicatur secundum animas et homines.

17. Preterea. Si intellectus agens ponitur aliquid anime hominis, oportet quod ad aliquid homini conferat, quia nichil est otiosum et frustra in rebus a Deo creatis; set intellectus agens non confert homini ad cognoscendum quantum ad hoc quod illuminet[1] intellectum possibilem, quia intellectus possibilis, cum fuerit factus in actu per speciem intelligibilem, per se sufficit ad operandum, sicut et quodlibet aliud habens formam. Similiter non confert quantum ad hoc quod illustret fantasmata abstrahens species intelligibiles ab eis quia, sicut species recepta in sensu imprimit sui similitudinem in ymaginatione, ita uidetur quod forma que est in ymaginatione, cum sit spiritualior ac per hoc uirtuosior, possit imprimere suam similitudinem in ulteriorem potentiam, scilicet in intellectum possibilem. Non ergo intellectus agens est aliquid anime; et sic non multiplicatur in hominibus.

1. Substitution de *illuminet* à *illuminat* avec Guldentops et Steel.

13. Il est dit dans le même ouvrage [II, chap. 9, n. 27] : « Si le bien suprême est unique pour tous, il faut aussi que la vérité dans laquelle on le voit et le possède, c'est-à-dire la sagesse, soit unique et commune pour tous. » Or c'est par l'intellect, et surtout par l'intellect agent, que nous possédons et voyons le souverain bien; donc il y a un seul intellect agent pour tous.

14. Le même est de nature à produire le même. Or il y a un seul universel pour tous; donc, puisqu'il appartient à l'intellect agent de produire l'universel, il semble qu'il y ait aussi un seul intellect agent pour tous.

15. Si l'intellect agent est quelque chose de l'âme, il faut ou bien qu'il soit créé vêtu, ou rempli d'espèces – mais en ce cas, il dépose ces espèces dans l'intellect possible et n'aura pas besoin d'abstraire les espèces intelligibles des phantasmes; ou bien qu'il soit créé nu et dépourvu d'espèces – mais alors il ne sera pas efficace pour abstraire les espèces des phantasmes, parce qu'il ne reconnaîtra pas celle qu'il cherche, après l'avoir abstraite, s'il n'en a pas eu auparavant une certaine notion; de la même façon, celui qui recherche un esclave en fuite ne le reconnaît pas, une fois qu'il l'a trouvé, s'il n'en a pas eu auparavant une certaine connaissance. L'intellect agent n'est donc pas quelque chose de l'âme, si bien qu'il n'est pas multiplié selon les âmes et les hommes.

16. Une fois qu'est posée une cause suffisante, il est inutile de poser une autre cause pour le même effet. Or il y a une cause extrinsèque qui suffit à l'illumination des hommes, c'est Dieu. On ne doit donc pas poser qu'un intellect agent, dont la fonction est d'illuminer, est quelque chose dans l'âme de l'homme, si bien qu'il n'est pas multiplié selon les âmes et les hommes.

17. Si l'on soutient que l'intellect agent est quelque chose de l'âme humaine, il faut qu'il aide l'homme en quelque chose, parce que rien n'est inutile et vain dans les choses créées par Dieu. Or l'intellect agent n'aide pas l'homme à connaître en ceci qu'il illuminerait l'intellect possible, parce que l'intellect possible, une fois mis en acte par l'espèce intelligible, suffit par soi à opérer, comme c'est le cas de tout ce qui possède une forme. Et il ne l'aide pas non plus du fait qu'il éclairerait les phantasmes en abstrayant d'eux les espèces, parce que de même que l'espèce reçue dans le sens imprime sa ressemblance dans l'imagination, il semble bien que la forme qui est dans l'imagination, puisqu'elle est plus spirituelle, et donc plus puissante, puisse imprimer sa ressemblance dans la puissance suivante, c'est-à-dire l'intellect possible. L'intellect agent n'est donc pas quelque chose de l'âme, si bien qu'il n'est pas multiplié chez les hommes.

Set contra est quod Philosophus dicit III De anima quod intellectus agens est aliquid anime; ergo multiplicatur secundum multiplicationem animarum.

2. Preterea. Augustinus dicit IV De Trinitate quod «philosophi ceteris meliores non sunt in illis summis eternisque rationibus intellectu contemplati» ea que ystorice disseruerunt. Et ita uidetur quod in aliqua luce eis connaturali sint ea contemplati; lux autem in qua contemplamur ueritatem est intellectus agens; ergo intellectus agens est aliquid anime. Et sic idem quod prius.

3. Preterea. Augustinus dicit XII De Trinitate «Credendum est mentis intellectualis ita conditam esse naturam, ut subiuncta[1] ista sic uideat in quadam luce sui generis incorporea, quemadmodum oculus carnis uidet que in hac corporea luce circumadiacent»; lux autem ista qua mens nostra intelligit est intellectus agens; ergo intellectus agens est aliquid de genere anime, et ita multiplicatur per multiplicationem animarum et hominum.

Responsio. Dicendum quod, sicut prius dictum fuit, necesse est ponere intellectum agentem Aristotili, quia non ponebat naturas rerum sensibilium per se subsistere absque materia ut sint intelligibilia actu : et ideo oportuit esse aliquam uirtutem que faceret eas intelligibiles actu abstrahendo a materia indiuiduali. Et hec uirtus uocatur intellectus agens, quem quidam posuerunt quandam substantiam separatam non multiplicatam secundum multitudinem hominum; quidam uero posuerunt ipsum esse quandam uirtutem anime et multiplicari in multis hominibus. Quod quidem utrumque aliqualiter est uerum : oportet enim quod supra animam humanam sit aliquis intellectus, a quo dependeat suum intelligere. Quod quidem ex tribus potest esse manifestum : primo quidem quia omne quod conuenit alicui per participationem prius est in aliquo substantialiter : sicut si ferrum est ignitum oportet esse in rebus aliquid quod sit ignis secundum suam substantiam et naturam. Anima autem humana est intellectiua per participationem : non enim secundum quamlibet sui partem intelligit set secundum suppremam tantum; oportet igitur esse aliquid superius anima, quod sit intellectus secundum totam suam naturam, a quo

1. Guldentops et Steel proposent *subiecta* plutôt que *subiuncta*.

Mais à l'inverse, il y a ce que dit le Philosophe au livre III du [traité] *De l'âme* [430a13-15], à savoir que l'intellect agent est quelque chose de l'âme. Il est donc multiplié selon la multiplication des âmes.

2. Augustin dit au livre IV de *La Trinité* [chap. 16, n. 21] que « les philosophes d'élite n'ont pas contemplé par l'intellect dans ces souveraines et éternelles raisons » les choses dont ils ont disserté de manière historique; et ainsi il semble bien qu'ils les aient contemplées dans une certaine lumière qui leur était connaturelle; or la lumière dans laquelle nous contemplons la vérité est l'intellect agent; donc l'intellect agent est quelque chose de l'âme; et l'on obtient ainsi la même conclusion que précédemment.

3. Augustin dit au livre XII de *La Trinité* [chap. 15, n. 24] : « Il faut croire que la nature de l'esprit intellectuel est ainsi faite qu'il voit ces choses rattachées [à l'ordre intelligible] dans une certaine lumière incorporelle du même genre que lui [208], comme l'œil de chair voit dans cette lumière corporelle les objets qui l'entourent. » Or cette lumière grâce à laquelle notre esprit intellige est l'intellect agent; donc l'intellect agent est quelque chose qui relève du genre de l'âme, si bien qu'il est multiplié par la multiplication des âmes et des hommes.

Réponse. Comme on l'a dit plus haut [209], il est nécessaire pour Aristote d'admettre un intellect agent parce qu'il n'admettait pas que les natures des choses sensibles subsistent par soi hors de la matière de façon à être intelligibles en acte. Il fallait donc qu'existe un certain pouvoir qui les rende intelligibles en acte, en les abstrayant de la matière individuelle, et on appelle ce pouvoir l'« intellect agent ». Certains [210] en ont fait une substance séparée non multipliée selon la multitude des hommes; d'autres [211], au contraire, ont soutenu qu'il s'agissait d'un certain pouvoir de l'âme et qu'il était multiplié dans les différents hommes. Mais les uns et les autres disent en quelque sorte vrai.

En effet, il faut [d'abord] qu'existe au-dessus de l'âme humaine un certain intellect dont dépende son intelliger, ce que l'on peut justifier de trois manières. Premièrement, parce que tout ce qui convient à une chose par participation est d'abord en autre chose de manière substantielle : par exemple, si le fer est igné, il faut qu'il y ait quelque chose qui soit du feu selon sa substance et sa nature. Or l'âme humaine est intellective par participation : elle n'intellige pas, en effet, selon n'importe quelle de ses parties, mais seulement selon la plus élevée d'entre elles; il faut donc qu'il y ait au-dessus de l'âme quelque chose qui soit intellect selon toute sa nature, dont l'intellectualité de

intellectualitas anime deriuetur et a quo eius intelligere dependeat. Secundo quia necesse est quod ante omne mobile inueniatur aliquid immobile secundum motum illum, sicut supra alterabilia est aliquid non alterabile, ut corpus celeste : omnis enim motus causatur ab aliquo immobili. Ipsum autem intelligere anime humane est per modum motus : intelligit enim anima discurrendo de effectibus in causas et de causis in effectus et de similibus in similia et de oppositis in opposita; oportet igitur esse supra animam aliquem intellectum cuius intelligere sit fixum et quietum absque huiusmodi discursu. Tertio quia necesse est quod, licet in uno et eodem potentia sit prior quam actus, tamen simpliciter actus precedit potentiam in altero; et similiter ante omne imperfectum necesse est esse aliquid perfectum. Anima autem humana inuenitur in principio in potentia ad intelligibilia, et inuenitur imperfecta in intelligendo, quia numquam consequetur in hac uita omnem intelligibilium ueritatem; oportet igitur supra animam esse aliquem intellectum semper in actu existentem et totaliter perfectum in intelligentia ueritatis.

Non autem potest dici quod iste intellectus superior faciat intelligibilia actu in nobis immediate absque aliqua uirtute quam ab eo anima nostra participet; hoc enim communiter inuenitur etiam in rebus corporalibus, quod in rebus inferioribus inueniuntur uirtutes particulares actiue ad determinatos effectus preter uirtutes uniuersales agentes : sicut animalia perfecta non generantur ex sola uniuersali uirtute solis, set ex uirtute particulari que est in semine, licet quedam animalia imperfecta generentur absque semine ex uirtute solis, quamuis et in horum generatione non desit actio particularis uirtutis alterantis et disponentis materiam. Anima autem humana est perfectissimum eorum que sunt in rebus inferioribus : unde oportet quod preter uirtutem uniuersalem intellectus superioris participetur in ipsa aliqua uirtus quasi particularis ad hunc effectum determinatum, ut scilicet fiant intelligibilia actu.

Et quod hoc uerum sit experimento apparet. Vnus enim homo particularis ut Sortes uel Plato facit cum uult intelligibilia in actu, apprehendendo scilicet uniuersale a particularibus, dum secernit id quod est commune omnibus indiuiduis hominum ab hiis que sunt propria singulis; sic igitur actio intellectus agentis, que est abstrahere

l'âme soit dérivée et dont dépende son intelliger. Deuxièmement, parce qu'il est nécessaire de trouver avant tout mobile quelque chose d'immobile relativement à ce mouvement ; il y a par exemple au-dessus des choses altérables quelque chose de non altérable, à savoir le corps céleste : tout mouvement est en effet causé par quelque chose d'immobile. Or l'intelliger de l'âme humaine se fait sur le mode du mouvement : car l'âme intellige en procédant discursivement des effets aux causes, des causes aux effets, des semblables aux semblables et des opposés aux opposés ; il faut donc qu'existe au-dessus de l'âme un certain intellect dont l'intelliger soit fixe, au repos, dépourvu d'une telle discursivité. Troisièmement parce que, nécessairement, bien que dans une seule et même chose la puissance soit antérieure à l'acte, dans l'absolu, cependant, l'acte précède la puissance en autre chose ; et pareillement, il est nécessaire qu'avant toute chose imparfaite il y ait quelque chose de parfait. Or l'âme humaine se trouve au départ en puissance à l'égard des intelligibles, et elle se trouve imparfaite dans l'intellection parce qu'elle n'atteint jamais en cette vie l'entière vérité des intelligibles [212] ; il faut donc qu'il y ait au-dessus de l'âme un intellect existant toujours en acte et totalement parfait dans l'intelligence de la vérité.

Cela étant, on ne peut pas dire que cet intellect supérieur produit en nous immédiatement les intelligibles en acte sans un pouvoir que notre âme tient de lui par participation; on constate communément ceci, en effet, y compris pour les choses corporelles, qu'il y a dans les choses inférieures, outre les pouvoirs actifs universels, des pouvoirs particuliers agissant en vue d'effets déterminés : c'est ainsi que les animaux parfaits ne sont pas engendrés par le seul pouvoir universel du soleil, mais [aussi] par le pouvoir particulier qui est dans la semence (même si certains animaux imparfaits sont engendrés sans semence par le pouvoir du soleil – encore que l'action d'un pouvoir particulier qui altère et dispose la matière ne soit pas non plus absente de leur engendrement [213]). Or l'âme humaine est ce qu'il y a de plus parfait parmi les choses inférieures : aussi faut-il que, outre le pouvoir universel de l'intellect supérieur, il y ait en elle, par participation, un pouvoir en quelque sorte particulier en vue de cet effet déterminé, *i.e.* que les intelligibles deviennent en acte.

Et que cela soit vrai, on le voit par expérience. Un homme particulier, en effet, par exemple Socrate ou Platon, produit quand il le veut des intelligibles en acte, à savoir en saisissant l'universel à partir des particuliers, lorsqu'il distingue ce qui est commun à tous les individus humains de ce qui est propre à chacun d'eux. Par conséquent, l'action

uniuersale, est actio huius hominis, sicut et considerare uel iudicare de natura communi, quod est actio intellectus possibilis. Omne autem agens quamcumque actionem habet formaliter in se ipso uirtutem que est talis actionis principium : unde sicut necessarium est quod intellectus possibilis sit aliquid formaliter inherens homini, ut prius ostendimus, ita necessarium est quod intellectus agens sit aliquid formaliter inherens homini. Nec ad hoc sufficit continuatio per fantasmata, ut Auerroys fingit, sicut etiam supra de intellectu possibili ostensum est. Et hoc manifeste uidetur Aristotiles sensisse cum dicit quod « necesse est in anima esse has differentias », scilicet intellectum possibilem et agentem ; et iterum dicit quod intellectus agens est « sicut lumen », quod est lux participata. Plato uero, ut Themistius dicit in Commento De anima, ad intellectum separatum attendens et non ad uirtutem anime participatam, comparauit ipsum soli.

Quis autem sit iste intellectus separatus, a quo intelligere anime humane dependet, considerandum est. Quidam enim dixerunt hunc intellectum esse infimam substantiarum separatarum, que suo lumine continuatur cum animabus nostris. Set hoc multipliciter repugnat ueritati fidei : primo quidem quia, cum istud lumen intellectuale ad naturam anime pertineat, ab illo solo est a quo anime natura creatur. Solus autem Deus est creator anime, non autem aliqua substantia separata, quam angelum dicimus : unde significanter dicitur Gen. I quod ipse Deus « in faciem hominis spirauit spiraculum uite » ; unde relinquitur quod lumen intellectus agentis non causatur in anima ab aliqua alia substantia separata set immediate a Deo. Secundo quia ultima perfectio uniuscuiusque agentis est quod possit pertingere ad suum principium ; ultima autem perfectio siue beatitudo hominis est secundum intellectualem operationem, ut etiam Philosophus dicit X[1] Ethicorum. Si igitur principium et causa intellectualitatis hominum esset aliqua alia substantia separata, oporteret quod ultima hominis beatitudo esset constituta in illa substantia creata ; et hoc manifeste ponunt ponentes hanc positionem : ponunt enim quod ultima hominis felicitas est continuari intelligentie agenti. Fides autem recta ponit ultimam beatitudinem hominis esse in solo Deo secundum illud Io. XVII « Hec est uita eterna, ut cognoscant te solum uerum

1. Substitution de « X » à « IV » avec Guldentops et Steel.

de l'intellect agent, qui est d'abstraire l'universel, est l'action de cet homme, tout comme considérer et juger de la nature commune, ce qui est l'action de l'intellect possible. Or tout agent d'une action, quelle qu'elle soit, possède formellement en lui le pouvoir qui est le principe de cette action. De même, donc, qu'il est nécessaire que l'intellect possible soit quelque chose de formellement inhérent à l'homme, ainsi qu'on l'a montré plus haut [214], il est nécessaire que l'intellect agent soit quelque chose de formellement inhérent à l'homme. Et pour cela, comme on l'a également montré plus haut pour l'intellect possible [215], la jonction par le biais des phantasmes, ainsi qu'Averroès se le figure, ne suffit pas. Et on voit clairement que c'est ce qu'Aristote a pensé lorsqu'il dit qu'« il est nécessaire qu'on trouve dans l'âme ces deux différences, à savoir l'intellect possible et l'intellect agent [216] »; et il dit aussi que l'intellect agent est « comme une luminosité [217] », ce qui est une lumière participée. Platon, en revanche, comme le dit Thémistius dans [son] commentaire du [traité] *De l'âme* [218], considérant l'intellect séparé et non pas un pouvoir participé de l'âme, l'a comparé au soleil.

Il faut maintenant examiner quel est cet intellect séparé dont dépend l'intelliger de l'âme humaine. Certains [219] ont affirmé en effet que cet intellect était la dernière des substances séparées et qu'elle se joignait à nos âmes par sa luminosité. Mais cela s'oppose à la vérité de la foi pour plusieurs raisons. Premièrement, parce que, étant donné que cette luminosité intellectuelle relève de la nature de l'âme, elle ne provient que de ce par quoi la nature de l'âme est créée. Or c'est Dieu seul qui est le créateur de l'âme, et non quelque substance séparée, que nous appelons « ange ». Aussi est-il dit de manière significative dans la Genèse, I [II, 7] que Dieu lui-même « a soufflé sur le visage de l'homme un souffle de vie ». C'est donc que la luminosité de l'intellect agent n'est pas causée dans l'âme par une autre substance séparée, mais immédiatement par Dieu. Deuxièmement, parce que l'ultime perfection de tout agent est de pouvoir accéder à son principe; or l'ultime perfection ou bonheur de l'homme repose sur l'opération intellectuelle, comme le dit aussi le Philosophe au livre X des *Éthiques* [*Éthique à Nicomaque*, X, 1177a12-b4]. Par conséquent, si le principe et la cause de l'intellectualité des hommes était une autre substance séparée, il faudrait que l'ultime bonheur de l'homme réside dans cette substance créée. C'est manifestement ce que soutiennent les tenants de cette thèse : ils soutiennent en effet que l'ultime bonheur de l'homme est de se joindre à l'intellect agent [220]. Or la vraie foi soutient que l'ultime bonheur de l'homme est en Dieu seul, comme le dit Jean, XVII [3] : « La vie éternelle, c'est qu'ils te connaissent, toi le seul vrai Dieu »;

Deum», et in huiusmodi beatitudinis participatione homines esse «angelis equales», ut habetur Luc. XX. Tertio quia, si homo participet lumen intelligibile ab angelo, sequeretur quod homo secundum mentem non esset ad ymaginem ipsius Dei set ad ymaginem angelorum, contra id quod dicitur Gen. I «Faciamus hominem ad ymaginem et similitudinem nostram», id est ad communem Trinitatis ymaginem, non ad ymaginem angelorum.

Vnde dicimus quod lumen intellectus agentis, de quo Aristotiles loquitur, est nobis immediate impressum a Deo, et secundum hoc discernimus uerum a falso et bonum a malo : et de hoc dicitur in Psalmo «Multi dicunt : quis ostendit nobis bona? Signatum est super nos lumen uultus tui, Domine», scilicet per quod nobis bona ostenduntur. Sic igitur id quod facit in nobis intelligibilia actu per modum luminis participati est aliquid anime, et multiplicatur secundum multitudinem animarum et hominum; illud uero quod facit intelligibilia per modum solis illuminantis est unum separatum, quod est Deus. Vnde Augustinus dicit in I Soliloquiorum «Promittit ratio se demonstraturam Deum mee menti, ut oculis sol demonstratur : nam mentis quasi oculi sunt sensus anime. Disciplinarum autem queque certissima talia sunt qualia illa que sole illustrantur, ut uideri possint; Deus autem est ipse qui illustrat». Non autem potest hoc unum separatum nostre cognitionis principium intelligi per intellectum agentem, de quo Philosophus loquitur, ut Themistius dicit, quia Deus non est in natura anime; set intellectus agens ab Aristotile nominatur lumen receptum in anima nostra a Deo. Et secundum hoc relinquitur simpliciter dicendum quod intellectus agens non sit unus in omnibus.

1. Ad primum ergo dicendum quod proprium est Dei illuminare homines imprimendo eis lumen naturale intellectus agentis, et super hoc lumen gratie et glorie; set intellectus agens illustrat fantasmata sicut lumen a Deo impressum.

2. Ad secundum dicendum quod intellectus agens dicitur ab Aristotile separatus, non quasi sit quedam substantia habens esse extra corpus, set quia non est actus alicuius partis corporis, ita quod eius operatio sit per aliquod organum corporale, sicut et de intellectu possibili dictum est.

et que dans la participation à cette béatitude, les hommes sont « égaux aux anges », comme on le lit dans Luc, XX [36]. Troisièmement, parce que si l'homme tenait d'un ange sa participation à la luminosité intelligible, il s'ensuivrait que l'homme ne serait pas selon l'esprit à l'image de Dieu Lui-même, mais à l'image des anges, contrairement à ce que dit Genèse I [26] : « Faisons l'homme à notre image et à notre ressemblance », c'est-à-dire à l'image commune de la Trinité, et non pas à l'image des anges.

Nous disons donc que la luminosité de l'intellect agent dont parle Aristote nous est imprimée immédiatement par Dieu; et c'est d'après cela que nous discernons le vrai du faux et le bien du mal. Et un Psaume [4, 6-7] en dit ceci : « Beaucoup disent : qui nous fera voir ce qui est bon? La luminosité de votre visage est gravée sur nous, Seigneur », c'est-à-dire [la luminosité] par laquelle ce qui est bon nous sera montré. Par conséquent, ce qui produit en nous les intelligibles en acte à la manière d'une luminosité participée est quelque chose de l'âme; et cela est multiplié selon la multitude des âmes et des hommes. En revanche, ce qui produit les intelligibles à la manière du soleil illuminateur est quelque chose d'un et de séparé, et c'est Dieu. C'est pourquoi Augustin dit au livre I des *Soliloques* [chap. 6, n. 12] : « La raison promet qu'elle manifestera Dieu à mon esprit, comme le soleil se manifeste aux yeux; car les sens de l'âme sont comme les yeux de l'esprit. Les vérités les plus solides de la science ressemblent aux objets que le soleil éclaire et rend visibles [...]. Mais c'est Dieu lui-même qui éclaire! » Or ce principe unique et séparé de notre connaissance ne peut être assimilé à l'intellect agent dont parle le Philosophe[221], comme Thémistius le dit, parce que Dieu n'est pas dans la nature de l'âme, alors qu'Aristote désigne par « intellect agent » une luminosité dans notre âme, reçue de Dieu. Au vu de ce qui précède, on doit donc dire absolument qu'il n'y a pas un seul intellect agent pour tous les hommes.

1. Le propre de Dieu est d'illuminer les hommes en leur imprimant la luminosité naturelle de l'intellect agent et, de surcroît, la luminosité de grâce et de gloire; mais c'est l'intellect agent qui, en tant que luminosité imprimée par Dieu, illumine les phantasmes.

2. L'intellect agent est dit « séparé » par Aristote, non pas comme s'il s'agissait d'une substance ayant un être en dehors du corps, mais parce que, comme on l'a dit aussi de l'intellect possible[222], il n'est pas l'acte d'une partie du corps, dont l'opération, en conséquence, se ferait par un organe corporel.

3. Ad tertium dicendum quod istud uerbum non dicit Aristotiles de intellectu agente set de intellectu in actu. Primo enim locutus est de intellectu possibili et postea de intellectu agente, et tandem incipit loqui de intellectu in actu, ubi dicit «Idem est autem secundum actum scientia rei»; et distinguit intellectum in actu ab intellectu in potentia tripliciter : primo quidem quia intellectus in potentia non est intellectum in potentia, set intellectus in actu siue scientia in actu est res intellecta uel scita in actu; ita et circa sensum dixerat quod sensus in potentia et sensibile in potentia sunt diuersa. Secundo comparat intellectum in actu ad intellectum in potentia, quia intellectus in potentia est prior tempore in uno et eodem quam intellectus in actu : prius enim tempore aliquis est intellectus in potentia quam in actu; set naturaliter est prius actus quam potentia, et simpliciter loquendo etiam prius tempore oportet ponere aliquem intellectum in actu quam intellectum in potentia, qui reducitur in actum per aliquem intellectum in actu. Et hoc est quod subdit «Que uero secundum potentiam tempore prior in uno, omnino autem neque in tempore» : et ista comparatione utitur inter potentiam et actum et in IX Methaphisice et in pluribus aliis locis. Tertio ostendit differentiam quantum ad hoc quod intellectus in potentia siue possibilis quandoque inuenitur intelligens quandoque non intelligens; set hoc non potest dici de intellectu in actu : sicut et potentia uisiua quandoque uidet quandoque non uidet, set uisus in actu est in ipso uidere actu. Et hoc est quod dicit «Set non aliquando quidem intelligit, aliquando autem non», et postmodum subdit «separatum autem hoc solum quod uere est», quod non potest intelligi nec de intellectu agente nec de intellectu possibili, cum utrumque supra dixerit separatum; set oportet quod intelligatur de omni eo quod requiritur ad intellectum in actu, id est de tota parte intellectiua. Vnde et subdit «Et hoc solum immortale et perpetuum est», quod si exponatur de intellectu agente, sequetur quod intellectus possibilis sit corruptibilis, ut Alexander intellexit; set hoc est contra ea que Aristotiles superius dixerat de intellectu possibili. Hec autem uerba Aristotilis hic exponere necessarium fuit, ne essent alicui occasio errandi.

3. Cette phrase, Aristote ne la dit pas à propos de l'intellect agent, mais de l'intellect en acte. En effet, il a d'abord parlé de l'intellect possible, puis de l'intellect agent, et pour finir, il commence à parler de l'intellect en acte quand il dit : « La science en acte est identique à la chose [connue] [223] » ; et il distingue l'intellect en acte de l'intellect en puissance de trois façons. Premièrement, parce que l'intellect en puissance n'est pas [identique à] l'intelligé en puissance, alors que l'intellect en acte, ou la science en acte, est [identique à] la chose intelligée ou connue en acte – de même avait-il dit à propos du sens que le sens en puissance et le sensible en puissance étaient différents. Deuxièmement, il compare l'intellect en acte à l'intellect en puissance parce que, dans un seul et même individu, l'intellect en puissance précède selon le temps l'intellect en acte : selon le temps, en effet, un intellect est d'abord en puissance avant d'être en acte. Cela dit, l'acte précède naturellement la puissance ; et absolument parlant, y compris selon le temps, il faut poser un certain intellect en acte qui précède l'intellect en puissance, lequel est conduit à l'acte par un intellect en acte. Et c'est ce qu'il ajoute [224] : « [La science] qui [est] en puissance [est] antérieure selon le temps dans l'individu, mais absolument parlant [elle n'est] pas même antérieure selon le temps » – il use également de cette comparaison entre la puissance et l'acte au livre IX de la *Métaphysique* [1049b10-1050a3], et à plusieurs autres endroits. Troisièmement, il indique une différence tenant au fait que l'intellect en puissance, ou possible, se trouve tantôt intelliger, et tantôt ne pas intelliger, ce qu'on ne peut pas dire, en revanche, de l'intellect en acte ; de même, la puissance de voir tantôt voit, et tantôt ne voit pas, tandis que la vue en acte consiste dans le voir en acte lui-même. Et c'est ce qu'il dit : « Mais [il n'est] pas [vrai] que tantôt il intellige, et que tantôt il n'intellige pas » [430a22] ; et il ajoute ensuite : « mais [est] séparé cela seul qui est vraiment » [430a22-23] [225], ce qui ne peut s'entendre ni de l'intellect agent, ni de l'intellect possible, puisqu'il avait dit plus haut qu'ils étaient l'un et l'autre séparés : il faut donc l'entendre de tout ce qui est requis pour l'intellect en acte, c'est-à-dire de toute la partie intellective ; c'est pourquoi, aussi, il ajoute : « Et cela seul est immortel et perpétuel » [430a23], ce qui, si on l'attribuait à l'intellect agent, impliquerait que l'intellect possible fût corruptible, ainsi qu'Alexandre l'avait pensé [226] ; mais cela va contre ce qu'Aristote avait dit plus haut de l'intellect possible [227]. Et il nous a fallu expliquer ici les paroles d'Aristote afin que ce ne soit pour personne une occasion de faire erreur.

4. Ad quartum dicendum quod nichil prohibet aliqua duo ad inuicem comparata sic se habere, quod utrumque sit et ut potentia et ut actus respectu alterius secundum diuersa : sicut ignis est potentia frigidus, actu calidus, aqua uero e conuerso ; et propter hoc agentia naturalia simul patiuntur et agunt. Si igitur comparetur pars intellectiua ad fantasmata, quantum ad aliquid se habebit in potentia et quantum ad aliquid <in actu> respectu eorum ; fantasma actu quidem habet similitudinem determinate nature, set illa similitudo determinate speciei est in fantasmate in potentia abstrahibilis a materialibus condicionibus. In parte uero intellectiua est e conuerso : nam non habet actu similitudines distinctarum rerum, set tamen actu habet lumen immateriale habens uirtutem abstrahendi que sunt abstrahibilia in potentia. Et sic nichil prohibet in eadem essentia anime inueniri intellectum possibilem, qui est in potentia respectu specierum, que abstrahuntur a fantasmatibus, et intellectum agentem, qui abstrahit speciem a fantasmatibus. Et esset simile si esset aliquod unum et idem corpus quod esset dyafonum, existens in potentia ad omnes colores, et cum hoc haberet lucem, qua posset illuminare colores, sicut patet in oculo catti[1].

5. Ad quintum dicendum quod lumen intellectus agentis multiplicatur immediate per multiplicationem animarum que participant ipsum lumen intellectus agentis ; anime autem multiplicantur secundum corpora, sicut supra dictum est.

6. Ad sextum dicendum quod hoc ipsum, quod lumen intellectus agentis non est actus alicuius organi corporei per quod operetur, sufficit ad hoc quod possit separare species intelligibiles a fantasmatibus, cum separatio specierum intelligibilium que recipiuntur in intellectu possibili non sit maior quam separatio intellectus agentis.

7. Ad septimum dicendum quod ratio illa magis concluderet de intellectu possibili quam de intellectu agente : hoc enim Philosophus inducit de intellectu possibili quod, cum intellexerit maximum intelligibile, non minus intelliget minimum ; de quocumque tamen intelligatur non sequitur ex hoc quod uirtus intellectus quo intelligimus sit infinita simpliciter, set quod sit infinita respectu alicuius generis. Nichil enim prohibet aliquam uirtutem que in se finita est non habere

1. Comme le notent Guldentops et Steel, l'original comportait probablement la nuance *aliquo modo*.

4. Rien n'empêche que deux choses rapportées l'une à l'autre existent de telle sorte que les deux soient l'une pour l'autre, sous des rapports différents, à la fois en puissance et en acte. Le feu est par exemple froid en puissance et chaud en acte, tandis que pour l'eau c'est le contraire ; et pour cette raison, les agents naturels pâtissent et agissent en même temps. Donc si la partie intellective est rapportée aux phantasmes, elle sera en puissance à leur égard sous un certain rapport, et en acte sous un autre. Un phantasme, de fait, possède en acte la similitude d'une nature déterminée ; mais cette similitude d'une espèce déterminée est en puissance dans le phantasme et susceptible d'être abstraite des conditions matérielles. Dans la partie intellective, en revanche, c'est le contraire ; car celle-ci ne possède pas en acte les similitudes de choses distinctes, mais elle possède en acte, en revanche, une luminosité immatérielle ayant le pouvoir d'abstraire les choses qui sont en puissance et susceptibles d'être abstraites. Et ainsi rien n'empêche que dans la même essence de l'âme se trouvent un intellect possible, qui est en puissance à l'égard des espèces abstraites des phantasmes, et un intellect agent, qui abstrait l'espèce des phantasmes. On aurait quelque chose de similaire s'il existait un seul et même corps qui serait diaphane, existant en puissance à l'égard de toutes les couleurs, et qui, en outre, posséderait une lumière lui permettant d'illuminer les couleurs, comme on le voit dans l'œil du chat.

5. La luminosité de l'intellect agent est multipliée immédiatement par la multiplication des âmes qui participent à la luminosité de l'intellect agent ; or les âmes sont multipliées en fonction des corps, ainsi qu'on l'a dit plus haut [228].

6. Le fait même que la luminosité de l'intellect agent ne soit pas l'acte d'un organe corporel, par le biais duquel il opérerait, suffit à le rendre capable de séparer les espèces intelligibles des phantasmes, puisque la séparation des espèces intelligibles qui sont reçues dans l'intellect possible n'est pas plus grande que la séparation de l'intellect agent.

7. Cet argument serait plus concluant s'il portait sur l'intellect possible que sur l'intellect agent. C'est à propos de l'intellect possible, en effet, que le Philosophe soutient qu'après avoir intelligé ce qui est très fortement intelligible, il n'intelligera pas moins ce qui l'est très peu. Cependant, qu'on l'entende de l'un ou l'autre, la conséquence n'est pas que le pouvoir de l'intellect par quoi nous intelligeons est absolument infini, mais qu'il est infini relativement à un certain genre. Rien n'empêche en effet qu'un pouvoir qui est en lui-même fini soit

terminum in aliquo genere determinato, set tamen habet terminum in quantum ad superius genus se extendere non potest : sicut uisus non habet terminum in genere coloris quia, si in infinitum multiplicarentur, omnes possent a uisu cognosci; non tamen potest cognoscere ea que sunt superioris generis, sicut uniuersalia. Similiter intellectus noster non habet terminum respectu intelligibilium sibi connaturalium que a sensibilibus abstrahuntur; set tamen terminum habet, quia circa superiora intelligibilia, que sunt substantie separate, deficit : habet enim se ad manifestissima rerum «sicut oculus noctue ad lucem solis», ut dicitur in II Methaphisice.

8. Ad octauum dicendum quod ratio illa non est ad propositum. Iudicare enim aliquo de ueritate dicitur dupliciter : uno modo sicut medio, sicut iudicamus de conclusionibus per principia et de regulatis per regulam; et sic uidentur rationes Augustini procedere : non enim id quod est mutabile uel quod habet similitudinem falsi potest esse infallibilis regula ueritatis. Alio modo dicitur aliquo iudicare de ueritate aliqua sicut uirtute iudicatiua : et hoc modo per intellectum agentem iudicamus de ueritate. Set tamen, ut profundius intencionem Augustini scrutemur, et quomodo se habeat ueritas circa hoc, sciendum est quod quidam antiqui philosophi, non ponentes aliam uim cognoscitiuam preter sensum neque aliqua entia preter sensibilia, dixerunt quod nulla certitudo de ueritate a nobis haberi potest. Et hoc propter duo : primo quidem quia ponebant sensibilia semper esse in fluxu et nichil in rebus esse stabile; secundo quia inueniuntur circa idem aliqui diuersimode iudicantes, sicut aliter uigilans et aliter dormiens, et aliter infirmus, aliter sanus; nec potest accipi aliquid quo discernatur quis horum uerius extimet, cum quilibet aliquam similitudinem ueritatis habeat. Et hee sunt due rationes quas Augustinus tangit, propter quas antiqui dixerunt ueritatem non posse cognosci a nobis. Vnde et Sortes desperans de ueritate rerum capescenda totum se ad moralem philosophiam contulit. Plato uero, discipulus eius, consentiens antiquis philosophis quod sensibilia semper sint in fluxu et quod uirtus sensitiua non habet certum iudicium de rebus ad certitudinem scientie stabiliendam, posuit

sans limites dans un genre déterminé, tout en étant limité par son incapacité à se porter jusqu'à un genre supérieur. La vue, par exemple, n'a pas de limite dans le genre de la couleur, parce que si les couleurs devaient se multiplier à l'infini, elles pourraient toutes être connues par la vue; malgré cela, elle ne peut pas connaître ce qui relève d'un genre supérieur, comme les universels. De la même façon, notre intellect n'est pas limité pour ce qui est des intelligibles qui lui sont connaturels, lesquels sont abstraits des sensibles; malgré cela, il est limité puisque, pour ce qui est des intelligibles supérieurs, qui sont des substances séparées, il est déficient : il se rapporte aux choses les plus claires, en effet, « comme l'œil de la chouette à la lumière du soleil », ainsi qu'il est dit au livre II de la *Métaphysique* [993b9-10].

8. Cet argument n'est pas pertinent. Car juger de la vérité « par quelque chose » se dit en deux sens. Premièrement, au sens où l'on en juge « par un intermédiaire », comme lorsque nous jugeons des conclusions par des principes et de ce qui est réglé par une règle – et c'est en ce sens que les arguments d'Augustin semblent être avancés : ce qui est muable, en effet, ou qui a apparence de fausseté, ne peut être une règle infaillible de vérité. En un autre sens, on dit que l'on juge d'une vérité « par quelque chose » au sens où l'on en juge « par un pouvoir de juger » – et c'est de cette façon que par l'intellect agent nous jugeons de la vérité.

Cependant, afin d'examiner plus en profondeur ce qu'Augustin veut dire et ce qu'il en est de la vérité sur ce point, il faut savoir que certains philosophes anciens, qui n'admettaient pas d'autre puissance cognitive que le sens ni d'autres étants que les sensibles, ont affirmé qu'aucune certitude concernant la vérité ne nous était accessible. Et cela pour deux raisons. Premièrement, parce qu'ils soutenaient que les sensibles s'écoulent sans cesse et qu'il n'y a rien de stable dans les choses. Deuxièmement, parce qu'on trouve pour une même chose des individus qui jugent diversement : l'homme éveillé, par exemple, autrement que l'endormi, le malade autrement que l'homme sain, et l'on ne peut obtenir de quoi discerner lequel d'entre eux évalue avec plus de vérité, puisque l'un comme l'autre présente une certaine vraisemblance. Telles sont les deux raisons que rapporte Augustin pour lesquelles les Anciens ont déclaré que nous ne pouvions connaître la vérité. De là vient aussi que Socrate, désespérant de jamais saisir la vérité des choses, se consacra tout entier à la philosophie morale. En revanche, Platon, son disciple, accordant aux philosophes anciens que les sensibles s'écoulent sans cesse et que le pouvoir sensitif n'a pas de jugement certain sur les choses[229], a posé

quidem ex una parte species rerum separatas a sensibilibus et immobiles, de quibus dixit esse scientias; ex alia parte posuit in homine uirtutem cognoscitiuam supra sensum, scilicet mentem uel intellectum, illustratam a quodam superiori sole intelligibili, sicut illustratur uisus a sole uisibili. Augustinus autem, Platonem secutus quantum fides catholica patiebatur, non posuit species rerum per se subsistentes, set loco earum posuit rationes rerum in mente diuina, et quod per eas secundum intellectum illustratum a luce diuina de omnibus iudicamus, non quidem sic quod ipsas rationes uideamus – hoc enim esset impossibile nisi Dei essentiam uideremus –, set secundum quod ille suppreme rationes imprimunt in mentes nostras : sic enim Plato posuit scientias de speciebus separatis esse, non quod ipse uiderentur set, secundum quod eas mens nostra participat, de rebus scientiam habet. Vnde et in quadam Glosa super illud «Diminute sunt ueritates a filiis hominum» dicitur quod, sicut ab una facie resplendent multe similitudines in speculis, ita ex una prima ueritate resultant multe ueritates in mentibus nostris. Aristotiles autem per aliam uiam perrexit : primo enim multipliciter ostendit in sensibilibus esse aliquid stabile; secundo quod iudicium sensus uerum est de sensibilibus propriis, set decipitur circa sensibilia communia, magis circa sensibilia per accidens; tertio quod supra sensum est uirtus intellectiua, que iudicat de ueritate, non per aliqua intelligibilia extra existentia, set per lumen intellectus agentis, quod facit intelligibilia. Non multum autem refert dicere quod ipsa intelligibilia participentur a Deo uel quod lumen faciens intelligibilia.

9. Ad nonum dicendum quod regule ille quas impii conspiciunt sunt prima principia in agendis, que conspiciuntur per lumen intellectus agentis a Deo participati, sicut etiam prima principia scientiarum speculatiuarum.

10. Ad decimum dicendum quod illud quo[1] iudicatur de duobus quid sit melius oportet esse utroque melius, si eo iudicetur ut regula et mensura : sic enim album est regula et mensura omnium aliorum colorum et Deus omnium entium, quia unumquodque tanto melius est

1. Substitution de *quo* à *<per> quod* avec Guldentops et Steel.

d'une part, afin d'établir la certitude de la science, que les espèces des choses étaient séparées des sensibles et immobiles – et c'est sur elles, disait-il, que portent les sciences[230] ; d'autre part, il a posé dans l'homme un pouvoir de connaissance au-dessus du sens, à savoir l'esprit, ou l'intellect, illuminé par un soleil intelligible supérieur, tout comme la vue est illuminée par le soleil visible[231]. Augustin, pour sa part, ayant suivi Platon autant que le permettait la foi catholique, n'a pas posé que les espèces des choses subsistaient par soi; mais au lieu de cela, il a placé les raisons des choses dans l'esprit divin[232] et soutenu que par elles, grâce à l'intellect illuminé par la lumière divine, nous jugions de toutes choses : non pas certes en voyant les raisons elles-mêmes – car cela serait impossible, à moins de voir l'essence de Dieu – , mais dans la mesure où ces raisons suprêmes font impression sur nos esprits. C'est en ce sens en effet que, pour Platon, les sciences portent sur les espèces séparées : non pas parce qu'elles-mêmes seraient vues, mais parce que c'est dans la mesure où notre esprit y participe qu'il possède la science des choses[233]. De là vient aussi que dans une glose portant sur ce [verset] : *les vérités ont été diminuées par les fils des hommes* [Psaumes 11, 2], il est dit, que, de même qu'à partir d'un seul visage resplendissent maintes images dans des miroirs, à partir d'une seule vérité première résultent maintes vérités dans nos esprits[234]. Quant à Aristote, il a suivi une autre voie. Pour commencer, en effet, il montre de plusieurs manières qu'il y a quelque chose de stable dans les sensibles[235]; ensuite, que le jugement du sens est vrai relativement aux sensibles propres, mais qu'il se trompe sur les sensibles communs, et plus encore sur les sensibles par accident[236]; enfin, qu'il y a au-dessus du sens un pouvoir intellectif qui juge de la vérité, non pas grâce à des intelligibles existant en dehors [de l'âme], mais grâce à la luminosité d'un intellect agent qui produit les intelligibles[237] – et il importe peu de dire que ce sont les intelligibles eux-mêmes qui sont reçus de Dieu par participation ou que c'est la luminosité produisant les intelligibles.

9. Ces règles que les impies regardent sont les premiers principes dans l'ordre de l'action, lesquels sont regardés par la luminosité de l'intellect agent reçue de Dieu par participation, comme le sont aussi les premiers principes des sciences spéculatives.

10. Ce par quoi l'on juge quelle est, entre deux choses, la meilleure, doit être meilleur que l'une et l'autre si c'est comme règle et mesure qu'on s'en sert pour juger. En ce sens, en effet, le blanc est règle et mesure de toutes les autres couleurs et Dieu l'est de tous les étants, parce qu'une chose est meilleure dans la mesure où elle

quantumcumque optimo appropinquat. Illud autem quo iudicamus aliquid esse melius altero, ut uirtute cognoscitiua, non oportet esse utroque melius; sic autem per intellectum agentem iudicamus angelum esse anima meliorem.

11. Ad undecimum patet solutio ex dictis : sic enim intellectus agens comparatur ad possibilem ut agens et mouens ad materiam, in quantum facit intelligibilia in actu ad que est intellectus possibilis in potentia. Dictum est autem quomodo hec duo in una substantia anime fundari possint.

12. Ad duodecimum dicendum quod sic est una ratio numerorum in omnibus mentibus sicut et una ratio lapidis; que quidem est una ex parte rei intellecte, non autem ex parte actus intelligendi, quod non est de ratione rei intellecte : non enim est de ratione lapidis quod intelligatur. Vnde talis unitas rationis numerorum uel lapidis uel cuiuscumque rei nichil facit ad unitatem intellectus possibilis uel agentis, ut supra magis expositum est.

13. Ad tertium decimum dicendum quod ueritas illa, in qua tenetur summum bonum, est communis omnibus mentibus, uel ratione unitatis rei uel ratione unitatis prime lucis in omnes mentes influentis.

14. Ad quartum decimum dicendum quod uniuersale quod facit intellectus agens est unum in omnibus a quibus ipsum abstrahitur : unde intellectus agens non diuersificatur secundum eorum diuersitatem. Diuersificatur autem secundum diuersitatem intellectuum, quia et uniuersale non ex ea parte habet unitatem, qua est a me et a te intellectum : intelligi enim a me et a te accidit uniuersali. Vnde diuersitas intellectuum non impedit unitatem uniuersalis.

15. Ad quintum decimum dicendum quod inconuenienter dicitur intellectus agens nudus uel uestitus, plenus speciebus uel uacuus : impleri enim speciebus est intellectus possibilis, set facere eas est intellectus agentis. Non est autem dicendum quod intellectus agens seorsum intelligat ab intellectu possibili, set homo intelligit per utrumque; qui quidem habet cognitionem in particulari, per sensitiuas potentias, eorum que per intellectum agentem abstrahuntur.

16. Ad sextum decimum dicendum quod non est ex Dei insufficientia quod rebus creatis uirtutes actionis attribuit, set ex eius perfectissima plenitudine, que sufficit ad omnibus communicandum.

s'approche de ce qui est excellent. En revanche, ce qu'on utilise comme pouvoir de connaître pour juger qu'une chose est meilleure qu'une autre n'a pas à être meilleur que l'une et l'autre. Or c'est de cette façon que nous jugeons par l'intellect agent que l'ange est meilleur que l'âme.

11. Ce qui précède rend la solution évidente. L'intellect agent se rapporte en effet à l'intellect possible comme l'agent et le moteur à la matière, en tant qu'il produit en acte les intelligibles à l'égard desquels l'intellect possible est en puissance. Or on a dit comment ces deux intellects peuvent être fondés sur une seule substance de l'âme [238].

12. Il y a une seule notion des nombres dans tous les esprits comme il y a aussi une seule notion de la pierre. Cette dernière est une du côté de la chose intelligée, mais pas du côté de l'acte d'intelliger, lequel n'entre pas dans la notion de la chose intelligée : il n'entre pas dans la notion de la pierre, en effet, qu'elle soit intelligée. C'est pourquoi cette unité de la notion des nombres, de la pierre, ou de quoi que ce soit, ne plaide nullement en faveur de l'unité de l'intellect possible ou de l'intellect agent, comme on l'a davantage exposé plus haut [239].

13. Cette vérité dans laquelle on possède le souverain Bien est commune à tous les esprits, soit en raison de l'unité de la chose, soit en raison de l'unité de la Lumière première pénétrant tous les esprits.

14. L'universel que produit l'intellect agent est un en tous les [singuliers] dont il est abstrait : l'intellect agent n'est donc pas diversifié selon leur diversité. Il est diversifié, en revanche, selon la diversité des intellects, parce que l'universel ne possède pas l'unité du côté par lequel il est intelligé par moi et par toi : il est accidentel à l'universel, en effet, d'être intelligé par moi et par toi ; la diversité des intellects n'empêche donc pas l'unité de l'universel.

15. Il est incorrect de dire que l'intellect agent est « nu » ou « vêtu », « rempli d'espèces » ou « vide ». Être rempli d'espèces revient à l'intellect possible, en effet, tandis qu'il revient à l'intellect agent de les produire. Et on ne doit pas dire que l'intellect agent intellige indépendamment de l'intellect possible : c'est l'homme qui intellige par le biais de l'un et de l'autre, lui qui, par les puissances sensitives, connaît en particulier les choses qui sont abstraites par l'intellect agent.

16. Ce n'est pas par insuffisance que Dieu a attribué aux choses créées des pouvoirs d'action, mais en vertu de sa plénitude absolument parfaite, qui suffit à communiquer [leurs pouvoirs] à toutes choses.

17. Ad septimum decimum dicendum quod species que est in ymaginatione est eiusdem generis cum specie que est in sensu, quia utraque est indiuidualis et materialis; set species que est in intellectu est alterius generis, quia est uniuersalis. Et ideo species ymaginaria non potest imprimere speciem intelligibilem sicut species sensibilis imprimit speciem ymaginariam; propter quod necessaria est uirtus intellectiua actiua, non autem uirtus sensitiua actiua.

< Articulus undecimus >

Vltimo queritur utrum potentie anime sint idem quod anime essentia.

Et uidetur quod sic. Dicit enim Augustinus IX De Trinitate «Ammonemur hec», scilicet mentem, notitiam et amorem, «in anima existere substantialiter siue essentialiter, non tamquam in subiecto, ut color aut figura in corpore, aut ulla alia quantitas aut qualitas».

2. Preterea. In libro De spiritu et anima dicitur quod «Deus est omnia sua, anima uero est quedam sua», scilicet potentie, et quedam sua non est, scilicet uirtutes.

3. Preterea. Differentie substantiales non sumuntur ab aliquibus accidentibus; set sensibile et rationale sunt differentie substantiales, que sumuntur a sensu et ratione; ergo sensus et ratio non sunt accidentia, et pari ratione neque alie anime potentie; et ita uidentur esse de essentia anime.

4. Set dicebat quod potentie anime neque sunt accidentia neque sunt de essentia anime, set sunt proprietates naturales siue substantiales, et ita sunt medium inter subiectum et accidens. – Set contra. Inter affirmationem et negationem non est aliquid

17. L'espèce qui est dans l'imagination est du même genre que l'espèce qui est dans le sens, parce que l'une et l'autre sont individuelles et matérielles. L'espèce qui est dans l'intellect, en revanche, est d'un genre différent parce qu'elle est universelle. C'est pourquoi une espèce imaginaire ne peut imprimer une espèce intelligible comme une espèce sensible imprime une espèce imaginaire ; ce qui fait qu'un pouvoir intellectif actif est nécessaire, mais pas un pouvoir sensitif actif.

[lieux parallèles : *Script. super Sent.*, II, d. 17, q. 1, art. 2; *De uerit.*, q. 10, art. 6 ; *Contra Gent.*, II, chap. 76-78 ; *Quest. disp. de anima*, q. 5 ; *Sentencia libri de anima*, III, chap. 4 ; éd. Léonine, p. 220-221, 87-166 ; *Ia Pars*, q. 79, art. 5 ; *Compendium theol.*, partie I, chap. 86-88]

Article 11

Pour finir, on demande si les puissances de l'âme sont identiques à l'essence de l'âme.

Et il semble que oui. Augustin dit en effet au livre IX de *La Trinité* [chap. 4, n. 5] : « Cela nous fait remarquer que ces choses », à savoir l'esprit, la connaissance et l'amour, « existent dans l'âme substantiellement, ou essentiellement, et non pas comme dans un sujet, à la manière dont la couleur, la configuration ou toute autre qualité ou quantité sont dans un corps. »

2. Dans le livre *De l'esprit et de l'âme* [240], il est dit que « Dieu est tout ce qui est Sien, alors que l'âme est une partie de ce qui est sien », à savoir les puissances, et une partie de ce qui est sien, à savoir les pouvoirs, elle ne l'est pas.

3. Les différences substantielles ne sont pas tirées de certains accidents ; or « sensible » et « rationnel » sont des différences substantielles qui sont tirées du sens et de la raison ; donc le sens et la raison ne sont pas des accidents, non plus que, pour la même raison, les autres puissances de l'âme ; et ainsi elles semblent bien appartenir à l'essence de l'âme.

4. Mais on a objecté que les puissances de l'âme ne sont pas des accidents et qu'elles n'appartiennent pas non plus à l'essence de l'âme, mais que ce sont des propriétés naturelles ou substantielles, et qu'elles sont ainsi quelque chose d'intermédiaire entre le sujet et l'accident. – Mais on rétorque : entre une affirmation et une négation, il n'y a pas

medium; set substantia et accidens distinguntur secundum affirmationem et negationem, quia accidens est quod est in subiecto, substantia uero est que non est in subiecto; ergo inter essentiam rei et accidens nichil est medium.

5. Preterea. Si potentie anime dicuntur proprietates naturales uel essentiales, aut hoc est quia sunt partes essentie aut quia causantur a principiis essentie. Si primo modo, pertinent ad essentiam anime, quia partes essentie sunt de essentia rei; si secundo modo, sic etiam accidentia possunt dici essentialia, quia ex principiis subiecti causantur. Ergo oportet quod potentie anime uel pertineant ad essentiam anime uel sint accidentia.

6. Set dicebat quod, licet accidentia causentur ex principiis substantie, non tamen omne quod causatur ex principiis substantie est accidens. – Set contra. Omne medium oportet quod distinguatur ab utroque extremorum; si igitur potentie anime sint medie inter essentiam et accidens, oportet quod distinguantur tam ab essentia quam ab accidente. Set nichil potest distingui ab aliquo per id quod est commune utrique; cum igitur fluere a principiis substantie, propter quod potentie dicuntur esse essentiales, conueniat etiam accidentibus, uidetur quod potentie anime non distinguantur ab accidentibus. Et ita uidetur quod non sit medium inter substantiam et accidens.

7. Set dicebat quod distinguntur ab accidentibus per hoc quod anima potest intelligi sine accidentibus, non autem potest intelligi sine suis potentiis. – Set contra. Vnumquodque intelligitur per suam essentiam, quia proprium obiectum intellectus est quod quid est, ut dicitur III De anima; quicquid igitur est sine quo res intelligi non potest est de essentia rei; si igitur anima sine potentiis non potest intelligi, sequitur quod sint de essentia anime et quod non sint medium inter essentiam et accidentia.

8. Preterea. Augustinus dicit X De Trinitate quod «memoria, intelligentia et uoluntas sunt una uita, una mens, una substantia»; et ita uidetur quod potentie anime sint ipsa eius essentia.

d'intermédiaire; or la substance et l'accident sont distingués selon une affirmation et une négation, parce que l'accident est ce qui se trouve dans un sujet alors que la substance est ce qui ne se trouve pas dans un sujet; donc il n'y a aucun intermédiaire entre l'essence de la chose et l'accident.

5. Si les puissances de l'âme sont appelées « propriétés naturelles » ou « essentielles », c'est soit parce qu'elles sont des parties de l'essence, soit parce qu'elles sont causées par les principes de l'essence. Dans le premier cas, elles relèvent de l'essence de l'âme, parce que les parties d'une essence appartiennent à l'essence de la chose. Dans le second cas, les accidents aussi peuvent être dits « essentiels », parce qu'ils sont causés par les principes du sujet. Donc il faut soit que les puissances de l'âme appartiennent à l'essence de l'âme, soit qu'elles soient des accidents.

6. Mais on a objecté que, bien que les accidents soient causés par les principes de la substance, tout ce qui est causé par les principes de l'essence n'est pas un accident. – Mais on rétorque : tout intermédiaire doit être distingué des deux extrêmes; donc si les puissances de l'âme sont intermédiaires entre l'essence et l'accident, il faut qu'elles soient distinguées de l'essence autant que de l'accident. Mais rien ne peut être distingué d'une chose par ce qui est commun à l'un et l'autre; par conséquent, puisque découler des principes de la substance (ce qui vaut aux puissances d'être dites « essentielles ») convient également aux accidents, il semble bien que les puissances de l'âme ne se distinguent pas des accidents. Et ainsi il semble bien qu'il n'y ait pas d'intermédiaire entre la substance et l'accident.

7. Mais on a objecté qu'elles sont distinguées des accidents pour cette raison que l'âme peut être intelligée sans accidents, alors qu'elle ne peut être intelligée sans ses puissances. – Mais on rétorque : toute chose est intelligée par son essence, parce que l'objet propre de l'intellect est le « ce que c'est », comme il est dit au livre III du [traité] *De l'âme* [430b28]; donc tout ce sans quoi une chose ne peut être intelligée appartient à l'essence de la chose; donc si l'âme ne peut être intelligée sans puissances, il s'ensuit qu'elles appartiennent à l'essence de l'âme, et qu'elles ne sont pas un intermédiaire entre l'essence et l'accident.

8. Augustin dit au livre X de *La Trinité* [chap. 11, n. 18] que « la mémoire, l'intelligence et la volonté sont une seule vie, un seul esprit, une seule substance »; il semble donc bien que les puissances de l'âme soient son essence même.

9. Preterea. Sicut se habet tota anima ad totum corpus, ita se habet pars anime ad partem corporis. Set tota anima est forma substantialis corporis; ergo pars anime, ut uisus, est forma substantialis partis corporis, scilicet oculi. Set anima secundum suam essentiam est forma substantialis totius corporis et cuiuslibet partium eius; ergo potentia uisiua est idem quod essentia anime, et eadem ratione omnes alie potentie.

10. Preterea. Anima est dignior quam forma accidentalis; set forma accidentalis actiua est sua uirtus; ergo multo magis anima est sue potentie.

11. Preterea. Ancelmus dicit in Monologion quod nichil potuit anime maius dari quam reminisci, intelligere et uelle; set inter omnia que conueniunt anime precipuum est sua essentia, que a Deo est ei data; ergo potentie anime sunt idem quod eius essentia.

12. Preterea. Si potentie anime sunt aliud quam eius essentia, oportet quod fluant ab essentia anime sicut a principio. Set hoc est impossibile, quia sequeretur quod principiatum esset immaterialius suo principio : intellectus enim, qui est potentia quedam, non est actus alicuius corporis, anima autem secundum suam essentiam est actus corporis. Ergo et primum est inconueniens, scilicet quod potentie anime non sint eius essentia.

13. Preterea. Maxime proprium substantie est esse susceptiuum contrariorum; set potentie anime sunt susceptiue contrariorum, sicut uoluntas uirtutis et uicii et intellectus scientie et erroris; ergo potentie anime sunt substantia aliqua, set non alia substantia quam substantia anime. Ergo sunt idem quod ipsa anime substantia.

14. Preterea. Anima immediate unitur corpori ut forma, et non mediante aliqua potentia. In quantum est forma corporis dat aliquem actum corpori, non autem hunc actum quod est esse, quia hic actus inuenitur etiam in quibus non est anima, nec iterum hunc actum qui est uiuere, quia hic actus inuenitur in quibus non est anima rationalis. Ergo relinquitur quod det hunc actum quod est intelligere; set hunc actum dat potentia intellectiua; ergo potentia intellectiua est idem quod essentia anime.

9. Une partie de l'âme se rapporte à une partie du corps comme l'âme tout entière au corps tout entier. Or l'âme tout entière est la forme substantielle du corps; donc une partie de l'âme, par exemple la vue, est la forme substantielle d'une partie du corps, en l'occurrence de l'œil. Mais l'âme est selon son essence la forme substantielle du corps tout entier et de chacune de ses parties. La puissance de voir est donc identique à l'essence de l'âme, et pour la même raison, toutes les autres puissances [le sont aussi].

10. L'âme est plus digne qu'une forme accidentelle; or une forme accidentelle active est [identique à] son pouvoir. *A fortiori*, donc, l'âme est [identique à] ses puissances.

11. Anselme dit dans *Le Monologion* [chap. 67][241] que rien n'a pu être donné à l'âme de plus grand que de se souvenir, d'intelliger et de vouloir; or parmi toutes les choses qui reviennent à l'âme, la principale est son essence, qui lui a été donnée par Dieu; donc les puissances de l'âme sont identiques à son essence.

12. Si les puissances de l'âme sont autres que son essence, il faut qu'elles découlent de l'essence de l'âme comme d'un principe. Mais cela est impossible, parce qu'il s'ensuivrait que ce qui dépend du principe serait plus immatériel que son principe. L'intellect, en effet, qui est une certaine puissance, n'est pas l'acte d'un organe, tandis que l'âme, selon son essence, est l'acte d'un corps. Donc le premier point ne va pas non plus, à savoir que les puissances de l'âme ne sont pas [identiques à] son essence.

13. Ce qui est le plus propre à une substance est d'être capable de recevoir des contraires; or les puissances de l'âme sont capables de recevoir des contraires : par exemple, pour la volonté, la vertu et le vice, et pour l'intellect, la science et l'erreur. Donc les puissances de l'âme sont une certaine substance; or [ce n'est] pas une autre substance que la substance de l'âme; donc elles sont identiques à la substance même de l'âme.

14. L'âme est immédiatement unie au corps à titre de forme, et non par l'intermédiaire de quelque puissance. En tant qu'elle est forme du corps, elle donne un certain acte au corps; or ce n'est pas cet acte qu'est l'être, parce que cet acte se trouve aussi dans les choses qui n'ont pas d'âme; ni cet acte qu'est le vivre, parce que cet acte se trouve dans les êtres qui n'ont pas d'âme rationnelle. C'est donc qu'elle donne cet acte qu'est l'intelliger; or cet acte, c'est la puissance intellective qui le donne; donc la puissance intellective est identique à l'essence de l'âme.

15. Preterea. Anima est nobilior et perfectior quam materia prima. Set materia prima est idem quod sua potentia : non enim potest dici quod potentia materie sit accidens eius, quia sic accidens preexisteret forme substantiali, cum potentia in uno et eodem sit prius tempore quam actus, ut dicitur in IX Methaphisice ; nec iterum est forma substantialis, quia forma est actus, qui opponitur potentie ; et similiter nec substantia composita, quia sic substantia composita precederet formam, quod est impossibile. Et ita relinquitur quod potentia materie sit ipsa essentia materie ; multo igitur magis potentie anime sunt eius essentia.

16. Preterea. Accidens non extenditur ultra suum subiectum ; set potentie anime extenduntur ultra ipsam animam, quia anima non solum intelligit et uult se set etiam alia ; ergo potentie anime non sunt eius accidentia. Relinquitur ergo quod sint ipsa essentia anime.

17. Preterea. Omnis substantia ex hoc ipso est intellectualis quod est immunis a materia, ut Auicenna dicit ; set esse immateriale conuenit anime secundum suam essentiam ; ergo et esse intellectuale. Intellectus ergo est sua essentia, et pari ratione alie eius potentie.

18. Preterea. « In hiis que sunt sine materia idem est intelligens et intellectum » secundum Philosophum ; set ipsa essentia anime est que intelligitur ; ergo ipsa essentia anime est intellectus intelligens, et pari ratione anima est alie sue potentie.

19. Preterea. Partes rei sunt de substantia eius ; set potentie anime dicuntur partes eius ; ergo pertinent ad substantiam anime.

20. Preterea. Anima est substantia simplex, ut supra dictum est. Potentie autem anime plures sunt ; si igitur potentie anime non sint eius essentia set accidentia quedam, sequitur quod in uno simplici sint plura et diuersa accidentia, quod uidetur inconueniens. Non ergo potentie anime sunt eius accidentia, set ipsa eius essentia.

Set contra est quod Dyonisius dicit XI cap. Angelice ierarchie quod superiores essentie diuiduntur in substantiam, uirtutem et

15. L'âme est plus noble et plus parfaite que la matière première. Or la matière première est identique à sa puissance. On ne peut dire en effet que la puissance de la matière est pour elle un accident, parce qu'alors un accident préexisterait à la forme substantielle étant donné que la puissance, dans un seul et même être, est chronologiquement antérieure à l'acte, ainsi qu'il est dit au livre XI de la *Métaphysique* [1049b10-13; 17-19; 24-25; 1050a23]. Et ce n'est pas non plus une forme substantielle, parce qu'une forme est un acte, ce qui est opposé à la puissance; et pareillement, ce n'est pas une substance composée, parce qu'une substance composée précéderait alors la forme, ce qui est impossible. Reste ainsi comme solution que la puissance de la matière est l'essence même de la matière; *a fortiori*, donc, les puissances de l'âme sont son essence.

16. Un accident ne s'étend pas au-delà de son sujet; or les puissances de l'âme s'étendent au-delà de l'âme parce que l'âme non seulement s'intellige et se veut, mais elle intellige et veut aussi d'autres choses; donc les puissances de l'âme ne sont pas ses accidents. C'est donc qu'elles sont l'essence même de l'âme.

17. Toute substance est intellectuelle du fait même qu'elle est exempte de matière, ainsi que le dit Avicenne [242]; or le fait d'être immatériel revient à l'âme selon son essence; donc le fait d'être intellectuel aussi. Donc l'intellect est son essence; et ses autres puissances aussi, pour la même raison.

18. « Dans le cas des réalités qui sont sans matière, ce qui intellige est identique à ce qui est intelligé », selon le Philosophe [243]. Or l'essence même de l'âme est intelligée; donc l'essence même de l'âme est [identique à] l'intellect qui intellige; et, pour la même raison, l'âme est [identique à] ses autres puissances.

19. Les parties d'une chose appartiennent à sa substance; or les puissances de l'âme sont appelées « ses parties »; donc elles relèvent de la substance de l'âme.

20. L'âme est une substance simple, ainsi qu'on l'a dit plus haut [244]. Or il y a de multiples puissances de l'âme; donc si les puissances de l'âme ne sont pas son essence, mais certains accidents, il s'ensuit qu'il y a des accidents multiples et divers dans un {sujet} simple, ce qui semble ne pas convenir. Donc les puissances de l'âme ne sont pas ses accidents, mais son essence même.

Mais à l'inverse, il y a ce que dit Denys au chapitre XI de *La Hiérarchie angélique* [245], à savoir que les essences supérieures sont divisées en substance, pouvoir et opération. *A fortiori*, donc, s'agissant

operationem; multo igitur magis in animabus aliud est earum essentia et aliud uirtus siue potentia.

2. Preterea. Augustinus dicit XV De Trinitate quod anima dicitur ymago Dei sicut tabula «propter picturam que in ea est»; set pictura non est ipsa essentia tabule; ergo nec potentie anime, secundum quas ymago Dei assignatur in anima, sunt ipsa anime substantia.

3. Preterea. Quecumque essentialiter numerantur non sunt una essentia; set illa tria secundum que attenditur ymago in anima dinumerantur essentialiter uel substantialiter; non ergo sunt ipsa essentia anime, que est una.

4. Preterea. Potentia est medium inter substantiam et operationem; set operatio differt a substantia anime; ergo potentia differt ab utroque, alioquin non esset medium, si esset idem cum extremo.

5. Preterea. Agens principale et instrumentale non sunt unum; set potentia anime comparatur ad essentiam eius ut agens instrumentale ad principale : dicit enim Anselmus in libro De concordia prescientie cum libero arbitrio quod uoluntas, que est potentia anime, est sicut instrumentum. Ergo anima non est sue potentie.

6. Preterea. Philosophus dicit I cap. De memoria et reminiscentia quod memoria est passio aut habitus sensitiui aut fantastici; passio autem et habitus est accidens; ergo memoria est accidens, et eadem ratione alie potentie anime.

Responsio. Dicendum quod quidam posuerunt potentias anime non esse aliud quam ipsam eius essentiam, ita quod una et eadem essentia anime secundum quod est principium sensitiue operationis dicitur sensus, secundum uero quod est intellectualis operationis principium dicitur intellectus; et sic de aliis. Et ad hoc precipue uidentur moti fuisse, ut Auicenna dicit, propter simplicitatem anime, quasi non compateretur tantam diuersitatem quanta apparet in potentiis anime. Set hec positio est omnino impossibilis : primo quidem quia impossibile est quod alicuius substantie create sua essentia sit sua potentia operatiua. Manifestum est enim quod diuersi actus diuersorum

des âmes, autre chose est leur essence, autre chose [leur] pouvoir ou [leur] puissance.

2. Augustin affirme au livre XV de *La Trinité* [chap. 22, n. 43], que l'âme est dite image de Dieu, comme une tablette [est image] « en raison de la peinture qui la recouvre ». Or la peinture n'est pas l'essence même de la tablette. Donc les puissances de l'âme, en vertu desquelles l'image de Dieu est assignée dans l'âme, ne sont pas la substance même de l'âme.

3. Toutes les choses qui sont nombrées essentiellement ne sont pas une seule essence. Or ces trois [puissances], en vertu desquelles on trouve dans l'âme l'image [de Dieu], sont dénombrées essentiellement, ou substantiellement. Elles ne sont donc pas l'essence même de l'âme, qui est une.

4. La puissance est un intermédiaire entre la substance et l'opération. Or l'opération diffère de la substance de l'âme. Donc la puissance diffère de l'un et l'autre; sans cela, si elle était identique à un extrême, elle ne serait pas un intermédiaire.

5. L'agent principal et l'agent instrumental ne sont pas un; or une puissance de l'âme se rapporte à son essence comme un agent instrumental à l'agent principal – Anselme dit en effet dans le livre *L'Accord de la prescience avec le libre arbitre* [chap. 11][246] que la volonté, qui est une puissance de l'âme, est comme un instrument; donc l'âme n'est pas ses puissances.

6. Le Philosophe dit au chapitre I du [livre] *De la mémoire et la réminiscence* [449b24-25] que la mémoire est une passion, ou un habitus, du [principe] sensitif ou de la fantaisie; or la passion et l'habitus sont des accidents; donc la mémoire est un accident et, pour la même raison, les autres puissances de l'âme [le sont aussi].

Réponse. Certains[247] ont soutenu que les puissances de l'âme ne sont pas autre chose que son essence : une seule et même essence de l'âme est ainsi appelée « sens » selon qu'elle est le principe de l'opération sensitive, mais on l'appelle « intellect » selon qu'elle est le principe de l'opération intellectuelle, et ainsi de suite. Et comme le dit Avicenne[248], ils semblent y avoir été poussés en raison principalement de la simplicité de l'âme, comme si cette dernière n'était pas compatible avec la si grande diversité qui apparaît dans les puissances de l'âme. Mais cette thèse est tout à fait impossible.

D'abord parce qu'il est impossible, dans le cas d'une substance créée, que son essence soit sa puissance opérative. Il est clair, en effet, que des actes différents appartiennent à des choses différentes, un

sunt; semper uero[1] actus proportionatur ei cuius est actus. Sicut autem ipsum esse est actualitas quedam essentie, ita operari est actualitas operatiue potentie seu uirtutis : secundum enim hoc utrumque eorum est in actu, essentia quidem secundum esse, potentia uero secundum operari. Vnde cum in nulla creatura suum operari sit suum esse, set hoc sit proprium solius Dei, sequitur quod nullius creature operatiua potentia sit eius essentia; set solius Dei proprium est ut sua essentia sit sua potentia.

Secundo impossibile apparet hoc speciali ratione in anima propter tria : primo quidem quia essentia una est, in potentiis autem oportet ponere multitudinem propter diuersitatem actuum et obiectorum : oportet enim potentias secundum actus diuersificari, cum potentia ad actum dicatur. Secundo idem apparet ex potentiarum differentia, quarum quedam sunt quarundam partium corporis actus, ut omnes potentie sensitiue et nutritiue partis; quedam uero potentie non sunt actus alicuius partis corporis, ut intellectus et uoluntas. Quod non posset esse si potentie anime non essent aliud quam eius essentia : non enim potest dici quod unum et idem possit esse actus corporis et separatum nisi secundum diuersa. Tertio apparet idem ex ordine potentiarum anime et habitudine earum ad inuicem : inuenitur enim quod una aliam mouet, sicut ratio irascibilem et concupiscibilem et intellectus uoluntatem; quod esse non posset si omnes potentie essent ipsa anime essentia, quia idem secundum idem non mouet se ipsum, ut probat Philosophus. Relinquitur ergo quod potentie anime non sunt ipsa eius essentia.

Quod quidam concedentes dicunt quod nec etiam sunt anime accidens, set sunt eius proprietates essentiales seu naturales : que quidem opinio uno modo intellecta potest sustineri, alio uero modo est impossibilis. Ad cuius euidentiam considerandum est quod accidens a philosophis dupliciter accipitur : uno modo secundum quod condiuiditur substantie et continet sub se nouem rerum genera. Sic autem accipiendo accidens positio est impossibilis : non enim inter

1. Keeler lit : *enim*, mais les deux peuvent s'entendre dans le même sens.

acte étant toujours proportionné à ce dont il est l'acte. Or de même que l'être même est l'actualité d'une certaine essence, l'opérer est l'actualité d'une puissance opérative ou d'un pouvoir : c'est sous ce rapport, en effet, que l'une et l'autre sont en acte : l'essence, sous le rapport de l'être, et la puissance, elle, sous le rapport de l'opérer. Aussi, puisque pour aucune créature son opérer n'est son être, mais que cela n'est propre qu'à Dieu, il s'ensuit que la puissance opérative d'aucune créature n'est son essence et qu'il n'est propre qu'à Dieu que son essence soit sa puissance.

Ensuite, cela est manifestement impossible pour une raison qui concerne l'âme en particulier et tient à trois choses. Premièrement, au fait que l'essence est une, alors qu'il faut admettre dans les puissances une multitude en raison de la diversité des actes et des objets – il faut en effet que les puissances soient diversifiées d'après les actes, puisqu'une puissance se dit relativement à un acte. Deuxièmement, c'est ce qui ressort aussi de la différence entre les puissances : certaines d'entre elles sont les actes de certaines parties du corps, à savoir toutes les puissances des parties nutritive et sensitive ; d'autres puissances, en revanche, à savoir l'intellect et la volonté, ne sont pas les actes d'une certaine partie du corps. Et ce ne pourrait être le cas si les puissances de l'âme n'étaient pas autre chose que son essence : on ne peut dire, en effet, qu'une seule et même chose peut être l'acte d'un corps et [en même temps] être séparée, sinon sous des rapports distincts. Troisièmement, c'est ce qui ressort aussi de l'ordre des puissances de l'âme et du rapport qu'elles ont entre elles. On voit en effet que l'une en meut une autre (la raison, par exemple, meut les [appétits] irascible et concupiscible [249], et l'intellect la volonté), ce qui ne pourrait se faire si toutes les puissances étaient l'essence même de l'âme puisque, comme le démontre le Philosophe [250], une même chose, sous un même rapport, ne se meut pas elle-même : c'est donc que les puissances de l'âme ne sont pas son essence.

Certains [251], qui le concèdent, soutiennent qu'elles ne sont pas non plus des accidents de l'âme, mais qu'elles sont ses propriétés essentielles, ou naturelles. Comprise d'une certaine façon, cette opinion peut assurément être soutenue ; en un autre sens, en revanche, elle est impossible. Pour le voir clairement, il faut considérer le fait qu'« accident » s'entend de deux manières chez les philosophes. En un premier sens, c'est ce qui est opposé à la substance et qui recouvre les neuf [autres] genres de choses [252]. En comprenant « accident » de cette façon, la thèse est impossible. Il ne peut en effet y avoir quelque chose

substantiam et accidens potest esse aliquid medium, cum substantia et accidens diuidant ens per affirmationem et negationem, cum proprium substantie sit non esse in subiecto, accidentis uero sit in subiecto esse. Vnde si potentie anime non sunt ipsa essentia anime – et manifestum est quod non sunt alie substantie –, sequitur quod sint accidentia in aliquo nouem generum contenta : sunt enim in secunda specie qualitatis, que dicitur potentia uel impotentia naturalis. Alio modo accipitur accidens secundum quod ponitur ab Aristotile unum de quatuor predicatis in I Topicorum, et secundum quod a Porfirio ponitur unum quinque uniuersalium : sic enim accidens non significat id quod est commune nouem generibus set habitudinem accidentalem predicati ad subiectum, uel communis ad ea que sub communi continentur. Si enim hec esset eadem acceptio cum prima, cum accidens sic acceptum diuidatur contra genus et speciem, sequeretur quod nichil quod sit in nouem generibus possit dici uel genus uel species ; quod patet esse falsum, cum color sit genus albedinis et numerus binarii. Sic igitur accipiendo accidens est aliquid medium inter substantiam et accidens, id est inter substantiale predicatum et accidentale : et hoc est proprium. Quod quidem conuenit cum substantiali predicato in quantum causatur ex principiis essentialibus speciei : et ideo per diffinitionem significantem essentiam demonstratur proprietas de subiecto. Cum accidentali uero predicato conuenit in hoc quod nec est essentia rei nec pars essentie, set aliquid preter ipsam ; differt autem ab accidentali predicato, quia accidentale predicatum non causatur ex principiis essentialibus speciei, set accidit indiuiduo sicut proprium speciei, quandoque tamen separabiliter quandoque inseparabiliter. Sic igitur potentie anime sunt medium inter essentiam anime et accidens quasi proprietates naturales uel essentiales, id est essentiam anime naturaliter consequentes.

1. Ad primum ergo dicendum quod quicquid dicatur de potentiis anime, tamen nullus umquam opinatur nisi insanus quod habitus et actus anime sint ipsa eius essentia. Manifestum est autem quod notitia et amor, de quibus ibi Augustinus loquitur, non nominant potentias set actus aut habitus : unde non intendit Augustinus dicere quod

d'intermédiaire entre la substance et l'accident, puisque la substance et l'accident divisent l'étant par affirmation et négation (puisque le propre de la substance est de ne pas être dans un sujet, et celui de l'accident, au contraire, d'être dans un sujet). Par conséquent, si les puissances de l'âme ne sont pas l'essence même de l'âme (et il est clair que ce ne sont pas d'autres substances), il s'ensuit que ce sont des accidents inclus dans l'un des neuf genres – elles appartiennent en effet à la deuxième espèce de qualité, qu'on appelle « puissance » ou « impuissance naturelle ». [Mais] « accident » est pris en un autre sens lorsqu'Aristote en fait l'un des quatre prédicats au premier livre des *Topiques* [101b17-18] et que Porphyre en fait l'un des cinq universels [253]. En ce sens, en effet, « accident » ne signifie pas ce qui est commun aux neuf genres, mais la relation accidentelle du prédicat au sujet, ou du commun à ce que le commun recouvre. Si cette acception était identique à la première, en effet, étant donné que l'accident ainsi compris est opposé au genre et à l'espèce, il s'ensuivrait que rien de ce qui est dans les neuf genres ne pourrait être dit genre ou espèce, ce qui est manifestement faux, puisque la couleur est le genre de la blancheur, et le nombre celui du double. En comprenant donc accident de cette façon, il existe quelque chose d'intermédiaire entre la substance et l'accident, c'est-à-dire entre le prédicat substantiel et le prédicat accidentel ; et cette chose, c'est un propre. Ce dernier s'accorde avec le prédicat substantiel en tant qu'il est causé par les principes substantiels d'une espèce – et c'est pourquoi on démontre par une définition signifiant l'essence qu'une propriété appartient à un sujet. Mais il s'accorde avec le prédicat accidentel en ceci qu'il n'est ni l'essence de la chose ni une partie de l'essence, mais quelque chose en dehors d'elle. Cela dit, il diffère du prédicat accidentel parce que le prédicat accidentel n'est pas causé par les principes essentiels de l'espèce, mais arrive à l'individu, à la manière dont le propre arrive à l'espèce, tantôt, cependant, de façon séparable, tantôt de façon inséparable. En ce sens, donc, les puissances de l'âme sont un intermédiaire entre l'essence de l'âme et l'accident, à titre de propriétés naturelles ou essentielles [254], c'est-à-dire découlant naturellement de l'essence de l'âme.

1. Quoi qu'on dise des puissances de l'âme, personne, à moins d'être fou, n'a jamais pensé que les habitus et les actes de l'âme étaient son essence même. Or il est clair que la connaissance et l'amour dont parle ici Augustin ne désignent pas des puissances, mais des actes ou des habitus. Augustin ne veut donc pas dire que la connaissance

notitia et amor sint ipsa essentia anime, set quod insint ei et substantialiter uel essentialiter. Ad cuius intellectum sciendum est quod Augustinus ibi loquitur de mente secundum quod nouit se et amat se; sic igitur notitia et amor possunt comparari ad mentem, aut sicut ad amantem et cognoscentem, aut sicut ad amatam et cognitam. Et hoc secundo modo loquitur hic Augustinus : ea enim ratione dicit notitiam et amorem substantialiter uel essentialiter in mente uel in anima existere, quia mens suam[1] essentiam uel substantiam nouit; unde postea subdit «Quomodo illa tria non sint eiusdem essentie non uideo, cum mens ipsa se amet atque ipsa se nouerit».

2. Ad secundum dicendum quod liber De spiritu et anima est ypocriphus, cum eius auctor ignoretur; et sunt ibi multa uel falso uel improprie dicta, quia ille qui librum composuit non intellexit dicta sanctorum a quibus accipere conatus fuit. Si tamen sustineri debeat, sciendum est triplex esse totum : unum uniuersale, quod adest cuilibet parti secundum totam suam essentiam et uirtutem : unde proprie predicatur de suis partibus, ut cum dicitur 'homo est animal'. Aliud uero est totum integrale, quod non adest alicui sue parti, neque secundum totam essentiam neque secundum totam suam uirtutem : et ideo nullo modo predicatur de parte, ut dicatur 'paries est domus'. Tertium est totum potentiale, quod est medium inter hec duo : adest enim sue parti secundum totam suam essentiam, set non secundum totam suam uirtutem; unde medio modo se habet in predicando : predicatur enim quandoque de partibus, set non proprie. Et hoc modo quandoque dicitur quod anima est sue potentie uel e conuerso.

3. Ad tertium dicendum quod, quia forme substantiales per se ipsas sunt incognite[2], set innotescunt nobis per accidentia propria, frequenter differentie substantiales ab accidentibus sumuntur loco formarum substantialium, que per huiusmodi accidentia innotescunt, sicut bipes et gressibile et huiusmodi; et sic etiam sensibile et rationale ponuntur differentie substantiales. Vel potest dici quod sensibile et rationale prout sunt differentie non sumuntur a ratione <et> a sensu secundum quod nominant potentias, set ab anima rationali et ab anima sensitiua.

1. Substitution de *suam essentiam* à *amat essentiam* avec Guldentops et Steel.
2. Substitution de *incognite* à *ignote* avec Guldentops et Steel.

et l'amour sont l'essence même de l'âme, mais qu'ils sont en elle, et cela substantiellement ou essentiellement. Et pour le comprendre, il faut savoir qu'Augustin parle dans ce passage de l'esprit en tant qu'il se connaît et qu'il s'aime; dans ces conditions, donc, la connaissance et l'amour peuvent être rapportés à l'esprit soit comme à ce qui est aimant et connaissant, soit comme à ce qui est aimé et connu. Et c'est ce second sens qui vaut ici pour les paroles d'Augustin : il dit en effet que la connaissance et l'amour existent substantiellement ou essentiellement dans l'esprit, ou dans l'âme, pour cette raison que l'esprit connaît son essence, ou sa substance. C'est pourquoi il ajoute ensuite : « Comment ces trois choses n'appartiendraient pas à la même essence, je ne le vois pas, étant donné que c'est l'esprit lui-même qui s'aime et lui-même qui se connaît [255]. »

2. Le livre *De l'esprit et de l'âme* est apocryphe, puisqu'on en ignore l'auteur; et l'on y trouve bien des choses dites soit de manière fausse, soit de manière impropre, parce que celui qui a composé le livre n'a pas compris les paroles des saints qu'il s'est efforcé de recueillir. Cependant, s'il faut retenir [l'objection], on doit savoir qu'il y a trois sortes de tout [256]. Le tout universel, d'abord, qui est présent à chaque partie selon la totalité de son essence et de son pouvoir; c'est pourquoi il est proprement prédiqué de ses parties, comme lorsqu'on dit : « L'homme est un animal. » Il y a ensuite le tout intégral, qui n'est pas présent à chacune de ses parties, ni selon la totalité de l'essence, ni selon la totalité de son pouvoir; et c'est la raison pour laquelle il n'est en aucune façon prédiqué d'une [de ses] partie[s], comme si l'on disait : « Un mur est la maison. » Le troisième est le tout potentiel, qui est intermédiaire entre ces deux : il est en effet présent à sa partie selon la totalité de son essence, mais pas selon la totalité de son pouvoir; c'est pourquoi il tient une place intermédiaire dans la prédication : parfois, en effet, il est prédiqué des parties, mais pas proprement. Et c'est de cette façon qu'on dit parfois que l'âme est ses puissances, ou l'inverse.

3. Du fait que les formes substantielles sont par elles-mêmes inconnues, mais que nous en prenons connaissance par [leurs] accidents propres [257], les différences substantielles sont fréquemment tirées des accidents au lieu de l'être des formes substantielles qui sont connues par ces accidents : par exemple « bipède », « capable de marcher », etc. ; et c'est également ainsi qu'on fait de « sensible » et de « rationnel » des différences substantielles. Ou alors on peut répondre que « sensible » et « rationnel », en tant que ce sont des différences, ne sont pas tirés de la « raison » et du « sens » si cela désigne des puissances, mais de l'âme rationnelle et de l'âme sensitive.

4. Ad quartum dicendum quod ratio illa procedit de accidente secundum quod est commune ad nouem genera, et sic nichil est medium inter substantiam et accidens; set alio modo, ut dictum est.

5. Ad quintum dicendum quod potentie anime possunt dici proprietates essentiales, non quia sint partes essentie, set quia causantur ab essentia : et sic non distinguntur ab accidente quod est commune nouem generibus; set distinguntur ab accidente quod est accidentale predicatum, quod non causatur a natura speciei.

6. Vnde patet solutio ad sextum.

7. Ad septimum dicendum quod duplex est operatio intellectus, sicut dicitur in III De anima : una qua intelligit quod quid est; et tali operatione intellectus potest intelligi essentia rei, et sine proprio et sine accidente, cum neutrum eorum ingrediatur rei essentiam : et sic procedit ratio. Alia est operatio intellectus componentis et diuidentis : et sic potest substantia intelligi sine accidentali predicato, etiam si secundum rem sit inseparabile, sicut potest intelligi coruus esse albus. Non enim est ibi repugnantia intellectuum, cum oppositum predicati non dependeat ex principiis speciei que significatur nomine in subiecto posito; hac uero operatione intellectus non potest intelligi substantia sine proprio. Non enim potest intelligi quod homo non sit risibilis uel triangulus non habeat tres angulos <equales> duobus rectis : hic enim est repugnantia intellectuum, quia oppositum predicati dependet ex natura subiecti. Sic igitur potest intelligi prima operatione intellectus essentia anime, ut scilicet intelligatur quid est absque potentiis, non autem secunda operatione, ita scilicet quod intelligatur non habere potentias.

8. Ad octauum dicendum quod illa tria dicuntur esse una uita, una essentia, uel secundum quod comparantur ad essentiam ut ad obiectum, uel eo modo quo totum potentiale predicatur de partibus.

9. Ad nonum dicendum quod tota anima est forma substantialis totius corporis, non ratione totalitatis potentiarum, set per ipsam essentiam anime, ut supra dictum est : unde non sequitur quod ipsa potentia uisiua sit forma substantialis oculi, set ipsa essentia anime secundum quod est subiectum uel principium talis potentie.

4. Cet argument repose sur « accident » compris comme ce qui est commun aux neuf genres ; et en ce sens, il n'y a pas d'intermédiaire entre la substance et l'accident ; mais en un autre sens, comme on l'a dit [258], [il en est un].

5. Les puissances de l'âme peuvent être appelées propriétés « essentielles », non pas parce qu'elles sont des parties de l'essence, mais parce qu'elles sont causées par l'essence ; et de ce point de vue elles ne se distinguent pas de l'« accident » qui est commun aux neuf genres ; mais elles se distinguent de l'« accident » qui est un prédicat accidentel, lequel n'est pas causé par la nature de l'espèce.

6. La solution à la sixième objection est donc claire.

7. Il y a deux sortes d'opération de l'intellect, comme il est dit au livre III du [traité] *De l'âme* [430a26-28] : l'une par laquelle il intellige le « ce que c'est » ; et par une telle opération de l'intellect, l'essence de la chose peut être intelligée à la fois sans propre et sans accident, puisqu'aucun des deux n'entre dans l'essence de la chose : c'est sur cela que repose l'objection. L'autre opération est celle de l'intellect qui compose et divise ; et de ce point de vue la substance peut être intelligée sans prédicat accidentel, même si ce dernier est en réalité inséparable. On peut par exemple intelliger qu'« un corbeau est blanc » ; il n'y a là, en effet, aucune incompatibilité des concepts, puisque l'opposé du prédicat [retenu] ne dépend pas des principes de l'espèce qui est signifiée par le nom de ce qui est posé comme sujet. En revanche, par cette opération de l'intellect la substance ne peut être intelligée sans le propre. On ne peut pas intelliger en effet que « l'homme n'est pas capable de rire » ou que « le triangle n'a pas trois angles égaux à deux droits » : il y a ici, en effet, une incompatibilité des concepts, parce que l'opposé du prédicat [retenu] dépend de la nature du sujet. Donc, par la première opération de l'intellect on peut intelliger l'essence de l'âme de cette façon – c'est-à-dire de sorte que ce qu'elle est soit intelligé indépendamment des puissances ; mais pas par la seconde opération – c'est-à-dire de telle manière qu'elle soit intelligée comme n'ayant pas de puissances.

8. On dit que ces trois [puissances] sont une vie, une essence, soit en tant qu'elles se rapportent à l'essence comme à un objet, soit à la manière dont un tout potentiel est prédiqué des parties.

9. L'âme tout entière est la forme substantielle du corps tout entier, non pas en raison de la totalité de [ses] puissances, mais par l'essence même de l'âme, comme on l'a dit plus haut [259] ; il ne s'ensuit donc pas que la puissance de voir soit elle-même la forme substantielle de l'œil ; c'est l'essence même de l'âme qui l'est, en tant qu'elle est le sujet ou le principe d'une telle puissance.

10. Ad decimum dicendum quod forma accidentalis que est principium actionis ipsamet est potentia uel uirtus substantie agentis; non autem proceditur in infinitum, ut cuiuslibet uirtutis sit alia uirtus.

11. Ad undecimum dicendum quod essentia est maius donum quodammodo quam potentie, sicut causa est potior effectu; potentie autem sunt quodammodo potiores, in quantum sunt propinquiores actibus quibus anima suo fini inheret.

12. Ad duodecimum dicendum quod ex hoc contingit quod ab essentia anime aliqua potentia fluit que non est actus corporis, quia essentia anime excedit corporis proportionem, ut supra dictum est : unde non sequitur quod potentia est immaterialior quam essentia, set ex immaterialitate essentie sequitur immaterialitas potentie.

13. Ad tertium decimum dicendum quod accidentium unum est alio subiecto propinquius, sicut quantitas est propinquior substantie quam qualitas; et ita substantia recipit unum accidens alio mediante, sicut colorem mediante superficie et scientiam mediante potentia intellectiua. Eo igitur modo potentia anime est susceptiua contrariorum, sicut superficies albi et nigri, in quantum scilicet substantia suscipit contraria secundum predicta.

14. Ad quartum decimum dicendum quod anima, in quantum est forma corporis secundum suam essentiam, dat esse corpori in quantum est forma substantialis, et dat sibi huiusmodi esse quod est uiuere in quantum est talis forma, scilicet anima, et dat ei huiusmodi uiuere, scilicet in intellectuali natura, in quantum est talis anima, scilicet intellectiua. Intelligere autem quandoque sumitur pro operatione, et sic principium eius est potentia uel habitus, quandoque uero pro ipso esse intellectualis nature, et sic principium eius quod est intelligere est ipsa essentia anime intellectiue.

15. Ad quintum decimum dicendum quod potentia materie non est ad operari set ad esse substantiale : et ideo potentia materie potest esse in genere substantie, non autem potentia anime que est ad operari.

16. Ad sextum decimum dicendum quod, sicut supra dictum est, Augustinus comparat notitiam et amorem ad mentem secundum quod cognoscitur et amatur. Et si secundum hanc habitudinem notitia et amor essent in mente uel in anima sicut in subiecto, sequeretur quod pari ratione esset sicut in subiecto in omnibus cognitis et amatis : et

10. La forme accidentelle qui est le principe de l'action est elle-même une puissance ou un pouvoir d'une substance agente; mais on ne régresse pas à l'infini, comme s'il y avait, pour tout pouvoir, un autre pouvoir.

11. L'essence est d'une certaine manière un don plus grand que la puissance, de même que la cause est supérieure à l'effet; mais les puissances sont d'une certaine manière supérieures en tant qu'elles sont plus proches des actes grâce auxquels l'âme s'attache à sa fin.

12. S'il arrive que de l'essence de l'âme découle une puissance qui n'est pas l'acte du corps, c'est que l'essence de l'âme excède le rapport qu'elle a avec le corps, comme on l'a dit plus haut [260]. Il ne résulte donc pas qu'une puissance est plus immatérielle que l'essence; c'est au contraire de l'immatérialité de l'essence que résulte l'immatérialité de [cette] puissance.

13. Un accident est plus proche qu'un autre d'un sujet : la quantité, par exemple, est plus proche de la substance que la qualité; et de cette façon la substance reçoit un accident par l'intermédiaire d'un autre : la couleur, par exemple, par l'intermédiaire de la surface, et la science, par l'intermédiaire de la puissance intellective. C'est donc ainsi qu'une puissance de l'âme est capable de recevoir des contraires, à la manière dont une surface peut recevoir du blanc et du noir, c'est-à-dire en tant que la substance reçoit des contraires comme il a été dit plus haut.

14. L'âme, en tant qu'elle est forme du corps selon son essence, donne l'être au corps en tant qu'elle est forme substantielle; et elle lui donne ce type d'être qui consiste à vivre en tant qu'elle est une forme d'une sorte déterminée, à savoir une âme; et elle lui donne ce type de vivre, celui qui consiste à vivre selon une nature intellectuelle, en tant qu'elle est une âme d'une sorte déterminée, à savoir une âme intellective. Or l'« intelliger » est pris tantôt pour l'opération, et en ce cas son principe est une puissance ou un habitus; tantôt, par contre, pour l'être même de nature intellectuelle, et en ce cas le principe de ce qu'est l'intelliger est l'essence même de l'âme intellective.

15. La puissance de la matière n'est pas relative à une opération, mais à un être substantiel, ce qui fait que la puissance de la matière peut être dans le genre « substance », mais pas une puissance de l'âme, qui est relative à une opération.

16. Comme on l'a dit plus haut [261], Augustin rapporte la connaissance et l'amour à l'esprit en tant qu'il est connu et aimé; et si sous ce rapport la connaissance et l'amour étaient dans l'esprit ou dans l'âme comme dans un sujet, il s'ensuivrait que pour la même raison ils se trouveraient comme dans un sujet dans toutes les choses connues et

accidens transcenderet suum subiectum, quod est impossibile. Alioquin, si Augustinus intenderet probare quod essent hec ipsa essentia anime, nulla esset eius probatio : non enim minus uerum est de essentia rei quod non est extra rem quam de accidente quod non est extra subiectum.

17. Ad septimum decimum dicendum quod ex hoc ipso quod <anima est> immunis a materia secundum suam substantiam, sequitur quod habeat uirtutem intellectiuam, non autem ita quod eius uirtus sit sua substantia.

18. Ad duodeuicesimum dicendum quod intellectus non solum est potentia intellectiua, set multo magis substantia per potentiam : unde intelligitur non solum potentia, set etiam substantia.

19. Ad undeuicesimum dicendum quod potentie anime dicuntur partes, non essentie anime, set totalis uirtutis eius, sicut si diceretur quod potentia balliui est pars totius potestatis regie.

20. Ad uicesimum dicendum quod potentiarum anime plures non sunt in anima sicut in subiecto set in composito : et huic multiplicitati[1] potentiarum competit multiformitas partium corporis; potentie uero que sunt in sola substantia anime sicut in subiecto sunt intellectus agens et possibilis et uoluntas : et ad hanc multiplicitatem potentiarum sufficit quod in substantia anime est aliqua compositio actus et potentie, ut supra dictum est.

1. Substitution de *multiplicitati* à *multiplicati* avec Guldentops et Steel.

aimées; et ainsi l'accident transcenderait son sujet, ce qui est impossible. Sans cela, si Augustin entendait prouver que [la connaissance et l'amour] sont l'essence même de l'âme, sa démonstration serait nulle. Car dire, s'agissant de l'essence d'une chose, qu'elle n'est pas en dehors de la chose, n'est pas moins vrai que de dire, s'agissant d'un accident, qu'il n'est pas en dehors de [son] sujet.

17. Du fait même que l'âme est exempte de matière selon sa substance, il s'ensuit qu'elle possède un pouvoir intellectif, mais pas de telle sorte que son pouvoir soit sa substance.

18. L'intellect n'est pas seulement la puissance intellective, mais, plus encore, la substance [agissant] par le biais de [cette] puissance; ce qui fait que ce n'est pas seulement la puissance qui est intelligée, mais aussi la substance.

19. Les puissances de l'âme sont appelées « parties », non pas de l'essence de l'âme, mais de son pouvoir total, comme si l'on disait que la puissance du bailli est une partie du pouvoir total du roi.

20. Plusieurs puissances de l'âme ne sont pas dans l'âme, mais dans le composé comme dans un sujet; et à cette multiplicité de puissances répond le caractère multiforme des parties du corps. En revanche, les puissances qui sont dans la seule substance de l'âme comme dans un sujet sont les intellects agent et possible ainsi que la volonté. Et pour cette multiplicité-ci de puissances, il suffit qu'il y ait dans la substance de l'âme une certaine composition d'acte et de puissance, ainsi qu'on l'a dit [262].

[lieux parallèles : *Script. super Sent.*, I, d. 3, q. 4, art. 2; *Quodlib.* X, q. 3, art. 1 [5]; *Comp. theol.* I, 89; *Quaest. disp. de anima*, q. 12; *I^a^ Pars*, q. 54, art. 3; q. 77, art. 1; q. 79, art. 1]

NOTES DE LA TRADUCTION

1. *Cf.* Boèce, *Quomodo Trinitas unus Deus ac non tres Dii*, chap. 2 ; PL 64, col. 1250D-1251B ; éd. Stewart-Rand-Tester, p. 10, 29-31 et 40-43 ; 12, 48-50.

2. *Cf.* Aristote, *Métaphysique*, II, 2, 994b26 dans la version arabo-latine d'Averroès, *In Metaph.*, II, texte 12 ; éd. Venise, 1562, t. VIII, f. 34raAB.

3. Pseudo-Augustin, *Liber de quaestionibus veteris et Noui Testamenti*, q. 23 ; PL 35, col. 2229 ; CSEL 50, p. 50, 17-20.

4. Boèce, *De hebdomadibus*, éd. Stewart-Rand-Tester, p. 42, 47-48.

5. Gennade (Ps.-Augustin), *De ecclesiasticis dogmatibus*, chap. 50 ; PL 42, col. 1221 et PL 58, col. 999B.

6. Averroès, *In Metaph.*, XII, com. 36 ; éd. Venise, 1562, t. VIII, f. 318vL.

7. Jean Damascène, *De fide orthodoxa*, II, chap. 17 ; éd. Buytaert, p. 69, 16-17.

8. Platon, *Timée*, 41b ; éd. Waszink, p. 35, 15-16.

9. Augustin, *De civitate Dei*, XIII, chap. 16, n. 1 ; XXII, chap. 26.

10. Augustin, *De civitate Dei*, XXI, chap. 10, n. 1.

11. Dominique Gondisalvi (Dominicus Gundissalinus), *De unitate et uno*, PL 63, col. 1078A ; éd. Correns, p. 9, 16-17.

12. Boèce, *De hebdomadibus*, éd. Stewart-Rand-Tester, p. 40, 35-37.

13. Boèce, *In Categorias Aristotelis libri quatuor*, I, chap. *De substantiis*, PL 64, col. 184A.

14. Ps.-Denys l'Aréopagite, *De divinis nominibus*, chap. IV, § 1 ; PG 3, col. 693C ; *cf.* éd. *Dionysiaca*, t. I, p. 148.

15. *Ibid.*

16. Hugues de Saint-Victor, *Expositio in Hierarchiam caelestem*, V ; PL 175, col. 1010AB.

17. *Cf.* Aristote, *De l'âme*, II, 4, 415b13.

18. *Cf.* Avicenne, *Liber de philosophia prima sive Scientia divina*, traité 9, chap. 4 ; éd. Van Riet, t. II, p. 479, 4-480, 10 et p. 481, 41-42 ; Algazel, *Metaphysica*, partie I, traité 4, division 3 ; éd. Muckle, p. 112, 1-4 ; 112, 23-24 ; 114, 2-6.

19. Cf. *Liber de causis*, prop. 6 ; éd. Pattin, p. 61 [149], 65.

20. Aristote, *De l'âme*, III, 5, 430a3-4.

21. Jean Damascène, *De fide orthodoxa*, II, chap. 26, n. 6 ; éd. Buytaert, p. 115, 141-142.

22. Comme principal tenant de cette position, Thomas cite le plus souvent Ibn Gebirol ; *cf.* Avencebrol (Ibn Gebirol), *Fons vitae* I, chap. 5 ; II, chap. 24 ; IV, chap. 1 et 5 ; V, chap. 12 ; éd. Baeumker, p. 7 ; 69 ; 211 ; 220 ; 278. Voir aussi Dominique Gondisalvi (Dominicus Gundissalinus), *De processione mundi*, éd. Bülow, p. 25, 20-24 ; *De anima*, chap. 7 ; éd Muckle, p. 56 ; *Summa Fratris Alexandris*, II-I, q. unique, chap. 2, art. 2

(n. 106), sol.; éd. Quaracchi, t. II, p. 135b; Bonaventure, *Commentaria in quatuor libros Sententiarum*, II, d. 3, partie 1, art. 1, q. 1, conclusion; éd. Quaracchi, t. II, p. 91a.

23. Voir par exemple Guillaume d'Auvergne, *De universo*, II, partie 2, chap. 8; éd. Orléans-Paris, 1674, p. 850a-852b; Albert le Grand, *Commentarii super quatuor libros Sententiarum*, II, d. 3, art. 4, sol.; éd. Borgnet, t. 27, p. 68a.

24. Ps.-Denys l'Aréopagite, *De caelesti hierarchia*, chap. IV, § 2; PG 3, col. 180A; *cf.* éd. *Dionysiaca*, t. II, p. 804-805.

25. Voir ad 1m.

26. Littéralement : « ce quelque chose », « traduction » de l'intraduisible *tode ti* grec. L'expression mériterait à elle seule une étude : elle vaut ici comme synonyme de *ens simpliciter* et s'oppose à *hoc ens* ; nous avons en conséquence évité « un ceci ». Thomas revient souvent sur le terme, en glosant ; voir par exemple *Ia Pars*, q. 75, art. 2, ad 1m.

27. *Cf.* Avencebrol, *Fons vitae*, traité IV, n. 3; éd. Baeumker, p. 215, 26-216, 6; traité V, n. 34, p. 320, 7-12.

28. *Cf.* notamment Bonaventure, *Commentaria in quatuor Libros Sententiarum*, livre II, d. 17, art. 1, q. 2, concl.; éd. Quaracchi, t. II, p. 414b-415a.

29. Voir ad 2m.

30. Voir la solution.

31. Augustin, *La Cité de Dieu*, XXI, chap. 10, n. 1.

32. Ps.-Denys l'Aréopagite, *De divinis nominibus*, chap. 1, § 1; PG 3, col. 588B; *cf.* éd. *Dionysiaca*, t. I, p. 9-10.

33. *Cf.* comme source de l'adage Averroès, *In Phys.*, II, com. 26; éd. Venise, 1562, t. IV, f. 58vbL; IV, com. 81, f. 79rbF.

34. Ps.-Augustin, *De spiritu et anima*, chap. 14; PL 40, col. 790.

35. Ps.-Augustin, *De spiritu et anima*, chap. 14; PL 40, col. 789.

36. Ps.-Augustin, *De spiritu et anima*, chap. 32; PL 40, col. 802.

37. Averroès, *In Metaph.*, VIII, com. 16; éd. Venise, 1562, t. VIII, f. 224v.

38. Augustin, *Du libre arbitre*, III, chap. 11, n. 32.

39. Boèce, *Liber contra Eutychen et Nestorium*, chap. 1; éd. Stewart-Rand-Tester, p. 80, 57-58.

40. Cf. *Decretum Gratiani*, *IIa Pars*, causa XXVI, q. 5, chap. 12, § 1; éd. Friedberg, t. I, p. 1030b.

41. Alain de Lille, *De arte seu articulis catholicae Fidei libri quinque*, I, chap. 4; PL 210, col. 599B.

42. Averroès, *In Metaph.*, X, com. 26; éd. Venise, 1562, t. VIII, f. 276va G-E.

43. *Cf.* Boèce, *In Categorias Aristotelis libri quatuor*, IV, chap. *De oppositis*; PL 64, col. 282BC. Le raisonnement est elliptique et le *enim* – qu'on traduit comme un *uero* ou un *autem* – pose problème.

44. Averroès, *In De an.*, III, com. 5 et 36, passim; notamment éd. Crawford, p. 400, 379-390; 404, 501-405, 527; 499, 585-500, 598; *cf.* Averroès, *L'Intelligence et la Pensée...*, p. 69-70; 73-74; 167.

45. Ps.-Denys l'Aréopagite, *De divinis nominibus*, chap. IV, § 1; PG 3, col. 693C; *cf.* éd. *Dionysiaca*, t. I, p. 148.

46. Il s'agit en fait de Némésius d'Émèse, *De natura hominis*, chap. 2, *passim*; éd. Verbeke-Moncho, par exemple p. 35, 75-76; 36, 83-89; 37, 1-2; 41, 100-101.

47. Les références sont nombreuses; *cf.* notamment Averroès, *In De an.*, III, com. 4 et 5; éd. Crawford, p. 385, 62 *sq.*; 388, 37 *sq.*; 405, 528 *sq.*, etc; *cf.* Averroès, *L'Intelligence et la Pensée...*, p. 55-56; 58; 74, etc.

48. Averroès, *In De an.*, III, com. 5; éd. Crawford, p. 400, 379-390; 404, 501-405, 527; *cf.* Averroès, *L'Intelligence et la Pensée...*, p. 69-70; 73-74.

49. *Cf.* Averroès, *In De an.*, III, com. 5; éd. Crawford, p. 401, 410-417 et, dans une moindre mesure, com. 30, p. 469, 9-11 et 28-30.; *cf.* Averroès, *L'Intelligence et la Pensée...*, p. 70; 138.

50. *Cf.* Némésius d'Émèse, *De natura hominis*, chap. 3; éd. Verbeke-Moncho, p. 51, 32-51, 54.

51. *Cf. Ibid.*, chap. 1 et 3; éd. Verbeke-Moncho, p. 5, 25-26; p. 51-52, 32-34.

52. Ps.-Denys l'Aréopagite, *De divinis nominibus*, VII, § 3; PG 3, col. 872B; *cf.* éd. *Dionysiaca*, t. I, p. 407.

53. Voir la fin de la solution; éd. Léonine, p. 29, 303-314.

54. C'est-à-dire : sous le rapport de son pouvoir *(virtus)*.

55. Augustin, *Tractatus in Evangelium Iohannis*, traité 24, n. 1.

56. Ps.-Denys l'Aréopagite, *De caelesti Hierarchia*, chap. IV, § 1 et § 2; PG 3, col. 177D-179A; *cf.* éd. *Dionysiaca*, t. II, p. 802-804.

57. Voir la solution; éd. Léonine, p. 27, 261-30, 322.

58. Voir la solution de l'article 3.

59. Voir la solution; éd. Léonine, p. 25, 207-26, 240.

60. Voir la solution; éd. Léonine, p. 27, 261-30, 322.

61. Ps.-Denys l'Aréopagite, *De caelesti hierarchia*, chap. XIII, § 3; PG 3, col. 301A; *cf.* éd. *Dionysiaca*, t. II, p. 947-948.

62. Voir plutôt Pierre Lombard, *Sententiae in IV libris distinctae*, III, d. 2, chap. 2 (5), n. 1; éd. Collegii S. Bonaventurae ad Claras Aquas, 1981, p. 29, 13-16. *Cf.* Jean Damascène, *De fide orthodoxa*, III, chap. 50; éd. Buytaert, p. 189, 47.

63. Ps.-Augustin, *De spiritu et anima*, chap. 14; PL 40, col. 789.

64. *Ibid.*, chap. 15; PL 40, col. 791.

65. Costa Ben Luca, *De differentia animae et spiritus*, chap. 4; éd. Barach, p. 138.

66. *Cf.* article 2, ad 5m.

67. Averroès, *In Metaph.*, I, com. 17; éd. Venise, 1562, t. VIII, f. 14vK.

68. Averroès, *De substantia orbis*, chap. 1; éd. Venise, 1562, t. IX, f. 41rB.

69. Gennade de Marseille (Gennadius Massiliensis), *De ecclesiasticis dogmatibus*, chap. 15; PL 42, col. 1216; et PL 58, col. 984.

70. Averroès, *In De an.*, I, com. 90; éd. Crawford, p. 120-121, 3-6 et 26-33.

71. *Cf.* article 2, solution (où Thomas parle de contact « spirituel »); article 6, solution; éd. Léonine, p. 26, 245-247; 70, 244-247. Pour caractériser l'union platonicienne, Thomas parle souvent de *contactus virtutis* (contact du pouvoir, par lui) : *cf.* par exemple *Somme contre les Gentils*, II, 57; *Ia Pars*, q. 70, art. 3, sol.

72. *Cf.* Aristote, *Du mouvement des animaux*, chap. 10, 703a14; *Les Parties des animaux*, III, 4, 666a11-13.

73. *Cf.* Aristote, *Du mouvement des animaux*, chap. 10, 703a4-b2.

74. Pour cette doctrine commune chez les théologiens et les maîtres ès arts, voir les notes données par l'éditeur des *Quaestiones de anima*, q. 9, lignes 55-56 et 66, p. 77 et 157, p. 80. Il cite notamment Dominique Gondisalvi (Dominicus Gundissalinus), la *Summa fratris Alexandri*, Albert le Grand, l'Anonyme de Gauthier, Jean de la Rochelle et Bonaventure.

75. La position d'Aristote, selon Thomas; *cf.* Aristote, *De l'âme*, I, 5, 411b6-27; voir par exemple Thomas d'Aquin, *Sentencia libri De anima*, I, chap. 14; éd. Léonine, p. 65-66, 76-134.

76. Simplicius, *In Praedicamenta Aristotelis*, prologue; éd. Pattin, p. 8-9, 74-83.

77. Le texte passe du pluriel au singulier; nous conservons le pluriel pour l'unité du sens.

78. *Cf.* notamment Avicébron, *Fons Vitae*, traité IV, n. 3; éd. Baeumker, p. 216, 1-6; traité V, n. 34, p. 320, 8-12.

79. Aristote, *Physique,* I, 187a27-30 ; *De la génération et la corruption,* I, 314a6 *sq.*

80. *Cf.* Aristote, *Métaphysique*, II, 2, 994b5-6 ; *De la génération et la corruption*, I, 3, 318a23-25.

81. Voir article 2, ad 16m.

82. Voir la solution de ce même article ; éd. Léonine, p. 38, 229-39, 245.

83. Voir article 2, solution ; éd. Léonine, p. 25, 223-26, 240.

84. Voir la solution, éd. Léonine, p. 44, 393-396.

85. Voir ad 3m dans ce même article.

86. Augustin, *La Quantité de l'âme*, chap. 5, n. 7.

87. Augustin, *Epistolae*, epist. 137, chap. 2, n. 5 ; PL 33, col. 517 ; CSEL 44, p. 103, 2-6.

88. Aristote, *Topiques*, II, 7, 113a29-30.

89. Jérôme (Hieronymus), *Commentarii in Evangelium Matthaei*, II, chap. 15, 19-20 ; PL 126, col. 109A ; CCL 77, p. 131, 1525-1528.

90. Averroès, *In De an.*, I, com. 53 ; éd. Crawford, p. 74, 13-75, 19.

91. *Ibid.*, com. 94 ; éd. Crawford, p. 126, 22-25.

92. *Cf.* Aristote, *Métaphysique*, VII, 16, 1040b13-14 ; *De l'âme*, I, 5, 411b19-20.

93. *Cf.* Aristote, *Physique*, VII, 3, 246a13-14.

94. Jean Damascène, *De fide orthodoxa*, I, § 13 ; PG 94, col. 853A ; *cf.* chap. 13, éd. Buytaert, p. 58, 37-39.

95. Ps.-Augustin, *De spiritu et anima*, chap. 18 ; PL 40, col. 793.

96. Voir la solution.

97. Voir la solution.

98. Voir la solution.

99. Voir la solution.

100. Voir la solution.

101. Voir la solution ; éd. Léonine, p. 53, 244-255.

102. Origène, *Peri Archon*, I, chap. 6, n. 4 ; PG 11, col. 170C ; GCS 22, 85.

103. Cf. *Decretum Gratiani*, pars II, causa 1, q. 3, canon 7 ; éd. Friedberg, p. 413.

104. Bernard de Clairvaux (Bernardus Claraevallensis), *Sermones super Canticum*, sermon 5, n. 6 ; PL 183, col. 800D ; éd. J. Leclercq, t. I, p. 23, 31-32.

105. L'adage est tiré d'Aristote ; *cf.* Aristote, *De l'âme*, III, 9, 432b21-22.

106. *Cf.* plus bas article 9, ad 5m ; éd. Léonine, p. 96, 396-397. Sur cet adage et ses formulations connexes *(actus sunt singularium*, *actus sunt in singularibus* ou *circa singularia* et *actiones sunt suppositorum)*, voir la note de l'édition Léonine p. 57 aux lignes 63-64.

107. La formule n'apparaît pas explicitement plus haut ; en revanche, *cf.* article 9, ad 2m.

108. Voir article 1, ad 4m ; ad 19m ; et article 2, ad 11m.

109. Voir article 1, solution.

110. Ps.-Denys l'Aréopagite, *De divinis nominibus*, chap. IV, § 1 ; PG 3, col. 693C ; *cf.* éd. *Dionysiaca*, t. I, p. 148.

111. Richard de Saint-Victor, *De Trinitate*, III, chap. 9 ; PL 196, col. 921B ; éd. Ribaillier, p. 143-144.

112. Si l'on garde « non participatum », plutôt que « non participans » – la leçon de certains manuscrits, plus directement compréhensible –, il faut y voir un synonyme de subsistant par soi : l'Idée est « non participée » au sens où elle n'est pas reçue d'en haut par participation ; mais comme l'explique la suite immédiate du texte, elle est évidemment participée, si l'on peut dire, par le bas, en tant qu'elle est reçue dans le sensible.

113. « Abstraites » au sens de « séparées » ; nous conservons ici la traduction littérale pour distinguer, malgré un risque d'équivoque, les positions de Platon et d'Aristote. Mais Thomas n'est pas toujours rigoureux dans l'emploi du lexique de la séparation.

114. Voir article 3, ad 11m.

115. Ps.-Denys l'Aréopagite, *De divinis nominibus*, chap. VII, § 3 ; PG 3, col. 872B ; *cf.* éd. *Dionysiaca*, t. I, p. 407.

116. *Cf.* Aristote, *Du ciel*, II, 12, 292b17-19.

117. *Cf.* Aristote, *Physique*, II, 1, 192b21-23.

118. Averroès, *In Metaph.*, XI, com. 48 ; éd. Venise, 1562, t. VIII, f. 332vLM.

119. *Ibid.*, com. 25, f. 310rBC.

120. Averroès, *De substantia orbis*, chap. 2 ; éd. Venise, 1562, t. IX, f. 6rB.

121. Jean Damascène, *De fide orthodoxa*, II, chap. 6 ; PG 94, col. 885A ; *cf.* chap. 20, n. 11, éd. Buytaert, p. 83, 90-91.

122. *Cf.* Augustin, *La Cité de Dieu*, XVIII, chap. 41, n. 2 ; voir aussi VIII, chap. 2 ; et *cf.* Diogène Laërce, *Vitae Philosophorum*, pars II, 8 ; éd. Long, p. 60, 8-17 – sur la connaissance que Thomas pouvait avoir de ce texte, voir R.-A. Gauthier, « Préface » *in* Thomas d'Aquin, *Sententia libri Ethicorum* ; éd. Léonine, p. 265*-267*.

123. Pour Platon, cf. *Timée*, 38E et 39E-40B ; transl. Calcidii, éd. Waszink, p. 31, 7-10 et p. 33, 1-19 ; *cf.* Macrobe, *Commentarium in Somnium Scipionis* I, 14, n. 19 ; éd. Willis, p. 58, 30-31 ; Boèce, *In Isagogen Porphyrii Comment.* [ed. sec.], II, 5 ; PL 64, col. 93A ; CSEL 48, p. 184, 21-22 ; III, 4 ; PL 64, col. 103AB ; CSEL 48, p. 208, 22-209, 3 ; IV, 6 ; PL 64, col. 123B ; CSEL 48, p. 257, 9-10 ; IV, 7 ; PL 64, col. 124B ; CSEL 48, p. 259, 19-21 ; Augustin, *La Cité de Dieu*, XIII, chap. 16, n. 2.

124. Pour Aristote, cf. *Du ciel*, II, 2, 285a29-30 ; II, 12, 292a18-21.

125. *Cf.* Origène, *De principiis* I, 7, 3 ; éd. Koetschau, p. 88, 9-11 et p. 88, 15-89, 2 ; *ibid.* I, 7, 4, p. 90, 4-7.

126. *Cf.* Jérôme (Hieronymus), *Commentarius in Ecclesiasten*, chap. 1, ad v. 6 ; PL 23, col. 1016C-1017A [1845] ; 1068C-1069A [1883] ; CCL 72, p. 255, 163-165.

127. Cf. *Glossa ordinaria*, A. Rush, t. II, p. 694b.

128. *Cf.* Jean Damascène, *De fide orthodoxa* II, 6 ; PG 94, col. 885A ; Burgundione Pisano interprete, II, chap. 20, n. 11, éd. Buytaert, p. 83, 90-91. *Cf.* l'argument 1 du *Sed contra.*

129. *Cf.* Thomas d'Aquin, *Quaestiones de anima*, q. 8, ad 3m ; éd. Léonine, p. 71, 364-368 : « Hoc igitur pro firmo tenentes, quod corpora celestia ab aliquo intellectu mouentur, saltem separato, *propter argumenta utramque partem sustinentes*, dicamus... » : les deux thèses, en somme, se fondent sur une argumentation rationnelle.

130. Voir article 2, arg. 5.

131. Grégoire le Grand (Gregorius Magnus, pseudo- ?), *Dialogorum libri quatuor*, IV, chap. 6 ; PL 77, col. 329B.

132. Voir la solution de l'article 2.

133. *Cf.* notamment Averroès, *In Phys.*, I, com. 92 ; éd. Venise, 1562, t. IV, f. 65EF ; *cf.* aussi *ibid.* I, com. 24 et II, com. 22.

134. Au lieu de *quia*, Keeler lit *quae*, ce qui donnerait : « en tant qu'elle est une forme et un acte qui remplissent toute la potentialité de la matière ».

135. *Cf.* Averroès, *In De caelo* I, 12-14 ; éd. Venise, 1562, t. V, f. 9v-11r.

136. Sur les deux manières d'être mû accidentellement, voir Aristote, *Physique*, VIII, 6, 259b28-31.

137. Averroès, *De substantia orbis*, chap. 1 ; éd. Venise, 1562, t. IX, f. 5vH.

138. Guldentops et Steel proposent de lire « substantiam mouentem » plutôt que le pluriel « substantias mouentes », que nous conservons.

139. Averroès, *In Metaph.*, XI, com. 44 ; éd. Venise, 1562, t. VIII, f. 318vHI.

140. *Ibid.*, VII, com. 44 ; éd. Venise, 1562, t. VIII, f. 181rF.

141. C'est-à-dire : « par le pouvoir de ».

142. *Cf.* Jean Damascène, *De fide orthodoxa*, II, § 4 ; PG 94, col. 873C-875A ; éd. Buytaert, chap. 18, p. 75, 3-4.

143. *Cf.* Grégoire le Grand, *Homiliae in Euangelia*, II, hom. 34 ; PL 76, col. 1250B-C.

144. Averroès, *De substantia orbis*, chap. 2 ; éd. Venise, 1562, t. IX, f. 6rB.

145. Voir article 6.

146. *Cf.* Aristote, *De l'âme*, III, 12, 434b8-11.

147. Voir la solution de l'article 1 ; éd. Léonine, p. 13-14, 376-408.

148. *Cf.* Boèce, *De divisione*, livre unique ; PL 64, col. 885D-886A.

149. *Cf.* Jean Damascène, *De fide orthodoxa*, II, chap. 3 ; PG 94, col. 865 ; *cf.* chap. 17, éd. Buytaert, p. 69, 11-13.

150. *Cf.* Grégoire le Grand, *Homiliae XL in Evangelia*, II, hom. 34, n. 14 ; PL 76, col. 1255BD.

151. *Cf.* Boniface (Bonifacius Papa), *Epistula II* ; PL 65, col. 43B-44.

152. Aristote, *De l'âme* III, 4, 430a3.

153. *Cf.* Maïmonide, *Dux neutrorum*, I, chap. 73 ; éd. A. Justinianus, f. 37r ; II, chap. 1, prop. 16 ; f. 39r.

154. *Cf.* Ps.-Denys l'Aréopagite, *De caelesti hierarchia*, chap. 10, § 2 ; PG 3, col. 273B ; *cf.* éd. *Dionysiaca*, t. II, p. 921.

155. Voir la réponse de l'article 1.

156. *Cf.* la Vulgate, qui donne : « Quae autem sunt, a Deo ordinatae sunt » ; c'est-à-dire : « Les choses [en l'occurrence les pouvoirs, ou les autorités] qui existent ont été instituées par Dieu. »

157. *Cf.* Ps.-Denys l'Aréopagite, *De divinis nominibus*, chap. 5, § 4 ; PG 3, col. 817D ; *cf.* éd. *Dionysiaca*, t. I, p. 333-334.

158. *Cf.* la réponse de ce même article ; éd. Léonine, p. 82, 270-274.

159. *Cf.* Ps.-Denys l'Aréopagite, *De caelesti hierarchia*, chap. 12, § 2 ; PG 3, col. 292B ; *cf.* éd. *Dionysiaca*, t. II, p. 935-937.

160. *Cf.* la réponse de ce même article (2e argument) ; éd. Léonine, p. 81, 235-82, 274.

161. *Cf.* Thomas d'Aquin, *Super librum De causis expositio*, prop. 4 ; éd. Saffrey, p. 29, 18-24.

162. *Cf.* Ps.-Denys l'Aréopagite, *De caelesti hierarchia*, chap. 14, § 8 ; PG 3, col. 321A ; *cf.* éd. *Dionysiaca*, t. II, p. 981.

163. *Cf.* Aristote, *Du ciel*, III, 1, 299a6-11 ; *De l'âme*, I, 4, 409a3-5.

164. *Cf.* la solution de ce même article (2e et 3e arguments) ; éd. Léonine, p. 82, 262-269 ; 83, 301-312.

165. *Cf.* la solution de ce même article, ad 1m.

166. *Cf.* la solution de ce même article (3e argument) ; éd. Léonine, p. 83, 296-301.

167. *Cf.* la solution de ce même article (fin du 2e argument) ; éd. Léonine, p. 82, 262-269.

168. *Cf.* la solution de ce même article (1er argument) ; éd. Léonine, p. 80, 190-204.

169. *Cf.* Aristote, *De l'âme*, I, 2, 404b11-15.

170. Aristote, *De l'âme*, III, 8, 431b29.

171. Aristote, *De l'âme*, III, 4, 430a3-4.

172. *Cf.* article 8, réponse.

173. *Cf.* article 1, toute la réponse.

174. *Cf.* Pseudo-Augustin Vigile de Thapse (Vigilius Thapsensis), *Contra Felicianum de Unitate Trinitatis*, chap. 12 ; PL 42, col. 1167.

175. Voir plus bas l'argument 13 ; par ailleurs, *cf.* Averroès, *In De an.*, III, com. 5 ; éd. Crawford, p. 411, 710-717 ; p. 388, 37-42 ; p. 402, 432-448 ; *cf.* Averroès, *L'Intelligence et la Pensée...*, p. 80 ; p. 58 ; p. 71.

176. *Cf.* Averroès, *In De an.*, III, 5, p. 411-412, 717-723 ; *cf.* Averroès, *L'Intelligence et la Pensée...*, p. 80.

177. *Cf.* Boèce, *In Categorias Aristotelis*, I ; PL 64, col. 173B.

178. *Cf.* par exemple chap. 12, n. 40.

179. *Cf.* les notes données pour la solution de l'article 1.

180. *Cf.* Cyprien (Cyprianus), *Epistola ad Magnum*; PL 3, éd. 1844, col. 1143AB; éd. 1896, col. 1190B.

181. *Cf.* Matth. 10, 5.

182. *Cf.* Anselme de Canterbury, *De veritate*, chap. 13; PL 158, col. 486C; éd. Schmitt, t. I, p. 199, 22.

183. *Cf.* l'argument 6.

184. *Cf.* Pseudo-Augustin Vigile de Thapse (Vigilius Thapsensis), *Contra Felicianum de Unitate Trinitatis*, chap. 12; PL 42, col. 1166 et 1167.

185. Averroès, *In De an.*, III, com. 5; éd. Crawford, p. 403, 485-404, 492; *cf.* Averroès, *L'Intelligence et la Pensée...*, p. 72-73.

186. *Cf.* notamment Aristote, *De l'âme*, III, 4, 429a13 *sq.*

187. *Cf.* notamment Aristote, *De l'âme*, I, 2, 404b7 *sq.*

188. *Cf.* notamment Aristote, *Métaphysique*, I, 6, 987b1-18; VII, 14 1039a24-33; *cf.* aussi Averroès, *In De an.*, III, com. 18; éd. Crawford, p. 440, 96-98; *cf.* Averroès, *L'Intelligence et la Pensée...*, p. 109.

189. *Cf.* notamment Aristote, *De l'âme*, III, 8, 432a4-5.

190. *Cf.* Aristote, *De l'âme*, III, 5, 430a10-17.

191. *Cf.* Averroès, *In De an.*, III, com. 5 et 36; éd. Crawford, p. 387-413 et 479-502; *cf.* Averroès, *L'Intelligence et la Pensée...*, p. 57-81 et 148-169.

192. *Cf.* article 2, réponse.

193. *Cf.* Aristote, *De l'âme*, III, 5, 430a24.

194. *Cf.* Averroès, *In De an.*, III, com. 20; éd. Crawford, p. 454, 315-318; Averroès, *L'Intelligence et la Pensée...*, p. 122-123. Par ailleurs, *cf.* notamment Thomas d'Aquin, *ScG* II, 60.

195. Aristote, *De l'âme*, III, 4, 429a10-11.

196. *Cf.* Aristote, *De l'âme*, I, 5, 411b5-6; II, 2, 413b28-29 (allusion à Platon, *Timée*, 69D *sq.*); *cf.* aussi Averroès, *In De an.*, I, com. 90; éd. Crawford, p. 121, 8-13; Thémistius, *Commentaire sur le traité De l'âme d'Aristote*, II, 5; éd. Verbeke, p. 88, 57-62.

197. Aristote, *De l'âme*, III, 4, 429a11-12.

198. Aristote, *De l'âme*, III, 4, 429a23.

199. *Cf.* notamment Averroès, *In De an.*, III, com. 5; éd. Crawford, p. 388, 37-56; *cf.* Averroès, *L'Intelligence et la Pensée...*, p. 58.

200. Sur cet adage, voir l'article 5 et la note donnée par l'éditeur aux lignes 63-64.

201. *Cf.* Aristote, *De l'âme*, III, 4, 429a15-b5.

202. *Cf.* Averroès, *In De an.* III, 21, 26, 33 et 36; éd. Crawford, p. 455, 20; 464, 19; 476, 55-56; *cf.* Averroès, *L'Intelligence et la Pensée...*, p. 123; 132-133; 145. Pour *ymaginatio* et *credulitas*, qu'on lit notamment chez Avicenne et Algazel, voir les sources données par B. Garceau, *Judicium. Vocabulaire, sources, doctrine de saint Thomas d'Aquin*, Paris-Montréal, Vrin-Institut d'études médiévales, 1968, p. 107 *sq.*

203. *Cf.* Aristote, *Métaphysique*, I, 6, 987b1-14; VII, 14, 1039a24-33.

204. Nous traduisons *lux* et *lumen* par « lumière » et « luminosité », pour distinguer la source de la lumière participée.

205. *Cf.* pourtant Augustin, *De quantitate animae*, lib. unic., chap. 23, n. 43; *De Genesi ad litteram*, I, chap. 16, n. 31; IV, chap. 34, n. 54; *De Trinitate*, IX, chap. 3, n. 3.

206. Sur cet adage, voir à nouveau l'article 5 et la note donnée par l'éditeur aux lignes 63-64.

207. *Cf.* dans ce même article 9, ad 4m.

208. C'est ainsi qu'il faut ici traduire *sui generis* pour donner un sens à la lecture de Thomas.

209. Voir la solution de l'article précédent.

210. Les expressions varient : « certains » *(quidam)* dans les *Quaestiones de veritate*, q. 10, a. 8, ad 11m ; *I[a] Pars*, q. 79, art. 4, resp. ; « de nombreux philosophes » *(multi philosophi)* dans les *De unitate intellectus*, chap. 4 ; éd. Léonine, p. 307, 8 ; « plusieurs » *(plures)* dans les *Quaestiones de anima*, q. 5, resp. ; éd. Léonine, p. 40, 113 (*cf.* les notes y afférentes données par l'éditeur) ; « quasiment tous les philosophes » *(fere omnes philosophi)* dans le *Scriptum super Sent.*, lib. II, d. 17, q. 2, art. 1, resp. Thomas pense principalement à Averroès, Avicenne, Alexandre (*cf.*, pour ces deux derniers, *Contra Gentiles,* II, 76) ainsi que, désormais guidé par Thémistius, à Platon (cf. *I[a] Pars*, q. 79, art. 4, resp. ; *De malo*, q. 16, art. 12, ad 1m ; *De unitate intellectus*, chap. 4 ; éd. Léonine, p. 314, 354-363). Pour Avicenne, cf. *Liber De anima seu Sextus De naturalibus*, traité V, chap. 5 ; éd. Van Riet, t. I, p. 126-127, 33-39 ; *Liber De philosophia prima siue scientia diuina*, traité IX, chap. 3 ; éd. Van Riet, t. II, p. 475-476, 28-30 ; pour Alexandre, que Thomas connaît principalement par Averroès, cf. *Liber Alexandri philosophi de intellectu et intellecto*, éd. G. Théry, p. 76 et 77 ; pour Averroès, *cf.* notamment *In De an.*, III, 19 ; éd. Crawford, p. 441, 30-35.

211. Plusieurs maîtres ès arts à partir de 1225 ; *cf.* notamment Anonyme, *De anima et potenciis eius*, éd. Gauthier, p. 50, 442-443 ; Pierre d'Espagne (Petrus Hispanus), *Expositio libri De anima* III, 3 ; éd. Alonso, p. 326, 8-27 ; Anonyme, *Sententia super II et III de anima*, III, 3 ; éd. Bazán, p. 427, 186-194, etc.

212. Keeler lit : « la vérité de tous les intelligibles » *(omnium intelligibilium veritatem)*.

213. *Cf.* Thomas d'aquin, *Quaestiones de anima*, q. 5, sol. ; éd. Léonine, p. 41, 149-154, où la nuance qu'apporte ici l'Aquinate n'est pas donnée.

214. Voir l'article précédent.

215. Voir les solutions des articles 2 et 9.

216. *Cf.* Aristote, *De l'âme* III, 5, 430a13-15 ; *cf.* transl. Iacobi, p. 459 ; transl. Guillelmi, p. 218.

217. *Cf.* Aristote, *De l'âme* III, 5, 430a15 ; *cf.* transl. Iacobi, p. 459 ; transl. Guillelmi, p. 218.

218. *Cf.* Thémistius, *Commentaire sur le traité De l'âme d'Aristote*, lib. VI ; éd. Verbeke, p. 235, 10-11.

219. *Cf.* notamment Avicenne, *Liber De philosophia prima seu scientia diuina*, traité IX, chap. 4 ; éd. Van Riet, t. II, p. 484, 97-99.

220. *Cf.* par exemple Avicenne, *Liber De anima seu Sextus de naturalibus*, pars V, chap. 6 ; éd. Van Riet, t. I, p. 150, 71-74 ; mais aussi, sans pourtant les confondre, Averroès, *In De an.*, III, com. 36 ; éd. Crawford, p. 500, 607-501, 622 ; *cf.* Averroès, *L'Intelligence et la Pensée...*, p. 167. *Cf.* Thomas d'Aquin, *In Sent. II*, dist. 18, q. 2, art. 2, sol. ; éd Mandonnet, p. 464 et *Quaestiones de anima*, q. 5, sol. ; éd. Léonine, p. 41, 166-169.

221. Le Dieu des chrétiens n'est pas l'intellect agent d'Aristote, contrairement à ce qu'affirment « certains catholiques » : *cf.* Thomas d'Aquin, *Quaestiones de anima*, q. 5, sol. ; éd. Léonine, p. 40, 131-41, 134, avec la note y afférente.

222. Voir article 9, ad 8m.

223. Aristote, *De l'âme*, III, 5, 430a19-20 ; *cf.* transl. Iacobi, p. 459 ; transl. Guillelmi, p. 218. Pour l'ensemble de la réponse, cf. *Somme contre les Gentils* II, 78 ; *Quaestiones de anima*, q. 5, ad 4m ; *L'Unité de l'intellect*, chap. 1, 612-621 ; éd. Léonine, p. 298 ; trad. de Libera, § 34, p. 110-111.

224. Aristote, *De l'âme*, III, 5, 430a20-21 ; *cf.* transl. Iacobi, p. 459 ; transl. Guillelmi, p. 218.

225. Aristote, *De l'âme*, III, 5, 430a22-23 ; *cf.* transl. Iacobi, p. 459 ; transl. Guillelmi, p. 218. On pourrait traduire : « mais ce qui est séparé [est] cela seul qui est vraiment », ou encore : « mais cela seul [qui est] séparé [est] ce qui est vraiment. »

226. *Cf.* Averroès, *In De an.* I, 12 ; éd. Crawford, p. 18, 68-69.

227. *Cf.* Aristote, *De l'âme*, I, 4, 408b18-19 et 24-25; voir aussi III, 4, 429a18-27 et III, 5, 430a17-25.

228. Voir article 9, ad 3m.

229. *Cf.* Aristote, *Métaphysique*, I, 987a29b1 ; IV, 1009a38-1010a15. *Cf.* aussi Augustin, *De diversis questionibus octoginta tribus,* q. 9 ; PL 40, 13 ; CCL 44 A, p. 16, 1-17, 23.

230. *Cf.* notamment Aristote, *Métaphysique*, I, 987b7-14.

231. *Cf.* Thémistius, *Commentaire sur le Traité de l'âme d'Aristote*, livre VI; éd. Verbeke, p. 235, 10-11.

232. *Cf.* Augustin, *De diversis questionibus octoginta tribus*, q. 46 *passim.*

233. *Cf.* Aristote, *Métaphysique*, I, 987b9-14 et 21 ; 990b28 ; 990b30-991a3 ; 991a14 et b5 ; VII, 1030a13 ; 1031b18 ; 1037b18 ; 1040a27 ; VIII, 1045b8 et 18 ; XII, 1075b19-20 ; XIII, 1079a25 ; 1079b18.

234. *Cf. Glossa Petri Lombardi: In Psalmos Davidicos Commentarii,* Ps. 11, ad. v. 1, PL 191, col. 155A ; Augustin, *Enarrationes in Psalmos,* Ps. 11, ad. v. 1, PL 36, col 138 ; CCSL 38, p. 82, 4-7 ; *Glossa ordinaria,* éd. Rusch, p. 468a.

235. *Cf.* Aristote, *Métaphysique*, IV, 1009b12-1010a15.

236. *Cf.* Aristote, *De l'âme*, II, 418a8-25 ; III, 428b16-30.

237. *Cf.* Aristote, *De l'âme*, III, 430a10-17.

238. Voir dans ce même article la fin de ad 4m.

239. Voir la solution de ce même article.

240. *Cf.* Ps.-Augustin, *De spiritu et anima*, chap. 13 ; PL 40, col. 789.

241. Anselme, *Monologion*, chap. 67 ; PL 158, col. 213C ; éd. Schmitt, t. I, p. 78, 7-11.

242. Avicenne, *Liber De philosophia prima sive scientia divina*, traité VIII, chap. 6 ; éd. Van Riet, t. II, p. 414, 95-96.

243. Aristote, *De l'âme*, III, 4, 430a3-4.

244. Voir article 1, solution.

245. Ps.-Denys l'Aréopagite, *De caelesti hierarchia*, chap. 11 ; PG 3, col. 284D ; *cf.* éd. *Dionysiaca*, t. II, p. 930.

246. Anselme, *De concordia praescentiae et praedestinationis nec non gratiae Dei cum libero arbitrio*, chap. 11 ; PL 158, col. 534AC ; éd. Schmitt, t. II, p. 279, 2-5 et 13-14.

247. Voir par exemple Guillaume d'Auvergne, *De anima*, chap. 3, partie 6 ; éd. Orléans-Paris, 1674, t. II, p. 91-93 ; ou Pseudo-Augustin, *De spiritu et anima*, livre unique, chap. 13 ; PL 40, col. 788-789 ; *cf.* Thomas d'Aquin, *Quaestiones de anima*, q. 12, resp ; éd. Léonine, p. 108, 119-120 et 131-140 : l'éditeur donne comme sources, avec les références précises, Guillaume de Saint-Thierry, Isaac de l'Étoile, Isidore de Séville, Alcuin, Hugues de Saint-Victor, Robert de Melun, Philippe le Chancelier et Jean de la Rochelle.

248. *Cf.* Avicenne, *De anima seu Sextus de naturalibus*, partie 5, chap. 7 ; éd. Van Riet, t. II, p. 154, 23-26.

249. *Cf.* Aristote, *De l'âme* III, 9, 432b6.

250. Aristote, *Physique*, VIII, 5 ; à partir notamment de 257b.

251. Voir l'argument 4 dans ce même article, et *cf.* Thomas d'Aquin, *Quaestiones de anima*, q. 12, resp. ; éd. Léonine, p. 108, 120-122, où l'éditeur donne notamment comme sources, avec les références précises, Pierre Lombard, Guillaume d'Altissiodore et Albert le Grand.

252. *Cf.* Aristote, *Catégories*, 1b25-27.

253. *Cf.* Porphyre, *Isagoge* ; éd. Minio Paluello et Dod, p. 5, 2-5 ; p. 31, 11-12.

254. *Cf.* Thomas d'Aquin, *Quaestiones de anima*, q. 12, resp. ; éd. Léonine, p. 110, 207-209 ; ad 1m, p. 110, 231-233 ; ad 7m, p. 111, 284-285 ; *ibid.*, q. 19, resp., p. 164, 157-159 ; cf. *In I Sent.*, d. 3, q. 4, art. 2, resp.

255. Augustin, *La Trinité*, IX, chap. 4, n. 7.

256. *Cf.* Thomas d'Aquin, *In I Sent.*, d. 3, q. 4, art. 2, ad 1m; *Quodlib. X*, q. 3, art. 1 [5], resp; *Iª Pars*, q. 77, art. 1, ad 1m.

257. La source semble être Averroès, *In Metaph.*, VIII, com. 5; éd. Venise, 1562, t. 8, f. 212vb-213ra; voir, dans cet article 11, la note de l'édition Léonine pour les lignes 333-340, p. 121.

258. *Cf.* article 11, réponse.

259. *Cf.* article 4, réponse.

260. *Cf.* article 2, réponse.

261. *Cf.* article 11, arg. 1 et ad 1m.

262. *Cf.* article 1, réponse.

Sigles et Abréviations

Dionysiaca

Dionysiaca. Recueil donnant l'ensemble des traductions latines des ouvrages attribués à Denys l'Aréopagite, éd. Ph. Chevalier, Paris-Bruges, Desclée de Brouwer, 1937, 2 vol.

ed. Col.

(editio Coloniensis) – Beati Doctoris Ecclesiae Alberti Magni Ordinis Fratrum Praedicatorum Episcopi, Opera omnia ad fidem codicum manuscriptorum edenda apparatu critico notis prolegomenis indicibus instruenda curavit Institutum Alberti Magni Coloniense, Monasterii Westfalorum in aedibus Aschendorff, 1951 *sq.*

AHDLMA

Archives d'histoire doctrinale et littéraire du Moyen Âge, Paris.

AL

Aristoteles Latinus. Corpus Philosophorum Medii Aevi Academiarum consociatarum auspiciis et consilio editum.

BGPTMA

Beiträge zur Geschichte der Philosophie und Theologie des Mittelalters. Texte und Untersuchungen, Münster in W., Aschendorffsche Verlagsbuchhandlung.

CCCM

Corpus Christianorum, Continuatio Mediaevalis, Turnhout.

CCSL

Corpus Christianorum, Series Latina, Turnhout.

CG

Commentaria in Aristotelem Graeca, Berlin.

CSEL

Corpus Scriptorum Ecclesiasticorum Latinorum, Vindoboniae (1866 *sq.*).

PG
: Patrologia Graeca (J.-P. Migne, Patrologiae cursus completus, Patres Graeci, Parisiis, 1857-1868).

PL
: Patrologia Latina (J.-P. Migne, Patrologiae cursus completus, Patres Latini, Parisiis, 2 ed.).

RTPM
: *Recherches de théologie et philosophie médiévales*.

RPL
: *Revue philosophique de Louvain*.

RSPT
: *Revue des sciences philosophiques et théologiques,* Paris.

Indications bibliographiques

Sources

Alain de Lille, *De Arte seu Articulis catholicae Fidei libri quinque*, PL 210 ; J.-P. Migne, 1855, col. 593-618.

Albert le Grand, *Commentarii in primum librum Sententiarum (dist. 1-25)*, éd. A. Borgnet (B. Alberti Magni Opera Omnia, t. 25), Paris, Vivès, 1893.

—, *Commentarii in II Sententiarum (dist. 1-44)*, éd. A. Borgnet (B. Alberti Magni Opera Omnia, t. 27), Paris, Vivès, 1894.

—, *Commentarii in IV Sententiarum (dist. 23-50)*, éd. A. Borgnet (B. Alberti Magni Opera Omnia, t. 30), Paris, Vivès, 1894.

—, *De anima*, éd. C. Stroïck (ed. Col. t. VII-1), Münster i. W., Aschendorff, 1968.

—, *De animalibus libri XXVI nach Cölner Urschrift. Buch XIII-XXVI*, éd. H. Stadler (BGPTMA, Bd. 16), Münster i. W., Aschendorff, 1920.

—, *De caelo et mundo*, éd. P. Hossfeld (ed. Col. t. V-1), Münster i. W., Aschendorff, 1971.

—, *De generatione et corruptione*, éd. P. Hossfeld (ed. Col. t. V-2), Münster i. W., Aschendorff, 1980, p. 107-213.

—, *Liber De natura et origine animae*, éd. B. Geyer (ed. Col. t. XII), Münster i. W., Aschendorff, 1955, p. 1-46.

—, *Metaphysica*, éd. B. Geyer, lib. I-V (ed. Col. t. XVI-1), Münster i. W., Aschendorff, 1960 ; lib. VI-XIII (ed. Col. t. XVI-2), Münster i. W., Aschendorff, 1964.

—, *Mineralium*, éd. A. Borgnet (B. Alberti Magni Opera Omnia, t. 5, p. 1-116), Paris, Vivès, 1890.

—, *Problemata determinata*, éd. I. Weisheipl (ed. Col. t. XVII-1), Münster i. W., Aschendorff, 1975.

—, *Quaestiones super de animalibus*, éd. E. Filthaut (ed. Col. t. XII, p. 77-351), Münster i. W., Aschendorff, 1955.

—, *Summa de creaturis, Pars I Summa de IV coaequaevis*, éd. A. Borgnet (B. Alberti Magni Opera omnia, t. 34, p. 307-798), Paris, Vivès, 1895, p. 307-798.

—, *Summa de creaturis, Pars II : De homine*, éd. A. Borgnet (B. Alberti Magni Opera Omnia, t. 35), Paris, Vivès, 1896.

—, *Summa theologiae, Pars II (q. 68-141)*, éd. A. Borgnet (B. Alberti Magni Opera Omnia, t. 33), Paris, Vivès, 1895.

—, *Super Dionysium De caelesti hierarchia*, éd. P. Simon et W. Kübel (ed. Col. t. XXXVI-1), Münster i. W., Aschendorff, 1993.

—, *Super Dionysium De divinis nominibus*, éd. P. Simon (ed. Col. t. XXXVII-1), Münster i. W., Aschendorff, 1972.

—, *Super Ethica commentum et quaestiones libros VI-X*, éd. W. Kübel (ed. Col. t. XIV-2), Münster i. W., Aschendorff, 1987.

—, *Topica*, éd. A. Borgnet (B. Alberti Magni Opera Omnia, t. 2, col. 665-722), Paris, Vivès, 1863.

Alcuin, *Commentaria super Ecclesiasten*, PL 100, Paris ; J.-P. Migne, 1863, col. 665-722.

Alexandre d'Aphrodise, *De intellectu et intellecto,* transl. Gerardi Cremonensis, éd. G. Théry, *in* id., *Autour du décret de 1210. II. Alexandre d'Aphrodise. Aperçu sur l'influence de sa noétique,* Paris, Vrin, 1925-1926, p. 74-86.

—, *De intellectu*, trad. P. Moraux, *in* P. Moraux, *Alexandre d'Aphrodise exégète de la noétique d'Aristote*, Liège, Faculté de philosophie - Paris, Droz, 1942, p. 185-194.

Alexandre de Halès, *Summa theologica seu sic ab origine dicta 'Summa fratris Alexandri'*, studio et cura PP. Collegii S. Bonaventurae, Ad Claras Aquas [Quaracchi], 1924-1948, 4 vol.

—, *Glossa in quatuor libros Sententiarum Petri Lombardi : In librum secundum*, studio et cura PP. Collegii S. Bonaventurae, Quaracchi [Florentiae], 1952.

—, *Quaestiones disputatae 'Antequam esset frater'*, studio et cura PP. Collegii S. Bonaventurae, Ad Claras Aquas [Quaracchi], 1960.

Algazel (al-Ghâzâlî), *Algazel's Metaphysics. A Mediaeval Translation*, éd. J.T. Muckle, Toronto, St. Michael's College, 1933.

Anonyme, *Lectura Anonymi Magistri Artium (c. 1245-1250) in librum De anima a quodam discipulo reportata* (ms. Roma Naz. V.E. 828), éd. R.-A. Gauthier, Grottaferrata, ed. Coll. S. Bonaventurae ad Claras Aquas,1985.

Anselme de Cantorbéry, *De concordia praescentia et praedestinationis et gratiae Dei cum libero arbitrio*, éd. F.S. Schmitt (S. Anselmi Cantuariensis Opera omnia, t. I, vol. 2), Stuttgart-Bad Cannstatt, Friedrich Frommann Verlag (Günther Holzboog), 1968 reprint [Seckau-Roma-Edinburgh, 1938-1961], p. 243-288.

__. *De veritate*, éd. F.S. Schmitt (S. Anselmi Cantuariensis Opera omnia, t. I, vol. 1), Stuttgart-Bad Cannstatt, Friedrich Frommann Verlag (Günther Holzboog), 1968 reprint [Seckau-Roma-Edinburgh, 1938-1961], p. 169-199.

—, *Monologion*, éd. F.S. Schmitt (S. Anselmi Cantuariensis Opera omnia, t. I, vol. 1), Stuttgart-Bad Cannstatt, Friedrich Frommann Verlag (Günther Holzboog), 1968 reprint [Seckau-Roma-Edinburgh, 1938-1961], p. 1-87.

Aristote, *De l'âme*, traduction inédite, présentation, notes et bibliographie par R. Bodéüs, Paris, GF-Flammarion, 1993.

—, *De la génération des animaux*, texte établi et traduit par P. Louis, Paris, Belles Lettres, 1961.

—, *De la génération et la corruption*, texte établi, traduit et annoté par M. Rashed, Paris, Belles Lettres, 2004.

—, *Du ciel*, texte établi et traduit par P. Moraux, Paris, Belles Lettres, 2003 (2e tirage).

—, *Métaphysique*, introd., trad., notes, bibliographie et index par M.-P. Duminil et A. Jaulin, Paris, GF-Flammarion, 2008.

—, *Météorologiques*, introd., trad., notes et bibliographie par J. Groisard, Paris, GF-Flammarion, 2008.

—, *Petits traités d'histoire naturelle (Parva Naturalia)*, trad. inédite, introd., notes et bibliographie par P.-M. Morel, Paris, GF-Flammarion, 2000.

—, *Physique*, traduction, présentation, notes, bibliographie et index par P. Pellegrin, Paris, GF-Flammarion, 2000.

—, *Seconds Analytiques*, introd., trad., notes, bibliographie et index par P. Pellegrin, Paris, GF-Flammarion, 2005.

—, *Traité du ciel*, trad. et notes par C. Dalimier et P. Pellegrin, introd. de P. Pellegrin, Paris, GF-Flammarion, 2004.

ARISTOTELES, *Analytica posteriora*, transl. Iacobi, éd. L. Minio-Paluello et B.G. Dod, in *Analytica posteriora*. Translationes Iacobi, Anonymi Sive « Ioannis », Gerardi et Recensio Guillelmi de Morbecka, éd. L. Minio-Paluello et B.G. Dod (AL IV.1-4), Bruges-Paris, Desclée de Brouwer, 1968, p. 1-107 ; réimpr. Leiden-New York-Köln, Brill, 1995.

—, *Categoriae vel Praedicamenta*. Translatio Boethii, éd. L. Minio-Paluello (AL IX.1), Bruges-Paris, Desclée de Brouwer, 1961, p. 5-41 ; réimpr. Leiden-New York-Köln, Brill, 1995.

—, *De anima,* transl. Guillelmi de Moerbecke, éd. R.-A. Gauthier, *in* S. THOMAE DE AQUINO, *Sentencia libri de anima*..., p. 1-258.

—, *De anima,* transl. Iacobi Veneti, éd. R.-A. Gauthier, in ANONYMI, Magistri artium (c. 1245-1250), *Lectura in librum De anima*..., p. 1-496.

—, *De anima,* transl. Michaelis Scoti, éd. F.S. CRAWFORD, in *Averrois Cordubensis Commentarium Magnum in Aristotelis De Anima Libros*..., p. 3-545.

—, *De caelo*, transl. Gerhardi Cremonensis, éd. I. Opelt, *in* ALBERTUS MAGNUS, *De caelo et mundo*..., ed. Col., t. V-1, Münster i.W., Aschendorff, 1971, p. 1-273.

—, *De caelo*, transl. Michaelis Scoti, in *Aristotelis 'De coelo' cum Averrois Cordubensis Commentariis* (*Aristotelis Opera cum Averrois commentariis,* t. V), Venetiis, Apud Junctas, 1562 ; réimpr. Frankfurt a.M., Minerva, 1962.

—, *De generatione animalium*, transl. Guillelmi de Moerbecke, éd. H.J. Drossaart-Lulofs (AL XVII.2.V), Bruges-Paris, Desclées de Brouwer, 1966.

—, *De generatione et corruptione*, transl. Vetus, éd. J. Judycka (AL IX.1), Leiden, Brill, 1986.

—, *De memoria et reminiscentia*, transl. Guillelmi de Moerbecke, éd. R.-A. Gauthier, *in* S. THOMAE DE AQUINO, *Sentencia libri De sensu et sensato*..., éd. Léonine, XLV-2, p. 103-130.

—, *De motu animalium* [Translatio Guillelmi de Moerbecke], éd. L. Torraca, Napoli, Libreria Scientifica Editrice, 1958, p. 54-63.
—, *De somno et vigilia.* Transl. Vetus/transl. Guillelmi, éd. H.J. Drossaart-Lulofs, [Leyda], Burgersdijk & Niermans-Templum Salomonis, 1943.
—, *Ethica Nicomachea,* transl. Roberti Grosseteste Lincolniensis sive « Liber Ethicorum ». A. Recensio pura, éd. R.-A. Gauthier (AL XXVI.1-3, fasc. 3), Leiden-Bruxelles, Brill-Desclée de Brouwer, 1972.
—, *Ethica Nicomachea,* transl. Roberti Grosseteste Lincolniensis sive « Liber Ethicorum ». B. Recensio recognita, éd. R.-A. Gauthier (AL XXVI.1-3, fasc. 4), Leiden-Bruxelles, Brill-Desclée de Brouwer, 1973.
—, *Metaphysica*, Lib. I-IV. 4, Translatio Iacobi sive « vetustissima » cum Scholis et Translatio composita sive « Vetus », éd. G. Vuillemin-Diem (AL, XXV/1-1), Bruxelles-Paris, 1970.
—, *Metaphysica*, Lib. I-X, XII-XIV, Translatio Anonyma sive « Media », éd. G. Vuillemin-Diem (AL XXV.2), Leiden, Brill, 1976.
—, *Metaphysica,* Lib. I-XIV. Recensio et translatio Guillelmi de Moerbecke, éd. G. Vuillemin-Diem (AL XXV.3.2), Leiden-New York-Köln, Brill, 1995.
—, *Physica*, transl. Vetus, éd. F. Bossier et J. Brams (AL VII.1), fasc. secundus, Leiden-New York, Brill, 1990.
—, *Topica.* Translatio Boethii, Fragmentum Recensionis Alterius, et Translatio Anonyma, éd. L. Minio Paluello (adiuvante B.G. Dod), AL V. 1-3, Bruxelles-Paris, Desclée de Brouwer, 1969.
AUGUSTIN D'HIPPONE, *La Cité de Dieu*, texte de la 4e édition de B. Dombart et A. Kalb, introd. et notes par G. Bardy, trad. fr. de G. Combès, 5 vol., Desclée de Brouwer : vol. I-III (livres I-XIV), 1959 ; vol. IV-V (livres XV-XXII), 1960.
—, *Les Confessions*, texte de l'édition de M. Skutella, Desclée de Brouwer, 1962, 2 vol., introd. et notes par A. Solignac, trad. de E. Tréhorel et G. Bouissou (vol. I, livre I-VII) ; introd. et notes par A. Solignac, trad. de E. Tréhorel et G. Bouissou (vol. II, livre VIII-XIII).
—, *Confessionum libri XIII*, post M. Skutella edidit L. Verheijen, CCSL 27, Turnholti, Brepols, 1990 [editio altera].
—, *De civitate dei, libri I-X* CCSL 47, *libri XI-XXII* CCSL 48, Turnholti, Brepols, 1955.
—, *De diversis quaestionibus octoginta tribus*, éd. A. Mutzenbecher, CCSL 44A, Turnholti, Brepols, 1975, p. 1-249.
—, *De divinatione daemonum*, éd. J. Zycha, CSEL 41, Pragae-Vindobonae-Lipsiae, Tempsky-Freytag, 1900, p. 599-618.
—, *De fide et symbolo. Enchiridion* (BA 9 : *Exposés généraux de la foi*), texte, trad., notes par J. Rivière, Paris, Desclées de Brouwer, 1947.
—, *De Genesi ad litteram libri duodecim*, éd. J. Zycha, CSEL 28-1, Pragae-Vindobonae-Lipsiae, Tempsky-Freytag, 1894, p. 1-435.
—, *De libero arbitrio libri tres*, éd. W.M. Green, CCSL 29, Turnholti, Brepols, 1970, p. 209-321.
—, *De magistro*, éd. Kl. D. Daur, CCSL 29, Turnholti, Brepols, 1970, p. 157-203.

—, *De musica*, PL 32, Paris ; J.-P. Migne, 1877, col. 1081-1194.
—, *De musica libri sex* (BA 7 : *dialogues philosophiques. IV. La musique*), texte de l'édition bénédictine, introduction, traduction et notes de G. Finaert, A.A. (livre I-V) et F. –J. Thonnard, A.A. (livre VI), Paris, Desclée de Brouwer, 1947.
—, *De quantitate animae liber unus*, éd. W. Hörmann, CSEL 89, Vindobonae, Hoelder-Pichler-Tempsky, 1986, p. 129-231.
—, *De Trinitate libri XV*, éd. W.J. Mountain (auxiliante Fr. Gloire), CCSL 50-50A, Turnholti, Brepols, 1968.
—, *De vera religione*, éd. Kl. D. Daur, CCSL 32, Turnholti, Brepols, 1962, p. 187-260.
—, *De vera religione. De utilitate credendi. De fide rerum quae non videntur. De fide et operibus* (BA 8 : *La Foi chrétienne*), texte de l'édition bénédictine, introd., trad. et notes par J. Pegon, s. j., Paris, Desclées de Brouwer, 1951.
—, *Dialogues philosophiques. Soliloques. De immortalitate animae. De quantitate animae*, texte de l'édition bénédictine, trad., introd. et notes par P. de Labriolle, Desclée, de Brouwer et Cie, 1948.
—, *Dialogues philosophiques. De magistro. De libero arbitrio*, introd., trad. et notes par G. Madec, Desclée de Brouwer, 1976[3].
—, *Enarrationes in Psalmos*, éd. E. Dekkers et J. Fraipont, CCSL 38-39-40, Turnholti, Brepols, 1956.
—, *Enchiridion ad Laurentium De fide et spe et caritate*, éd. E. Evans, CCSL 46, Turnholti, Brepols, 1969, p. 49-114.
—, *Epistulae (pars III =Ep.* 124-184A*)*, éd. Al. Goldbacher, CSEL 44, Pragae-Vindobonae-Lipsiae, Tempsky-Freytag, 1904.
—, *La Genèse au sens littéral en douze livres*, trad., introd. et notes par P. Agaësse et A. Solignac, 2 vol., Desclée de Brouwer, 1972.
—, *Homélies sur l'Évangile de saint Jean*, XVII-XXXIII (BA 72), trad., introd. et notes par M.-F. Berrouard, Études augustiniennes, 1988[2].
—, *Quaestiones 83. Quaestiones VII ad Simplicianum. Quaestiones VIII Dulcitii. De divinatione daemonum* (BA 10 : *Mélanges doctrinaux*), texte de l'édition bénédictine, introd., trad. et notes par G. Bardy, J.-A. Beckaert, J. Boutet, Paris, Desclée de Brouwer et cie, 1952.
—, *Soliloquiorum libri duo*, rec. W. Hörmann, CSEL 89, Vindobonae, Hoelder-Pichler-Tempsky, 1986, p. 1-98.
—, *Tractatus in Evangelium Iohannis*, éd. R. Willems, CCSL 36, Turnholti, Brepols, 1954.
—, *La Trinité*, texte de l'édition bénédictine, 2 vol., trad. et notes par M. Melet et Th. Camelot (vol. I, livres I-VII), Desclée de Brouwer, 1955 ; trad. par P. Agaësse, notes en collab. avec J. Moingt (vol. II, livres VIII-XV), Desclée de Brouwer, 1955.
Averroès, *Aristotelis Opera cum Averrois commentariis*, Venise (apud Junctas), 1562-1574 ; réimpr. Frankfurt a. M., Minerva, 1962.
—, *La Béatitude de l'âme*, éd., trad. annotées, études doctrinales et historiques d'un traité d'« Averroès », par M. Geoffroy et C. Steel, Paris, Vrin, 2001.

—, *Averrois Cordubensis Commentarium magnum in Aristotelis de anima libros*, éd. F.S. Crawford, Cambridge (Mass.), The Medieval Academy of America, 1953 ; trad. angl. complète : Averroes (Ibn Rushd) of Cordoba, *Long Commentary on the 'De anima' of Aristotle*, transl., introd. and notes by R.C. Taylor, with T.-A. Druart, subeditor, New Haven and London, Yale UP, 2009 ; trad. all. partielle : Averroes, *Über den Intellekt. Auszüge aus seinen drei Kommentaren zu Aristoteles' 'De anima'*. Arabisch, Lateinisch, Deutsch, Herausgegeben, übersetzt, eingeleitet und mit Anmerkungen versehen von D. Wirmer, Freiburg-Basel-Wien, Herder, 2008.

—, *Averrois Cordubensis Commentum magnum super libro De celo et mundo Aristotelis*, ex recognitione Francis James Carmody †, in lucem edidit Rüdiger Arnzen, Editioni praefatus est Gerhard Endress, Leuven, Peeters, 2003.

—, *Compendia librorum Aristotelis qui Parva naturalia vocantur*, éd. A.L. Shields et H. Blumberg, Cambridge (Mass.), Medieval Academy of America, 1949.

—, *Averrois Cordubensis Compendia librorum Aristotelis qui Parva naturalia vocantur*, textum arabicum recensuit et adnotationibus illustrauit H. Blumberg, Cambridge (Mass.), The Mediaeval Academy of America, 1972.

—, *De separatione primi principii*, *in* C. Steel, G. Guldentops, « An Unknown Treatise of Averroes against the Avicennians on the First Cause. Edition and translation », *RTPM* 64,1 (1997), p. 86-135.

—, *Averroes' De substantia orbis*, critical ed. of the Hebrew Text with English transl. and commentary by A. Hyman, Cambridge (Mass.) and Jerusalem, The Medieval Academy of America and The Israel Academy of Sciences and Humanities, 1986.

—, *Epitome of Parva naturalia*, transl. from the original Arabic and the Hebrew and Latin versions, with notes and introd. by H. Blumberg, Cambridge (Mass.), The Medieval Academy of America, 1961.

—, *Averroès. Grand Commentaire de la Métaphysique d'Aristote (Tafsīr Mā Ba'd aṭ ṭabī' at)*, Livre Lam-Lambda trad. de l'arabe et annoté par M. Aubert, Paris, Belles Lettres, 1984.

—, *Grand Commentaire (Tafsīr) de la Métaphysique. Livre Bêta*, présentation et traduction de L. Bauloye, Paris, Vrin, 2002.

—, *L'Intelligence et la Pensée. Grand Commentaire du 'De anima'. Livre III (429a10-435b25)*, trad. A. de Libera, Paris, GF-Flammarion, 1998.

—, *Ibn Rushd's Metaphysics*, a Translation with Introduction of Ibn Rushd's Commentary on Aristotle's Metaphysics, Book Lām, by Ch. Genequand, Leiden, Brill, 1984.

—, *Middle Commentary on Aristotle's De anima*. Critical ed. of the Arabic Text with English transl., notes and introd. by Alfred L. Ivry, Provo (Utah), Bringham Young UP, 2002.

—, *Averroes' Middle Commentary on Aristotle's De anima in the translation of Moses Ibn Tibbon*. Critical ed. with introd., notes and a glossary by Alfred L. Ivry, Jerusalem, The Israel Academy of Sciences and Humanities, 2003.

AVICÉBRON (IBN GEBIROL), *Fons vitae*, ex arabico in latinum translatus ab Iohanne Hispano et Dominico Gundissalino, éd. C. Baeumker (BGPTMA, Bd. 1/2), Münster i. W., Aschendorff, 1892.

—, *La Source de vie.* Livre III. *De la démonstration de l'existence des substances simples,* trad., introd. et notes par F. Brunner, Paris, Vrin, 1950.

—, *Le Livre de la Source de vie (Fons Vitae)*, trad., introd. et notes par J. Schlanger, Paris, Aubier Montaigne, 1970.

AVICENNE, *Liber de anima seu Sextus de naturalibus*, I-II-III, éd. S. Van Riet, Louvain-Leiden, Éd. orientalistes-Brill, 1972.

—, *Liber de anima seu Sextus de naturalibus*, IV-V, éd. S. Van Riet, Louvain-Leiden, Éd. orientalistes-Brill, 1968.

—, *Liber de philosophia prima sive Scientia divina,* I-IV, éd. S. Van Riet, Louvain-Leiden, Peeters-Brill, 1977.

—, *Liber de philosophia prima sive Scientia divina,* V-X, éd. S. Van Riet, Louvain-Leiden, E. Peeters-Brill, 1980.

BERNARD DE CLAIRVAUX, *Sermones super Cantica canticorum*, 1-35, éd. J. Leclercq, C.H. Talbot, H.M. Rochais, Romae, Ed. Cistercienses, 1957.

Biblia latina cum Glossa ordinaria, Facsimile Reprint of the 'Editio Princeps' Adolph Rusch of Strassburg 1480/1481, Introduction by K. Froehlich and M.T. Gibson, Turnhout, Brepols, 1992, 4 vol.

BOÈCE, *Boethius*, *In categorias Aristotelis libri IV,* PL 64; Paris, J.-P. Migne, 1860, col. 159-294.

—, *In Isagogen Porphyrii commentorum editio secunda*, éd. S. Brand, in *A.M.S. Boethii in Isagogen Porphyrii commenta*, copiis a G. Schepps comparatis suisque usus recensuit S. Brandt, CSEL 48, Vindobonae-Lipsiae, Tempsky-Freytag, 1906, p. 133-348.

—, *Liber de divisione*, PL 64, Paris ; J.-P. Migne, 1860, col. 875-892.

—, *Philosophiae consolatio*, éd. L. Breler, CCSL 94, Turnhout, Brepols, 1984(2).

—, *The Theological Tractates*, with English transl. by H.-F. Stewart, E.K. Rand, S.J. Tester, Cambridge (Mass.)-London, Harvard UP-William Heinemann LTD, 1968.—. *Traités théologiques. Contre Eutychès et Nestorius. Comment les substances en ce qu'elles sont, sont bonnes, bien qu'elles ne soient pas des biens substantiels. Comment la Trinité est un Dieu et non trois Dieux. Si le Père, le Fils et le Saint-Esprit sont prédiqués substantiellement de la Divinité. De la foi catholique.* Présent., trad., chronol., bibliogr. et notes par A. Tisserand, Paris, GF-Flammarion, 2000.

BONIFACE II, PAPE, *Epistola II ad Eulalium Alexandrinum episcopum*, PL 29, Paris ; J .-P. Migne, 1861, col. 43-45.

COSTA BEN LUCA, *De differentia animae et spiritus, in* C.S. Barach, *Excerpta e libro Alfredi Anglici 'De motu cordis', item Costa-ben-Lucae 'De differentia animae et spiritus' liber translatus a Johanne Hispalensi,* Innsbruck, Verlag der Wagner' schen Universitäts-Buchhandlung, 1878, p. 120-139.

CYPRIEN, *Epistola ad Magnum*, PL 3, Paris ; J.-P. Migne, 1844, col. 1137-1152 ; 1886, col. 1183-1200.

DENYS L'ARÉOPAGITE (PSEUDO-), *De caelesti hierarchia*, in *Dionysiaca...*, t. II, p. 725-1039.

—, *De ecclesiastica hierarchia,* in *Dionysiaca...*, t. II, p. 1071-1476.

—, *De divinis nominibus,* in *Dionysiaca...*, t. I, p. 3-561.

—, *Œuvres complètes du Pseudo-Denys l'Aréopagite*, traduction, préface, notes et index par M. de Gandillac, Paris, Aubier, 1943.

DIOGÈNE LAËRCE, *Vitae philosophorum*, éd. H.S. Long, Oxford, OUP, 1964, 2 vol.

Dionysiaca. Recueil donnant l'ensemble des traductions latines des ouvrages attribués à Denys l'Aréopagite, éd. Ph. Chevalier, Paris-Bruges, Desclée de Brouwer, 1937, 2 vol.

DOMINIQUE GONDISALVI (DOMINICUS GUNDISSALINUS), *De unitate et uno*, éd. P. Correns, in BGPTMA, Bd. 1/1, Münster in. W., Aschendorff, 1925, p. 3-11.

GENNADE (GENNADIUS ; PS.-AUGUSTINUS), *De ecclesiasticus dogmatibus*, PL 42, Paris ; J.-P. Migne, 1861, col. 1213-1222.

GILBERT DE LA PORÉE, *Expositio in Boetii De hebdomadibus*, éd. N.M. Häring, *in* ID., *The Commentaries on Boethius by Gilbert of Poitiers*, Toronto, Pontifical Institute of Mediaeval Studies, 1966, p. 183-230.

GILLES DE ROME, *De ecclesiastica potestate*, éd. R. Scholz, Neudruck der im Verlag Herm. Böhlaus Nachf. erschienenen Auflage von 1929, Scientia Aalen, 1961.

GRÉGOIRE LE GRAND, *Grégoire le Grand, Dialogues*, t. III <livre IV>, texte critique et notes par A. de Vogüé, trad. par P. Antin, Paris, Cerf, 1980.

—, *S. Gregorii Papae I Magni, Dialogorum libri IV*, PL 77, Paris ; J.-P. Migne, 1849, col 149-430.

—, *S. Gregorii Magni, Romani Pontificis, XL Homiliarum in Euangelia libri duo,* PL 76, Paris ; J.-P. Migne, 1857-1878, col. 1075-1314.

GUILLAUME D'AUVERGNE, *Opera omnia*, 2 vol., éd. F. Hotot, et *Supplementum*, éd. Blaise le Feron, Orléans-Paris, 1674; réimpr. Frankfurt a. Main, Minerva, 1963.

—, *De l'âme (VII, 1-9)*, introd., trad. et notes par J.-B Brenet, Paris, Vrin, 1998.

GUILLAUME D'OCKHAM, *Quodlibeta septem*, éd. J.C. Wey, New York, St. Bonaventure University, 1980.

HUGUES DE SAINT-VICTOR, *Expositio in Hierarchiam caelestem*, in *Hugonis de Sancto Victore Opera Omnia*, PL 175, Paris ; J.-P. Migne 1854, col. 923-1154.

JEAN BLUND, *Tractatus de anima*, éd. D.A. Callus et R.W. Hunt, Londres, OUP, 1970.

JEAN DAMASCÈNE, *John Damascene. De fide orthodoxa. Versions of Burgundio and Cebanus*, éd. E.M. Buytaert, St. Bonaventure (New York), Louvain, Paderborn, The Franciscan Institute - E. Nauwelaerts-F. Schöningh, 1955.

ISAAC ISRAELI, *Liber de definicionibus (translatus a magistro Gerardo Cremonensi)*, éd. J.T. Muckle, *AHDLMA*, 11 (1937-1938), p. 300-340.

JÉRÔME (HIERONYMUS, SANCTUS), *Commentariorum in Matheum libri IV*, éd. D. Hurst et M. Adrien, CCSL 77, Turnhout, Brepols, 1969.

—, *Commentarius in Ecclesiasten,* éd. M. Adriaen, in *S. Hieronymi Presbyteri Opera.* Pars I, *Opera exegetica,* 1, CCSL 72, Turnhout, Brepols, 1959, p.249-361.

JÉRÔME (HIERONYMUS, PS.), *Breviarium in Psalmos*, in *Sancti Eusebii Hieronymi Opera omnia*, PL 26, Paris; J.-P. Migne, 1845, col. 815-1304; 1884, col. 863-1382.

Liber de causis, édition établie à l'aide de 90 manuscrits avec introd. et notes par A. Pattin, in *Tijdschrift voor Philosophie*, 28 (1966), p. 90-203.

—, Éd. et trad. fr. par O. Boulnois, P. Magnard, B. Pinchard, J.-L. Solère dans *La Demeure de l'être. Autour d'un anonyme,* Paris, Vrin, 1991.

Liber de spiritu et anima (Ps.-Augustinus), PL 40, Paris; J.-P. Migne, 1861, col. 779-832.

MACROBE, *In Somnium Scipionis*, in *Ambrosii Theodosii Macrobii Commentarii in Somnium Scipionis*, éd. I. Willis, Leipzig, BSB B.G. Teubner Verlagsgesellschaft, 1970.

MAÏMONIDE, *Rabi Mossei Aegyptii Dux seu Director dubitantium aut perplexorum...*, Parisiis, A. Justiniani, 1520; réimpr. Frankfurt am Main, Minerva, 1964.

—, *Le Guide des égarés*, trad. de l'arabe par S. Munk, Paris, Verdier, 1979.

NÉMÉSIUS D'ÉMÈSE, *De natura hominis. Traduction de Burgundio de Pise*, éd. G. Verbeke et J.R. Moncho, Leiden, Brill, 1975.

ORIGÈNE, *Peri Archon, De principiis libri IV [Rufino, interprete]*, éd. P. Koetschau, Leipzig, J.C. Hinrichs'sche Buchhandlung, 1913.

—, *Peri Archon libri IV*, PG 11, Paris; J.-P. Migne, 1857, col. 115-414.

—, *Traité des principes*, t. I, livres 1-2, introd., texte critique de la version de Rufin, trad.par H. de Crouzel et M. Simonetti, Paris, Cerf, 1978.

—, *Traité des principes*, t. III, livres 3-4, introd. texte critique de la philocalie et de la version de Rufin, trad. par H. de Crouzel et M. Simonetti, Paris, Cerf, 1980.

PIERRE LOMBARD, *Magistri Petri Lombardi, Parisiensis Episcopi, Sententiae in IV libris distinctae*, ed. tertia ad fidem codicum antiquiorum restituta, I. Brady ed., Grottaferrata <Romae>, Editiones Collegii S. Bonaventurae ad Claras Aquas, t. I, lib. I-II, 1971; t. II, lib. III-IV, 1981.

—, *Glossa Petri Lombardi: In Psalmos Davidicos Commentarii,* PL 191, Paris, J.-P. Migne 1879 (1854), col. 55-1296.

PLATON (PLATO LATINUS), *Timaeus, a Calcidio translatus commentarioque instructus*, éd. J.H. Waszink, in societatem operis coniuncto P.J. Jensen, London-Leiden, Warburg Institute-Brill, 1962.

PORPHYRE, *Isagoge*, transl. Boethii, éd. L. Minio Paluello, adiuvante B.G. Dod, Bruges-Paris, Desclée de Brouwer, 1966, p. 5-31.

PROCLOS, *Éléments de théologie*, trad., introd. et notes par J. Trouillard, Paris, Aubier, Éd. Montaigne, 1965.

PROCLUS, *Elementatio theologica translata a Guillelmo de Morbecca,* hrsg. von H. Boese, Leuven UP, 1987.

—, « Procli *Elementatio theologica* translata a Guilelmo de Moerbecke (Textus ineditus) », éd. C. Vansteenkiste, in *Tijdschrift voor Philosophie,* 13 (1951), p. 263-531.

Richard de Saint-Victor, *De Trinitate*, éd. J. Ribaillier, Paris, Vrin, 1958.

Simplicius, *Commentaire sur les 'Catégories' d'Aristote*, trad. de Guillaume de Moerbecke, éd. A. Pattin, t. I, Louvain-Paris, Publ. universitaires de Louvain-Béatrice-Nauwelaerts, 1971; t. II, Leiden, Brill, 1975.

Thémistius, *De anima*, in *Thémistius, Commentaire sur le Traité de l'âme d'Aristote*, éd. G. Verbeke, Louvain-Paris Publ. universitaires de Louvain-Béatrice-Nauwelaerts, 1957.

—, *Commentaire sur le traité 'De l'âme' d'Aristote*, trad. de Guillaume de Moerbecke, éd. critique et étude sur l'utilisation du commentaire dans l'œuvre de saint Thomas, Leiden, Brill, 1973.

Thomas d'Aquin, *Commentaria in octo libros Physicorum Aristotelis*, éd. Léonine, t. II, Roma, 1884.

—, *Commento al 'libro delle cause'*, a cura di C. D'Ancona Costa, Milano, Rusconi, 1986.

—, *Compendium theologiae,* Rome, Editori di San Tommaso (Sancti Thomae de Aquino *Opera omnia*, t. XLII), 1979.

—, *De angelis seu De substantiis separatis ad fratrem Raynaldum de Piperno*, éd. Léonine, t. XLII, Roma, Editori di San Tommaso, 1979, p. 77-205.

—, *De operationibus occultis naturae*, éd. Léonine, t. XLIII, Roma, Editori di San Tommaso, 1976, p. 183-186.

—, *De unitate intellectus. Contra Averroistas,* Rome, Editori di San Tommaso (Sancti Thomae de Aquino opera omnia, t. XLIII), 1976.

—, *Expositio libri Posteriorum*, éd. Léonine, t. I*-2, Roma-Paris, Commissio Leonina-Vrin, 1989.

—, *In duodecim libros Metaphysicorum Aristotelis expositio*, éd. M.-R. Cathala, R. M. Spiazzi, Taurini-Romae, Marietti, 1964.

—, *In libros Aristotelis De caelo et mundo expositio*, éd. Léonine, t. III, Roma, 1886, p. 1-257.

—, *In libros Aristotelis Meteorologicorum expositio*, éd. Léonine, t. III, Roma, 1886, p. 325-421.

—, *In quartum librum Sententiarum Magistri Petri Lombardi (continuatio)*, Doctor Angelici Thomae Aquinatis... *Opera omnia,* t. XI, Parisiis apud Ludovicum Vivès, 1874.

—, *Quaestiones de quolibet*, éd. Léonine, t. XXV, 1-2, Roma-Paris, Commissio Leonina-Cerf, 1996.

—, *Quaestiones disputatae De anima*, éd. B.-C. Bazán, Roma-Paris, Commissio Leonina-Cerf, 1996 (*Sancti Thomae de Aquino Opera omnia*, iussu Leonis XIII P.M. edita cura et studio Fratrum Praedicatorum, tomus XXIV, 1).

—, *Quaestiones disputatae De malo*, éd. Léonine, t. XXIII, Roma-Paris, Commissio Leonina-Vrin, 1982.

—, *Quaestiones disputatae De potentia Dei*, éd. P. Mandonnet, S. Thomae Aquinatis *Quaestiones disputatae*, t. II, Paris, Lethielleux, 1925, p. 1-370.

—, *Quaestiones disputatae De veritate*, éd. Léonine, t. XXII, 1-3, Roma, Editori di san Tommaso, 1972-1976.

—, *Responsio ad lectorem Venetum de 36 articulis*, éd. Léonine, t. XLII, Roma, Editori di San Tommaso, 1979, p. 339-346.
—, *Responsio ad magistrum Ioannem de Vercellis de 43 articulis*, éd. Léonine, t. XLII, Roma, Editori di San Tommaso, 1979, p. 327-335.
—, *Scriptum super libros Sententiarum Magistri Petri Lombardi Episcopi Parisiensis*, éd. R.P. Mandonnet, t; I-II, Paris, Lethielleux, 1929.
—, *Scriptum super Sententiis Sententiarum Magistri Petri Lombardi,* éd. M.F. Moss, t. III-IV, Paris, Lethielleux, 1933-1947.
—, *Sentencia libri de anima*, Rome-Paris, Commission Léonine-Vrin (*Sancti Thomae de Aquino Opera omnia*, t. XLV,1), 1984.
—, *Sentencia libri De sensu et sensato cuius secundus tractatus est De memoria et reminiscentia*, éd. Léonine, t. XLV-2, Roma-Paris, Commissio Leonina-Vrin, 1985.
—, *Sententia libri Ethicorum*, éd. Léonine, t. XLVII, 1-2, Romae, Ad Sanctae Sabinae, 1969.
—, *Summa contra Gentiles*, éd. Léonine, t. XIII-XV, Rome, 1918, 1930.
—, *Summa theologiae*, éd. Léonine, t. IV-XII, Rome, 1888-1906.
—, *Super Boetium De Trinitate. Expositio libri Boetii De ebdomadibus*, éd. Léonine, Roma-Paris, Commissio Leonina-Éd. du Cerf, 1992.
—, *Super librum de causis expositio*, éd. H.-D. Saffrey, Fribourg (Suisse)-Louvain, Société philosophique-Nauwelaerts, 1954.
—, *Tractatus de spiritualibus creaturis*, editio critica L.W. Keeler, Romae, Apud aedes pont. Universitatis gregorianae, 1937.
—, *On Spiritual Creatures (De spiritualibus creaturis)*, transl. from the Latin with introd. by M.C. FitzPatrick, in collab. with J.J. Wellmuth, Milwaukee (Wisconsin), Marquette UP, 1949.
—, *L'Unité de l'intellect contre les averroïstes*, suivi des *Textes contre Averroès antérieurs à 1270*. Texte latin, trad., introd., bibliogr., chronol., notes et index par A. de Libera, in *Contre Averroès,* Paris, GF-Flammarion, 1994.
—, *L'Étant et l'Essence,* in *L'Être et l'Essence. Le vocabulaire médiéval de l'ontologie. Deux traités 'De ente et essentia' de Thomas d'Aquin et Dietrich de Freiberg,* présentés, trad. par A. de Libera et C. Michon, Paris, Seuil, 1996.
—, *Somme contre les Gentils, Livre sur la vérité de la foi catholique contre les erreurs des infidèles,* trad. inédite par V. Aubin, C. Michon et D. Moreau, 4 vol., Paris, Flammarion, 1999.
—, *Abrégé de théologie (Compendium theologiae)* ou *Bref résumé de théologie pour le frère Raynald*, texte latin de l'édition Léonine, introd., trad. fr. et annot. par J.-P. Torrell, O.P., Paris, Cerf, 2007.
VIGILE DE THAPSE (VIGILIUS THAPSENSIS (?) ; PS.-AUGUSTINUS), *Contra Felicianum Arianum de unitate Trinitatis, liber unic.*, PL 42, Paris; J.-P. Migne, 1861, col. 1157-1172.
WALAFRIDUS STRABO, *Glossa ordinaria*, PL 113, Paris; J.-P. Migne, 1879.

Littérature secondaire

Aertsen J., *Nature and Creature. Thomas Aquinas's Way of Thought*, Leiden-New York-København-Köln, Brill, 1988.

Alféri P., *Guillaume d'Ockham. Le singulier*, Paris, Minuit, 1989.

Ballériaux O., « Thémistius et l'exégèse de la noétique aristotélicienne », *Revue de philosophie ancienne*, 7 (1989), 199-233.

Bazán B.C., « Pluralisme de formes ou dualisme de substances? La pensée préthomiste touchant la nature de l'âme », *RPL*, 67 (1969), p. 30-73.

—, « Le dialogue philosophique entre Siger de Brabant et Thomas d'Aquin. À propos d'un ouvrage récent de É.H. Wéber, OP », *RPL*, 72 (1974), p. 53-155.

—, « *Intellectum speculativum* : Averroes, Thomas Aquinas and Siger of Brabant on the Intelligible Object », *Journal of the History of Philosophy*, 19/4 (1981), p. 425-446.

—, « La corporalité selon saint Thomas », *RPL*, 81 (1983), p. 369-409.

—, « Le commentaire de S. Thomas d'Aquin sur le *Traité de l'âme* », *RSPT*, 69 (1985), p. 521-547.

—, « On First Averroism and Its Doctrinal Background », in *On Scholars, Savants and Their Texts* (in Honor of Arthur Hyman), New York, Peter Lang, 1989, p. 9-22.

—, « The Human Soul : Form *and* Substance ? Thomas Aquinas' Critique of Eclectic Aristotelianism », *AHDLMA*, 64 (1997), p. 95-126.

—, « Was There Ever a "First Averroism" ? », *in* J.A. Aertsen et A. Speer (éd.), *Geistesleben im 13. Jahrhundert* (Miscellanea Mediaevalia 27), Berlin-New York, W. de Gruyter, 2000, p. 31-53.

—, « 13th Century Commentaries on *De anima* : from Peter of Spain to Thomas Aquinas », *in* G. Fioravanti, C. Leonardi, S. Perfetti (éd.), *Il commento filosofico nell'Occidente latino (secoli XIII-XV). Atti del colloquio Firenze-Pisa, 19-22 ott. 2000, organizzato dalla SISMEL*, Turnhout, Brepols, 2002, p. 119-184.

—, « On Angels and Human Beings. Did Thomas Aquinas Succeed in Demonstrating the Existence of Angels ? », *AHDLMA*, 77 (2010).

—, *L'Âme humaine selon Thomas d'Aquin*, Paris, Vrin, à paraître.

Black D.L., « Consciousness and Self-Knowledge in Aquinas's Critique of Averroes' Psychology », *Journal of the History of Philosophy*, 31 (1993), p. 349-385.

—, « Memory, Individuals, and the Past in Averroes's Psychology », *Medieval Philosophy and Theology*, 5 (1996), p. 161-187.

—, « Conjunction and the Identity of Knower and Known in Averroes », *American Catholic Philosophical Quarterly*, 73 (1999), p. 161-184.

—, « Models of the Mind : Metaphysical Presuppositions of the Averroist and Thomistic Accounts of Intellection », *Documenti e Studi sulla tradizione filosofica medievale*, 15 (2004), p. 319-352.

—, « Psychology : Soul and Intellect », *in* P. Adamson et R.C. Taylor (éd.), *The Cambridge Companion to Arabic Philosophy*, Cambridge, CUP, 2005, p. 308-326.

Bobik J., « La doctrine de saint Thomas sur l'individuation des substances corporelles », *RPL*, 51 (1953), p. 5-41.

—, « Dimensions in the Individuation of Bodily Substances », *Philosophical Studies* (Maynooth), 4 (1954), p. 60-79.

Boureau A., *Théologie, science et censure au* XIIIe *siècle. Le cas Jean Peckham,* Paris, Belles Lettres, 1999.

Brenet J.-B., « Perfection de la philosophie ou philosophe parfait? Jean de Jandun, lecteur d'Averroès », *RSPT*, 38, 2 (2001), p. 310-348.

—, *Transferts du sujet. La noétique d'Averroès selon Jean de Jandun,* Paris, Vrin, 2003.

—, « Averroès a-t-il inventé une théorie des deux sujets de la pensée? », *Tópicos. Revista de filosofía* (Universidad Panamericana, México), 29 (2005), p. 53-86.

—, « Organisation politique et théorie de l'intellect chez Dante et Averroès », *Rivista di filosofia neoscolastica*, 98 (2006), p. 467-487.

—, « Les sources et le sens de l'anti-averroïsme de Thomas de Strasbourg », *RSPT*, 90/4 (2006), p. 641-663.

—, « '*... set hominem anima*'. Thomas d'Aquin et la pensée humaine comme acte du composé », *Mélanges de l'Université Saint-Joseph*, Beyrouth, 59 (2006), p. 69-96.

—, « Vision béatifique et séparation de l'intellect au début du XIVe siècle. Pour Averroès ou contre Thomas d'Aquin? », *Freiburger Zeitschrift für Philosophie und Theologie*, 53 (2006) 1/2, p. 310-342.

—, « Moi qui pense, moi qui souffre : la question de l'identité du composé humain dans la riposte anti-averroïste de Pierre d'Auriol et Grégoire de Rimini », *in* O. Boulnois (éd.), *Généalogies du sujet. De saint Anselme à Malebranche*, Paris, Vrin, 2007, p. 151-169.

—, « Habitus de science et subjectité. Thomas d'Aquin, Averroès – I* », *in* Ch. Erismann et A. Schniewind (éd.), *Compléments de substance. Études sur les propriétés accidentelles offertes à Alain de Libera*, Paris, Vrin, 2008, p. 325-344.

—, « Âme cogitative, âme intellective : Jean de Jandun et la *duplex forma propria* de l'homme », *Vivarium*, 46 (2008), p. 318-341.

—, « Corps-sujet, corps-objet. Notes sur Averroès et Thomas d'Aquin dans le *De immortalitate animae* de P. Pomponazzi », *in* J. Biard et Th. Gontier (dir.), *Pietro Pomponazzi entre traditions et innovations*, Amsterdam/Philadelphia, B.R. Brüner, 2009, p. 11-28.

–, « Thomas d'Aquin pense-t-il ? Retours sur *hic homo intelligit* », *RSPT*, 93/2 (2009), p. 229-250.

—.« Jean de Jandun et la *Quaestio de anima intellectiva* de Thomas Wylton », *Freiburger Zeitschrift für Philosophie und Theologie*, 56 (2009), 2, p. 309-340.

—.« Le feu agit-il en tant que feu ? Causalité et synonymie dans les *Quaestiones* sur le *De sensu et sensato* de Jean de Jandun », *in* C. Grellard et P.-M. Morel (dir.), *Les 'Parva naturalia' d'Aristote. Fortune antique et médiévale*, Paris, Publ. de la Sorbonne, 2010, p. 163-195.

—.« Acquisition de la pensée et acquisition de l'acte chez Averroès. Une lecture croisée du *Grand Commentaire* au *De anima* et du *Kitāb al-Kašf ʿan manāhij al-adilla* », à paraître, chez Brill, dans les Actes du colloque *Philosophical Psychology in Medieval Arabic and Latin Aristotelianism*, Mexico, Universidad Panamericana, 29-30 mai 2008.

–, « S'unir à l'intellect, voir Dieu. Averroès et la doctrine de la jonction au cœur du thomisme », *Arabic Sciences and Philosophy*, à paraître.

–, « Sujet, objet, pensée personnelle : l'Anonyme de Giele contre Thomas d'Aquin », à paraître dans les Actes du colloque *Averroès, averroïsme, anti-averroïsme*, Genève, 15-18 octobre 2006, sous la dir. d'A. de Libera.

Cerami C., *Génération et Substance. Aristote et Averroès entre Physique et Métaphysique,* Berlin, W. de Gruyter, à paraître.

Clarke W.N., « The Limitation of Act by Potency : Aristotelianism or Neoplatonism », *The New Scholasticism*, 26 (1952), p. 167-194 ; réimpr. dans W.N. Clarke, *Explorations in Metaphysics : Being-God-Person*, Notre Dame (Ind.), University of Notre Dame Press, 1994, p. 65-88.

–, « The Meaning of Participation in St. Thomas Aquinas », *Proceedings of the American Catholic Philosophical Association*, 26 (1952), p. 147-157 ; réimpr. dans W.N. Clarke, *Explorations in Metaphysics...*, p. 89-101.

Coccia E., *La trasparenza delle immagini. Averroè e l'averroismo,* Milan, Mondadori, 2005.

Cross R., « Accidents, Substantial Forms, and Causal Powers in the Late Thirteenth Century : Some Reflections on the Axiom '*actiones sunt suppositorum*' », *in* Ch. Erismann et A. Schniewind (éd.), *Compléments de substance...*, Paris, Vrin, p. 133-146.

D'ancona Costa C., *Recherches sur le 'liber de causis'*, Paris, Vrin, 1995.

Davidson H.A., « The Principle that a Finite Body Can Contain Only Finite Power », *in* S. Stein et R. Loewe (éd.), *Studies in Jewish Religious and Intellectual History : Presented to Alexander Altmann on the Occasion of his Seventieth Birthday,* Tuscaloosa, University of Alabama Press, 1979, p. 75-92.

–, *Alfarabi, Avicenna, and Averroes, on Intellect. Their Cosmologies, Theories of the Active Intellect, and Theories of Human Intellect,* New York-Oxford, OUP, 1992.

Degli'Innocenti U., « Il pensiero di San Tommaso sul principio di individuazione », *Divus Thomas*, 45 (1942), p. 35-81.

De Muralt A., *L'Enjeu de la philosophie médiévale : études thomistes, scotistes, occamiennes et grégoriennes*, Leiden, Brill, 1991.

Di Giovanni M., « Averroes on the Species of Celestial Bodies », *in* A. Speer et L. Wegener (éd.), *Wissen über Grenzen. Arabisches Wissen und Lateinisches Mittelalter* (Miscellanea Mediaevalia, 33), Berlin-New York, W. de Gruyter, 2006, p. 438-64.

Duhem P., *Le Système du monde. Histoire de doctrines cosmologiques de Platon à Copernic,* Paris, Hermann, 1973.

Elamrani-Jamal A., « Averroès : la doctrine de l'intellect matériel dans le *Commentaire moyen au 'De anima'* d'Aristote », *in* A. de Libera, A. Elamrani-Jamal, A. Galonnier (éd.), *Langages et Philosophie. Hommage à Jean Jolivet*, Paris, Vrin, 1997, p. 281-307.

—, « Averroès, de l'*Épitomé* au *Commentaire moyen du 'De anima'*, questions de méthode », *in* C. Baffioni (éd.), *Averroes and the Aristotelian Heritage*, Naples, Guida, 2004, p. 121-136.

Endress G., « Averroes' *De caelo* : Ibn Rushd's Cosmology in His Commentaries on Aristotle's *On the Heavens* », *Arabic Sciences and Philosophy*, 5 (1995), p. 9-49.

Fabro C., *La nozione metafisica di partecipazione*, Turin, Società Editrice Internazionale, 1950².

—, *Participation et causalité selon S. Thomas d'Aquin*, Louvain-Paris, Publ. universitaires de Louvain-Béatrice-Nauwelaerts, 1961.

Fichant M., « *Actiones sunt suppositorum* : l'ontologie leibnizienne de l'action », *Philosophie*, 53 (1997), p. 135-148.

Freudenthal G., « The Medieval Astrologization of Aristotle's Biology : Averroes on the Role of the Celestial Bodies in the Generation of Animate Beings », *Arabic Sciences and Philosophy*, 12 (2002), p. 111-137.

—, « The Medieval Astrologization of the Aristotelian Cosmos : from Alexander of Aphrodisias to Averroes », *Mélanges de l'université Saint-Joseph*, 59 (2006), p. 29-68.

Gauthier R.-A., « Notes sur les débuts (1225-1240) du premier "averroïsme" », *RSPT*, 66 (1982), p. 321-374.

—, « le traité *De anima et potenciis eius* d'un maître ès arts (vers 1225) : introd. et texte critique », *RSPT*, 66 (1982), p. 3-55.

—, « Préface », *in* S. Thomae de Aquino *Sentencia libri de anima*, éd. Léonine, XLV-1, p. 1*-294*.

—, « Préface », *in* S. Thomae de Aquino *Sentencia libri De sensu et sensato, cuius secundus tractatus est De memoria et reminiscentia,* éd. Léonine, XLV-2, p. 1*-128*.

Geiger L.-B., O.P., *La Participation dans la philosophie de S. Thomas d'Aquin,* Paris, Vrin, 1942.

Geoffroy M. et Sirat C., *L'Original arabe du Grand Commentaire d'Averroès au De anima d'Aristote. Prémices de l'édition,* Paris, Vrin, 2005.

Geoffroy M., « La Tradition arabe du Περὶ νοῦ d'Alexandre d'Aphrodise et les origines de la théorie farabienne des quatre degrés de l'intellect », *in* C. D'Ancona et G. Serra (éd.), *Aristotele e Alessandro di Afrodisia nella tradizione araba*, Padoue, Il Poligrafo, 2002, p. 191-231.

—, « *"Passio", "transmutatio", "receptio"* : Averroès sur l'analogie de l'intellect et du sens dans le(s) commentaire(s) au *De anima* d'Aristote », *in* J. Hamesse et O. Weijers (éd.), *Écriture et réécriture des textes philosophiques médiévaux. Volume d'hommage offert à Colette Sirat*, Turnhout, Brepols, 2006, p. 137-184.

—, « Averroès sur l'intellect comme cause agente et cause formelle, et la question de la "jonction" – I* », *in* J.-B. Brenet (éd.), *Averroès et les averroïsmes juif et latin. Actes du colloque international (Paris, 16-18 juin 2005)*, Turnhout, Brepols, 2007, p. 77-110.

GILSON E., « Pourquoi saint Thomas a critiqué saint Augustin », *AHDLMA*, 1 (1926-27), p. 5-127.

—, « Les sources gréco-arabes de l'augustinisme avicennisant », *AHDLMA*, 4 (1929), p. 5-149.

—, *L'Être et l'Essence*, Paris, Vrin, 1948.

—, *L'Esprit de la philosophie médiévale,* Paris, Vrin, 1989^2.

—, *Le Thomisme*, Paris, Vrin, 1997^6.

GIMARET D., *La Doctrine d'al-Ash'arî*, Paris, Cerf, 1990.

GRACIA J.E. (éd.), *Individuation in Scholasticism : the Later Middle Ages and the Counter-Reformation, 1150-1650*, Albany, SUNY Press, 1994.

GULDENTOPS G. ET STEEL C., « Critical Study : the Leonine Edition of *Q. de spiritualibus creaturis* », *RTPM*, 68,1 (2001), p. 180-203.

HADOT P., « La distinction de l'être et de l'étant dans le *De hebdomadibus* de Boèce », *in* P. Wilpert (éd.), *Die Metaphysik im Mittelalter : ihr Ursprung und ihre Bedeutung* (Misc. Mediaevalia 2), Berlin, W. de Gruyter, 1963, p. 147-153.

HANKEY W.J., « Dionysian Hierarchy in Thomas Aquinas : Tradition and Transformation », *in* Y. de Andia (éd.), *Denys l'Aréopagite et sa postérité en Orient et en Occident.* Actes du colloque international, Paris, 21-24 septembre 1994, Paris, Institut d'études augustiniennes, 1997, p. 405-438.

—, « Aquinas, Pseudo-Denys, Proclus and Isaiah VI.6 », *AHDLMA*, 64 (1997), p. 59-60.

HASSE D.N., *Avicenna' De anima in the Latin West. The Formation of a Peripatetic Philosophy of the Soul 1160-1300,* London-Turin, Warburg Institute-Nino Aragno Editore, 2000.

—, « *Averroica secta :* Notes on the Formation of Averroist Movements in Fourteenth-century Bologna and Renaissance Italy », *in* J.-B. Brenet (éd.), *Averroès et les averroïsmes juif et latin*, p. 307-331.

HYMAN A., « Aristotle's 'First Matter' and Avicenna's and Averroes' 'Corporeal Form' », *in* H.A. Wolfson et S. Lieberman (éd.), *Harry Austryn Wolfson, Jubilee Volume. On the Occasion of His Seventy-fifth Birthday*, Jerusalem, American Academy for Jewish Research, 1965, vol. I, p. 385-406.

IVRY A.L., « Averroes on Intellection and Conjunction », *Journal of the American Oriental Society*, 86/2 (1966), p. 76-85.

—, « Averroes' Middle Commentary on the *De Anima* », *in* R. Työrinoja, A.I. Lehtinen et D. Føllesdal (éd.), *Knowledge and the Sciences in Medieval Philosophy.* Proceedings of the Eighth International Congress of Medieval

Philosophy (SIEPM) Helsinki 24-29 August 1987, vol. III, Helsinki, Yliopistopaino, 1990, p. 79-86.

—, « Averroes' Middle and Long Commentaries on the *De anima* », *Arabic Sciences and Philosophy*, 5 (1995), p. 76-92.

—, « Averroes' Three Commentaries on *De anima* », *in* G. Endress et J.A. Aertsen (éd.), *Averroes and the Aristotelian Tradition. Sources, Constitution and Reception of the Philosophy of Ibn Rushd (1126-1198)*. Proceedings of the Fourth Symposium Averroicum (Cologne, 1996), Leiden-Boston-Köln, Brill, 1999, p. 199-216.

—, « Averroes' Short Commentary on Aristotle's De anima », *Documenti e studi sulla tradizione filosofica medievale*, 8 (1997), p. 512-513.

—, « Conjunction in and of Maimonides and Averroes », *in* J.-B. Brenet (éd.), *Averroès et les averroïsmes juif et latin*, p. 231-247.

Jolivet J., « Averroès et le décentrement du sujet », *Internationale de l'imaginaire*, 17/18 (1991), Paris, Maison des cultures du monde, p. 161-169 ; réimpr. dans J. Jolivet, *Perspectives médiévales et arabes*, Paris, Vrin, 2006, p. 229-234.

—, « Étapes dans l'histoire de l'intellect agent », *in* A. Hasnawi, A. Elamrani-Jamal et M. Aouad (éd.), *Perspectives arabes et médiévales sur la tradition scientifique et philosophique grecques*. Actes du colloque de la SIHSPAI, Paris, 31 mars-3 avril 1993, Leuven-Paris, Peeters-IMA, 1997, p. 569-582 ; réimpr. dans J. Jolivet, *Perspectives médiévales et arabes*, p. 163-174.

König-Pralong C., *Avènement de l'aristotélisme en terre chrétienne. L'essence et la matière : entre Thomas d'Aquin et Guillaume d'Ockham*, Paris, Vrin, 2005.

Kretzmann N. et Stump E. (éd.), *The Cambridge Companion to Aquinas*, Cambridge, CUP, 1993.

Kuksewicz Z., *De Siger de Brabant à Jacques de Plaisance. La théorie de l'intellect chez les averroïstes latins des XIIIe et XIVe siècles*, Wrocław-Varsovie-Cracovie, Ossolineum, 1968.

Künzle P., *Das Verhältnis der Seele zu ihren Potenzen. Problemgeschichtliche Untersuchungen von Augustin bis und mit Thomas von Aquin*, Fribourg (Suisse), Universitätsverlag, 1956.

Lefèvre C., « Siger de Brabant a-t-il influencé saint Thomas ? Propos sur la cohérence de l'anthropologie thomiste », *Mélanges de science religieuse*, 31 (1974), p. 203-215.

Lerner M.-P., *Le Monde des sphères*, vol. I (« Genèse et triomphe d'une représentation cosmique »), Paris, Belles Lettres, 1996.

Libera A. de, « Existe-t-il une noétique averroïste ? Note sur la réception latine d'Averroès aux XIIIe et XIVe siècles », *in* F. Niewöhner et L. Sturlese (éd.), *Averroismus im Mittelalter und in der Renaissance*, Zürich, Spur Verlag, 1994, p. 51-80.

—, *L'Unité de l'intellect. Commentaire du 'De unitate intellectus contra averroistas' de Thomas d'Aquin*, Paris, Vrin, 2004.

—, « Les actions appartiennent aux sujets. Petite archéologie d'un principe leibnizien », *in* S. Caroti, R. Imbach, Z. Kaluza, G. Stabile and L. Sturlese

(éd.), *« Ad Ingenii Acuitionem ». Studies in Honour of Alfonso Maierù*, Louvain-la-Neuve, Brepols, 2006, p. 199-219.

—, *Archéologie du sujet.* I. *Naissance du sujet,* Paris, Vrin, 2007.

—, *Archéologie du sujet.* II. *La Quête de l'identité,* Paris, Vrin, 2008.

Litt Th., *Les Corps célestes dans l'univers de Thomas d'Aquin*, Louvain-Paris, Publ. universitaires- Béatrice-Nauwelaerts,1963.

Lottin A., « La composition hylémorphique des substances spirituelles. Les débuts de la controverse », *Revue néoscolastique de philosophie*, 33 (1932), p. 21-41.

—, *Psychologie et Morale aux* XIIe *et* XIIIe *siècles,* t. I, *Problèmes de psychologie,* Gembloux, J. Duculot, 1957².

Luscombe D., « Thomas Aquinas and Conceptions of Hierarchy in the Thirteenth Century », *in* A. Zimmermann (éd.), *Thomas von Aquin. Werk und Wirkung im Licht Neuerer Forschungen* (Miscellanea Mediaevalia, 19), Berlin-New York, W. de Gruyter, 1988, p. 261-277.

McAleer G., « Augustinian Interpretations of Averroes with Respect to the Status of Prime Matter », *Modern Schoolman*, 73 (1996), p. 159-72.

McKian J. D., « What Man Know of the Angels : Some Suggestions of the Angelic Doctor », *New Scholasticism*, 29 (1955), p. 259-277.

Michon C., « *Ego intelligo (lapidem).* Deux conceptions de la réflexion au Moyen Âge », *in* O. Boulnois (éd.), *Généalogies du sujet. De saint Anselme à Malebranche*, p. 113-150.

Montagnes B., « L'axiome de continuité chez saint Thomas », *RSPT*, 52 (1968), p. 201-221.

—, *La Doctrine de l'analogie de l'être d'après saint Thomas d'Aquin,* Paris, Cerf, 2008.

Owens J., « Thomas Aquinas : Dimensive Quantity as Individuating principle », *Mediaeval Studies*, 50 (1988), p. 279-310.

—, « Thomas Aquinas (b. ca. 1225 ; d. 1274) », *in* J.J.E. Gracia (éd.), *Individuation in Scholasticism : the Later Middle Ages and the Counter-Reformation, 1150-1650*, Albany, SUNY Press, 1994, p. 173-194.

Pasnau R., *Thomas Aquinas on Human Nature. A Philosophical Study of 'Summa Theologiae' I^a^ 75-89,* Cambridge, CUP, 2002.

Pegis A.-Ch., *St. Thomas and the Problem of the Soul in the Thirteenth Century*, Toronto, Pontifical Institute of Mediaeval Studies, 1934 ; réimpr. Wetteren, Belgium, 1976.

—, « The Separated Soul and its Nature in St. Thomas », *in* A. Maurer (éd.), *St. Thomas Aquinas, 1274-1974. Commemorative Studies*, t. I, Toronto, Pontifical Institute of Mediaeval Studies, 1974, p. 131-158.

Piron S., « L'expérience subjective selon Pierre de Jean Olivi », *in* O. Boulnois (éd.), *Généalogies du sujet. De saint Anselme à Malebranche*, p. 43-54.

Porro P., *Forme e modelli di durata nel pensiero medievale : l'aevum, il tempo discreto, la categoria 'quando',* Leuven, Leuven UP, 1996.

Putallaz F.-X. et Imbach R., *Profession : Philosophe. Siger de Brabant*, Paris, Cerf, 1997.

PUTALLAZ F.-X., *Le Sens de la réflexion chez Thomas d'Aquin,* Paris, Vrin, 1991.

ROLAND-GOSSELIN M.-D., *Le 'De ente et essentia' de S. Thomas d'Aquin. Texte établi d'après les manuscrits parisiens.* Introduction, notes et études historiques, Le Saulchoir, Kain (Belgique), RSPT, 1926.

SCHMUTZ J., « La doctrine médiévale des causes et la théologie de la nature pure (XIIIe-XVIIe siècles) », *Revue thomiste*, 101 (2001), p. 217-264.

STEEL C. et GULDENTOPS G., « An Unknown Treatise of Averroes against the Avicennians on the First Cause. Edition and translation », *RTPM* 61,1 (1997), p. 86-135.

STUMP E., « Forms and Bodies : the Soul », in *Intellect et imagination dans la philosophie médiévale. Intellect and Imagination in Medieval Philosophy. Intellecto e imaginação na Filosofia Medieval.* Actes du XIe Congrès international de philosophie médiévale de la Société internationale pour l'étude de la philosophie médiévale (SIEPM), Porto, du 26 au 31 août 2002, éd. par M. Cândida Pacheco-J.F. Meirinhos, Turnhout, Brepols, 2006, vol. 3, p. 1379-1387.

SUAREZ-NANI T., *Les Anges et la philosophie. Subjectivité et fonction cosmologique des substances séparées à la fin du XIIIe siècle,* Paris, Vrin, 2002.

—, *Connaissance et langage des anges selon Thomas d'Aquin et Gilles de Rome,* Paris, Vrin, 2002.

TAYLOR R. C., « Averroes on Psychology and the Principles of Metaphysics », *Journal of the History of Philosophy*, 36 (1998), p. 507-523.

—, « Remarks on Cogitatio in Averroes' Commentarium Magnum in Aristotelis *De Anima* Libros », in G. Endress et J.A. Aertsen (éd.), *Averroes and the Aristotelian Tradition. Sources, Constitution and Reception of the Philosophy of Ibn Rushd (1126-1198).* Proceedings of the Fourth Symposium Averroicum (Cologne, 1996), Leiden-Boston-Köln, Brill, 1999, p. 217-55.

—, « Averroes' Epistemology and Its Critique by Aquinas », *in* R.E. Houser (éd.), *Medieval Masters : Essays in Memory of Msgr. E.A. Synan*, Houston, Center for Thomistic Studies, University of St. Thomas, 1999, p. 147-177.

—, « Separate Material Intellect in Averroes' Mature Philosophy », in R. Arnzen et J. Thielmann (éd.), *Words, Texts and Concepts Cruising the Mediterranean Sea. Studies on the Sources, Contents and Influences of Islamic Civilization and Arabic Philosophy and Science, Dedicated to Gerhard Endress on His Sixty-fifth Birthday,* Leuven, Peeters, 2004, p. 289-309.

—, « Improving on Nature's Exemplar : Averroes' Completion of Aristotle's Psychology of Intellect », *in* P. Adamson, H. Baltussen et M.W.F. Stone (éd.), *Philosophy, Science and Exegesis in Greek, Arabic and Latin Commentaries*, 2 vol., vol. II [*Supplement to the Bulletin of the Institute Of Classical Studies* 83, 1-2], London, Institute of Classical Studies, 2004, p. 107-130.

—, « The Agent Intellect as "form for us" and Averroes's Critique of al-Fârâbî », *Tópicos. Revista de filosofía* (Universidad Panamericana, México), 29 (2005), p. 29-51 ; réimpr. dans *Proceedings of the Society for Medieval Logic and Metaphysics*, 5 (2005), p. 18-32.

—, « Intelligibles in act in Averroes », *in* J.-B. Brenet (éd.), *Averroès et les averroïsmes juif et latin*, p. 111-140.

—, « Intellect as Intrinsic Formal Cause in the Soul According to Aquinas and Averroes », *in* M. Elkaisy-Friemuth et J.M. Dillon (éd.), *The Afterlife of the Platonic Soul. Reflections on Platonic Psychology in the Monotheistic Religions*, Leiden, Brill, 2009, p. 187-220.

—, « Aquinas and the Arabs : Aquinas's First Critical Encounter with the Doctrine of Averroes on the Intellect, *In 2 Sent*. d. 17, q. 2, a. 1 », à paraître dans les Actes du colloque *Philosophical Psychology in Medieval Arabic and Latin Aristotelianism*, Mexico, Universidad Panamericana, 29-30 mai 2008.

TAYLOR R.C., HERRERA M., « Aquinas's Naturalized Epistemology », *Proceedings of the American Catholic Philosophical Association*, 79 (2005), p. 83-102.

TE VELDE R.A., *Participation and Substantiality in Thomas Aquinas*, Leiden-New York-Köln, Brill, 1996.

TONQUÉDEC J. DE, *Questions de cosmologie et de physique chez Aristote et saint Thomas,* Paris, Vrin, 1950.

TORRELL J.-P., O.P., *Initiation à saint Thomas d'Aquin. Sa personne et son œuvre*, Fribourg (Suisse)-Paris, Ed. universitaires-Cerf, 2002².

—, « La vision de Dieu *per essentiam* selon saint Thomas d'Aquin », *in* ID., *Recherches thomasiennes. Études revues et augmentées*, Paris, Vrin, 2000, p. 177-197.

TWETTEN D., « Averroes on the Prime Mover Proved in the Physics », *Viator*, 26 (1995), p. 107-134.

—, « Averroes' Prime Mover Argument », *in* J.-B. Brenet (éd), *Averroès et les averroïsmes juif et latin*, p. 9-75.

VACANT A., « Anges », *Dictionnaire de théologie catholique*, I, Paris, 1903, p. 1189-1271.

VERBEKE G., « Thémistius et le *De unitate intellectus* de saint Thomas », p. XXXIX-LXII, in Thémistius, *Commentaire sur le traité* De l'âme *d'Aristote.*

WÉBER E.-H., *L'Homme en discussion à l'université de Paris en 1270,* Paris, Vrin, 1970.

—, *Dialogue et dissensions entre saint Bonaventure et saint Thomas à Paris (12521273),* Paris, Vrin, 1974.

—, « Les apports positifs de la noétique d'Ibn Rushd à celle de Thomas d'Aquin », *in* J. Jolivet (éd.), *Multiple Averroès*, Paris, Belles Lettres, 1978, p. 211-249.

—, *La Personne humaine au* XIII*e siècle,* Paris, Vrin, 1991.

WEISHEIPL J.A., « The Celestial Movers in Medieval Physics », *The Thomist*, 24 (1961), p. 286-326.

—, « The Spector of *motor coniunctus* in Medieval Physics », *in* A. Maierù et A. Paravicini Bagliani (éd.), *Studi sul XIV Secolo in Memoria di Anneliese Maier*, Roma, Storia e Letteratura, 1981, p. 81-104 ; réimpr. dans J.A. Weisheipl, *Nature and Motion in the Middle Ages*, Washington (DC), Catholic University of America Press, 1985, p. 99-120.

White K., « Individuation in Aquinas's *Super Boetium De Trinitate*, Q. 4 », *American Catholic Philosophical Quarterly*, 69 (1995), p. 543-56.

—, « Aquinas on the Immediacy of the Union of Soul and Body », in *Studies in Thomistic Theology*, éd. P. Lockey, Houston (TX), Center for Thomistic Studies, University of St. Thomas, 1996, p. 211-280.

Wippel J., *Metaphysical Themes in Thomas Aquinas*, Washington (DC), The Catholic University of America Press, 1984.

—, *Studies in Medieval Philosophy*, Washington (DC), Catholic University of America Press, 1987.

—, *The Metaphysical Thought of Thomas Aquinas. From Finite Being to Uncreated Being,* Washington (DC), Catholic University of America Press, 2000.

—, *Metaphysical Themes in Thomas Aquinas II*, Washington (DC), Catholic University of America Press, 2007.

Wolfson H.-A., « The Plurality of Immovable Movers in Aristotle and Averroes », in *Harvard Studies in Classical Philology*, 63 (1958), p. 233-253.

—, « The Problem of the Soul of the Spheres from the Byzantine Commentaries on Aristotle Through the Arabs and St. Thomas to Kepler », *Dumbarton Oaks Papers*, 16 (1962), p. 64-93; réimpr. dans I. Twersky et G.H. Williams (éd.), *Studies in the History of Philosophy and Religion*, Cambridge (Mass.), Harvard UP, 1973, vol. I, p. 22-59.

Wood R., « Angelic Individuation According to Richard Rufus, St. Bonaventure and St. Thomas Aquinas », *in* J. Aertsen et A. Speer (éd.), *Individuum und Individualität im Mittelalter* (Miscellanea mediaevalia, 24), Berlin, W. de Gruyter, 1996, p. 209-229.

Zavalloni R., *Richard de Mediavilla et la controverse sur la pluralité des formes*. Textes inédits et étude critique, Louvain, Éd. de l'Institut supérieur de philosophie, 1951.

Table des matières

DANS LA MÊME COLLECTION

ABÉLARD Pierre : *Des intellections.* Texte établi (latin et français en vis-à-vis), introduit, traduit et commenté par Patrick MORIN, 1994, 176 pages.

—, *De l'unité et de la trinité divines (Theologia summi boni).* Introduction, traduction et notes par Jean JOLIVET, 2001, 144 pages.

ALBERT LE GRAND, *Métaphysique*, livre XI, traités II et III. Texte latin et traduction française. Introduction, traduction et notes par Isabelle MOULIN, 2009, 476 pages.

AVERROÈS : *La Béatitude de l'âme.* Édition, traduction, notes, études doctrinales et historiques d'un traité d'« Averroès » par Marc GEOFFROY et Carlos STEEL, 2001, 336 pages.

—, *Commentaire moyen sur le* De interpretatione. Introduction, traduction et notes par Ali BENMAKHLOUF et Stéphane DIEBLER, 2000, 208 pages.

—, *Grand Commentaire (Tafsīr) de la* Métaphysique. *Livre Bêta.* Présentation et traduction de Laurence BAULOYE précédé de *Averroès et les apories de la* Métaphysique *d'Aristote*, 2002, 336 pages.

BRENET Jean-Baptiste : *Transferts du sujet. La noétique selon Jean de Jandun*, 2003, 512 pages.

CESALLI Laurent : *Le Réalisme propositionnel. Sémantique et ontologie des propositions chez Jean Duns Scot, Gauthier Burley, Richard Brinkley et Jean Wyclif*, 2007, 496 pages.

LA CONDAMNATION PARISIENNE DE 1277. Texte latin, traduction, introduction et commentaire par David PICHÉ, 1999, 352 pages.

DEMANGE Dominique : *Jean Duns Scot. La théorie du savoir*, 2006, 480 pages.

GUILLAUME D'AUVERGNE : *De l'âme* (VII, 1-9). Introduction, traduction et notes par Jean-Baptiste BRENET, 1998, 168 pages.

GUILLAUME HEYTESBURY : *Sophismata asinina. Une introduction aux disputes médiévales.* Présentation, édition critique et analyse par Fabienne PIRONET, 1994, 644 pages.

GUIRAL OT : *La Vision de Dieu aux multiples formes. Quodlibet tenu à Paris en décembre 1333.* Édition, traduction et introduction par Christian Trottmann, 2001, 288 pages.

JEAN BURIDAN : *Sophismes.* Introduction, traduction et notes par Joël BIARD, 1993, 304 pages.

LANGAGE, SCIENCE, PHILOSOPHIE, AU XIIe SIÈCLE. Actes réunis par Joël BIARD, 1999, 256 pages.

MICHON Cyrille : *Nominalisme. La théorie de la signification de Guillaume d'Occam,* 1994, 528 pages.

NICOLAS D'AUTRÉCOURT : *Correspondance, Articles condamnés.* Édition critique par L.M. DE RIJK, introduction, traduction et notes par Christophe GRELLARD, 2001, 192 pages.

PERINI-SANTOS Ernesto, *La Théorie ockhamienne de la connaissance évidente,* 2006, 224 pages.

Porphyre : *Isagoge.* Texte traduit (grec en vis-à-vis, latin à la suite) par Alain DE LIBERA et Alain-Philippe SEGONDS, introduction et notes par Alain DE LIBERA, 1998, 268 pages.

LE PROBLÈME DES UNIVERSAUX À LA FACULTÉ DES ARTS DE PARIS ENTRE 1230 ET 1260. Édition critique sélective, traduction française, analyses structurelle et formelle et étude historico-philosophique par David PICHÉ, 2005, 366 pages.

ROSIER Irène : *La Parole comme acte. Sur la grammaire et la sémantique au XIIIe siècle,* 1994, 368 pages.

SIRAT Colette et GEOFFROY Marc : *L'Original arabe du 'Grand Commentaire' d'Averroès au 'De anima' d'Aristote. Prémices de l'édition,* 2005, 126 pages.

LA *SOPHISTRIA* DE ROBERTUS ANGLICUS. Étude et édition critique par Anne GRONDEUX et Irène ROSIER-CATACH, 2006, 416 pages.

VALENTE Luisa : *Logique et théologie. Les écoles parisiennes entre 1150 et 1220,* 2008, 448 pages.

BIBLIOTHÈQUE THOMISTE

BLIGNIÈRES Louis-Marie de, *Le Mystère de l'être. L'itinéraire thomiste de Guérard des Lauriers avec la traduction de tous les textes où saint Thomas traite de la nature de l'être* [2007, n° 60], 464 pages.

CAPELLE Catherine, *Thomas d'Aquin féministe ?* [1982, n° 43], 184 pages.

CHARDONNENS Denis, L'*Homme sous le regard de la providence* [1997, n° 50], 320 pages.

DAGUET François, *Théologie du dessein divin chez Thomas d'Aquin. Finis omnium Ecclesia* [2003, n° 54], 544 pages.

EMERY G., *La Trinité créatrice. Trinité et création dans les commentaires aux Sentences de Thomas d'Aquin et de ses précurseurs Albert le Grand et Bonaventure* [1995, n° 47], 592 pages.

FAUCON DE BOYLESVE Pierre, *Être et savoir. Étude du fondement de l'intelligibilité dans la pensée médiévale* [1985, n° 45], 392 pages.

GENUYT François, *Vérité de l'être et affirmation de Dieu* [1974, n° 42], 224 pages.

HUMBRECHT Thierry-Dominique, *Théologie négative et noms divins chez Thomas d'Aquin* [2006, n° 57], 846 pages.

KNAPWELL Richard, *Quaestio disputata de unitate formae*. Edition with an introduction and notes by Francis E. Kelley [1982, n° 44], 100 pages.

LÉVY Antoine, *Le Crée et l'Increéé. Maxime le confesseur et Thomas d'Aquin. Aux sources de la querelle palamienne* [2007, n° 59], 560 pages.

MAILLARD Pierre-Yves, *La Vision de Dieu chez Thomas d'Aquin. Une lecture de l' 'In Ioannem' à la lumière de ses sources augustiniennes* [2001, n° 53], 352 pages.

OLIVA Adriano, *Les Débuts de l'enseignement de Thomas d'Aquin et sa conception de la* Sacra Doctrina, *avec l'édition du Prologue de son commentaire des* Sentences [2006, n° 58], 432 pages.

PAJDA Zbigniew, *Hugo Sneyth et ses questions de l'âme* [1996, n° 48], 198 pages.

PALUCH Michal, *La Profondeur de l'amour divin. Évolution de la doctrine de la prédestination dans l'œuvre de saint Thomas d'Aquin* [2004, n° 55], 368 pages.

POULIOT François, *La Doctrine du miracle chez Thomas d'Aquin. Deus in omnibus intime operatur* [2005, n° 56], 160 pages.

SOMME Luc-Thomas, *Fils adoptifs de Dieu par Jésus-Christ. La filiation divine par adoption dans la théologie de saint Thomas d'Aquin* [1997, n° 49], 408 pages.

TORRELL Jean-Pierre, *Recherches thomasiennes* [2000, n° 52], 384 pages.

—, *Nouvelles recherches thomasiennes* [2008, n° 61], 204 pages.

VALLIN Philippe, *Le Prochain comme tierce personne dans la théologie de la création* [2000, n° 51], 304 pages.

WÉBER Édouard-Henri, *L'Homme en discussion à l'université de Paris en 1270* [1970, n° 40], 328 pages.

—, *Dialogue et dissensions entre saint Bonaventure et saint Thomas d'Aquin à Paris, 1252-1273* [1974, n° 41], 520 pages.

—, *La Personne humaine à Paris au XIIIe siècle* [1991, n° 46], 552 pages.

ACHEVÉ D'IMPRIMER
EN AVRIL 2010
PAR L'IMPRIMERIE
DE LA MANUTENTION
A MAYENNE
FRANCE
N° 118-10

Dépôt légal : 2e trimestre 2010